语言、符号与脑文本概论

聂珍钊 任洁 等著

A General Introduction to
Language, Signs, and Brain Text

北京大学出版社
PEKING UNIVERSITY PRESS

图书在版编目 (CIP) 数据

语言、符号与脑文本概论 / 聂珍钊等著. -- 北京：北京大学出版社，2024.12. -- ISBN 978-7-301-36097-2

Ⅰ. H0；I0

中国国家版本馆 CIP 数据核字第 2025JB3311 号

书　　　名	语言、符号与脑文本概论 YUYAN、FUHAO YU NAOWENBEN GAI LUN
著作责任者	聂珍钊　等著
责 任 编 辑	吴宇森
标 准 书 号	ISBN 978-7-301-36097-2
出 版 发 行	北京大学出版社
地　　　址	北京市海淀区成府路 205 号 100871
网　　　址	http://www.pup.cn　　新浪微博：@北京大学出版社
电 子 邮 箱	编辑部 pupwaiwen@pup.cn　　总编室 zpup@pup.cn
电　　　话	邮购部 010-62752015　发行部 010-62750672　编辑部 010-62759634
印 刷 者	北京虎彩文化传播有限公司
经 销 者	新华书店 730 毫米 × 1020 毫米　16 开本　31.75 印张　535 千字 2024 年 12 月第 1 版　2024 年 12 月第 1 次印刷
定　　　价	158.00 元

未经许可，不得以任何方式复制或抄袭本书之部分或全部内容。
版权所有，侵权必究
举报电话：010-62752024　电子邮箱：fd@pup.cn
图书如有印装质量问题，请与出版部联系，电话：010-62756370

目 录

绪 论 / 001

第一章 语言的定义 / 023
 第一节 语言的定义问题 / 023
 第二节 索绪尔的语言观点 / 031

第二章 语言符号 / 043
 第一节 索绪尔的语言符号 / 043
 第二节 巴特的语言符号 / 048
 第三节 符号语言学 / 057

第三章 符号与语言符号 / 070
 第一节 语言符号及其性质 / 070
 第二节 语言符号的非任意性 / 076

第四章 语言与文本 / 085
 第一节 语言同文本的关系 / 085

第二节　语言不是文本　　　　　　　　　　/ 094

第五章　认知与意识　　　　　　　　　　　　/ 097

　　第一节　人的认知　　　　　　　　　　　　/ 097
　　第二节　人的意识　　　　　　　　　　　　/ 104

第六章　脑文本与脑概念　　　　　　　　　　/ 118

　　第一节　口头文学的文本　　　　　　　　　/ 118
　　第二节　脑概念　　　　　　　　　　　　　/ 127
　　第三节　脑文本的作用机制　　　　　　　　/ 134

第七章　脑文本与语言　　　　　　　　　　　/ 145

　　第一节　语言的生成　　　　　　　　　　　/ 145
　　第二节　脑文本与语言　　　　　　　　　　/ 152

第八章　语言生成的伦理机制　　　　　　　　/ 160

　　第一节　语言的起源　　　　　　　　　　　/ 160
　　第二节　婴儿的语言启示　　　　　　　　　/ 166
　　第三节　语言生成的伦理机制　　　　　　　/ 172

第九章　符号、脑文本与文学文本　　　　　　/ 188

　　第一节　符号与脑文本　　　　　　　　　　/ 188
　　第二节　"语义三角"与"脑文本"　　　　　/ 192
　　第三节　思维风格与脑文本　　　　　　　　/ 196
　　第四节　后现代主义的文本观及其局限性　　/ 201

第十章　脑文本与神经伦理学　　　　　　　　/ 208

　　第一节　脑科学的伦理困境　　　　　　　　/ 208

第二节　脑文本与道德教诲　　　　　　　　　/ 217

第十一章　时代精神的脑文本演绎　　　　　　/ 229

第一节　现代主义、意识流与脑文本　　　　　/ 229
第二节　脑文本的意识形态底色　　　　　　　/ 235
第三节　左翼现实主义文学与时代精神　　　　/ 244

第十二章　斯芬克斯因子与脑文本　　　　　　/ 254

第一节　斯芬克斯因子的形态　　　　　　　　/ 254
第二节　斯芬克斯因子与脑文本的生成　　　　/ 262
第三节　斯芬克斯因子与脑文本的提取和选择　/ 268

第十三章　人工智能与脑文本　　　　　　　　/ 275

第一节　人造人、机器直觉与电子文本　　　　/ 275
第二节　偷吃"禁果"：电子文本与脑文本的冲突　/ 282
第三节　未成形的脑文本，抑或科学选择的失败　/ 290

第十四章　从脑文本到终稿：以易卜生戏剧创作为例　　　　　　　　　　　　　　　　/ 300

第一节　易卜生戏剧创作中的脑文本和伦理选择　/ 301
第二节　易卜生戏剧主人公的脑文本及其伦理选择　/ 309
第三节　易卜生的脑文本和伦理意识在戏剧中的表达　/ 317

第十五章　隐喻脑文本的建构机制：以《寻羊冒险记》为例　　　　　　　　　　　　　　/ 324

第一节　解喻与隐喻脑文本的建构　　　　　　/ 324
第二节　施喻与隐喻脑文本的建构　　　　　　/ 329

第三节　隐喻主体脑文本的伦理机制　/ 332

第十六章　莉莲·海尔曼处女作《儿童时光》的
　　　　　脑文本分析　/ 337

第一节　脑文本与作家创作意图　/ 337
第二节　《儿童时光》中的脑文本要素　/ 341

第十七章　脑文本与伦理选择：以《她过去的
　　　　　爱情》为例　/ 352

第一节　嫉妒的历时研究与伦理阐释　/ 352
第二节　格雷厄姆的脑文本与伦理选择　/ 360
第三节　巴恩斯的伦理意识　/ 369

附　录　/ 373

附录一　文学伦理学批评：脑文本的定义、形态与
　　　　价值——聂珍钊访谈录　/ 373
附录二　文学伦理学批评：从伦理选择到科学选择
　　　　的理论思考——聂珍钊教授访谈　/ 393
附录三　文学伦理学批评与脑文本：聂珍钊与王永
　　　　的学术对话　/ 426
附录四　从脑文本谈起——聂珍钊教授谈文学伦理学
　　　　批评理论　/ 441
附录五　术语　/ 455

后　记　/ 499

绪 论

文学伦理学批评（Ethical Literary Criticism）既是一种文学批评方法，也是一种批评理论，尤其是它的跨学科性质，决定了它不仅研究文学，同时也研究语言学以及与之相关的其他学科，如符号学、文本学、认知科学等。文学伦理学批评把伦理选择作为理论基础，认为伦理选择是在人类完成自然选择之后必须经历的过程。伦理选择的方法是教诲，而教诲的工具则是文学。"文学伦理学批评从起源上把文学看成道德的产物，认为文学是特定历史阶段人类社会的伦理表达形式，文学在本质上是关于伦理的艺术。"[①]文学的任务就是描写人的伦理选择以及伦理选择对个人和社会产生的影响，为人类文明进步提供经验和教诲。文学伦理学批评以文学文本为批评的对象，从伦理的视角解释文学中描写的不同伦理选择范例，挖掘其中蕴藏的道德教诲价值。同众多的批评方法相比，文学伦理学批评有一个显著的特点，就是从伦理的视角解释文学中描写的不同生活现象并对其做出价值判断。文学伦理学批评作为方法论，强调文学及其批评的社会责任，强调文学的教诲功能，强调回到历史的伦理现场，站在当时的伦理立场上解读和阐释文学作品，分析作品中导致社会事件和影响人物命运的伦理选择，用伦理的观点阐释和评价各类人物伦理选择的原因、途径、过程与结果，从中挖掘历史上和现实中伦理选择范例所给予我们的道德教诲和警示。

---

① 聂珍钊：《文学伦理学批评导论》，北京：北京大学出版社，2014年，第13页。

作为一种批评理论，文学伦理学批评把文学理论研究和文学批评紧密结合在一起，在注重文学批评的同时，强调对文学理论进行跨学科研究，以期回答文学理论与批评中的一系列基础性理论问题，如语言、符号、文本等。随着语言、符号与文本问题研究的深入，文学伦理学批评的基础理论将不断完善，研究的领域将不断拓展，进而为文学及相关学科的基础理论研究提供启示和参照。

一、什么是语言

回答什么是文学的问题，就需要回答什么是语言、符号及文本的问题。这些都是有关文学本质、特征、载体的根本问题。文学同语言、符号及文本密不可分，离开了它们，文学就不复存在，文学创作与批评便无从谈起。然而在所有的问题中，语言是所有问题的根本。只有首先解决了什么是语言的问题，才能掌握解决其他问题的钥匙。

语言是什么？大多数语言学家认为："虽然今天的语言学已经是高度发展的科学，但是语言学界至今对语言还没有一个清晰而公认的定义。因为不同的时代、不同的学派对语言会有不同的看法。"[①] 有学者认为："如果要给语言下定义，可以主要从结构和功能两个方面看，说语言是一种复杂的符号系统，是人类进行社会交际和思维认知的工具。"[②] 学界把语言看成一种符号系统以及人类进行社会交际和思维认知的工具，虽然这种观点目前可以用来解释语言并为学界接受，但实际上我们还是不能从定义中理解什么是语言。

我国当代语言学界受索绪尔的影响颇深，许多关于语言的观点和定义都是从他而来。但是，索绪尔自己也说，他无法给语言下定义。索绪尔是现代语言学鼻祖，他把语言看成一种符号系统，认为语言符号由"能指"

---

① 李宇明主编：《语言学概论》，北京：高等教育出版社，2000年，第1页。
② 邢福义、吴振国主编：《语言学概论》，武汉：华中师范大学出版社，2002年，第2页。

（Signifier）和"所指"（Signified）两部分组成。能指和所指是索绪尔语言学理论中的核心概念，被他用来解释语言和文本。但是，索绪尔把语言分解为语言和言语两个概念并把它们用于讨论语言的定义问题，结果事与愿违，不仅没有把语言的定义厘清，相反把语言的定义弄得更加混乱。

索绪尔关于语言的定义有两大问题：第一，他没有把语言和语言学区别开来，而是混同于一起。其实，他说的语言就是我们传统上说的语言学，他说的言语其实就是我们所说的语言。第二，他通过语言和言语的概念把语言抽象化，在讨论语言问题时忘记了语言存在的前提，这个前提就是人。只有人才能成为语言的主体。语言以人的存在为前提，或者说语言以人为前提。没有人，就没有语言。语言不是抽象的，而是具体的。

通俗地说，语言就是我们通过发音器官发出的能够表达意义的声音。但是，这还不能够说这就是语言准确的科学的定义，原因在于语言不是预先存在的，而是实时生成的。根据文学伦理学批评的观点，语言可以这样定义：语言是脑文本在转换成声音形态过程中生成的，当脑文本通过人的发音器官转换成声音，脑文本就变成了语言。因此，语言是通过人的发音器官表达的脑文本的声音形态。也可以更简洁地表述：语言是脑文本的声音形态。即使书写文本也同样可以通过视觉器官将其转换成脑文本然后再通过发音器官生成语言。这就是说，书写文本先要通过脑文本的转换成才能生成语言，例如朗诵诗歌，先要通过眼睛的阅读将诗歌转换成脑文本保存在大脑中，然后才可以通过发音器官朗诵。正因为有了这个转换过程，即使诗歌文本不在眼前，我们也能够借助发音器官将脑文本转换成声音，从而朗诵这个诗歌文本。

现在的语言研究有一种语言泛化的倾向，即把人以外的各种符号也称为语言。有些动物也能通过发音器官发出能表达意义声音，虽然这种声音被一些学者称之为动物语言，但是它不能等同于人的语言。因此，我们讨论语言必须坚持人这个前提，必须讨论人的语言。其他动物的声音，也许它们能够表达某种意义，具有某些类似人的语言的特点，但它们不是人发出的声音，因此不是语言。人类的语言同其他类似语言的声音性质不同。如果不把属于人类的语言同其他声音区别开来，或者把其他生物发出的声音作为人的语言加以讨论，我们对语言的认识就不可能有明确的结果。

既然我们讨论的语言专指人讲的语言，那么语言有以下基本特征：①语言以脑文本为前提，没有脑文本，则无语言。②语言是以声音形式表现的脑文本，是脑文本的声音形态。③语言是约定俗成的声音信号，是人通过声音进行交流的方法。④语言通过人的发音器官表达，因此语言专指人的语言。其他动物也可能有它们的语言，但不包括在人的语言中。⑤声音是语言的媒介，通过音量、音程、音调以及重音的变化表达不同的意义，因此语言的性质是声音形态。由于文字不是声音形态，所以文字不是语言。⑥语言主要以空气为媒介，以声波的形式传播。⑦语言不是预先存在的，而是实时生成的。当我们通过发音器官把脑文本转换成声音时，语言就生成了。⑧语言以发音器官和听觉器官为前提，二者缺一不可。没有发音器官和听觉器官，就不能生成语言。

语言是脑文本的声音形态，因此语言需要借助声音传播。声音是表达存储在头脑中的脑文本的媒介，或者说，声音是人的发音器官在表达文本过程中产生的。声音等同于利用某种工具书写文本。我们可以利用笔和纸张书写文本，书写的过程和书写的结果是两回事。因此，通过人的发音器官表达脑文本的过程同发音器官发出声音是两回事。例如，通过发音器官朗诵我们头脑中生成的或记忆的一首诗，这是通过发音器官表达脑文本的过程，是表达脑文本的方式，是发音器官的发声运动。运动的结果就是朗诵出来的声音，也就是生成的语言。语言是发音器官运动的结果，它被人的听觉器官接收并记忆下来，然后将其存储在大脑中，就形成新的脑文本。这个脑文本仍是以声音为媒介通过记忆对另一个脑文本的复制。借助声音的传播，一个人的脑文本可以被其他人记忆下来存储在大脑中，变成新的脑文本流传下来。

除了通过声音形式表达脑文本以外，还可以通过书写的方式表达脑文本。

我们通过回忆,用书写符号将回忆起来的脑文本书写下来,脑文本就转换成了书写文本,如书籍和碑刻等。如果把脑文本输入电脑,就变成了电子文本。书写文本的转换同样需要通过回忆提取脑文本,但是它不是以声音的形式表现出来,而是以可见的物质形式表现出来,因此书写文本是可视的,可读的,而语言是可听的,可记录的。

讨论语言不能不涉及文字。然而,有些语言学家并没有真正从性质上把语言和文字区别开来,有些语言学家则根本认为它们是不同的。布龙菲尔德说:"文字并不是语言,而只是利用看得见的符号来记录语言的一种方法。"[1]为了说明文字同语言的区别,他甚至说:"在整个历史时期,一切语言几乎都是不会读书写字的人使用的;不会读书写字的民族的语言,和会读书识字的民族的语言同样地稳定、有规则和丰富。一种语言不论使用哪一种文字体系来记录,总还是那种语言,正如一个人不论怎样给他照相,总还是那样的一个人。"[2]尽管有人把口头表达称为口头语言,把书写文字称为与口头语言相对的书面语言,但文字并不属于语言而属于书写符号。

二、文学与文本

文学伦理学批评认为,文学是文本的艺术而不是语言的艺术。没有文字则没有文本,没有文本则没有文学。

文字是构成文本的基本材料。单个的文字在没有组成文本之前,只是表意的符号,所以由文字组成的文本才是文学的载体。文字是表达意义的书写符号,按照某种规则组合在一起构成文本,表达特定的意义。如前所述,文本是由文字构成的,是文学的载体和形态。目前能够见到的中国最早的文本是将文字契刻在龟甲或牛骨上的卜辞。后来发明了供书写用的纸张,书写文

---

[1] 布龙菲尔德:《语言论》,袁家骅、赵世开、甘世福译,北京:商务印书馆,1980年,第22页。
[2] 同上。

本才大量出现并流传下来。所有流传下来的文本，无论是卜辞还是书写在竹简、青铜、绢帛、纸张等载体上的文本，都属于书写文本。古代埃及人用圣书字刻在石碑、石板或写在纸草纸上的文本，苏美尔人用楔形文字写下的泥版文书等，也属于书写文本。这些人类文明史上最早的书写文本，既有叙事，也有评说，能够完整地表达某些特定意义。因此从文学起源上说，这些书写文本都属于文学文本的范畴。

当代学科的划分越来越细，受其影响，文学逐渐把历史、哲学、科学类文本排除在外，文学文本专指由诗歌、戏剧和小说等所代表的书写文本。书写文本的详细分类是现代科学发展的结果，无疑加深了对某些文学文本如诗歌、小说和戏剧的理解。但是，狭义的文学观念存在许多不足甚至是自相矛盾之处，许多问题无法在狭义的文学观念中得到解释。例如，如何设定文学的标准，当代文学文本同古典文学文本如何区分，当代文学观念同文学传统如何对接等问题，都还有待解决。诗歌、戏剧、小说三大文类各有其特点和理论，也都有各自的界限，因此用狭义的文学观念解释整个文学现象有其局限性。这表现在它不仅无法很好地解释古典文学文本，而且也无法很好地解释当代文学文本。如何解释除开诗歌、小说和戏剧之外的文学文本，狭义的文学观念是无能为力的。

在目前大多数文学理论教科书的定义中，文学是语言的艺术，"文学主要被视为审美的语言作品"[1]。一般而言，文学的通行含义是："文学是一门艺术，是主要表现人类审美属性的语言艺术，包括诗歌、小说、散文、剧本等文类。"[2]把文学看成语言的艺术的观点，显然忽视了语言同文字的区别，更是忽视了作为文学存在的文本基础。语言就其性质而言，它只是表现文学的方法或者工具，例如利用语言讲述故事。语言可以为文学的出现创作条件，但仅靠语言无法产生文学作品，只有借助文本，文学才得以存在。

---

[1] 童庆炳主编：《文学理论教程》（修订二版），北京：高等教育出版社，2004年，第53页。
[2] 同上书，第54页。

在书写符号出现以前，以声音形式生成的语言只能凭借记忆保存，不能转换为可见的文本形态。由于语言是即时生成的而且只存在于生成过程中，当语言生成的过程完成，语言也就随着发音器官运动的结束而消失了。因此，借助语言讲述的故事凭借记忆作为脑文本保存在人的大脑中，用语言讲述的故事是会随着发声过程的结束而消失的。正是语言的这一特性，决定了语言本身不能成为文学。文字的发明为文学的出现创造了条件。借助文字，语言转化成文学文本，于是文学出现了。

　　目前有观点认为，文字仅仅是因为记录语言而被创造出来的，但事实并非如此。文字既可以记录语言，也可以记录以非语言形态存在的意识和思想，并把它们转化为文本形态。文字是因为记录语言而创造出来的观点表明，文字与语言是两种不同的形态。文字不仅不能同语言混为一谈，而且离开了文字无法讨论所谓的作为语言艺术存在的文学。无论语言还是意识或者思想，只有当它们被文字记录下来以后，借助声音生成的语言和抽象的思想才能转变成固定的文本形态，才能形成可视、可读的文本，才能成为文学，留传后世。借助视觉器官和发音器官，由文字构成的文本也能够转换成以声音形态出现的语言。

　　文本是由书写符号组成的，它既是语言的物质形态，也是思想的物质形态。只有文本才能构成文学，语言只能表达文学而不能直接构成文学。因此，简单地把文学称为语言艺术显然混淆了不同艺术之间的区别，例如以语言为主要表现手段的演说和戏剧表演属于表演艺术，而不是文学。

　　语言可以借助文字转化为文本，成为文学。语言借助书写符号，作为语言表意符号的文字能够组成文本。文本是语言或思想的可视、可读形式，是文学赖以存在的基础。正是这一点，决定了文学是文本的艺术，或者是由文字组成文本的艺术，但不是语言的艺术。

　　文本理论是20世纪文学理论发展的结果。从20世纪80年代开始，text这个术语被翻译为"文本"在中国广泛接受。至90年代，文本概念逐渐成为文学批评话语中的关键术语，也成为中国学者讨论最多也是争议最多的术语之一。

在传统观念中，文本和作品是两个相互关联和对立的概念。然而，在20世纪六七十年代的西方文学理论和批评话语体系中，作品概念逐渐被文本概念所取代。在作品与文本这两个术语转换的背后，实际上是文学范式的转换。在20世纪六七十年代西方的文学批评和理论中，作品这个词语使用的频率越来越低，而文本这个词语在文学批评中占据了统治地位，成为文学批评的核心概念，因此巴特曾明确指出，文学研究和批评从作品的问题转为文本的问题。

　　时至今日，文本仍然是分歧最大的学术概念之一。利科说："文本就是由书写而固定下来的语言。"(《解释学和人文科学》)福勒说："文本指的是文本表层结构，即作品'可见''可感'的一面；这与文学批评家把文本当作形式客体的看法很接近。""不过一般来说，我们可以认为，文本由一系列句子构成。一个句子是文本的一个元素、一个单位或一种成分。"(《语言学与小说》)托多洛夫认为文本不同于句子："文本的概念与句子的概念是处在不同的层次之上的。在这个意义上，文本必须与段落——由若干句子组成的书写单位——区别开来。"巴特认为，文本"就是文学作品所呈现的表面；就是构成这部作品的词语的结构，这些词语的排列赋予它一种稳定的和尽可能独一无二的意义"。史柯尔斯从符号学的观点出发，认为文本表示"以一种符码或一套符码通过某种媒介从发话人传递到接受者那里的一套记号。这样一套记号的接受者把它们作为一个文本来领会，并根据这种或这套可以获得的和适合的代码着手解释它们"(《符号学与解释》)。后结构主义的观点认为："我们将文本定义如下：一个超越语言的工具，它通过使用一种通讯性的言辞来重新分配语言的秩序，目的在于直接地传递信息，这些言辞是与那些先于其而存在的和与其并存的言辞互相联系的。"(克里斯蒂娃)德里达也说："广义而言，文本没有确定性。甚至过去产生的文本也并不曾经有过确定性。"(《弗洛伊德与书写的意味》)①

---

① 本段引用，均转引自王先霈、王又平主编：《文学批评术语词典》，上海：上海文艺出版社，1999年，第167—169页。

随着西方有关文本理论研究的深入，文本概念已不限于文学的、书写的文本。除了文学而外，文本的概念既适用于电影、绘画、音乐等艺术文本，也适用于一切具有语言符号性质的构成，如服装、饮食、仪式甚至历史等。在后结构主义之后，文本与外部世界的联系越来越受到重视。因此，赛义德认为："简言之，文本存在于世界之中，所以，文本是世界之物。"同其他文化产品一样，文本也"从属于法律、政治、经济和社会强制力"（《文本、世界、批评》）。[①]

20世纪西方的文本理论的发展轨迹，经历了一个由俄国形式主义、英美新批评到结构主义、解构主义再到西方马克思主义等多种文本理论的发展过程。这些理论所关注的中心，就是文学文本中的语言、结构、互文和文化等问题。

从分析中可以看出，西方的结构主义文本理论家如罗兰·巴特、格雷马斯等都是按照索绪尔和叶尔姆斯列夫的基本理论建构文本理论，而且还吸收了美国当代语言学家乔姆斯基的转换生成语法理论。他们挑战传统，观点鲜明，新说不断，如"从作品到文本""作者之死""互文性"等新的理论问题的提出与探索，使有关文本的理论更加复杂化。

在文本一词进入中国之初，因其语境特殊，汉语中无法找到一个与法语texte完全对应的词，于是当时中国学术界使用两个术语，即文本与本文。所以在20世纪80年代，文本与本文是两个相互混用的术语。20世纪90年代，文本这个术语得到了学术界主流的认可。此后，文本就成为我国文学批评中常用的概念，也成为中国文学理论研究的对象，学术界发表了一大批有关文本研究的学术论文，出版了一批有影响的学术专著，其中《文学文本理论》（赵志军，2002）、《文本学——文本主义文论系统研究》（傅修延，2004）、《文学文本理论研究》（董希文，2006）、《伦理叙事与叙事伦理：90年代小说的文

[①] 转引自王先霈、王又平主编：《文学批评术语词典》，上海：上海文艺出版社，1999年，第169页。

本实践》（张文红，2006）、《文本解读与意义生成》（蒋济永，2007）、《叙事、文体与潜文本——重读英美经典短篇小说》（申丹，2009）等，是我国不同阶段文本研究的代表性著作，对我国的文本理论研究产生了重要推动作用。

国内外有关文本的研究已经达到了新的高度，但无可否认的是，文本理论受索绪尔和巴特的影响太深，大多数文本的研究往往被束缚在他们的文本理论框架中，因循守旧，缺少创新。无论是文本，还是与之相关的符号、语言，都不能摆脱索绪尔和巴特的窠臼。可以说，什么是语言、符号以及文本的问题，尤其是它们之间的区别问题，不仅没有解决，甚至很少有学者提出解决的新思路。

三、脑文本

有关语言、符号和文本的研究，需要深入更深层次即大脑层面进行探讨，才有可能打开我们新的思路。就文本而言，语言、符号与文本只是表象，而它们的本原隐藏其后，不易发现。这个更深层面的东西就是脑文本。语言、符号和文本都是在脑文本基础上产生的，因此要解决语言、符号和文本的问题，就应该从脑文本的研究入手。

脑文本概念是在语言、符号和文本基础上提出的，是为了借助脑文本概念从根本上解决语言、符号及文本研究中存在的基础理论问题，作为语言、符号及文本研究的基点。

脑文本（brain text）是人类在发明书写符号以及书写载体之前存储信息的文本形式。脑文本以人的大脑为载体。通过感知、认识和理解的思维过程，大脑将思维的结果作为记忆文本存储在人的大脑中。存储在大脑中的记忆文本就是脑文本。人们对世界客观事物的感知和认知，都会以记忆的形式在大脑中存储，大脑通过感知、认知理解事物的思维过程形成脑文本。

就书写文本和电子文本而言，脑文本是文本的原初形态。就介质而言，脑文本是一种特殊的生物形态。在书写文本和电子文本出现之前，非物质形态的意识只能保存在脑文本里。脑文本不能遗传，只能通过口耳相传进行复制。游吟诗人对文学作品的传唱，如对荷马史诗以及其他文学作品的传唱，都是以脑文本为前提的。他们传唱的是保存在大脑中的有关荷马史诗和文学故事的脑文本。这说明，即使在书写符号出现之前，文学也是通过文本流传的，只不过这个文本与我们现在所熟悉的书写文本不同，是一种脑文本的流传。

由于脑文本不能遗传而只能口耳相传，因此除了少量的脑文本后来借助书写文本被保存下来之外，大量的具有文学性质的脑文本都随其载体的消亡而永远消失湮灭了。直到今天，无论是书写文本还是电子文本，从根源上说都是对脑文本的复写、加工、存储和再现。没有脑文本，就没有书写文本和电子文本。没有脑文本，就没有文学创作，就不可能产生任何形式的文学。

脑文本并不是人类文明初期或书写符号出现之前才有的文本形式，在文字出现之后，脑文本同样存在。只要人脑活动，就会不断地产生各种各样的脑文本。只要人脑的活动不停止，只要人的任何一种感觉器官能够发挥作用，人就会通过认知和思维产生脑文本。文学家善于观察人物和事物，善于思考和分析，善于归纳和推理，所以文学家的脑文本比普通人更丰富。而且，文学家熟悉文学并精于某些文学技巧，因此文学家的脑文本往往表现出强烈的抒情和想象性特点，从而成为诗歌或故事的素材。文学家创作出来的文学作品，都是对自己或别人的脑文本进行加工处理的结果。

至于脑文本的表达形式，语言是表达脑文本的声音形式。声音自身能否形成文本，答案是否定的。由于声音只是表达文本的媒介，因此声音本身不能形成文本。发音器官通过运动发出声音是表达脑文本的方法。声音也可以用书写符号记录下来，形成由书写符号构成的书写文本。但是，声音本身只是一种无形的非物质形态，因而声音不能成为有形的文本。

人的声音是发音器官通过声带的振动产生的声波，它经由人的听觉器官接收和感知，因此声音本身不是一种物质现象而是一种能够感觉到的空气运动状态。在录音设备发明之前，人类除了用符号的办法把声音转换成物质形态并保存下来外，没有办法把声音直接保存下来。即使声音被录音设备记录下来，例如声音被录音机记录在磁带中和电子介质中，或被早期的机械录制声音的机器记录在胶盘中，声音自身的性状也会被改变，不再是原来的声音了。一旦声音被记录在磁带或电子介质或者胶盘中，声音就变成了固定的形态，就像蒸汽变成水再变成冰一样，尽管水或冰是由蒸汽转变而来，但是它们的性状却改变了。只要声音被固定下来，就能形成文本，但它已经不是原来的声音了。

文本的性质是由文本的载体即媒介决定的。文本同文本的载体需要区别开来，载体如声音、书写符号以及数码都是表达意义的工具，但仅仅是工具而已。只有当它们形成文本之后，才能被分析。例如，声音只是空气振动产生的声响，不同的声音组合在一起就可以表达意义。但是，这些表达意义的声音如果没有被听觉器官接收，声音是不能被理解的。

当我们借助听觉器官接收到声音信号后，这些声音信号经过思维的过程可以形成思想存储在大脑中，这就是脑文本。只有声音被存储为脑文本之后，声音才能通过发音器官表达出来，生成语言。我们理解声音是有一个过程的，首先要通过听觉器官接收声音，在接收之前，我们不能理解声音的意义。然后要经过思维进入认知过程，即理解声音的过程。最后把对声音的理解保存在大脑中，形成脑文本。脑文本形成以后，就可以通过发音器官把脑文本重新转换成声音，生成语言，实现传播和交流。因此从表面上看我们理解的是声音，实际上我们理解的是脑文本。

文学伦理学批评研究语言、符号及文本，从基础理论厘清文学同语言、符号及文本的关系，从跨学科角度上解决文学的基本理论问题，其目的仍然是促进文学文本的阅读，充分开发文学的教诲功能，发挥文学的教诲作用。无论文学研究，还是语言、符号及文本的研究，我们都不能丢失这个目标。

四、作者是否已死

1968年，当代法国文学理论家与批评家罗兰·巴特在他的论文《作者的死亡》中提出了"作者已死"的著名观点。他坚持马拉美的看法，认为文学作品是语言而不是作者在说话，是语言而不是作者在起作用。实际上，罗兰·巴特讨论的"作者的死亡"的话题，解构了作者对于作品的价值。

文学伦理学批评认为，文学是特定历史阶段伦理观念和道德生活的独特表达形式，文学在本质上是伦理的艺术，是人以及关于人的艺术。人是文学的主体，只有人才能创作文学。当人类在伦理选择中出现的时候，就埋下了文学的种子。随着人类自我身份的确认以及个人和社会生活的复杂化，人类也感到在自我选择中无所适从，为了提供借鉴，记录、描写和理解自身经验的文学应运而生了。迄今为止，人类始终在迷茫中探索前行，在误解、错误和失败中追求真知、真相和真理，而记录自己以及他人的生活经验、内心感受和哲学理解的文学能够为我们提供教诲，启迪思考，提升智慧，能够满足我们的现实需要。而这也是文学得以存在的根本原因。文学是因人而在的，是关于人的艺术。无论过去、现在或未来，只要人类存在，文学的伦理需要就不会消失，文学也不会消失。文学不会消失，作者就不会死去。

就文学而言，其形式有一个发展演变的过程。从最初的图画、书写符号的记录、历史纪事、哲学思考到诗歌、戏剧和小说等纯文学形式的出现，文学在众说纷纭中一路走来。文学的历史同人类历史是同步的，当人类历史进入21世纪，文学并没有滞后于历史，而是同样进入了新世纪。文学家甚至还借助自己的独特想象力和前瞻性不断创造出新世界，让我们在文学中领略无法经历的未来。这就是文学的魅力与伟大之处。

但是，随着人类科学技术的飞速发展，科学技术改变了社会、时代和我们自身，文学也不可避免地将要面临着历史上最严重的挑战。越来越多的人正在变成作者，或者正在变成某种文学的创造者。作者在作品中的地位变得无足轻重。同文本相比，作者离我们更远了，而这正是作者价值消减的结果。用布莱希特的话说，"疏远作者"的结果是文本建构以及阅读过程中的作者缺席。只要文本形成，或者说只要作者完成了文本的建构，作者就不再是文本的组成部分，而是从文本的阅读和理解中退场，作者的身份也转变成了普通的读者。此前作者对于理解文本不是可有可无的，而是不可缺少的，而现在作者同文本的关系似乎可以完全斩断了。没有作者，并不影响我们阅读和理解文本。作者死了，但是新的读者产生了。所以巴特说："为使写作有其未来，就必须把写作的神话颠倒过来：读者的诞生必须以作者之死为代价。"①

半个世纪以后，美国耶鲁大学教授希利斯·米勒又语出惊人，他不像巴特那样说"作者死了"，而说"文学死了"。米勒认为首先是"技术变革以及随之而来的新媒体的发展，正使现代意义上的文学逐渐死亡"②。他以诗歌月刊的发行量从惊人的70万份下降到了"只有"3万份为例，说明文学"向新媒体的转移却是明确无疑的"③。其次，他认为："不可否认，文学理论促成了文学的死亡。"④他以劳特里奇（Routledge）出版社约他写作一本"论文学"的书为例，不仅说明文学的处境岌岌可危，而且也说明理论记录预示着文学将死的趋势。米勒教授不是危言耸听，事实上的确如此，文学正在遭遇一场前所未有的生存危机，在许多方面显露出生气将尽的症候。如果不说文学正在死亡，至少可以说文学已成明日黄花，失去了昔日的光彩。不可否认的是，"文学死了"是当今有关文学创作、文学理论与批评的前沿命题，我们不能回避，更不能忽视，而必须面对、必须思考并且必须做出回答。

---

① Roland Barthes, *Image-Music-Text*, translated by Stephen Heath, Fontana Press, 1977, p.148.
② 希利斯·米勒：《文学死了吗》，秦立彦译，桂林：广西师范大学出版社，2007年，第16页。
③ 同上。
④ 同上书，第53页。

五、文学是否已死

　　文学会死亡吗？显然不会。自从荷马史诗以来，文学已经延续了 2800 多年，不仅没有死亡，似乎也没有出现死亡的症状。文学没有死亡，但是类似荷马史诗的文学死亡了，通过游吟诗人传唱的文学死亡了，还有其他一些类型的文学也死亡了。在时间流逝的长河中，所谓的文学经过历史的洗礼，文学王国的领地越来越小，文学类型也越来越少，最后只剩下诗歌、小说和戏剧代表文学存在着。戏剧中无比辉煌的希腊戏剧从舞台上消失了，也许有一天，诗歌和小说也难逃荷马史诗和中世纪传奇的死亡厄运。无论是希腊戏剧还是荷马史诗，作为历史它们将永远活着，但作为一种文学类型却无法繁衍，只能消亡。事实证明，文学的形式并不是长生的，而是会死亡的。

　　文学死亡是一个需要从概念上厘清的命题。是文学的死亡还是文学形式的死亡？显然，希利斯·米勒强调的是后者。当然，文学形式的死亡必然导致文学性质的改变。同理，文学某种形式的消亡，某种形式的文学也就消亡了。米勒把文学死亡的原因归结到科学技术的变革和新媒体的发展。他为我们揭示出文学遭遇危机的残酷事实。的确如此，新技术的革命，随身携带的多种计算机终端的发明，人工智能的迅猛发展，尤其是人机接口研究取得突破以及当今 5G 网络的运用，不仅从根本上改变了文学存在的形式，而且也从根本上改变了我们的阅读方式。大量的普通读者中，甚至包括一大批在大学从事学术研究的大学教授，阅读印刷书籍的人越来越少了。所有的文学文本，都可以转换成数字存储在计算机网络里供读者借助计算机终端阅读。正是科学技术的飞速发展以及在文学中的运用，导致传统的文学样式的消亡。

　　实际上死亡的不是文学，死亡的只是文学的某些形式。旧的文学形式的消亡是以某种新的文学形式的诞生为前提的，而新的文学形式会把文学的生命延续下去。所以，我们不必担心文学的死亡，而应该关心文学形式的改变，关心文学是否能够对我们发挥作用。

有人说现在读书的人少了，这显然是一种主观臆断。事实是，现在不是读书的人少了，而是多了。同过去阅读的人群相比，无疑现在阅读的人群在数量上是远远超过了过去。我们没法通过数据说明这一点，但是每个人的感觉是一样的，包括我们自己在内，用于阅读的时间同过去相比显然是大大增加了。比如说，我们几乎把可以利用的空闲时间都利用到了手机的阅读上了，而这些时间在过去则不是由阅读来打发的。因此，从用于阅读的时间上看文学，显然文学不仅没有死亡，相反似乎显现出更加旺盛的生命力。

文学不是孤立存在的，它每时每刻都受到科学技术等其他学科的影响。正像人类从野蛮走向文明再走向科学一样，文学同样要经历这种发展历程。文学形式的演变是历史选择的结果，也是自我选择的结果。然而在科学时代，文学形式已经不完全是由人的主观意志决定的，而是科学技术决定的。不仅文学受制于科学，人更是如此。就文学阅读的方式而言，绝大多数的阅读已经不是手执书籍灯下夜读的传统模式。对于大多数人而言，计算机终端和以手机为代表的移动终端，已经成为看和听的阅读主流方式。随着无纸化实施，传统的书籍可能成为历史，传统阅读方式将变成心中的美好记忆，而现实中的阅读再也离不开数字技术。特别是人工智能如 ChatGPT、文心一言以及 DeepSeek 等的出现，使文学的自动生成已经成为可能。借助 AI 技术，我们随时可以获取我们所需要的文学。这些改变将是迅速的、巨大的。这不仅是文学阅读方式的改变，同样也是文学生成、文学形式和文学性质的改变。什么是文学的问题，将引发我们更多的讨论。因此，在科学技术的时代，什么是文学的问题将再一次提到我们面前，让我们思考和做出回答。可以说，回答什么是文学的问题，也就是回答文学是否死亡的问题。

六、理论是否已死

无论是作者已死还是文学已死,都是文学理论失效引发的问题。当理论不能回答和解决现实中出现的文学问题时,理论存在的价值就会被质疑,通过文学批评体现的理论的作用就会被消解,因而理论无用和理论的终结观点就会产生。2003 年 4 月,美国《批评探索》杂志召开杂志编委会全体会议,讨论的问题就是如何应对理论失效产生的危机:"在新纪元,以及目前永恒的危机和非常时刻的状态下,批评和批评方法的概念将发生什么样的变化?"[①]

这种变化就是文学理论与批评的命运的变化。早在 20 世纪下半叶,这种变化已经开始了。它以"理论的终结""理论的死亡""文学的死亡""文学的终结"等问题表现出来。理论之死的问题是 1968 年当代法国文学理论家与批评家罗兰·巴特提出的。在那篇不长的论文《作者的死亡》中,他讨论了"作者已死"的观点。30 多年后,希利斯·米勒在《文学死了吗》这部著作中又提出"文学已死"观点,震动了文学理论界。无论是作家已死还是文学已死,都需要文学理论给出回答。由于文学理论并不能解决这个问题,于是产生了文学理论已死的话题。

关于理论是否已死的问题,青年学者陈后亮教授在这方面的研究用力颇多,发表了许多很有价值的观点和看法。理论是不是真的终结了?陈后亮指出:"答案必然是否定的,否则人们就没有必要继续讨论理论终结的话题。但理论是否会在将来终结?这才是人们真正关心的悬而未决的问题。"[②]理论的生命周期较长,思潮消失了但理论还存在。其实,人们关心的并不是理论的终结问题,而是缺少有效理论的问题,关心的是"理论的终结"即思潮结束之

---

① 王晓群主编:《理论的帝国》,北京:中国社会科学出版社,2004 年,第 11 页。
② 陈后亮:《理论会终结吗?——近 30 年来理论危机话语回顾与展望》,载《文学评论》,2019 年第 5 期,第 80 页。

后我们应该怎么办的问题。答案是有的,那就是建构新的理论。

显然,理论终结之后或思潮结束之后并非说我们不再需要理论,也并非说理论一无用处,而说明我们缺少理论,说明有许多问题需要理论来解决。简而言之,我们需要理论,但不需要旧理论,而是需要新理论,尤其是需要创建新理论以解决存在的问题并回答新生的问题。因此,新理论是旧理论终结之后理论的创新与质变。正因为我们还需要理论,我们才会讨论理论之后怎么办,讨论理论终结之后怎样填补理论留下的空白的问题。

理论终结的观点尽管引起巨大争议,但只要是真正的理论,就必然有它的用武之地,不会终结也不会死亡。就文学而论,文学理论是研究文学的工具,尽管工具是多种多样的,是不可缺少的,因而也是不会死亡的。事实上,即使那些反对理论和坚持理论终结观点的人,他们也是在理论的框架中讨论终结问题,而且都在自觉与不自觉之中运用各种理论阐述他们的观点。陈后亮说得好:"理论永远不会消亡,只是它的存在方式必将发生改变:不是作为批评方法,而是作为关于文学的思考方式。"[①]

理论不会终结或死亡,但是需要不断更新,并在更新中得到完善并用于解释历史的、现实的或未来的问题。只有建构新的理论,才能获得新的发现,理解并推动学术研究向前发展。文学伦理学批评是在伦理批评思潮中诞生的新理论。它以人类文明三阶段论为基础、以伦理选择为核心建构文学批评理论体系和话语体系,从而同20世纪80年代开始在美国出现的伦理批评思潮区别开来。文学伦理学批评可以用来有效地解决文学问题,并通过自己的批评方法获得对文学的新解释、新理解和新结论。

文学伦理学批评认为,文学是人类伦理的产物,是特定历史阶段的伦理表达形式。人类为了表达伦理创造了文字,然后借助文字记载生活事件和人类对伦理的理解,将文字组成了文本,创造了文学。文学的产生是伦理选择

---

① 陈后亮:《理论会终结吗?——近30年来理论危机话语回顾与展望》,载《文学评论》,2019年第5期,第80页。

的结果，文学的价值在于记述了人的伦理选择。文学作品以人为书写对象，通过伦理选择写人、叙事、抒情，叙述人生中一个个选择事例，评说做人的道理，因此伦理选择是文学作品的核心构成，也是文学理论的基本架构。文学伦理学批评的理论和话语，实际上都是关于伦理选择的理论和话语，是关于伦理选择的阐释和建构以及伦理选择的分析和解说。文学伦理学批评借助自己的批评话语并根据自己的学术观点阅读、分析和解释文学作品中的伦理选择活动。简而言之，文学伦理学批评使用自己的批评术语和观点撰写阅读和理解文学作品的说明书，为读者正确理解文学作品和做出正确的伦理选择提供参考、提供指引。

作为文学理论，我们可以在伦理选择基础上对文学伦理学批评的理论体系再做归纳：人通过自然选择获得人的形式，但是需要通过伦理选择获得人的本质。伦理选择就是做人而不做兽，就是做一个有道德的人。伦理选择的方法是教诲（教导和学习），教诲的工具是文学（文学文本）。为了使用文学工具，就需要阅读使用文学工具的说明书文本。文学伦理学批评通过自己的研究，写出使用文学工具的说明文本，作为阅读、理解文学文本并从中吸取道德营养的阅读指南。

七、21世纪理论创新的展望

自20世纪80年代开始，西方文论、概念、术语被大量翻译、介绍进入中国，造成了中国学术研究的空前繁荣。但是在中国学界构筑的这道以西学强势话语为主色调的炫目风景里，明显缺少了中国元素。中国学界逐渐从对西学的追捧中慢慢清醒过来，开始反思为什么在中国流行的"西方理论"大潮中，看不到中国学者有多少贡献。对于当代新西学东渐造成的中国理论缺场和话语缺失，中国学者感到忧虑，渴望构建自己的理论，从西学影响的焦虑中挣脱出来。

因此，文学伦理学批评的诞生带有一种历史使命感，那就是要打破西方理论的一统天下并开辟出一块属于中国的学术领地，要为文学研究的理论与方法提供新的选择。面对造成理论脱离实际和伦理缺场的形式主义、结构主义、解构主义等西方理论的强势话语，文学伦理学不仅旗帜鲜明地坚持文学批评的社会责任和道德义务等伦理价值，而且强调"文学批评可以对读者的阅读选择、内容理解和道德评判产生重要影响，因此还负有促进社会精神文明建设的道义责任"[1]。

文学伦理学批评的价值在于批评文学和进行文学研究，文学是它存在的基础。没有文学，就没有文学伦理学批评。现实中作为文学伦理学批评研究对象的文学正在发生巨大的变化，文学之死只是这些问题中的一个。但是，文学伦理学批评认为，文学的变化只是形式的变化，文学的死亡只是形式的死亡。传统文学形式的死亡预示了新的文学形式的诞生，文学将以新的形式出现并继续存在。文学不会死亡，文学批评也不会死亡。但是我们必须看到，文学和作者已死的观念给我们带来的新思考，即在科学技术迅猛发展的今天，尤其是随着人工智能、移动终端、5G网络等的快速普及，文学必将迎来一场新的革命，从而导致传统文学观念的改变，即文学新观念的诞生。

文学新观念的核心问题依旧是文学的定义问题。例如，当下通过手机以及其他数字媒体传播的各种形式的文本，尽管不属于传统观念中的文学，但拥有的读者数量已经超出了我们的想象，而且在读者中受到的欢迎程度也不是传统文学所能比拟的。那么，通过移动终端广泛阅读的这些文本的性质是什么？它们是不是文学？在现有的文学理论中，它们不属于文学，但在现实中它们被当作文学被广泛阅读，显然没有理由把它们排除在文学的范畴之外。相反，那些被文学理论认定为文学或文学经典的文本，阅读的人越来越少了。这不仅是阅读兴趣的转移，更是文学观念的变化。这种变化必将导致文学理

---

[1] 聂珍钊：《关于文学伦理学批评》，载《外国文学研究》，2005年第1期，第10页。

论的革新，导致新的文学理论的创建，导致新的文学定义出现。但是，新的文学观念的诞生，新的文学理论的创立，都离不开文学基础的研究，即陈众议教授一再强调的文学原理的研究。有关语言、符号、文本、脑文本等的研究，既建构文学新理论不可或缺的材料、话语、思维工具，也是对文学基本原理的探讨。

从发展的眼光看问题，语言、符号、脑文本的研究越深入，传统的文学观念将会从根本上得到改变，为文学理论创新奠定科学基础。所有的文学理论问题，都同语言、符号和脑文本连接在一起，都是从语言、符号和脑文本中生发出来的问题。可以说，语言、符号和脑文本将成为文学理论的三大跨学科构成，成为构建文学新理论的三大跨学科基础。为建构新的文学批评理论开展基础性、前瞻性研究，这就是《语言、符号与脑文本概论》一书的研究动力。

第一章 | 语言的定义

第一节 语言的定义问题

无论研究语言学,还是研究文学、哲学、历史,甚至包括自然科学在内,都离不开语言。而语言是什么?或者什么是语言?这不仅是当代语言学研究的根本问题,也是当代文学研究的根本问题。语言的定义即什么是语言的问题不解决,文学的研究就丧失了基础。自20世纪初以来,影响至今的文学批评思潮如结构主义、形式主义、解构主义等,都是在语言研究转向的浪潮中出现的。文学批评中许多争论不休的问题,从根本上说大都与语言学相关。推动文学批评的发展,解决文学批评研究中的争论,首先得解决什么是语言的问题。

一、语言的定义是核心问题

无论讨论文学语言问题还是语言学中的语言问题,有一个必须明确的前提,即我们讨论的语言是人的语言,即人是语言的主体。简而言之,语言就是我们人说的话,或者人口头发出的表达意义的声音。语言是人借助声音表达意义和传递信息的特有现象,因此只有人才有语言。语言是人的发音器官发出的表达意义的声音,其他具有发音器官的动物也能通过发音器官发出声音，表达意义，但不是语言。有些学者把其他动物发出的表达意义的声音称之为动物语言，这只是称呼上把动物表达意义的声音或行为称之为语言，但它们实质上同人的语言有着根本不同。

目前有关语言研究最核心的问题，是有关语言的定义问题，即什么是语言或者语言是什么。这是研究语言的前提。有关语言的定义不明确，不仅会给我们的语言研究带来严重问题，也会给文学研究、哲学研究、历史研究、社会科学研究等诸多学科的研究带来困扰。

但是，关于语言的定义目前还存在较大争议。如果我们以存在争议的语言定义为研究前提，我们的研究过程及其结论也存在争议。如果我们以带有片面性或有疑问的语言定义为研究基础，我们研究语言得到的观点及其结论也可能是片面的、有疑问的。如果我们以折中、模糊的语言定义为研究前提，我们的研究结论也可能因为研究前提的模糊性而得出模糊的结论。对于科学的学术研究而言，我们需要避免研究前提的模糊性，而要做到这一点，就要解决语言的定义问题。

我们每天都在使用语言，但语言是什么，即语言的定义是什么？这是当今学者仍然在寻求答案的问题。正如学界所说："这不仅是当代语言与文化研究的根本问题，也是现代语言学中最重要的问题。对这一问题的研究贯穿着整个语言学史，不同学科或同一学科的人们从不同的角度作出不同的解答，形成了语言学研究中的不同流派和独特的研究方法。"[1]那么，目前我国关于语言定义的研究又是怎样的呢？

表面上看，学者们在讨论语言时都有他们各自的关于语言的理解，都有他们各自的关于语言的定义。因此，语言学界关于语言的定义是多样的，不统一的。尽管索绪尔的语言学观点有着广泛的持续的影响，但同时也一直在不断遭到一些人的质疑。目前关于语言的定义是百花齐放、百家争鸣，定义

---

[1] 刘富华、孙炜:《语言学通论》，北京：北京语言大学出版社，2009年，第1页。

众多,十分庞杂,但缺少能够为学界普遍认同和接受的定义。21世纪初,华东师范大学潘文国教授对我国的语言研究现状做过总结。他说:

> 我国的语言研究,本世纪以来引进了西方许多的语言理论与方法,但很少有人对这些理论、方法背后的语言观认真探索过,五十年代初接受了列宁的一句"语言是最重要的人类交际工具"以后,以为就可以以不变应万变,自如地解决语言研究的种种问题了。其实不然。一百年来汉语研究的功过,成绩与问题,表面上看来是理论、方法和体系之争,其实背后都有语言观这个根本性的问题。时至今日,我们可以说,语言观问题还是汉语研究中一个尚未解决的问题。①

潘文国教授所说的语言观,其实就是语言的定义。为了解决语言的定义问题,他做了一项具有学术史意义的重要工作,那就是对19世纪初以来重要的语言学家的论述以及专业工具书的经典定义进行了研究,搜集整理出60多条关于语言定义的观点。从潘文国教授的研究可以发现,不论当今过往,不论西东学界,有关语言的定义一直存在严重分歧。尽管许多年过去了,潘文国教授的结论仍然没有过时,有关语言定义的问题并没有真正得到解决。

例如,《韦氏新世界字典》(*Webster's New World Dictionary*)对语言的定义就具有代表性。在对语言的解释中,这个影响广泛的字典并没有给出自己的定义,而是提供了有关语言的几种常见释义,供读者自己选择。这几种定义是:①人类的言语;②通过言语交际的能力;③一套语音系统以及产生意义的语音组合系统,用来表达、交际思想和感受;④上述系统的书面表示。②这说明,即使是给人提供正确答案的字典,要给我们一个清楚明白的语言定义也难以做到。

---

① 潘文国:《语言的定义》,载《华东师范大学学报》(哲学社会科学版),2001年第1期,第97页。
② 参见井凤芝、郑张清主编:《语言学》,昆明:云南人民出版社,2012年,第1页。

学者们一般认为："语言学界至今对语言还没有一个清晰而统一的定义。因为不同的时代、不同的学派对语言有不同的看法。"①语言是什么的问题，不同的学科有不同的回答，即使同一个学科，由于看问题角度不同，给语言下的定义也就不同。在学者们看来，由于每个人对语言理解和阐释的角度不同、方法不同、立场不同，就衍生出了对语言的形形色色甚至是大相径庭的解释。比如，有人从语言交际功能的角度解释语言，有人从语言与人类精神活动的关系方面解释语言，有人从语言的心理和认知的立场解释语言，有人从语言的内部结构解释语言，有人从语言与人类社会的关系方面解释语言。在对语言的认识上，有人侧重声音，有人侧重意义，有人侧重工具性，有人侧重符号性，有人侧重范围，有人侧重要素，有人侧重习惯。正如"一千个读者就有一千个哈姆雷特"一样，上千个语言学研究者，就有上千种互不相同的语言定义。当然，每一个定义都或多或少地存在这样或那样的问题，但是，每一个定义也都有它恰当、合理的一面。②这说明，如何定义语言同一个人的立场、观点、方法等密切相关，同时也说明要有一个大家都认同的语言的定义，的确是一件十分困难的事。

　　邢福义、吴振国在他们主编的《语言学概论》中表述了中国学界面临的窘境：每一个正常的人都离不开语言，都必须学习和使用语言。但是，语言是什么呢？这个问题并不容易回答。不同的人从不同的角度对语言有不同的理解，有人把语言理解为认知的工具，有人把语言理解为文化的镜子，还有人把语言理解为艺术的媒介等。语言学界对语言也有许多不同的理解。人们对语言的理解之所以多种多样，是因为语言本身的性质十分复杂，而且语言不仅是语言学研究的对象，也是许多其他学科的研究对象，如哲学、逻辑学、心理学、社会学、人类学、文学、历史学、传播学、系统科学、信息科学、计算机科学等，也都研究语言。不同的学科从不同的角度看语言，对语言的

---

① 白雅、岳夕茜主编：《语言与语言学研究》，昆明：云南大学出版社，2010年，第16页。
② 参见纪秀生、王建设：《现代语言学通论》，昆明：云南大学出版社，2010年，第6页。

理解自然会有差异。即使是同一学科,语言本身的复杂性,也会导致人们认识上的差异。[①]

由此可见,有关语言定义这个基本问题的讨论,尽管一百多年过去了,但问题依然存在,远没有解决。但是,语言的定义又是一个必须解决的问题。语言是语言学研究的基本对象,也是文学意义的载体,如果语言的定义问题不解决,将势必影响学界所有以语言定义为前提的研究。学者们常说,语言的定义是一个异常复杂的问题,不是一朝一夕就能完全解决的问题。有关语言定义问题的解决,可能还需要我们转变思路,需要我们的研究方法及理论的创新,需要语言学界以及其他学科之间的通力合作。但是无论如何,前辈学者已经为我们后来的研究开辟了道路,为我们今天的研究奠定了坚实基础。应该说,语言定义的问题虽然还没有解决,但是我们已经看到了能够解决问题的曙光。

二、中国学界的语言观点

中国关于语言的研究源远流长,著述丰厚。例如,辞书之祖《尔雅》成书于战国时期,是中国训诂学的开山作品。此后西汉的《方言》、东汉的《说文解字》、东汉的《释名》、晋代的《字林》、隋代的《切韵》、唐代的《五经正义》、明代的《通雅》、清代的《马氏文通》等大量语言学著作,研究的领域遍及文字、音韵、语法、释义等众多领域,取得了令人瞩目的成果。20世纪以来,受西学东渐之风影响,我国的语言学研究尽管也注意吸收中国古代成果,注意沿袭古代传统,但总体上逐渐出现西学转向,大多带上了西学的烙印。西方语言学研究深刻影响了中国语言学、文学、哲学等学科发展,促进了中国的语言研究的繁荣,尤其是促使中国学术研究从以考据和诠释为

---

① 邢福义、吴振国主编:《语言学概论》,武汉:华中师范大学出版社,2002年,第1—2页。

主的传统研究方法中解脱出来，转向具体的学术问题研究，因而也有效地推动了中国当代学术研究的发展。

就语言学研究而言，语言的定义问题一直是中国学界关注的重要问题。中国学人注重借鉴古今中外各种学术观点，推动中国的语言学研究。总体来说，语言工具论和语言符号论是中国学术界关于语言定义的主流观点。

中国学界大多认同语言是人类交流工具的定义："传递信息是语言的基本功能"，"语言是交际工具"。[①]这种观点的理论基础主要来源于列宁关于"语言是人类最重要的交际工具"的论述。列宁在《论民族自决权》中说："语言是人类最重要的交际工具；语言的统一和语言的无阻碍的发展，是保证贸易周转能够适应现代资本主义而真正自由广泛发展的最重要条件之一，是使居民自由地广泛地按各个阶级组合的最重要条件之一，最后，是使市场同一切大大小小的业主、卖主和买主密切联系起来的条件。"[②]列宁关于语言的工具性价值的论述，主要是为了强调语言在资本主义发展中的地位和作用，并非为了给语言下定义。但是，在坚持工具论的学者看来，列宁对语言的论述是对语言本质特征的高度概括，也是关于语言的科学定义，因而是中国学界长期以来坚持的观点。

中国当代学界在定义语言时不仅高度重视语言的社会功能以及在社会生活中的作用，而且普遍接受了西方的语言学观点，尤其是接受了索绪尔的语言学理论及其观点，强调语言的符号性质。

可以说，语言工具符号论是改革开放以来中国语言学界的主流学术观点。但是，其他观点尤其是中国传统的语言学观点的影响力也并没有消失，甚至还能引起较大反响，形成中国语言学界各种观点并存的现状。中国学界逐渐形成的关于语言的一些学术观点，是我们研究语言的重要学术资源，也是我

---

① 张树铮主编：《语言学概论》，武汉：武汉大学出版社，2012年，第31页。
② 列宁：《列宁选集》（第二卷），中共中央马克思恩格斯列宁斯大林著作编译局编，北京：人民出版社，1972年，第508页。

们研究语言定义的重要参考。

在中国最大的综合性辞典《辞海》中,关于"语言"的定义如下:"人类最重要的交际工具。它同思维有密切的联系,是思维的工具,是思想的直接现实,是人区别于其他动物的本质特征之一。语言是以语音为物质外壳、以词汇为建筑材料、以语法为结构规律而构成的体系。语言是一种特殊的社会现象,它随着社会的产生而产生、发展而发展,一视同仁地为社会各阶级服务;当然,阶级也影响到语言,利用它来为自己的利益服务。所以语言又是社会斗争和发展的工具。"[1]

《辞海》在强调语言工具价值的同时,也强调语言的语音、词汇和语法,尤其强调语言是社会斗争和发展的工具。这种充分体现历史特点的观点显然同当下流行的语言观点不同,但它能够恪守中国语言传统,在当前西方语言理论占据统治地位的研究中,它守住了自己的一片天地,在中国语言学研究中实属难能可贵。

关于语言的定义问题,中国学界一直受西方学者的影响颇深,大多采用西方学界的观点。大体说来,中国学界认可源于西方的语言符号论以及语言工具论,往往在语言的定义中使用符号和交际工具两个核心关键词。例如,有学者认为:"语言是一种音义结合的符号系统,是人类最重要的交际工具和重要的思维工具。"[2]中国学者编写的语言学教科书,大多采用类似的观点。例如邢福义、吴振国在他们主编的《语言学概论》中,就是从结构和功能出发给语言下定义:"从结构上看,语言是一个复杂的符号系统。语言中的词语就是一种符号,而且语言符号之间存在着复杂的系统联系,语言就是由词语这种符号构成的复杂系统。因此,从结构上把握语言的本质特征,就要重点把握语言的符号性和系统性。"[3]他们表示:"从功能上看,语言有多种多样的功

---

[1] 辞海编辑委员会编:《辞海》(上),上海:上海辞书出版社,1979年,第892页。
[2] 张树铮主编:《语言学概论》,武汉:武汉大学出版社,2012年,第11页。
[3] 邢福义、吴振国主编:《语言学概论》,武汉:华中师范大学出版社,2002年,第2页。

能,但语言最重要的功能或者说本质功能是社会交际功能和思维认知功能。语言之所以产生和存在,人们之所以要用语言,主要是因为语言具有这些本质功能,人们需要而且可以用语言来进行社会交际,用语言来认识世界、思考问题。"① 正是从结构和功能出发,他们归纳出语言的定义:"语言是一种复杂的符号系统,是人类进行社会交际和思维认知的工具。"② 这部著作尽管强调了源于中国传统的学术观点,但接受西方观点以推动中国语言学研究观点革新的思想也显而易见。再如马学良、瞿霭堂在他们主编的《普通语言学》一书中,同样从工具性、符号性和信息性等语言的基本属性角度给语言下定义,认为"语言是一种以人类的大脑为物质前提、发出的声音为物质载体、作为思维和交际工具的符号信息系统"③。总之,学术界总的倾向大多或者从结构和功能出发定义语言,或者从工具、符号、信息出发定义语言,这是目前我国普通语言学的研究状况。

如上所述,中国学术界的主流观点是把语言看作交际工具和符号系统,但除此之外,还有一些其他观点也不可忽视。潘文国教授收集了160多年间中外语言学家的著述和权威工具书方面的资料,整理出60多条具有代表性的观点。其中一些中国学者的观点,值得我们在思考语言问题时注意。再如,张世禄强调思想内容和声音外形说:"语言是用声音来表达思想的。语言有两方面,思想是它的内容,声音是它的外形;人类所以需要语言,因为有了思想,不能不把它表达出来。这是根据人类的表现性(instinct of expression)的。"④ 吕叔湘说:"语言是什么?就是我们嘴里说的话。说话是我们日常生活中极普通的事情,跟走路一样的普通。"⑤ 说话的目的,是要把"心中的意思和情感传达给别人"⑥。什么是语言?王力从口语和文字两个方面定义语言:"语言是表达

---

① 邢福义、吴振国主编:《语言学概论》,武汉:华中师范大学出版社,2002年,第2页。
② 同上。
③ 马学良、瞿霭堂主编:《普通语言学》,北京:中央民族大学出版社,1997年,第2页。
④ 张世禄:《语言学原理》,上海:商务印书馆,1931年,第10页。
⑤ 吕叔湘:《中国文法要略》,《吕叔湘全集》(第一卷),沈阳:辽宁教育出版社,2002年,第1页。
⑥ 同上。

思想或情感的工具。"① "人类最普通的语言是用口说的,可以称为口语,也就是狭义的语言。口语虽然便利,但是不能传远或传久,于是开化的或半开化的民族又创造文字来代替口语。文字也是语言之一种,可称为书写的语言,或文语。"② 倪海曙强调语言的三种形态:"我们平常口头上所说的语言或言语,都是口头上的说话;但是语言学上的所谓语言,至少包含有三种东西:(1)态势语;(2)声音语;(3)文字语。"③ 赵元任说:"语言是什么东西呐?语言是人跟人互通信息,用发音器官发出来的、成系统的行为的方式。"④

以上中国学者的观点现在仍然有参考价值,能够启发我们从各个方面理解语言。中国学界对语言的研究,无论是坚持语言是交际工具的观点还是语言的符号性质,强调音义的结合还是强调符号象征体系,对于深入讨论语言的定义都是有益的。但是我们也应该清楚地看到,无论是把语言看成音义结合的符号系统,还是看成最重要的交际工具,都存在必须引起我们高度重视的局限性,即这些定义实际上并没有解释清楚作为符号系统和交际工具存在的语言究竟是什么,还不能真正定义语言。因此,关于语言定义的研究,仍然是一项重要的而且是长期的学术任务。

第二节 索绪尔的语言观点

关于语言的定义,西方学界也是众说纷纭,莫衷一是,出现了索绪尔、萨丕尔、布龙菲尔德、韩礼德、乔姆斯基等一批研究语言学的代表人物,最终形成了几大流派,构成西方学界语言研究的多元化历史。概而言之,各个代表人物、不同流派自有特点,也自有局限。尽管任何一个语言流派只是代

---

① 王力:《中国现代语法》,《王力文集》(第二卷),济南:山东教育出版社,1985年,第21页。
② 同上。
③ 倪海曙:《中国拼音文字概论》,上海:时代书报出版社,1948年,第5页。
④ 赵元任:《语言问题》,北京:商务印书馆,1980年,第3页。

表某些领域,不能代表语言研究的全部,但它们对于整个语言学界的研究都是不可缺少的。例如,美国结构主义和描写主义的代表人物萨丕尔认为,语言是人类特有的、非本能的交际方法,认为语言成分是"概念"的符号,力图把交际工具和符号系统结合起来解释语言的定义。乔姆斯基的转换生成语法理论对 20 世纪的语言学研究产生了重要影响。他认为布龙菲尔德等人的理论只是研究了语言行为,不能说明语言能力,因此语言理论不仅应该研究语言行为,而且应该研究语言能力。韩礼德是系统功能语言学的创始人。他批评乔姆斯基的纯形式理论,坚持从系统和功能的角度出发研究语言。他在伦敦大学学习中国语言文学和在北京大学深造的经历,使他成为在中国语言学界影响深远的人物。在这些人物中,对中国影响最大的非索绪尔莫属。

一、索绪尔的语言概念

一个多世纪以来,索绪尔是对西方语言学乃至其他人文和社会科学产生了深远影响的人物。就语言学研究而论,索绪尔被称为现代语言学之父,他的《普通语言学教程》可以说是当今语言学界最重要的著作。索绪尔通过创造性的理论假设和缜密的逻辑分析,提出了许多著名的学术观点。他将语言活动分成"语言"(langue)和"言语"(parole)两个部分,建立了结构主义语言学的基础。他把语言看成由"能指"和"所指"两部分组成的符号系统,建构自己的语言符号学理论。尽管今天我们需要从语言生成的观点对索绪尔进行重新审视和评价,但他对语言学及相关领域的影响和贡献是多方面的、巨大的。我们讨论语言的定义问题,索绪尔是首先需要研究的西方语言学界的代表性人物。

索绪尔语言学也称为"索绪尔主义",它以语言和言语的区分为基础,认为语言学只能"就语言而研究语言",排除任何非语言因素(如社会的、物理的、言语的……)的干扰。他认为就语言来说,必须区分共时和历时,语言学只研究共时的语言系统。索绪尔认为，语言活动的存在必须具备两个前提，一个是人具有能通过发音器官发声的机能，一个是社会群体赋予个人的符号系统，前者为言语（parole），后者为语言（langue）。在英语译文中，语言和言语分别译为 language（语言）和 speech（言语）。

在索绪尔的语言学理论体系中，"语言"和"言语"不仅是他的语言学理论的核心，而且也是他的语言学理论基石。同时，语言和言语也是他提出的要建立的语言的语言学和言语的语言学的对象。在《普通语言学教程》一书中，索绪尔在理论上对"语言"和"言语"进行了区分并进行了深入的讨论。

索绪尔对语言有大量解释，但是却没有一个为学界所接受的完整的定义。索绪尔先从语言研究的对象出发展开对语言的研究：语言研究包括两个部分。最主要的部分是把语言本身作为研究对象，这是社会的不依赖个人的部分。这部分完全属于心理研究。次要的部分把语言的个人部分作为研究对象，它指的是包括发声在内的言语（speech）。这就是语言的心理物理研究。[①]

索绪尔提出语言和言语两个关键术语，从而确定了他的语言研究的对象和内容。他从四个方面解释语言：

（1）人们发出的音节是耳朵听得到的音响印象，但是声音没有发音器官就不能存在；例如一个 n 音只因有这两个方面的对应才能存在。所以我们不能把语言归结为声音，也不能使声音脱离口头上的发音；反过来说，撇开了音响印象也就无从确定发音器官的动作。

（2）就算声音是简单的东西，它是否就构成言语活动了呢？不，它只是思想的工具；它本身不能单独存在。在这里又出现了一种新的可怕的对应：声音是音响·发音的复合单位，它跟观念结合起来又构成了生理·心理的复合单位。事情还不只是这样：

（3）言语活动有个人的一面，又有社会的一面；没有这一面就

---

① Ferdinand de Saussure, *Course in General Linguistics*, translated and annotated by Roy Harris, Open Court, 1986, p.19.

无从设想另一面。此外：

（4）在任何时候，言语活动既包含一个已定的系统，又包含一种演变；在任何时候，它都是现行的制度和过去的产物。乍一看来，把这个系统和它的历史，把它的现状和过去的状态区别开来似乎很简单；实际上两者的关系非常密切，很难把它们截然分开。假如我们从起源方面去考虑语言现象，例如从研究儿童的言语活动开始，问题会不会变得简单些呢？不，因为就言语活动来说，认为起源的问题和恒常条件的问题有什么不同，那是非常错误的；所以我们还是跳不出圈子。①

索绪尔在讨论什么是语言的问题时，尽管没有给我们提供一个简洁的容易把握的定义，但是给我们描述了他所理解的语言的基本特征。这一点十分重要。在索绪尔看来，语言同发音器官通过运动发出声音和听觉器官听见声音密切相关，但是语言不能简单地等同于耳朵听到的声音。语言有个人的一面，也有社会的一面，二者密不可分。语言是一个已经约定的系统，在任何时候，语言既是现在的习俗，也是过去的产物。

那么语言究竟是什么？索绪尔努力从不同的角度去解释它，理解它，去给语言下定义。他从社会学立场说：

> 语言结构是我们语言机制的社会产物。同时，它也是一种必不可少的约定俗成的体系，社会接受这个体系是为了社会成员可以运用其语言机制。语言从整体上看许多方面互不相同，各不相干。它跨越多个相互分离的领域。它也同时跨越人体、生理和心理三个领域。它还属于个人和社会两个领域。语言就是一个难以捉摸的统一体，所以在人文现象分类中，也无法单独为它归类。②

---

① 费尔迪南·德·索绪尔：《普通语言学教程》，高名凯译，北京：商务印书馆，1980年，第29页。
② Ferdinand de Saussure, *Course in General Linguistics*, translated and annotated by Roy Harris, Open Court, 1986, pp.9-10.

关于什么是语言，索绪尔的描述是模棱两可的。不过在约定俗成的语言体系的基础上，索绪尔强调了语言的社会特征并指出："语言是一种集体现象，它的全部形式就是存储在每个人大脑中的印记，这很像一部字典，同样的版本人手一本。语言是每个人都有的某种东西，但也是所有的人都有的某种东西。"[1]索绪尔尽管没有给我们一个关于语言的定义，但是他对语言的特征的归纳，有助于我们理解语言或者理解语言的定义。

索绪尔归纳出以下四个方面的语言特征：

（1）在涉及语言的各色各样的大量事实中，语言作为一个定义明确的实体而特征突出。它是语言体系中的社会部分，是个人以外的东西；个人既不能创造语言，也不能修改语言。语言只能借助共同体成员间认同的某种契约而存在。

（2）作为不同于言语的语言体系，它可以是独立研究的对象。死去的语言已经不再通过口头使用了，但是我们却非常熟悉它们的语言结构。

（3）一般的语言是异质的，但是语言体系从根本上说是同质的。语言是一种符号系统，其中的基本特征是意义和声音形式的结合，但符号的两个部分却是心理的。

（4）而书写下来的声音模式则是有形的形式。[2]

从索绪尔对语言特征的总结可以看出，索绪尔认为语言是作为语言体系存在的，是共同体成员间都认同的某种契约。关于语言是什么的问题，索绪尔坚持认为语言是一种符号系统。通过对语言特征的归纳，索绪尔再次强调语言是一种不同于政治、法律等其他制度的"社会制度"（institution）。正是

---

[1] Ferdinand de Saussure, *Course in General Linguistics*, translated and annotated by Roy Harris, Open Court, 1986, p.19.
[2] Ibid., p.15.

在把语言看成一种社会制度的基础上,索绪尔终于归纳出一个语言的定义:"语言是一种表达思想的符号系统,因此它类似于书写、聋哑人使用的字母、象征仪式、礼节形式、军用信号,等等。语言就是这些系统中最重要的一种。"①

索绪尔接着说:"因此,我们可以建构一门科学来研究社会生活中符号的作用。这门科学将构成社会心理学的一部分,因而也构成普通心理学的一部分。我们管它叫符号学。"②索绪尔去世后,符号学研究成为一门显学,这可能是索绪尔当时没有预见到的。

在大多数情况下,索绪尔有关语言的定义是多变的、多角度的、多层次的,甚至是模糊不清的。一般来说,索绪尔从不同的方面描述语言的特征并理解语言,说明什么是语言。在他的著述中,实际上我们很难找到一个关于语言的完整的定义。

但是,当索绪尔强调"语言是一种表达思想的符号系统"时,我们还是可以厘清他关于语言的理解,那就是语言是独立的,是同说话人的口头表达无关的。用索绪尔的比喻说法,语言是交响乐,无论用什么乐器演奏,交响乐本身是不变的。在他看来,"发声是独立于语言系统之外的东西",也独立于发声运动。"语言本身是一个符号系统",只能通过发声的变化而间接地受到影响。这些同语音的变化是没有关系的。

至此我们基本能够理解索绪尔所说的语言是什么了。我们可以作如下归纳:①语言是一种表达思想的符号系统;②语言独立于说话人的口头表达;③语言同发音器官发出的声音无关;④语言是约定俗成的东西;⑤语言同言语是两回事。但是,我们仍然可以从中看出,索绪尔关于什么是语言的问题解释得不够清楚,还需要我们继续深入研究和探讨。

---

① Ferdinand de Saussure, *Course in General Linguistics*, translated and annotated by Roy Harris, Open Court, 1986, p.15.
② Ibid.

二、索绪尔的言语概念

索绪尔讨论语言时，往往同讨论言语（speech）结合在一起。在他看来，语言和言语尽管相互依存，但它们是两种绝对不同的东西。索绪尔的言语究竟是什么？这是一个不能不弄清楚的问题。

究竟什么是言语？究竟怎样理解索绪尔的言语？不仅学界一直存在不同理解，即使索绪尔自己，也没有完全把言语的概念说得十分清楚明白。

语言与言语是索绪尔语言学理论中两个核心术语，而这两个术语同我们通常理解的语言是很不相同的。前面我们已经讨论了什么是语言的问题，下面讨论什么是言语的问题。

索绪尔在《普通语言学教程》和《索绪尔第三次普通语言学教程》中，不仅对 langue 和 parole 这两个概念作了明确区分，而且还从不同方面解释它们，力图把这两个术语的定义说得清楚明白。总的说来，langue 指"语言"（language），parole 指"言语"（speech），这一点学术界没有异议。索绪尔认为，语言是社会共同体中每个人借助发音器官进行交流而需要共同遵守的约定俗成的规则，同时语言也是表达思想的符号系统。索绪尔把语言看成凭借社会成员之间的契约而存在的"社会事实"，强调语言的约定俗成特性。

索绪尔在解释语言的概念时往往同解释言语的概念结合在一起，目的在于通过言语解释语言或者通过语言解释言语。但是有一点必须强调，在索绪尔的表述中，语言是作为一个体系或系统（a language system）存在的。索绪尔正是通过他强调的体系或系统，才把所谓的语言同言语从本质上区别开来。如果要理解言语这个术语，把语言理解为体系或系统至关重要。

索绪尔认为，语言（language）同言语（speech）密不可分，互为前提。要理解言语就需要理解语言，但是语言的形成需要言语。索绪尔认为从历史上看，言语在先，语言在后。索绪尔尤其提到，存储在大脑里的语言是无数次经验得到的结果,因此导致语言发展的是言语。语言同言语之间是一种相互依存的关系。语言既是言语的工具,又是言语的产物。但是,语言和言语二者的性质是绝不相同的。

索绪尔自己强调,"语言体系同言语完全不同",它是"一种表达思想的符号系统"。[1] 而言语是个人意志和智力的表现,指的是个人的语言行为,表达个人的思想,这一点同表示集体语言行为的语言不同。

因此,索绪尔强调言语同个人意志及智力的关系说:

> Speech is individual act of the will and the intelligence, in which one must distinguish: ① the combinations through which the speaker uses the code provided by the language in order to express his own thought, and ② the psycho-physical mechanism which enables him to externalise these combinations. (言语是个人意志和智力的表现,其中应该区别:①通过意志和智力的组合,说话人使用语言提供的规则表达思想,②心理-生理机制能够使说话人将其意志和智力的组合外化。)[2]

在索绪尔对言语的解释中,言语是语言确立的必然条件。从历史上看,言语也总是在先的。同他强调语言的社会性和符号性特点不同,索绪尔阐释言语时强调言语同声音的联系,发音器官对语言来说是外在的东西,而对于言语来说则是必需的。索绪尔说:

> 以言语(speech)所必需的声音的产生为例:发音器官是语言系统外在的东西,这同用于发送莫尔斯电码的发报机对于电码而言是外在的东西一样。发音,即声音形态的完成,是决不会影响语言

---

[1] Ferdinand de Saussure, *Course in General Linguistics*, translated and annotated by Roy Harris, Open Court, 1986, p.15.
[2] Ibid., p.14.

系统自身的。就此而论,我们可以把语言比作交响乐。交响乐有自己的真实存在,这同演奏交响乐的方法无关。乐师演奏交响乐可能出错,但绝不会损害真实的交响乐。①

在解释言语时,索绪尔总是把言语同个人的说话联系在一起。他说:

> 在同一集体中表现出来的言语是什么呢?言语就是人类说话的总和,其中包括:a. 建立在说话人意愿基础上的个人的话语(words)组合;b. 实现说话人的话语组合过程的自觉和必需的发音活动。②

按照索绪尔的解释,语言是社会代码,是人类最重要的交际工具,是音义结合的词汇和语法的体系。而言语就是在特定的言语环境中为完成特定的交际任务对语言的使用。语言存在于言语之中。语言是被动的,它位居于群体之中。与之相比,言语则是主动的和个人的。言语包括两个部分,一是人的发音器官发出声音的整个发声活动;二是人的发音器官发出的声音。前者是发音器官运动的整个过程,后者是发音器官运动的结果。因此,言语指的是人的说话过程和说话的结果。

三、语言和言语概念的模糊性

长期以来,语言学研究恪守传统,缺乏创新,没有取得大的进展。索绪尔企图打破这种局面,摆脱语言学传统观念的束缚,寻找新的方法解释语言的物理性、生理性、心理性等特点。在索绪尔的语言理论体系中,语言和言

---

① Ferdinand de Saussure, *Course in General Linguistics*, translated and annotated by Roy Harris, Open Court, 1986, p.18.
② Ibid., p.19.

语两个术语就是他努力的结果。

在索绪尔的语言学体系中,他自己特别看重语言和言语这两个术语,认为它们是语言研究的基础。他说:"倘若不直接区分语言和言语两个术语,我们到哪里去寻找具体的、(完整的、)整体的语言现象?"[①]那么,索绪尔所说的语言和言语这两个概念真的能够为语言的研究提供具体的、整体的语言现象吗?这是值得怀疑的。语言实质上指的是整个有关语言的研究,指的有关语言的研究领域,指的是语言规则,指的是语言学,而他所说的言语则类似我们传统上所说的语言。或者说,他使用的言语这个术语,正是我们通常使用的语言这个术语。

索绪尔多次强调,语言和言语是两个性质不同的术语,认为"语言这个一般性术语不能视为与言语行为等同"。在索绪尔看来,言语是个人说的话,是个人的口头表达,而语言是集体的,是如何理解个人说的话的集体规约。如果没有语言,就不能理解言语。从索绪尔的表述中,他所说的言语似乎就是传统上我们理解的语言,而他说的语言似乎就是现代语言学中所说的语法和语言规则,就是语言理论或语言学。只有我们说的话符合集体的规则,我们说的话才能被理解。尽管我们还无法完全理解他所说的言语和语言的定义是什么,但是他过去多次提到的一个问题值得我们关注,那就是声音对于语言的意义,声音形象同人的大脑的联系。虽然他没有具体解释这种联系是怎样的,没有解释声音潜藏于大脑中的机制是什么,但是他的思考代表了怎样科学地研究语言的方向。

索绪尔的视野是超前的、跨学科的。他在研究和讨论语言,尤其是他在阐述符号学语言理论时,他已经发现一个重要事实,那就是语言不同于言语以及发出声音的发音器官,他看到了语言是独立于说话以及发音器官之外的东西。索绪尔用发报机和电码来说明语言同说话之间的关系非常重要。发报

[①] 德·索绪尔:《普通语言学教程:1910—1911 索绪尔第三度讲授》,张绍杰译,长沙:湖南教育出版社,2001年,第7页。

机类似人的发音器官，电码类似语言（索绪尔的这一发现对于我们正确理解语言可以提供重要帮助）。这个观点的不足之处在于，被索绪尔认为是语言的东西，实质上是文本而并非语言。他的这个观点同他自己多次表述的观点也存在矛盾，即语言的基本特征是有声的，声音是语言的最基本特征。所以，他把语言同电码相比可以说明语言同发音及发音器官的不同，可是不能说明什么是语言的问题。但无论如何，索绪尔的这个比喻性解释，为我们认识语言的本质特征提供了新的启示。遗憾的是，索绪尔真正具有开创性的发现被我们忽视了，我们甚至可能误解、误读了他的表述及重要术语，如言语。

从索绪尔的解释中可以看出，言语（speech）与语言相对，指说话人说出来的话。言语有三个特点，一是说话人按照个人意愿组合话语（words），二是说话的人把话语说出来的发音过程，三是言语表达说话人的思想。由此可见，索绪尔使用言语这个术语，指的就是我们通过说话的方式表达思想的过程，或者通过发音器官的运动发出声音以表达思想的过程。

索绪尔的语言和言语理论为语言学研究开辟了新的道路，获得了语言学家的广泛赞扬，但是这两个术语的缺陷也是十分明显的，那就是言语这个术语不仅容易同我们传统上使用的语言这个术语相混淆，而且容易造成语言同言语这两个内涵不同术语的理解混乱。索绪尔没有完全摆脱语言学传统观念的束缚，仍然在传统的语言学观念中突围。为了构建现代语言学理论体系，索绪尔提出了一系列基本问题，如他一再强调的：语言究竟是什么？言语究竟是什么？但遗憾的是，这些语言学的根本性问题并没有因为他创造了语言和言语这两个术语而真正得到解决。

索绪尔创造 langue 和 parole 这两个术语并用 langue 和 parole 分别表示语言和言语，可以看作是索绪尔企图从传统的语言学研究中突围的一种努力。就其影响而言，索绪尔的努力显然取得了成功，因为他的研究影响了 20 世纪以来的整个语言学界。20 世纪以来的语言学研究很少有人没受到索绪尔的影响。但是就其理论性而言，索绪尔的语言和言语概念可能是失败的。我们很容易发现索绪尔语言学理论的另一面,那就是他提出的问题远远多于他解决的问题,或者说他创造了语言和言语这两个术语,同时也通过这两个术语制造了更多的问题,而这些既是索绪尔自己没有解决的问题,同时也是其他人由于受到他的影响而无法解决的。要解决索绪尔提出的问题,只能先去认识索绪尔,然后忘了索绪尔,这样才能摆脱他的影响而寻找到一条解决问题的新途径。

但是,究竟如何解决语言定义的问题,我们需要更换一种思路,寻找新的途径和方法。我们将通过语言同符号、语言同声音、脑文本的语言生成等方面展开跨学科研究,从声音与文本关系上进行研究,以解决这个问题。

第二章 | 语言符号

第一节　索绪尔的语言符号

讨论语言的问题，不能不讨论符号的问题。讨论符号问题，则需要讨论巴特的符号学理论，而讨论巴特的符号学理论则首先需要厘清巴特同索绪尔以及后来符号学家的承继关系。但要做到这一点，首先要弄清索绪尔的语言符号究竟是什么。

一、语言是一种表达思想的符号系统

在《普通语言学教程》中，索绪尔把语言定义为"语言是一种表达思想的符号系统"，并在此基础上初步建构了他的语言符号学理论。就索绪尔的语言学研究来说，语言符号不仅是他定义语言的核心术语，也是后来发展成为显学的语言符号学的理论基础。

索绪尔把语言定义为"表达思想的符号系统"，强调了语言同符号之间的关系。他举例说："语言可比作音乐作品。"[①] 拿语言同音乐作品相比，能够形象地解释什么是语言的问题。一个用五线谱写成的音乐作品，如贝多芬创作

[①] 德·索绪尔：《普通语言学教程：1910—1911 索绪尔第三度讲授》，张绍杰译，长沙：湖南教育出版社，2001年，第79页。

的奏鸣曲、变奏曲，肖邦创作的圆舞曲等，都是由表达意义的象征符号构成的。所有的符号组合在一起，形成一个系统，这类似语言。索绪尔用音乐作品比喻语言，形象地说明了语言作为符号系统的典型特征。

索绪尔在把语言定义为一个表达意义的符号系统的基础上，继而提出："我们可以建构一门科学来研究社会生活中符号的作用。这门科学将构成社会心理学的一部分，因而也构成普通心理学的一部分。我们管它叫符号学。"[1]索绪尔早在一百多年前就提出了建构符号学的设想，不仅奠定了语言符号学的基础，而且为此后语言学研究同符号学联姻开辟了道路。"语言符号"这个术语自从索绪尔在《普通语言学教程》提出以来，一直在语言研究中广泛使用。可以说，自索绪尔之后的语言符号学研究，都带有索绪尔的符号学血统。

二、什么是语言符号

现在的问题是，究竟什么是索绪尔所说的语言符号（linguistic sign）？这是一个在讨论所有与符号学有关问题之前必须回答的问题。在《普通语言学教程》中，索绪尔这样解释语言符号：

> A linguistic sign is not a link between a thing and a name, but between a concept and a sound pattern. The sound pattern is not actually a sound; for a sound is something physical. A sound pattern is the hearer's psychological impression of a sound, as given to him by the evidence of his senses. This sound pattern may be called a "material" element only in that it is the representation of our sensory impressions. The sound pattern may thus be distinguished from the other element associated with it in a

---

[1] Ferdinand de Saussure, *Course in General Linguistics*, translated and annotated by Roy Harris, Open Court, 1986, p.15.

linguistic sign. This other element is generally of a more abstract kind: the concept.①

　　语言符号连结的不是事物和名称，而是概念和音响形象。后者不是物质的声音，纯粹物理的东西，而是这声音的心理印迹，我们的感觉给我们证明的声音表象。它是属于感觉的，我们有时把它叫做"物质的"，那只是在这个意义上说的，而且是跟联想的另一个要素，一般更抽象的概念相对立而言的。②

　　索绪尔首先指出是语言符号把概念（concept）和声音形式（sound pattern）连接在一起。那么声音形式指什么呢？索绪尔解释说，没有嘴唇和舌头的运动，我们仍然可以自我交谈或者默诵一首诗，因此声音形式是一种心理活动。索绪尔指出，语言中的词语就是声音形式。声音形式意味着发音器官的活动，相当于口语，也相当于声音形式在话语中的实现。把一个词语的发音和音节说出来，这个就是词语的声音形式。

　　在索绪尔的术语中，"语言符号"这个术语指的就是概念和声音形式的结合，实际上指的就是表达某个意义的词。他强调："某一概念与某一符号的联系，这是语言的本质所在。"③索绪尔以拉丁语中代表树的 arbor 为例，说明 arbor 这个词之所以被看成符号，是因为它是树的概念的载体。因此，索绪尔建议用符号表示整体，而用所指和能指分别代替概念和声音形式。索绪尔曾说，他保留符号这个术语，是因为他找不到可以用来代替"符号"这个术语的术语。由此可见，索绪尔的语言符号，指的就是声音形式和概念结合在一起的词。

　　索绪尔说："构成语言的符号不是抽象的事物，而是现实的客体。语言学

---

① Ferdinand de Saussure, *Course in General Linguistics*, translated and annotated by Roy Harris, Open Court, 1986, p.66.
② 费尔迪南·德·索绪尔：《普通语言学教程》，高名凯译，北京：商务印书馆，1980年，第101页。
③ 德·索绪尔：《普通语言学教程：1910—1911 索绪尔第三度讲授》，张绍杰译，长沙：湖南教育出版社，2001年，第78页。

家研究的正是这些现实的客体和它们的关系;我们可以管它们叫这门科学的具体实体(entités concrètes)。"① 所谓实体,指的就是能指和所指联结在一起的实体,如果二者缺一就不是实体。从中可以看出,索绪尔的语言符号不是普通的符号,而是特指的语言学中同语言紧密相连的符号,因此语言符号不同于视觉符号。如果一个词分解为概念和声音形式,那么仅仅就分割开来的概念和声音形式而言就不是语言符号了。但是我们现在理解语言符号时,往往把概念和声音也都看成语言符号了,而这并不是索绪尔所说的语言符号。

三、语言符号的任意性

索绪尔在讨论符号时,他强调的符号的任意性特点需要得到高度重视。索绪尔说:

> The link between signal and signification is arbitrary. Since we are treating a sign as the combination in which a signal is associated with a signification, we can express this more simply as: *the linguistic sign is arbitrary*.② (能指和所指的联系是任意的,或者,因为我们所说的符号是指能指和所指相联结所产生的整体,我们可以更简单地说:语言符号是任意的。)③

那么,符号的任意性如何表达意义?索绪尔认为这是传统习俗发挥作用的结果。他说:"事实上,一个社会所接受的任何表达手段,原则上都是以集体习惯,或者同样可以说,以约定俗成为基础的。"④ 索绪尔以从前中国人

---

① 费尔迪南·德·索绪尔:《普通语言学教程》,高名凯译,北京:商务印书馆,1980年,第146页。
② Ferdinand de Saussure, *Course in General Linguistics*, translated and annotated by Roy Harris, Open Court, 1986, p.67.
③ 费尔迪南·德·索绪尔:《普通语言学教程》,高名凯译,北京:商务印书馆,1980年,第102页。
④ 同上书,第103页。

觐见皇帝的三跪九叩为例,说明这种礼节符号是依照一种规矩定下来的,而强制使用三跪九叩这种礼节符号的不是这种符号的内在价值而是使用符号的规矩。

索绪尔强调符号的任意性,是为了说明符号同象征的区别。有时候象征被用来指语言符号,索绪尔认为这是不合适的,因为象征"永远不是完全任意的"[1]。索绪尔的强调十分重要,因为他表明语言符号不是语言象征符号而是任意的符号。

四、语言符号与书写符号

在索绪尔的论述中,语言符号是他在讨论语言学问题时使用的一个专门术语,用来指概念和声音形式结合在一起的词(word)。也可以说,语言符号是有形的,能够通过书写的文字把它们固定在约定俗成的形象里。在索绪尔看来,语言符号从根本上说是心理符号,但不是抽象概念,它们联结起来就构成语言。语言结构的基本单元可以由相对的书写符号(symbols in writing)来表示。如果可以用这种方式理解语言结构的基本单元,字典和语法就可以忠实地代表语言。"语言只存在于大脑之中。"[2] 索绪尔用比喻的方法说,语言是声音形式的储存仓库,文字就是声音形式有形的形式。或者说在特定的语言学语境里,索绪尔所说的语言符号就是书写符号。

在讨论语言符号时,索绪尔一再强调语言符号的形式的一面。但是,我们也可以发现索绪尔在解释语言符号过程中出现的矛盾。总体而言,焦点在于声音是否可以成为符号。他说:"直接能唤起人们要表达的概念的符号系统,是出于各种目的建立起来的,很明显语言就是一种这样的符号系统,而

---

[1] 费尔迪南·德·索绪尔:《普通语言学教程》,高名凯译,北京:商务印书馆,1980年,第104页。
[2] 德·索绪尔:《普通语言学教程:1910—1911索绪尔第三度讲授》,张绍杰译,长沙:湖南教育出版社,2001年,第76页。

且是所有符号系统中最重要的系统,但它不是惟一的这样的符号系统,因此我们不能忽视其他符号系统。所以语言必须类属于符号惯例之一,例如,船只的信号(视觉符号)、军用的号声、聋哑人的手势语等都是符号惯例,文字同样是庞大的符号系统。"① 我们的疑问是,军用号声是不是符号?再如演奏家吹奏横笛的声音,拉二胡的声音,弹奏钢琴或琵琶的声音,歌唱家的歌声,等等,它们是不是符号?如果没有外在形式的军号声也属于符号,那么这是同索绪尔解释的有形的符号相矛盾的。但是,索绪尔有时在列举一些事物作为符号举例时,他的表述也是不完全的。例如他同样在以文字、军用信号、聋哑人的手势等为例说明什么是符号的问题时,他并未解释军用信号为什么能够成为符号。索绪尔在解释语言符号时偶尔会出现的前后不一致的解释,一方面说明索绪尔有关语言的定义还处在不断修正的过程中,另一方面则说明了定义语言的复杂性。从不同的角度或立场定义语言符号,定义可能会不完全一样。

第二节　巴特的语言符号

罗兰·巴特是著名的法国符号学家,最初介绍到中国时被译为罗兰·巴尔特。为了统一,本书除了注释沿用原译名外,正文中一律使用罗兰·巴特的译名。罗兰·巴特的符号学理论来源于索绪尔,或者说是对索绪尔语言符号学理论的继承和发展。在索绪尔的论述中,我们可以看出语言符号是他讨论语言问题的专门术语。在他创造的语言符号、能指与所指三个术语中,能指是抽象的概念,所指是声音形式以及概念的象征物。象征物是语言符号,但是能指和所指各自不能单独成为语言符号,它们必须结合在一起才能构成语

---

① 德·索绪尔:《普通语言学教程:1910—1911 索绪尔第三度讲授》,张绍杰译,长沙:湖南教育出版社,2001 年,第 11 页。

言符号。语言符号可以由相对应的书写符号表示，因此文字就是语言符号。巴特认为，语言符号既有别于象征符号，也有别于声音形式。索绪尔的语言符号专指与语言相关的符号，它们在讨论语言学问题时使用，用来解释语言的特征。与之相比，巴特的语言符号实际上指的是所有符号，它们不仅同语言学相关，也同所有其他学科相关。

一、巴特论语言符号

20世纪初，索绪尔提出要建立语言符号学以及符号学，并对符号学尤其是语言符号学进行了深入讨论，但是直到20世纪60年代，符号学研究才在法国兴起。罗兰·巴特是法国著名的语言学家和文学理论家，是符号学的代表人物。正如卡勒尔说："法国以外，巴特似乎是继萨特之后的法兰西知识分子的领袖人物。他的著作被翻译成各种文字，并获有广大的读者群。"[1] 维恩·布兹称他是"一个也许是今日对美国文学批评界影响最大的人物"[2]，但他的读者群却远远超出了文学批评家的范围。1964年，巴特的《符号学原理》一书出版，这是符号学正式成为一门学科的标志。同时，巴特的这部著作也奠定了符号学学科的理论基础。

巴特于1964年出版的《符号学原理》一书集中体现了他的符号学观点。尽管这本书的大部分内容是从索绪尔的有关著作中撷取而来，但是经过巴特的理解和诠释，形成了一本逻辑严密、简单明了的符号学导读著作。这是一本学习和研究符号学的必读书和入门书，集中体现了巴特关于语言符号学的观点。

巴特在讨论索绪尔的所指与能指时，提出了什么是符号的问题。显然，

---

[1] 乔纳森·卡勒尔：《罗兰·巴尔特》，方谦译，北京：生活·读书·新知三联书店，1988年，第1页。
[2] 参见乔纳森·卡勒尔：《罗兰·巴尔特》，方谦译，北京：生活·读书·新知三联书店，1988年，第1页。

巴特抓住了问题的关键，提出了许多人都渴望得到解答的问题。符号尽管历史悠久，但是何为符号却是模糊不清的。因此，巴特在对符号的概念进行梳理的基础上讨论索绪尔的所指与能指。

巴特说："在语言学中，符号的概念并不引起相邻词间的竞争。为规定意指关系，索绪尔立即去除了象征一词（因为它包含理据性），符号一词因而被定义为能指（signifiant）与所指（signifié）的结合（如同一页纸的正反两面），或音响形象（image acoustique）与概念（concept）的结合。"[1]巴特认为，在索绪尔找到能指与所指这两个概念之前，符号的概念因为容易同能指混淆而一直意义含糊。但是，索绪尔通过对一系列词语的思考之后，选择能指与所指这两个术语作为符号的载体，即能指和所指的结合构成符号，或者是音响形象与概念相结合构成符号。这一点十分重要，因为有人往往把符号当成能指，而实际上符号指的是一种双面的现实，是由能指与所指结合构成的。

巴特深入考察符号的本质特征，其理论基础仍然是索绪尔关于语言符号的观点。索绪尔说："符号是指能指和所指相联结所产生的整体。"[2]由于能指和所指结合成整体构成符号，因此"语言符号连结的不是事物和名称，而是概念和音响形象。后者不是物质的声音，纯粹物理的东西，而是这声音的心理印迹，我们的感觉给我们证明的声音表象"[3]。在索绪尔看来，语言符号是一种两面的心理实体。索绪尔解释说，概念和音响的结合构成符号，但是在日常使用上，这个术语一般只指音响形象。至此终于清楚了，索绪尔的符号指的是由所指和能指构成的整体，而所指和能指又分别代替概念和音响形象。正是在索绪尔关于什么是符号的解释的基础上，巴特对符号做了进一步归纳和解释：符号指的是能指和所指形成的整体，也可以看成一个声音和概念的结合。

---

[1] 罗兰·巴尔特：《符号学原理》，王东亮等译，北京：生活·读书·新知三联书店，1999年，第28页。
[2] 费尔迪南·德·索绪尔：《普通语言学教程》，高名凯译，北京：商务印书馆，1980年，第102页。
[3] 同上书，第101页。

巴特在讨论语言符号时，我们可以从中发现，他关于语言符号的看法同索绪尔一脉相承。他注意把语言符号同普通的符号分别开来，把语言符号学同普通符号学区别开来。索绪尔的语言符号的内核是声音，无论是能指还是所指，符号无不是同声音结合在一起的。普通符号虽然也是由能指和所指构成，但是它们都是实用的符号。用巴特的话说："实用的这一普遍语义化至关重要，它表明实物只有可被理喻的存在，并且它可能最终将社会学与社会逻辑学合为一体。"[1]所以，语言符号学范畴的符号是与声音相关联的，普通符号学范畴的符号是实用性质的，这是两者之间的区别。

二、巴特论语言和言语

正如巴特所说，"语言/言语（Langue/Parole）这对二分的概念是索绪尔语言学的中心思想，在语言学历史上有创新的意义"[2]。在巴特看来，此前的语言学研究属于个体行为语言学，主要聚焦于语音的演变、自动联想和类比行为的研究，因此存在局限性。索绪尔在语言的多样性、混杂性基础上提出语言和言语这一对概念，把语言从传统的语言中分离出来，并在语言和言语的基础上发现了符号的价值，从而建构了新的语言学：语言符号学。

巴特继续强调了索绪尔的观点，认为语言既是一种社会制度，也是一种价值系统。在巴特看来，语言结构和言语这对二分概念在索绪尔的语言学中占据着中心地位。语言减去言语就得到语言结构，而"语言结构是语言的社会性部分，个别人绝不可能单独地创造它或改变它"[3]。因此，它是一种集体性契约，只要进行语言交流，就必然受其支配。

---

[1] 罗兰·巴尔特：《符号学原理》，王东亮等译，北京：生活·读书·新知三联书店，1999年，第32页。
[2] 同上书，第1页。
[3] 罗兰·巴尔特：《符号学原理：结构主义文学理论文选》，李幼蒸译，北京：生活·读书·新知三联书店，1988年，第116页。

作为一种集体规则，语言结构是约定俗成的，任何个人都无法随意改变它，因此使用语言就必须遵守语言规则，这同玩游戏需要遵守游戏规则是一样的。语言结构是一个价值系统，是由一定数量的要素构成的，每一个要素都有其价值，都在语言中占有一席之地。语言结构的规定性和系统性是语言整体中的两个特点，密不可分。

关于言语，巴特认为，"与作为法规和系统的语言结构相对，言语在本质上是一种个别性的选择行为和实现行为，它首先是由组合作用形成的"[1]。由于组合作用，说话的主体可以运用语言结构的代码来表示个人思想。根据罗兰·巴特的观点，"正是由于符号在不同的话语或相同的话语中不断重复，每个符号才成为语言的一个要素"[2]。正是言语具有组合（syntagme）的性质，所以巴特说："言语可以定义为（重复出现的）符号的（各种）排列组合（combinaison）。"[3] 巴特指出组合是由"可加以切分的实体"构成的，以言语的面貌出现的组合表现为"无限文本"的形式。巴特还举例说明怎样在无限文本中确定意义单位，即构成组合的符号的界限，以此来说明言语同符号之间的关系。

实际上，巴特讨论的言语组合就是一种语言结构，而语言结构是由心理与物理机制形成的，因此语言结构就是语言符号。语言结构的机制使言语能够将语言结构表现出来，但是巴特又说，发音行为不能同语言结构相混，因为个人不可能改变语言结构的法规和系统。

巴特还强调，语言结构和言语之间的关系是辩证的，即没有言语就没有语言结构，没有语言结构也就没有言语。语言结构既是言语的产物，也是言语的工具。因此，语言学研究的关键在于使语言结构与言语区分开来，并在

---

[1] 罗兰·巴尔特：《符号学原理：结构主义文学理论文选》，李幼蒸译，北京：生活·读书·新知三联书店，1988年，第117页。
[2] 罗兰·巴尔特：《符号学原理》，王东亮等译，北京：生活·读书·新知三联书店，1999年，第3页。
[3] 同上书，第54页。

这个过程中确定意义。在巴特的表述中，语言结构就是语言，就是言语的使用仓库。语言是独立于个人以后的东西，个人不能创造语言，也不能改变语言，但是个人能够使用语言。巴特认为："从历史上看，言语的事实总是先于语言的事实（促使语言演变的是言语）；从发生学上看，语言在个体身上形成，赖于其对周围言语的学习（人们不教婴儿学语法和词汇等构成语言的东西）。总之，语言既是言语的产物又是言语的工具，二者处在真正的辩证关系中。"①

在《普通语言学教程》一书中，索绪尔尤其强调言语对于语言学的重要性。他认为语言活动和言语活动是不同质的，对它们的研究应该分开进行，于是他提出："如果必要，这两门学科都可以保留语言学这个名称，我们并且可以说有一种言语的语言学。但是不要把它和固有意义的语言学混为一谈，后者是以语言为唯一对象的。"②但是，尽管巴特接受了索绪尔的语言和言语概念并把它们用于自己的符号学理论的构建，但他却明确反对建构言语的语言学。他说："言语的语言学是不可能存在的，因为任何言语，一旦被理解为交流过程，就已经属于语言了，所以只有语言的科学。"③巴特指出在研究语言之前研究言语的问题是没有意义的，其他选择也是不可能存在的，因为人们只有在言语具有语言学（glottique，"属于语言范畴的"）性质时才能去研究它。同时，他还指出讨论将语言与言语如何分离的问题也是没有意义的，因为这并不是研究语言的先决条件。

三、巴特论所指与能指

索绪尔把符号定义为由能指和所指组成的整体，按照叶姆斯列夫的解释，

---

① 罗兰·巴尔特：《符号学原理》，王东亮等译，北京：生活·读书·新知三联书店，1999年，第4—5页。
② 费尔迪南·德·索绪尔：《普通语言学教程》，高名凯译，北京：商务印书馆，1980年，第42页。
③ 罗兰·巴尔特：《符号学原理》，王东亮等译，北京：生活·读书·新知三联书店，1999年，第5页。

能指的层面构成表达层（plan d'expression），所指的层面构成内容层（plan de contenu）。在每一层面中，叶姆斯列夫认为又包含形式（forme）和实体（substance）两个层面。巴特因此指出："在索绪尔的术语系统中，所指与能指是符号的组成部分。"[1]那么，能指和所指又是什么呢？由于争论的焦点往往集中在所指上，所以先看看巴特是怎样解释所指的。

巴特强调，在语言学中，对所指的性质的论述主要集中在它的"现实性"程度上，而所有的论者又一致认为所指并不是"一个事物"，而是该"事物"的心理再现。[2]巴特还强调，"索绪尔本人明确指出了所指的心理性质并称之为概念（concept）"[3]，并认为索绪尔以"牛"这个词为例，说明其所指并非牛这个动物，而是它的心理形象。这个比喻性解释非常重要，因为它强调的是所指不是指的实体，而是心理形象。

由此可以看出，无论索绪尔还是巴特，他们理解的所指并不是具体的事物，不是事物的实体，而是抽象的概念。例如，牛这个词是一个符号，如果一个人用牛这个词去指称农场上的某头具体的牛，这就是所指。由此可见，索绪尔的所指最终变成了一种认知过程。所指并非指的是用某个概念指称的具体事物，而是指用概念去指称与概念相对应的具体事物的过程。或者说，通过所指的过程，我们可以把概念同具体的事物联系起来，从而实现对事物的认知。在这个过程中，一个概念、一个词或一个符号，就成了所指的媒介，或者说成了认知某个具体事物的媒介。

正是在通过概念进行认知的过程中，索绪尔把所指同心理学联系起来，强调所指的心理特征。这涉及抽象概念是如何产生的问题，即抽象概念形成的心理过程。因此，我们必须强调一点，在整个符号学体系中，我们讨论的所指必须限定在语言学之内，我们讨论的所指必须是语言学的所指，否则我

---

[1] 罗兰·巴尔特：《符号学原理》，王东亮等译，北京：生活·读书·新知三联书店，1999年，第25页。
[2] 同上书，第33页。
[3] 同上。

们的讨论是不能解决问题的。

巴特认为，在索绪尔语言学理论的术语中，所指是被表示的成分，能指是表示的成分，二者组合在一起构成符号。无论索绪尔还是巴特，他们的看法是趋向一致的，能指和所指是有着紧密联系的两个相互独立的术语和概念，但它们组合在一起就构成一个统一体：符号。

但是同所指有所不同，能指是一种媒介物，这是能指和所指的区别所在。能指也能被词汇传达，其功能是在认识具体事物的过程中起中介作用。根据索绪尔和巴特的看法，能指的性质必须是物质的，而所指是非物质的。能指需要物质为依托，因此能指的实体是物质的。巴特还强调，在考虑能指的物质性时，需要注意物质和实体的区分，实际上是要注意实体的性质，因为事物的实体如物品、图像等是物质的。

在巴特和索绪尔看来，能指和所指作为表示成分和被表示成分一起构成符号，词义是支配它们的规则。能指与所指的结合，也是通过词义实现的。作为表示成分的能指和被表示成分的所指，它们既是术语也是关系。用比喻性说法，作为表示成分的能指像空气，作为被表示成分的所指像水，当大气压力变化时，水的层次就被变成了波浪，同样的道理，表示成分的能指就被变成了发音。

在讨论能指与所指时，我们要特别注意它们的一个特点，那就是能指表示声音形式，所指表示概念，符号指能指和所指结合在一起的整体。在巴特的理论体系中，所指、能指和符号这三个概念实际上是集合在一起的，符号这个整体概念具有能指和所指的两面。在我们通常的理解中，有人把能指和所指看成两件事物，那就误解了索绪尔和巴特。但是，我们可以据此进一步将语言符号的解释简单化：语言符号是由声音形式和概念构成的，是一件事物的两面。声音形式为能指，概念为所指，符号为能指和所指的相加。在由三个概念构成的整体中，由能指代替的声音形式非常重要，因为它体现了语言学的基本特点，说明语言符号在形式上不同于其他符号。

无论是索绪尔通过能指与所指建立的语言符号学理论，还是巴特在继承索绪尔语言符号学理论基础上建立的自己的符号学理论，都仍然没有解答语言是什么的问题，而且他们也无法解决语言是什么的问题。他们建构了自己的语言符号学理论，创建了能指、所指、语言符号等概念术语，但同时他们也陷入自我设置的理论陷阱而不能自拔。

巴特为了解释能指和所指的概念，讨论了意指的问题。在《普通语言学教程》中，索绪尔创建了新的术语如能指、所指、语言符号等，是为了建构新的语言符号学理论，解决语言学问题。意指是指某个符号或符号系统与其所指涉现实的关系。巴特在论述能指与所指、外延与内涵时，都运用了意指概念。他举了一个简单的例子生动地说明这个概念：玫瑰是一个符号，能指是作为植物的玫瑰，所指是爱情的信念。作为植物的玫瑰和作为符号的玫瑰完全不同，前者是空洞无物的，后者却是充满意味的，而使之充满意味的就是意指。

巴特进一步澄清了"意指"的含义。他说："符号是音响、视象等的一块（双面）切片。意指则可被理解为一个过程，它是将能指与所指结成一体的行为，该行为的产物便是符号。"[1] 也就是说，意指是一个"符号化过程"，是将所指与能指、外延与内涵结成一体的行为，该行为的产物便是符号。巴特在索绪尔对这个术语的使用基础上增加了文化价值的向度。在符号学分析中，意指是符号信息的输出，即要传播的内容，这一概念是进行语义分析必不可少的框架。语言的实际意义就是由一个又一个意指构成的。

巴特在讨论符号问题时，区分了意指的三个层次及其价值。第一个层次是外延（denotation），第二个层次是内涵（connotation），第三个层次是神话（myth）。在第一个层次里，当人们说一棵树时，它的外延就是一棵树；在第二个层次上，它的内涵就是自然；在第三个层次上，是指大自然是丰盛的。

---

[1] 罗兰·巴尔特：《符号学原理》，王东亮等译，北京：生活·读书·新知三联书店，1999年，第39页。

而意指更多的是指第二层次和第三层次的意思，它们往往才是语言符号的真正内容或目的。

巴特继承索绪尔的语言符号学理论以及借用结构分析的方法和索绪尔的术语，为建立符号学的系统理论奠定了基础。但是，我们也需要指出他同索绪尔的学术目的有所不同，他不是为了更好地进行语言学研究和解决语言学中存在的诸多没有解决的学术问题，而是为了把社会文化现象和日常生活当作语言现象纳入符号学中进行研究。在这个意义上说，巴特的能指与所指既同索绪尔的能指与所指有相同之处，更有不同之处。这不同之处就在于，索绪尔的能指与所指是为了建立他的语言符号学，而巴特的能指与所指不仅仅是为了建立语言符号学，而且也是为了建立普通符号学。

第三节　符号语言学

英国符号学家霍克斯称巴特是索绪尔符号学的强大阐释者。通过对索绪尔符号学的深入阐释，巴特在界定索绪尔提出的符号学基本概念和梳理索绪尔建构的符号学基础理论的基础上，总结归纳出符号学的四对基本范畴：语言与言语、所指与能指、组合与系统、外延与内涵。巴特的贡献既在于系统阐释和总结了索绪尔的符号学理论，也在于继承和发展了索绪尔的符号学理论。尤其是他将索绪尔语言学的理论运用于社会、文化和文学的研究，发现了语言对于符号学、文学、文化等多种学科的价值，不仅促成了符号学的诞生，而且开辟了跨学科研究的新领域。总之，语言符号尽管同其他学科相关，但是就其实质而言，主要是指语言学这个学科领域的符号，而对于其他学科而言，只是语言符号的借用或运用。

一、语言符号学的符号问题

迄今为止,关于符号学研究的观点在许多方面并不是一致的,在什么是语言符号的问题上也同样如此。索绪尔是符号学的开创者,他提出要建立一门新的"我们管它叫符号学"的学科。但是,在索绪尔看来,符号学是一个宏大的系统,而"语言学只不过是组成了符号这一普通科学中的一部分"①,他将其称为语言符号学。他还认为言语是语言的一个组成部分,因此言语也可成为言语符号学。后来不少索绪尔的追随者继承了他的观点,坚持语言学只是符号学中的一部分。

巴特也是索绪尔的追随者,在许多方面继承了索绪尔的语言学理论,但同时他也并非全盘继承索绪尔的观点,而是在索绪尔的基础上创造性发展了语言符号的观点。巴特几乎沿袭了索绪尔的全部理论,但是在语言学与符号学的关系上他的观点与索绪尔不同。他不像索绪尔那样认为语言学只是符号学的一部分,而是认为语言学是包括符号学在内的一个庞大的语言系统,符号学只是语言学的一部分。他说:"我们可以把符号学正式地定义作记号的科学或有关一切记号的科学,它是通过运作性概念从语言学中产生的。"②巴特强调:"符号学本身不可能是一种元语言,尽管在起初时人们是这样来构想它的,因为它是关于各种语言的语言。符号学正是在考虑记号问题时发现,一种语言与另一种语言的外在关系归根结底是不能证实的。"③巴特甚至认为,"符号学知识在目前只能是语言学知识的翻版"④。因此,巴特在他的《符号学原理》一书中把索绪尔的语言学概念分为"语言与言语""能指与所指""系统

---

① 罗兰·巴特:《符号学美学》,董学文、王葵译,沈阳:辽宁人民出版社,1987年,第2页。
② 罗兰·巴尔特:《符号学原理:结构主义文学理论文选》,李幼蒸译,北京:生活·读书·新知三联书店,1988年,第12页。
③ 同上书,第16页。
④ 罗兰·巴尔特:《法兰西思想文化总序》,《符号学原理》,王东亮等译,北京:生活·读书·新知三联书店,1999年,第5页。

与组合""外延与内涵"四类,以此构建他的符号学理论体系。

索绪尔的语言符号学在巴特那儿变成了符号语言学。所有的符号都具有语言的性质,不同的符号系统都是语言符号学的组成部分,实际上符号学就是语言学。因此也可以说,巴特的符号学理论是索绪尔语言学理论的一种发展。

巴特说:

> 语言不是符号这种一般科学的一部分,甚至不是一个专有的部分,它是作为语言学一部分的语义学,确切地说,它是包含着话语的"强大意义联合"的那个部分。根据倒转命题,我们也许会期待公布在词义概念周围的人类学、社会学、精神分析学和文体修辞学中那些目前被作为研究工作的整体。[①]

巴特认为,在人类语言之外,存在着大量的符号系统,但是这些符号系统会面临语言的问题。例如,物体和绘画都可以成为象征的符号,但它们从来都不是自发地象征。根据巴特的观点,"每一种符号系统都具有其语言的混合物"[②]。例如,在语言的混合物中,存在着视觉的内容,如电影、广告、连环漫画、杂志照片,其中的意义通过语言表现出来。领悟一种内容所意味的意义,不可避免地要求助于语言。如果离开了语言,要去理解绘画系统和物体是困难的。正是这样,巴特才把符号学看成语言学的一部分。

正是设定了语言学把符号学包括在内的前提,巴特建立起自己的语言符号学研究方法,那就是研究语言必须研究符号。他认为符号学的知识只能是语言学知识的复制品,因此符号学研究同样在语言学研究的结构中展开,例如需要研究语言和言语、所指与能指、意义与含义等。实际上,在巴特看来,所有的符号都是语言。

---

① 罗兰·巴特:《符号学美学》,董学文、王葵译,沈阳:辽宁人民出版社,1987年,第3页。
② 同上。

二、语言符号的构成

一般而论，语言符号是由音、义的结合构成的，即由能指和所指构成的。"音"往往被认为是语言符号的物质表现形式，"义"被认为是语言符号的内容，只有音和义结合在一起才能指称现实事物，构成语言符号。语言符号主要包括口头语和以书写符号文字形态表现的书面语。语言符号是人与人之间进行交际的工具，也是人类社会中最重要的传播媒介。例如，一个男人怀抱一束玫瑰花走向一个女人，这时男人怀里的玫瑰花就成了能指，而玫瑰花的所指就是男女相见时的浪漫、激情和示爱。但在另外的场合，浪漫、激情和示爱这些概念也可以成为能指，用来指称玫瑰，玫瑰因而也就成了所指。借助语言符号，我们能够表达思想、传达情感、交流信息。

但是，我们要特别注意语言符号同语言的区别，注意语言符号同普通符号的区别。在许多人的著述里，语言和语言符号是混为一谈的，语言符号同普通符号是没有区别的。由于语言和语言符号、语言符号同普通符号没有分开作为不同的类型理解，没有把它们看成性质不同的概念，因此在讨论语言学领域的语言符号时，出现概念混乱就难以避免了。

无论在语言学体系还是在符号学体系中，语言和言语以及能指和所指都是基础理论。在语言符号体系中，语言和言语以及能指和所指是两对最重要同时也是较难理解的术语。经过巴特的解释和梳理，这两对术语的概念基本确定下来，变成了符号学的基础。

巴特基本继承了索绪尔的符号学理论，认为符号学的符号是由能指和所指构成的。巴特认为："符号学符号与它的语言学原型一样，也由能指与所指组成（比如红绿灯的颜色，在交通信号中是有关通行的命令），但它在实体的层面上又与语言学符号有分别。"①

需要特别注意的是，语言符号不同于象征，但许多人恰恰把语言符号同象征混同在一起，没有把它们区别开来。语言符号同象征符号的确是容易相混的，但是语言符号和象征有一个基本的判断标准，那就是任意性特点。语言符号永远是任意的，而象征并不完全是任意的。以"人"为例，并不是英语 man 才能表达人的意义，中文、俄文、德文等有无数种文字表达人，因此指称人的符号是约定俗成的，因此是任意的。但是象征则不同，它是特指的，不是任意的。例如用玫瑰象征爱情，玫瑰是特指的，不能任意地换成牡丹、桃花、菊花。在中国的语境中，用龙象征皇权是特指的，不能任意地换成蛇、狗、猪等。再如索绪尔提到的"天平——公平的象征"也是如此。只能用天平而不能用其他计量工具象征公平正义，因为天平象征公平不是任意的，而是特指的。这说明，语言符号同象征符号是有区别的，不同的，需要注意区分开来。

除此之外，巴特还强调了"能指的实体始终是物质的"这一基本特性，进一步明确了语言符号的物质性质。这一点对于我们讨论声音符号及其文本和脑文本的特点至关重要。

三、符号与语言的定义

如果把语言看成社会认同的约定俗成的规则，这些规则同符号的关系是什么？显然，约定俗成的规则同符号系统是两回事。简而言之，如果言语指我们说的话，语言指说话的约定俗成的规则，那么，表达思想的符号系统如何定义语言？

索绪尔关于语言的定义是以符号为基础的，所以他把语言定义为表达思想的符号系统。尽管这个定义在学术界被广泛认可和接受，但它存在诸多矛

---

① 罗兰·巴尔特：《符号学原理》，王东亮等译，北京：生活·读书·新知三联书店，1999年，第31页。

盾，并非一个真正科学的定义，仍然需要继续加以讨论。

符号系统是否能够用来定义语言？显然这还需要斟酌。无论索绪尔还是巴特，他们都把语言定义为表达思想的符号系统，但是他们并没有证明语言就是表达思想的符号系统。如果语言是表达思想的符号系统，那么，语言则可以用符号表达出来，或者用符号表示语言。在这个定义下，与语言对应的符号组合应该可以成为语言的替代物，即某种符号组合可以替代语言，如莫尔斯电码、五线谱。但遗憾的是，我们找不到这种符号组合，更做不到用符号组合代替语言。显而易见，用表达思想的符号系统无法定义语言。

符号构成系统，但是系统在性质上不等同于符号。能够表达思想的符号系统也不属于实体，因此符号系统不能用来定义实体语言。如果把符号限定在语言学领域，索绪尔称这些符号为语言符号。即使由能指和所指构成语言符号，也不能用来定义语言。索绪尔的符号理论也不能解释其他语言现象。例如，古代埃及的象形文字以及中国殷商时代的甲骨文字，学界认为它们都是典型的象形文字，即这些文字都是象征符号。但是，尽管这些文字的象征意义是可以理解的，然而它们中许多文字的读音即声音形式还不得而知。也就是说，这些古代文字只具有索绪尔所说的能够表达概念的一面而不知声音形式的另一面。那么，这些文字是否会因为缺少了另一面而不属于符号？答案是否定的，它们仍然是典型的符号。另外，这些象形文字是否属于语言？答案同样也是否定的，它们可以表达语言或转换成语言，但它们本身不是语言。

通过语言符号，我们很难给语言一个容易理解的科学的定义。而且，像索绪尔那样把语言和言语这两个术语分开也同样无助于定义语言。因此这也提出一个问题：语言和言语这两个概念是否有必要存在？换一种说法，如果没有语言和言语这两个概念，是否会影响我们理解语言、解释语言和定义语言？这个问题是值得思考的。至少在索绪尔使用这两个概念之前，我们对语言的理解不受影响。相反，正是由于这两个概念的出现，语言反而变得难以理解了，语言的定义反而更加模糊了。

巴特指出："在索绪尔找到能指和所指这两个词之前，符号这一概念一直意义含混，因为它总是趋于与单一的能指相混淆，而这正是索绪尔所极力避免的。"① 在这里，巴特为我们揭示了一个基本事实，那就是在索绪尔用能指和所指这两个概念的结合指称语言符号之前，语言符号的定义实际上是不清晰的。索绪尔经过对词素（sôme）与义素（séme）、形式（forme）与理念（idée）、形象与概念等术语的考察与研究，最后选定了能指和所指这一对术语，并把能指和所指结合在一起指称符号。在巴特看来，索绪尔建构能指和所指这对术语并用它们定义语言符号非常重要，因为这样可以避免符号被当成能指。

是否如巴特说的那样，索绪尔把能指和所指结合在一起就解决了符号概念意义含混的问题了呢？是否就解决了符号与单一的能指相混淆的问题了呢？事实上问题远没有得到解决。

巴特自己也知道，在索绪尔符号语言学基础上建立的理论并非完美无缺的。他说："将语言/言语这对概念扩展到符号学领域，也不是说不存在某些问题。显而易见的是，不能再遵循语言学模式，而必须对之加以调整。"②

索绪尔和巴特的语言和言语概念并不能简洁、清晰地解释语言，也不能给语言科学地下定义。我们在约定俗成的基础上已经形成了语言的观念，不仅把人类说的话理解为语言，而且也用语言这个术语去定义人类说的话。语言这个术语同语言的概念是一致的。如果我们用言语来代替人类说的话，或者把人类说的话称之为言语，这种术语使用的改变必然导致概念混乱，对我们解释语言和定义语言是不利的。自从索绪尔的语言和言语的概念使用以来，已经一百多年过去了，概念的混乱并没有消除，语言的定义问题并没有真正解决。因此，我们有必要重建语言的话语。

---

① 罗兰·巴尔特：《符号学原理》，王东亮等译，北京：生活·读书·新知三联书店，1999年，第29页。
② 同上书，第21页。

四、语言与语言的定义

索绪尔指出:"语言学的又完整又具体的对象是什么呢?这个问题特别难以回答。"① 索绪尔揭示的是语言学研究的一个事实,但是果真如此则是危险的,因为难以确定语言学的研究对象,则难以展开语言学研究,更不用说对语言进行定义了。简而言之,既然是语言学,就必然研究语言。根据逻辑,语言学的对象应该是清楚的,对象就是语言。如果不清楚研究对象,就无法开展语言学研究。然而事实是,索绪尔在界定语言学的对象时确实遇到了困难。

关于语言学研究对象不明确的原因,索绪尔认为主要是语言学对象不具体。他以法语 nu(赤裸裸的)这个词的读音为例,认为可以把这个读音看成声音、观念以及拉丁语 nūdum 相对应的词等,因此读音与读音相对应的事物是任意的。根据这个逻辑,声音、观念、符号与其相对应的发音是任意的,因此这种任意性就决定了语言定义的模糊性和不确定性。

对于语言学研究而言,语言是其研究的对象,这至今仍然是语言学家的共识。离开了语言,不仅语言研究丧失了前提,而且语言学也不能成立。

其实,这不是语言学研究对象是什么的问题,而是作为语言学研究的对象语言是什么的问题。可以说,语言是什么或者什么是语言的问题,是至今仍然没有彻底解决的问题。索绪尔首先采用反证的方法列举了两点,说明什么不是语言或语言不是什么:

(1)语言不等于耳朵听到的声音。声音是通过人的发音器官发出的声响,人的耳朵可以听到。因此索绪尔说:"我们不能把耳朵听

---

① 费尔迪南·德·索绪尔:《普通语言学教程》,高名凯译,北京:商务印书馆,1980年,第28页。

到的声音简单地等同于语言。我们也不能把听到的声音同口头发音分开。"①

（2）语言不能简化为语音活动。语言只是思想的工具而不能单独存在。因此索绪尔又说："声音本身是听加上说的复合单位，但是它又反过来同思想组合成生理和心理复合单位。"②

一方面，索绪尔通过反证法归纳出语言不具备的特点，另一方面他又总结出语言应该存在的三个特点：（1）语言具有个人的一面，也有社会的一面，二者缺一不可；（2）在任何既定时间内，语言既包括一种确定的系统，也包括一种演变；（3）在任何既定时间内，语言都是现在和过去的产物。把这个系统同它的历史以及系统的现在和过去区别开来，表面上看似乎很容易，但实际上它们紧密联结在一起，是很难把它们区分开的。

因此，索绪尔认为"无论从哪一方面去着手解决问题，任何地方都找不着语言学的完整的对象；处处都会碰到这样一种进退两难的窘境"③。如果只是研究某一方面，或同时从几个方面研究语言，"语言学的对象就像是乱七八糟的一堆离奇古怪、彼此毫无联系的东西"④。他在这儿所说的语言的对象不明确的问题，实际上指的是语言的定义不清楚的问题，即研究的对象语言的定义不确定的问题。那么，语言究竟是什么呢？

索绪尔认为要弄清楚语言是什么的问题，必须明确"语言和言语活动不能混为一谈；它只是言语活动的一个确定的部分，而且当然是一个主要的部分"⑤。索绪尔认为，语言是社会集团为了个人使用言语而采用的一整套不可

---

① Ferdinand de Saussure, *Course in General Linguistics*, translated and annotated by Roy Harris, Open Court, 1986, p.8.
② Ibid., pp.8-9.
③ 费尔迪南·德·索绪尔：《普通语言学教程》，高名凯译，北京：商务印书馆，1980年，第29页。
④ 同上书，第29—30页。
⑤ 同上书，第30页。

缺少的规约，是后天获得的、约定俗成的东西，是一种表达观念的符号系统。在索绪尔看来，语言学研究的对象应该包括所有的语言表达形式[1]，因此，语言史研究、概括一切历史特殊现象的一般规律、确定语言学的界限和定义就成为语言研究的三大任务。但其中最为重要的，是要解决什么是语言或语言是什么的问题。如何解决这个问题，索绪尔认为只有一种办法，那就是把语言结构作为主要问题并将其同所有语言现象联系在一起进行研究。

什么是语言结构？索绪尔认为语言结构不能同语言混为一谈："语言结构只是语言的一部分，是语言的核心部分。"[2]在索绪尔看来，语言结构就是社会认同的约定俗成的语言运用规则。对于社会来说，这套规则必不可少。有了这套规则，社会成员才能使用他们的语言。语言能力是社会的产物，从整体上说在许多方面不同但是相关，跨越彼此分离的不同领域，性质上既是物理的，也是生理的、心理的。

在巴特的理论中，言语在本质上是一种个别性的选择行为和实现行为，首先是由组合作用形成的，而语言结构则是法规和系统。由于组合作用，说话的主体可以运用语言结构的代码来表示个人思想。根据索绪尔的观点，"正是由于符号在不同的话语或相同的话语中不断重复，每个符号才成为语言的一个要素"[3]。正是言语具有组合的性质，所以巴特说："言语可以定义为（重复出现的）符号的（各种）排列组合（combinaison）。"[4]巴特指出组合是由"可加以切分的实体"构成的，以言语的面貌出现的组合表现为"无限文本"

---

[1] 索绪尔所说的语言形式不仅包括那些日常生活中使用的语言，即正确的语言，也包括那些"优雅的"语言，即书面语言。实际上，除了口头语言和书面语言而外，还存在语言的其他表现形式，如通过手势、图画、象形等表达的语言。因此，这也表明语言同语言的表达形式是两回事。换一种思考，语言是种独立存在的东西，它可以用不同的形式或方法表达出来，如口头讲述、文字书写、莫尔斯电码等。

[2] Ferdinand de Saussure, *Course in General Linguistics*, translated and annotated by Roy Harris, Open Court, 1986, p.9.

[3] 罗兰·巴尔特：《符号学原理》，王东亮等译，北京：生活·读书·新知三联书店，1999年，第3页。

[4] 同上书，第54页。

的形式。巴特还举例说明怎样在无限文本中确定意义单位,即构成组合的符号的界限,以此来说明言语同符号之间的关系。

语言的传统定义清晰明白,通俗易懂。例如帕默尔说:"语言就是发出语音,用以影响其他人的行为;反过来,语言就是听话者对这些声音的解释,由此可以明白说话者的心里想什么。"① 帕默尔强调发出声音的主体是人类。他说:"语言在本质上是人类发出的声音。"② 他还说:"事实上语言就是有意义的声音。"③ 萨丕尔也说:"语言的本质就在于把习惯的、自觉发出的声音(或是声音的等价物)分派到各种经验成分上去。"④ 德国语言学家赫尔德认为,"人是一种善于倾听辨察的生物,生来注定要拥有语言",把"直接的感觉的语声称为语言",所以他才说"最早的人类语言是歌唱"。⑤

语言的最通俗理解就是人类说的话。人类说的话即为语言,而说话即语言的表达方法。如此一来,不仅容易理解语言,也容易定义语言以及与语言有关的概念。例如,用书写符号把语言写下来,就得到文字,获得文字的方法是书写。用莫尔斯电码把语言远距离传送出去,就得到电报,电报是由符号组成的,方法是通过发报机发报。

在索绪尔的论述中可以看出,语言结构实际上就是语言。巴特强调了索绪尔的观点,认为"语言结构就等于是语言(Langage)减去言语"⑥。尽管索绪尔关于什么是语言的表述有前后矛盾和含混之处,但他仍然从不同的角度解释了语言,其中最著名并且为后来的研究者所接受的观点,就是他从符号学角度给语言下的定义:"语言是一种表达思想的符号系统。"⑦ 无论索绪尔、

---

① L. R. 帕默尔:《语言学概论》,李荣、王菊泉、周焕常等译,北京:商务印书馆,1983年,第5页。
② 同上书,第13页。
③ 同上。
④ 爱德华·萨丕尔:《语言论——言语研究导论》,陆卓元译,北京:商务印书馆,1985年,第10页。
⑤ J. G. 赫尔德:《论语言的起源》,姚小平译,北京:商务印书馆,1998年,第43、14、50页。
⑥ 罗兰·巴尔特:《符号学原理:结构主义文学理论文选》,李幼蒸译,北京:生活·读书·新知三联书店,1988年,第116页。
⑦ Ferdinand de Saussure, *Course in General Linguistics*, translated and annotated by Roy Harris, Open Court, 1986, p.15.

巴特还是今天的大多数语言学家，基本上接受了索绪尔关于语言的这个定义。把语言定义为表达思想的符号系统，也成为语言学界甚至相关学界的共识。可以说，现在几乎所有的语言学理论，都是以索绪尔这个语言符号学的观点为基础建构的。

一个世纪过去了，随着人文社会科学及认知科学的发展，我们不能不重新思考索绪尔的这个观点，再次讨论语言是什么的问题。但是，要解决语言定义的问题，我们需要从对索绪尔的符号和语言的研究开始。

索绪尔把语言定义为表达思想的符号系统，同时又把语言的定义表述为由语法、句法和词汇组成的语言系统，即社会约定俗成的规则。能否用符号定义语言，即能否把语言定义为表达思想的符号系统？在我们做出是或否的回答之前，至少有一些问题是我们在定义语言时是无法解决的。例如，索绪尔和巴特都把符号看成语言的基本组成部分，无论是表达思想还是约定俗成的规则，都是以符号或者符号系统为基础的。尽管索绪尔和巴特都把能指和所指结合在一起指称语言符号，但是我们并不清楚语言是什么以及语言在哪儿。我们同样认为语言符号对于理解语言是重要的，但是我们也同样清楚语言符号并不是语言而只是能够表达语言的符号。即使语言符号形成了系统，那也是一个符号系统，同样还不是语言。

索绪尔与巴特关于语言的定义并不能定义语言，归根结底源于语言的概念含混。索绪尔和巴特一方面强调语言的约定俗成，另一方面他们使用的概念又违反了约定俗成的原则。在学术传统里，我们讨论的语言的前提是语言是人的语言，是把其他语言如人工语言（artificial language）、形式语言（formal language）、程序语言（programming language）、动物语言（animal language）、身体语言（body language）等排除在外的语言。但是，索绪尔、巴特等语言学家讨论人的语言时，显然通过符号把语言的内涵扩大了。当索绪尔还在坚持语言只是符号学中的一部分时，巴特则把语言无限扩大到了其他领域，几乎所有的符号系统都被包括在语言的范畴之内了。正是语言内涵的扩大，导致无法清晰地定义人的语言。因此，我们需要做的是把人类语言学从普通语言学或普通符号学中剥离出来，建构独立的不同于其他语言及符号的人类语言学。

第三章 | 符号与语言符号

第一节 语言符号及其性质

20世纪,尤其是20世纪下半叶,俄国形式主义批评、英美新批评、结构主义、解构主义等各种文学批评大行其道的同时,文学批评领域也开始出现理论危机。为了突围创新,打破形式主义的藩篱成为这些批评的必然选择。20世纪70年代,西方文论界在语言学和符号学中找到了突破口。在索绪尔开创的符号学基础上,文论家们把语言学和符号学结合起来,创立了语言符号学并将其用于文学理论和批评的借鉴。总体而言,符号学研究取得了积极的进展并出现了不同流派,同时也促进了其他文学批评的诞生。巴特、格雷马斯、列维-施特劳斯、托多洛夫、戈德曼、阿尔都塞、拉康、克里斯蒂娃、艾柯、西比奥克、梅洛-庞蒂、利科等,都是符号学研究的代表人物,或者在符号学影响下创立了新的学派。时至今日,符号学的繁荣时代似乎已经过去,但是符号学对于文学批评的借鉴意义和价值并没有因此减少,符号学遗留的问题仍然需要我们思考,并从思考和总结中获得解决文学批评问题的启示。

一、能指和所指

关于符号是什么的问题,尽管存在一些争议,但总的来说,学界大多沿用索绪尔和巴特给符号下的定义：①符号是能指和所指相联结产生的整体。②符号是概念和声音形式的结合。迄今为止，这是索绪尔和巴特给我们的最简洁和明晰的定义，也是为学界所认同和引用的定义。可以说，索绪尔和巴特之后所有的关于符号的定义，都是以索绪尔和巴特的定义为基础的。

索绪尔和巴特都用能指和所指定义符号。索绪尔说："在我们的术语里，符号就是概念和声音形式的结合。"[1] 索绪尔又说："我们把概念和音响形象的结合叫作符号，但是在日常使用上，这个术语一般只指音响形象，例如指词（arbor 等等）。"[2] 巴特继承了索绪尔的观点。他强调说："在索绪尔的术语系统中，所指与能指是符号的组成部分。"[3] 巴特还说："为规定意指关系，索绪尔立即去除了象征一词（因为它包含理据性），符号一词因而被定义为能指（signifiant）与所指（signifié）的结合（如同一页纸的正反两面），或音响形象（image acoustique）与概念（concept）的结合。"[4]

索绪尔和巴特都强调符号是由能指和所指构成的，强调"语言符号是一种两面的心理实体"[5]。根据索绪尔所说的，语言符号由能指和所指组成，能指和所指分别代替声音形式和概念。为了解决符号概念意义含混的问题，索绪尔对词素与义素、形式与理念、形象与概念等词进行了仔细考察和认真思考，最后选定了能指和所指这两个术语，二者结合在一起构成符号。巴特认为："这一主张至关重要，应时刻不忘，因为人们总易于把符号当成能指，而它实际上涉及的是一种双面的现实。"[6]

从中可以看出，能指和所指的价值就在于它们结合在一起构成语言符号，

---

[1] Ferdinand de Saussure, *Course in General Linguistics*, translated and annotated by Roy Harris, Open Court, 1986, p.67.
[2] 费尔迪南·德·索绪尔：《普通语言学教程》，高名凯译，北京：商务印书馆，1980年，第102页。
[3] 罗兰·巴尔特：《符号学原理》，王东亮等译，北京：生活·读书·新知三联书店，1999年，第25页。
[4] 同上书，第28页。
[5] 费尔迪南·德·索绪尔：《普通语言学教程》，高名凯译，北京：商务印书馆，1980年，第101页。
[6] 罗兰·巴尔特：《符号学原理》，王东亮等译，北京：生活·读书·新知三联书店，1999年，第29页。

说明符号不能单独由其形式决定，而需要有内容的结合，即一个符号是由其形式（能指）同形式所指称的内容（所指）构成的。正如巴特强调的那样，现实中人们往往把能指看成符号，而索绪尔把能指和所指的结合看成符号就容易把符号同非符号区别开来，避免对符号的误判。

二、符号的价值

索绪尔和巴特创建符号学，为语言学研究开辟了新的领域和提供了新的研究方法，但什么是语言符号以及什么是语言，这个问题他们仍然没有在学理上给以解决。尽管索绪尔有关符号的讨论主要限定在语言学范围内，但他在讨论语言符号时仍然把语言符号同其他符号混淆在一起。即使索绪尔声称讨论的符号是语言符号，实际上也是模棱两可的，并未指明他讨论的哪些符号是语言符号，哪些不是语言符号。索绪尔以讨论语言符号为主要内容，但他未能把语言符号的具体实例告诉读者。他把能指和所指作为定义符号的规则，由于缺乏大量实例和学理支撑，显然仅靠能指和所指两个术语无法解决符号的基本理论问题。

巴特继承了索绪尔的符号学理论，但他的符号概念比索绪尔走得更远。他在自己的著作中把不同的符号都集合到语言符号之下展开讨论，无限扩大语言范畴，但是没有通过实例把语言符号同其他符号清晰地区别开来。他把分辨不同符号的任务交给了读者，但忘记了读者仅靠自己是无法完成区分不同符号的任务的。如果说索绪尔讨论符号问题是为了建立语言符号学，那么巴特讨论符号则是为了建立普通符号学，他扩大了语言符号的范畴，把所有符号都包括在语言符号内。虽然把不同体系的符号放在一起展开讨论，有利于在比较中深入理解语言符号，但是由于模糊了语言符号同其他符号的界限，这不仅增加了理解语言符号的难度，而且也造成了语言符号概念的混乱。

为了解决语言符号理解混乱的问题，我们需要明确语言符号的价值，解释语言符号同语言的关系，只有这两个问题解决了，才能解决语言的定义问题。符号的价值在于能够表达意义，即用某一符号指称和代表符号本义以外的意义。

符号是表达意义的载体。一种事物或概念的意义要被表达出来和被理解，必须借助某种媒介才能实现。只有通过媒介，意义才能传输、转换、认知和理解。这种表达意义的媒介就是意义的载体。目前所有的信息传输都必须借助某种载体进行，而其中为大家所熟知的载体就是符号。例如，十字路口设置的红绿灯不是为了照明，而是代表能否通行的标志。红绿灯作为意义的载体，代表着一种交通规则，传输什么情况下允许通行或不允许通行的信息。红绿灯通过变化，能够表示不同的意义。根据红绿灯的变化，行人也能够从中读出意义，做出通行或等候的判断。不同的符号，承载着不同的意义。红灯是禁止通行的符号，绿灯是允许通行的符号，红绿灯的变化，就是符号意义的变化。只要是符号，就一定是意义的载体，表达某种与符号原意不同的特指意义。例如，橄榄枝代表和平，红十字代表医院，红心代表爱心，太阳代表晴天，云朵代表阴天，骷髅头代表死亡。通过不同的载体，可以表达不同的意义，加深对意义的理解。

符号是表达意义形式转换的媒介。通过符号，意义的形式可以转换，可以从一种形式转换为另一种新的形式。意义的形式转换是为了便于认知和理解。以红绿灯为例。为了保障通行安全，交通管理部门制定了关于路口如何通行的交通规则文本。什么条件下允许行人通行，什么条件下禁止行人通行，文本里都有明确的文字说明。这种交通规则文本可能以纸质媒介的形式出现，如在公共场所张贴的广告，下发到有关社区、群体的通知，供小学生阅读的课本，面向社会的广而告之的宣传海报等。也可能以数字媒介出现，如互联网传播、微信传播、电视传播、无线电广播等。无论是纸质媒介还是电子媒介，都可以转换成符号的形式。例如，红绿灯作为通行符号设置在路口，就可以通过绿灯或红灯的变化来表示文本描述的通行或禁止通行的意义。借助红绿灯，纸质文本或电子文本的形式不仅可以转换为符号，而且可以表示纸质文本或电子文本的同样意义。纸质或电子文本无法完美地解决路口的交通秩序问题，但是当把描述交通规则的文本转换成红绿灯后，文本形式改变了，行人根据绿灯符号通行，根据红灯符号等候，交通秩序问题也就通过符号得到解决。

符号是认知和理解事物的方法。认知和理解事物有许多种方法，而符号是其中的一种。同其他认知方法如阅读和倾听相比，符号是借助人的视觉器官认知和理解事物的方法。以红绿灯为例：当看见红灯亮起的时候，我们很容易理解这是禁止通行的符号，当绿灯亮起的时候，我们也容易理解它是可以通行的符号。在交通规则文本中，什么情况下通行或者不通行是十分复杂的文字描述。当我们在路口面临通行或等候的选择时，交通规则已经无法及时为我们在现场提供帮助，因为我们不可能通过阅读文本的方法做出选择。因此，红灯和绿灯这两种符号就成为我们做出通行或等候的选择判断的根据。符号优于文本还表现在许多其他方面，例如医学诊疗中借助电子仪器将人的心脏、肝脏、肺腑等状况转换成可视的符号，就有助于对疾病做出正确诊断。正因为借助符号传达意义是一种重要的认知方法，所以符号才能得到广泛运用。

三、语言符号的定义

符号和语言符号是两个不同的概念，不能混为一谈。此前所举各例，都是符号而不是语言符号，因此我们还需要弄清什么是语言符号及其定义。根据索绪尔和巴特的理论，语言符号是由音、义的结合构成的，即由能指和所指构成的。无论是索绪尔还是巴特，尽管他们都有把符号扩大化的倾向，但他们也把语言符号限定在我们的口头表达上，因此他们都强调语言符号的声音特点，并据此判断语言符号的物质性。

在索绪尔的术语中，语言符号指的就是声音形式和概念结合在一起的词。尽管这个定义仍然不能让我们满意，但是索绪尔和巴特都强调语言符号的声音特点，这表明他们有一种明确的立场，那就是语言符号是同人的发音器官联系在一起的。在索绪尔和巴特的语言学理论中，语言符号的定义及其解释出现含混，根本原因就在于没有把语言符号完全同语言结合在一起，尤其是没有明确什么是语言。

需要强调的是，索绪尔和巴特所说的语言符号，实际指的是表达语言的符号。所有那些可以用来表达语言的符号，如西方使用的拼音文字，中国使用的表意文字等，都属于语言符号。

语言符号不是普通符号，而是特指那些可以表达语言含义的书写符号。从狭义上说，语言符号尽管也把盲文、文字标记、表意图像、图形等包括在内，但它主要指表意文字和表音文字两大类。表意文字如中文汉字、圣书字、楔形文字等，表音或拼音文字如希腊文、拉丁文、英文、韩文、日文等。无论表意文字还是表音文字，它们作为语言符号的首要条件必须是能够表达意义的符号，例如山河日月、花果草木，mountain, river, sun and moon, flower, fruit, grass and tree 等，它们都是表达特定意义的语言符号。组成这些符号的单个要素，如汉字的笔画和英文字母，虽然离开了它们不能组成字和词，但它们本身只是普通符号而不是语言符号。因此需要在此着重指出，就符号的性质说，索绪尔的语言符号只能指那些表达语言意义的符号，而不能指由符号表达的语言。由于语言的定义不清，索绪尔关于符号和语言的关系是没有解释清楚的。

把汉字的笔画和英文字母同语言符号区别开来是理解语言符号以及认识语言的重要条件。汉字的笔画和英语字母的组合都可以作为符号的载体并变成某种符号，但它们在组成文字或单词之前因为无法用来记录或表现语言，所以笔画和字母不是语言符号。

第二节 语言符号的非任意性

索绪尔认为,能指和所指的联系是任意的,或者更简单地说:"语言符号是任意的。"① 索绪尔的这个观点是值得商榷的。从语言的角度说,索绪尔所说的符号就是词或单词,这个单词的读音就是能指,这个单词的概念就是所指,二者结合在一起就是语言符号。索绪尔用能指和所指解释语言符号,并把语言符号看成任意的,这非但不能准确地定义语言符号,而且使语言符号的定义变得更为复杂,也无助于我们理解语言符号。

一、索绪尔的观点

关于语言符号任意性的问题,索绪尔说:"能指和所指的联系是任意的,或者,因为我们所说的符号是指能指和所指相联结所产生的整体,我们可以更简单地说:语言符号是任意的。"② 为了说明语言符号的任意性质,索绪尔还以法语中"姊妹"概念(所指)同表达姊妹概念的词(能指)为例说,姊妹的概念"在法语里同用来做它的能指的 s-ö-r(sœur)这串声音没有任何内在的关系;它也可以用任何别的声音来表示。语言间的差别和不同语言的存在就是证明:'牛'这个所指的能指在国界的一边是 b-ö-f(bœuf),另一边却是 o-k-s(Ochs)"③。索绪尔的观点强调两点:①能指和所指之间的联系是任意的。②能指的声音同所指之间没有内在联系。正是基于这两点,索绪尔认为不仅能指和所指的联系是任意的,而且由能指和所指结合而成的语言符号也

---

① 费尔迪南·德·索绪尔:《普通语言学教程》,高名凯译,北京:商务印书馆,1980年,第102页。
② 同上。
③ 同上书,第103页。在法语里,牛叫 bœuf[bæf],在德语里,牛叫 ochs[ɔks]。

是任意的。

在索绪尔看来,任意性是一切符号的基础,也是语言符号的最高原则,因此他断言没有人会争议语言符号是任意的。索绪尔关于语言符号是任意的判断存在严重逻辑问题,因此学界一直有人质疑他的语言任意性的观点。自20世纪80年代末以来,我国学者许国璋、沈家煊、李葆嘉、严辰松、王寅、文旭、赵艳芳等都相继对索绪尔的语言符号任意性原则表达了不同看法。例如,李葆嘉先生在《论索绪尔符号任意性原则的失误与复归》一文中指出了索绪尔的三个"失误":"显然,对所指和能指的关系不加历史的探讨,而以'任意性'一言蔽之,是索绪尔任意性论证中的第一个失误";"以不同语言系统之间能指和所指结合关系的差别来证明同一语言系统之内能指和所指结合关系的任意性,是索绪尔任意性论证中的第二个失误";"把符号的历时演变性与符号的不可论证性混为一谈,是索绪尔任意性论证中的第三个失误"。[1] 应该说,李葆嘉先生对索绪尔任意性原则的质疑一针见血,指出了要害之处。

其实,索绪尔自己也并非对其提出的任意性原则充满信心,他也承认任意性不是绝对的,指出拟声词和感叹词这两类词"可能被用来证明能指的选择并不总是随意的"[2]。因此他说,"语言的机构可以从另外一个特别重要的角度来看","符号可能是相对地可以论证的"。[3] 索绪尔所说的"相对任意性"即相对可论证性,实际上就是质疑自己关于符号任意性的观点。

索绪尔还强调了语言符号的历史制约性。索绪尔认为,"决定一个词的发音的,不是它的正字法,而是它的历史。唯一要考虑的,……是词的祖先,它的词源"[4]。他还说:"在任何时代,哪怕追溯到最古的时代,语言看来都是前一时代的遗产。"[5] "语言学的唯一的真正的对象是一种已经构成的语言的正

---

[1] 李葆嘉:《论索绪尔符号任意性原则的失误与复归》,载《语言文字应用》,1994年第3期,第25页。
[2] 费尔迪南·德·索绪尔:《普通语言学教程》,高名凯译,商务印书馆,1980年,第104页。
[3] 同上书,第181页。
[4] 同上书,第57页。
[5] 同上书,第107—108页。

常的、有规律的生命。一定语言的状态始终是历史因素的产物。正是这些因素可以解释符号为什么是不变的,即拒绝一切任意的代替。"①

索绪尔强调"一定语言的状态始终是历史因素的产物",不仅从历史的角度说明能指和所指不能脱离历史,而且也说明能指和所指是在历史中确定的。符号也同样如此,它的意义和价值同样是由历史决定。也正是历史发挥的作用,能指和所指的结合就不再是任意的,而是非任意的,是有意识的约定俗成。在这个意义上说,所有的符号都是历史的产物,都是约定俗成的,都是非任意的。实际上,索绪尔语言符号的历史评价不仅解释了语言同历史的联系,而且推翻了他关于语言符号任意性的观点。

二、能指是符号的声音形态

索绪尔认为,任何语言符号都是由"能指"和"所指"构成的,"能指"指语言的声音形象,"所指"指语言所反映的事物的概念。符号的任意性就是说,所指与能指的联系是任意的,两者之间没有任何内在的、自然的联系。例如,"姊妹"的概念在法语里同用来做它的能指的 s-ö-r (sœur) 这一串声音之间没有任何内在的关系,因为它也可以用任何别的声音来表示。语言间的差别和不同语言种类的存在都是最好的证明。索绪尔认为这就是能指的任意性。他据此指出,语言符号与象征不同,前者是任意的,而后者永远也不会是完全任意的,因为象征的能指与所指之间有一点自然联系的根基,例如象征法律的天平就不能随便用其他计量工具来代替。

一方面,索绪尔强调语言符号的绝对任意性,另一方面,索绪尔也看到了语言符号非任意性的一面。他说:"只有一部分符号是绝对任意的;别的符号却有一种现象可以使我们看到任意性虽不能取消,却有程度的差别:符号

---

① 费尔迪南·德·索绪尔:《普通语言学教程》,高名凯译,商务印书馆,1980年,第108页。

可能是相对地可以论证的。"① 索绪尔认为，语言符号在音响形象与概念之间的关系中存在绝对的任意性，在横向组合关系及线性语符的关系中则存在相对的非任意性，即可论证性。索绪尔把语言符号分为绝对任意性和相对非任意性两种，实际上就是对绝对任意性的质疑。只要有非任意性语言符号的存在，无论是相对的还是绝对的，它至少已经否定了语言符号的绝对任意性。

关于语言符号的任意性问题，索绪尔认为，某个特定的能指和某个特定的所指的联系不是必然的，而是约定俗成的。比如在"树"这个词中，树的概念和"树"的特定发音不是必然结合在一起的，"树"在英文中的读音和在法文、拉丁文中的读音明显不同，但都能表达"树"的意思。这就是符号的任意性原理。索绪尔的例子要说明的问题是，树作为所指是相同的，但是用来指树的声音是可以不相同的，如法文、拉丁文等。用不同的声音指称同样的树，这就是能指的任意性。不仅仅是树，其他具体的事物以及概念，都可以用不同的声音去表示。例如月亮这个具体事物，在中文、英文、法文、俄文等不同的语言环境中，表示它们的声音都是不同的。这就是索绪尔所说的能指的任意性。

从表面上看，索绪尔的举例似乎无懈可击，可以说明能指的绝对任意性，但其实并非如此。索绪尔在讨论任意性时没有厘清能指、所指同语言符号之间的关系。索绪尔清楚指出，能指和所指即音响形象同概念的结合构成语言符号。他把能指和所指看成语言符号的两个组成部分，实际上是混淆了能指、所指与语言符号的不同性质。语言符号作为一个表达意义的实体，并非像索绪尔以为的那样是由能指和所指构成的。能指和所指不是构成语言符号实体的两个部分，而是语言符号作为实体存在的表现形式和价值。

能指并非独立存在的实体，而只是语言符号通过声音表现的形式。在语言符号同能指的关系中，先有语言符号，再有所谓的能指即语言符号的声音

---

① 费尔迪南·德·索绪尔：《普通语言学教程》，高名凯译，商务印书馆，1980年，第181页。

形象。语言符号是以某种书写形式存在的。语言符号通过书写符号组成词或词汇，构成语言符号的实体。语言符号是借助书写符号存在的实体，主要通过视觉器官认知和理解。除此之外，语言符号还可以通过声音表达，以便能够借助听觉器官认知和理解语言符号，但是表达符号的声音并不是语言符号。换言之，书写形式和声音形式是语言符号的两种主要表现形式，也是语言符号两种主要的存在形式。例如，"太阳"和"月亮"这两个词是天上存在的太阳和月亮的书写形式，而"太阳"和"月亮"的读音则是它们的声音形式。由于"太阳"和"月亮"的书写形式的读音是同天上的太阳和月亮对应的，因此"太阳"和"月亮"这两个词无论是就书写还是读音而言，它们都能成为代表天上的太阳和月亮的符号，而它们能够代表太阳和月亮就是它们的价值。由此可以看出，"太阳"和"月亮"的读音用来指称太阳和月亮是特指的，并不是任意的。不过需要强调的是，太阳和月亮的读音并不是语言符号，而它们作为表达声音的书写符号才是语言符号。

能指是符号的表现形式，它不能脱离符号存在。或者更具体地说，能指是符号的声音表现形式，符号是能指的载体。离开了符号，能指则不能存在。能指是符号的音响形象，是符号的声音表现形式，是特指的，约定的。能指借助符号存在，符号借助能指转换为音响形象。索绪尔使用能指这个术语，是为了理解符号，但是值得我们深思的是，符号的声音形式并非一定要用能指这个术语才能表达。我们甚至可以认为，能指这个术语并不能有助于我们理解符号的语音形态或者索绪尔所说的音响形象。科学的术语应该是特指的、简洁的、明确的。术语是用于解释的工具，它的重要性在于除开这个术语则难以进行科学的解释。术语应该有助于消除歧义，有助于认知和理解，尤其是不能把意义复杂化，造成理解上的困难。但是能指这个术语很难做到。

能指是符号的声音形态，即符号的声音表现形式是能指。显然，这种表述不是简洁的表述，也不能有助于我们理解语言符号。能指用来表示符号的音响形象也是差强人意的，如果使用声音形式、声音形态、音响形象等这类术语，不仅比能指更直接和通俗易懂，而且更符合理解符号的学术传统。尤其是如果我们放弃了能指这个术语，不仅不影响我们理解符号，相反消除了理解的混乱。

三、符号并非任意的

索绪尔强调说："语言符号是任意的。"① 但是，索绪尔对自己这个观点是缺少底气的。实际上，他在某些场合下已经放弃了符号任意性的观点。他说："任意性这个词还要加上一个注解。它不应该使人想起能指完全取决于说话者的自由选择（我们在下面将可以看到，一个符号在语言集体中确立后，个人是不能对它有任何改变的）。我们的意思是说，它是不可论证的，即对现实中跟它没有任何自然联系的所指来说是任意的。"②

索绪尔通过观察言语活动，指出"语言中的词对我们来说都是一些音响形象"③，强调音响形象和概念"这两个要素是紧密相连而且彼此呼应的"④。他还指出："很明显，我们无论是要找出拉丁语 arbor 这个词的意义，还是拉丁语用来表示'树'这个概念的词，都会觉得只有那语言所认定的联接才是符合实际的，并把我们所能想象的其他任何联接都抛在一边。"⑤ 索绪尔在这里明确指出，用来表示"树"这个概念的词指向明确，并非任意的。

索绪尔强调音响形象和概念的结合，实际上讨论的是符号如何产生的问题。就语言符号而论，不是任何事物都可以成为符号，只有概念和音响形象结合在一起才能成为语言符号。索绪尔以 arbor 为例指出："arbor 之所以被称为符号，只是因为它带有'树'的概念，结果让感觉部分的观念包含了整体

---

① 费尔迪南·德·索绪尔：《普通语言学教程》，高名凯译，北京：商务印书馆，1980年，第102页。
② 同上书，第104页。
③ 同上书，第101页。
④ 同上。
⑤ 同上书，第101—102页。

的观念。"① 索绪尔在这里不仅说明了符号通过概念和音响形象结合在一起形成符号的过程，而且强调了 arbor 之所以被称为符号，是因为它表达了树的概念。显然，索绪尔以 arbor 为例说明符号并不是任意的，而是特指的，是非任意的。

符号的非任意性是由符号自身的价值决定的。只要是符号，就有指称某个事物或概念的特定意义，因此只要是符号，就必然是意义明确的，是约定俗成的而非任意的。索绪尔的错误在于他把能指的价值同符号的价值混为一谈了。能指的价值在于其表示事物和概念的任意性，然而必须明确一点，能指不是符号。能指只是符号的表现形式，或者说只是符号的声音表现形式。没有符号，即没有能指。由于有了符号，我们需要用某种形式把符号表现出来，因此音响形象就被用来表现符号。当符号通过声音表现出来时，我们得到的音响形象就是符号的声音形式，但音响形象本身不是声音符号。同理，当符号通过书写方法表现时，我们就得到的文字或词就是符号的书写形式。

能指是不能单独存在的，它始终因为表现符号的需要而存在。符号是有意义的，是非任意的，能指作为符号的表现形式，其本身就是符号意义的转移和转换，表达符号的意义。例如太阳、月亮、善良、邪恶等语言符号，它们的声音形式都是代表与它们相对应的意义，只是符号的声音形式，都是表现的符号意义。因此，语言符号都不是任意的。而且，由于某些符号只是凭借其形式表达意义，没有与其对应的声音形式，因此它们也可能没有能指而只有所指。例如，古代的象形文字，我们只是通过视觉器官对文字的象形进行判断而理解其意义，而没有与它们相对应的发音形式。即使我们现在通过某种读音去表达它们，这种读音也是我们根据自己的研究赋予的，并不是它们产生时所具有的读音。象形文字最初并没有读音，因此它们也没有能指。但是，象形文字的所指是十分明确的。没有能指，并不影响我们对象形文字

---

① 费尔迪南·德·索绪尔：《普通语言学教程》，高名凯译，北京：商务印书馆，1980年，第102页。

意义的理解。在象形文字产生之前，以图画形式表达意义的图画文字，同样是没有读音的，因此它们也没有能指。古代的甲骨文也是如此。甲骨文的基本特点就是象形表意，象形的功能就是表意，即通过外在形式表达意义。甲骨文的发明是为了通过象形表达意义，因此甲骨文最初没有读音的现实需要，所以没有读音。甲骨文的读音是甲骨文在后来的演变过程中产生的。甲骨文同拼音文字有本质的不同。发明拼音文字不是为了表意，而是为了记音，即通过声音形式表达意义。而甲骨文则完全相反，它通过象形表达意义。

对于符号而言，它的声音形式只是为了满足听觉器官的需要，只是为了借助听觉器官理解符号的意义。符号的声音形式是约定俗成的，任何语言都是如此。从这一点说，符号的声音形式并不是任意的，而是从符号形成时就固定下来。也正是符号声音形式的稳定性特征，符号才能成为通用的用于表达意义和进行交流的工具。

索绪尔使用能指这个术语指代符号的音响形象，但从必要性角度说，用能指指称声音并不是符号的必要条件。甚至可以说，即使没有声音，也不影响符号表达意义，也不影响对符号的理解。符号是为了表达意义而产生的，符号的产生即代表着意义的产生，因此能指和所指对于符号来说并非必需的。甚至可以说，能指和所指对于符号说是可有可无的。没有能指和所指，并不影响符号的确定性。由于符号是因为表达意义而产生的，只要是符号，它就有明确的指向，因此符号并不是任意的。

实际上，语言符号从它出现的那一刻开始，就不是任意的。任何符号只要一旦变成语言符号，它就不是任意性的符号。例如索绪尔提到的arbor"树"，当它作为表示树的语言符号被接受时，它已经不是任意的了。而且，当arbor作为表示"树"的词存在时，它已经不是索绪尔说的能指，而是所指了。这也说明，语言符号是以具体的指代对象而存在的，用能指和所指对它进行解释是不必要的。再如中文中的长城、运河、故宫等词汇，它们都是意义明确的非任意的符号，即使"红豆生南国，春来发几枝""春色满园关不住，一枝红杏出墙来"这类诗句，无论诗中提到的红豆、南国，还是春色、红杏，它们早已不是任意的，而是能指和所指结合在一起的语言符号了。以红豆为例，当我们读出红豆的发音时，我们完全明白红豆的发音意指红豆而非白豆，因此在红豆成为语言符号时，红豆的发音已经同红豆的概念紧密地结合在一起了。如果红豆的发音没有同红豆的概念结合在一起并可以指称任何豆子或任何其他事物，这个红豆只是普通符号而不是语言符号。由此可见，一个符号只要转变成语言符号，就意味着这个符号变成了能指和所指结合在一起的意义约定的符号了。也正是语言符号的意义的约定性，语言符号才能被理解，才能准确记录语言。

第四章 | 语言与文本

第一节 语言同文本的关系

讨论什么是语言的问题，离不开讨论什么是文本的问题。语言和文本是两个性质不同的概念，语言不是文本，也不等同于文本。它们是两个相互独立的性质不同的主体。如果要弄清楚什么是语言的问题，首先需要梳理语言与文本的关系，讨论语言与文本的性质，分析各自不同的特点。在《普通语言学教程》里，索绪尔为了说明语言的问题，讨论了语言的定义及其特点、能指与所指及语言符号的构成，也讨论了文字以及文字同语言的关系等诸多问题，然而很少涉及文本的讨论。正因为索绪尔忽视了文本在语言构成中的关键性作用，尽管他做出了重要努力，却始终无法把语言的问题解释清楚。同索绪尔相比，巴特显然注意到文本对于符号及语言的价值，提出"文本"概念，并在《从作品到文本》一文中对"文本"做了全新的解释和分析，建构自己的文本理论。巴特的"文本"理论不仅对于语言学和符号学具有重要启发意义，而且给我们提供了一个观察、分析和解读文学的崭新视角。

一、语言之源

自巴特以来的文本研究表明，文本为语言学研究打开了一扇大门，为解决语言的定义问题找到了一条新路。

语言是什么？目前的观点可以大致分为三类，一类是语言符号论，一类是语言工具论，再就是符号工具结合论。第一种观点把语言看成表达思想的符号，第二种把语言看成交际的工具，第三类是前两种观点结合在一起的折中主义观点。从本质上看，无论哪一种观点，都是从语言的功能出发理解和解释语言，都是把语言看成表达思想的工具。

显然，语言是表达思想的工具不能解释什么是语言的问题，因为作为工具的语言必须是具体的实体，是可以感知并能够发挥作用的媒介，例如钢笔是书写的工具，文字是记录的工具，眼镜是阅读的工具，电灯是照明的工具，无论是钢笔、文字，还是眼镜、电灯，我们都能对这些工具有一个具体的把握。作为记录思想的工具也好，作为进行交际的工具也罢，不仅语言是什么样的工具我们无从把握，即使我们能够把握工具，但是仍然不能解决工具表达的语言是什么的问题。

那么，索绪尔把语言看成表达思想的符号系统是否可以解释什么是语言的问题呢？表面看似乎有理，其实不然。索绪尔简单地在语言和符号之间画上等号，把词和词汇看成语言符号，因此语言就在逻辑推理下等同于文字。但是，索绪尔特别强调了语言的音响形象的本质特征，也特别说明语言不能等同于文字。如果按照索绪尔的逻辑理解语言，文字就是语言符号，语言符号等同于语言，因此文字本身就是语言。尽管把文字看成语言的一部分是后来语言学界的一个重要观点，但是这个观点使坚持文字的价值在于表达语言的索绪尔陷入自相矛盾之中。从索绪尔的自相矛盾中，我们仍然可以抓住问题的实质，那就是文字作为工具表达的语言是什么。因此可以从中看出，索绪尔没有解决的问题同其他观点没有解决的问题是一样的。

归根结底，所有的问题最终都指向语言是什么的问题。无论是索绪尔还是巴特，他们都认为有一种语言存在，但是这种语言是什么？在哪里？这些问题仍然没有解决。究其原因，这是在探讨什么是语言的问题时，我们忽略了一个与语言密切相关的问题，即文本的问题。只有把文本的问题同语言的问题、符号的问题、文字的问题等结合在一起讨论时，我们才有可能拓宽思路，真正解决什么是语言的问题。

二、罗兰·巴特的文本理论

20世纪60年代和70年代，巴特把符号看成语言的源头，认为只有符号才能说明语言的问题，并通过对符号价值的强调不断消解作品概念的价值，把文学理论的研究聚焦到文本概念上，从而开启了从"作品"研究转向"文本"研究的时代。巴特在其重要论文《从作品到文本》《作者的死亡》等论文中系统深入地讨论了从作品到文本的转向，对文本概念进行了细致的描述和解释。应该说，文学理论界有关文本研究的潮流，最初是由巴特引领的。

早在巴特之前，文学作品的创作者即作家的价值已经遭到质疑。正如巴特所说："在法国，可以说，是马拉美首先充分地看到和预见到，有必要用言语活动本身取代直到当时一直被认为是言语活动主人的人；与我们的看法一样，他认为，是言语活动在说话，而不是作者。"[1]马拉美已经认识到同文本的价值相比，作者不再像过去那样重要。在文学批评传统里，对文本的理解是从寻找作者的写作动机以及分析写作过程开始的，"批评以在作品中发现作者（或其替代用语：社会，历史，心理，自由）为己重任：作者一被发现，文本一被'说明'，批评家就成功了"[2]。但是，马拉美认为没有作者并不影响阅读和分析文本。

在作家同文本的关系方面，不仅马拉美在消解作者的重要性，而且超现实主义和语言学也同样如此。超现实主义打碎了作品中作者头上的神圣光环，

---

[1] 罗兰·巴特：《作者的死亡》，《罗兰·巴特随笔选》（第2版），怀宇译，天津：百花文艺出版社，2005年，第296页。
[2] 同上书，第300页。

把作者从文学创造者的神坛上拉了下来。

什么是文本？巴特解释说："现在我们知道，一个文本不是由从神学角度上讲可以抽出单一意思（它是作者与上帝之间的'讯息'）的一行字组成的，而是由一个多维空间组成的，在这个空间中，多种写作相互结合，相互争执，但没有一种是原始写作：文本是由各种引证组成的编织物，它们来自文化的成千上万个源点。"[1]巴特的这种解释还不足够让我们完全明白什么是文本。他在《从作品到文本》一文中又说："与作品的概念相反——一个长期以来乃至现在还在以一种被称为牛顿主义的方式进行思考的传统概念——现在对新客体有了一种需要，它通过放弃或颠倒原有范畴来获得。这个客体就是文本。"[2]但是，巴特也意识到文本这个概念很时髦因而遭到质疑，所以他对文本做了进一步的解释。

首先，文本在性质上不是一个时间概念。"文本应不再被视为一种确定的客体。尝试作品与文本在材料上的区分可能是徒劳的。人们必须特别小心地不要说作品是古典的而文本是先锋派的。区分它们并不在于用现代性的名义来建立一张粗糙的图表然后根据作品所处的年代顺序位置来宣布某些文学作品在现代性之'内'，另一些则在'外'。一部非常古老的作品可能就是'某种文本'，而许多当代文学作品则可能根本不是文本。"[3]

其次，文本是一种话语存在。关于作品与文本的区别问题，巴特解释说："作品能够在书店，卡片目录和课程栏目表中了解到，而文本则通过对某些规则的赞同或反对来展现或明确表达出来。作品处在技巧的掌握之中，而文本则由语言来决定：它只是作为一种话语（discourse）存在。"[4]从巴特的解释中可以看出，作品主要是文学的形式，也可以说是文本的形式，而文本则是作

---

[1] 罗兰·巴特：《作者的死亡》，《罗兰·巴特随笔选》（第2版），怀宇译，天津：百花文艺出版社，2005年，第299页。
[2] 罗兰·巴特：《从作品到文本》，杨扬译，载《文艺理论研究》，1988年第5期，第86页。
[3] 同上篇，第87页。
[4] 同上。

品的话语,是作品的意义。作品是"文本想象的产物"①,文本是创作活动中的体验,是超越作品形式的内容部分。

最后,文本有多种形式。在《S/Z》一书中,巴特提出了可写性文本和可读性文本两个相对的概念。巴特认为:"在今天可被写作(被重新写作)的东西,即可写文本(scriptible)。"②巴特解释说,可写性文本就是正在写作中的我们:"可写性文本,就是无小说的故事性,无诗歌的诗意,无论述的随笔,无风格的写作,无产品的生产,无结构的结构化。"③归根结底,可写性文本就是可以重新改写的文学作品。通过对文学作品的改写,批评家可以对作家创作的作品任意分割和解读,重构与原来作品意义不同的文本。通过对文本的改写,读者和批评家也就从文学的消费者变成了文学的生产者。由此可见,巴特的可写性文本并非指文本自身,而是指对文本的重构。正如巴特所说,"可写性文本是一种永恒的现在时"④,如此一来,创作作品就不再是作家的专利,作者将从历史的神坛上被推倒,将由读者和批评家取代。正是在这个意义上,巴特宣称作家死了。

什么是可读性文本?巴特说:"可以被阅读但不可以写作的东西,即可读文本。"⑤巴特把任何可读性文本都称作"古典文本"⑥,它们构成文学庞大整体的产品。可读性文本与可写性文本相对,是可写性文本的等价。巴特认为文学存在的问题是读者同文本的分离,因此需要改变读者只是文学消费者的状况。他说:"因为文学工作(文学就像工作)的赌注,是使读者不再成为消费者,而是成为文本的生产者。文学机制在文本的制造者和使用者之间、在其主人和其顾客之间、在其作者和其读者之间,保持着一种无情的分离状态,

---

① 罗兰·巴特:《从作品到文本》,杨扬译,载《文艺理论研究》,1988年第5期,第87页。
② 罗兰·巴特:《S/Z》,《罗兰·巴特随笔选》(第2版),怀宇译,天津:百花文艺出版社,2005年,第152页。
③ 同上书,第153页。
④ 同上。
⑤ 同上书,第152页。
⑥ 同上。

我们的文学正具有这种特点。于是，这种读者便陷入一种无所事事、不闻不问和总之是严肃的状况：他不去自己发挥作用，不去充分地接近能指的诱惑力和写作的快乐，他天生只有接受或拒绝文本的可怜的自由：阅读仅仅是一种公民投票。"[1]因此，面对着可写性文本，便建立起它的等价，即它的负向的和反作用的价值可读性文本。可读性文本也是作为消费对象存在的文本，与之相对的是作为写作活动或创作实践存在的可写性文本。巴特把文本分为可写性文本和可读性文本，其目的是要打破读者和批评家与作者之间的界限，认为作者并没有最终完成文学的创作，而要读者和批评家作为作家参与到文学的创作中来，把文学创作继续下去，创造新的文学价值。

巴特提出可写性和可读性文本后，似乎觉得并没有把文本解释清楚，于是又提出多元性文本问题。多元性文本就是"能指的银河系，而不是所指的结构；它无开头而言；它是可换向的；我们可从许多入口进入文本，而没有一个入口可断言是主要的；它所调用的编码无穷无尽，但均难以确定（其意思从不只依赖一种决定原则，甚至是靠偶然性）；意思系统可以从这种绝对多元的文本中获得"[2]。巴特认为，作品是一元论的，有来源和影响，而文本则是多元的，不仅有多重意义，而且是对意义本身的穿越和超越，是意义的爆炸和发散，因此作品和文本的区别也在于文本的多元性。巴特企图从传统的文本理解中解构文本，寻找文本的多元意义，这是他为建立新的解构主义的文本理论做出的努力。

三、远未完成的任务

巴特继承和发展了索绪尔的符号学理论，提出可写性文本、可读性文本

---

[1] 罗兰·巴特：《S/Z》，《罗兰·巴特随笔选》（第2版），怀宇译，天津：百花文艺出版社，2005年，第152页。
[2] 同上书，第154页。

等概念解释文本和建构其文本理论，但除了说明文本形式的多样性特点和增加了文本理论的复杂性外，并无助于说明什么是文本。尽管巴特从多个方面解释文本或界定文本，但他始终无法把文本的概念解释清楚。

巴特有关文本的解释和定义总是模糊的，充满矛盾，并最终陷入文本神秘主义的泥淖。他虽然从多个方面对文本做了大量解释，但实际上并未真正实现其建构文本理论的目标。他是建构文本理论的开创者，但是他并未收获到文本理论的成熟果实。正如他强调文本的多元意义一样，他对文本的多元解释增加了文本理论的矛盾性。巴特对文本的解释可以给我们许多有意义的启发，但是他的解释并不成功，原因就在于他扩大了文本理论的范畴而又缺少逻辑论证。尤其是他对同一概念的多元性解释，增加了我们理解同一概念的难度，有时甚至让我们无所适从，不知究竟应该按照他的哪一种解释理解他的定义。

例如，在巴特的文本理论中，他认为"文本是文学作品的现象表层，是进入作品并经安排后确立了某种稳定的且尽量单一意义的语词的编织网"[①]。但是，文学作品的现象表层是文本并不能让我们真正理解什么是文本，因为文学作品的现象表层是文本的表述只是一种同义反复，尽管表述的字面不同，但是语义却是相同的，其结果是我们仍不能理解什么是文本。由于文本的定义不够清晰，所以巴特又解释说，文本不是作品，它是"作品平凡但却必要的支柱"[②]。文本不同于作品，它"在作品中担保所写之事，汇聚了种种保障功能，一方面，保障书写文字的稳定性和持久性，以纠正记忆之脆弱和不准确性；另一方面，保障书写文字的合法性，因为它是毋庸置疑的不可磨灭的痕迹，保障作品作者有意加入其中的意义"[③]。从巴特的表述中有一点是明确的，即文本不是作品。那么文本是什么呢？尽管巴特指出了它的作用与价值，但是对于究竟文本是什么的问题，我们仍然不得要领。

---

① 史忠义、户思社、叶舒宪主编：《风格研究　文本理论》，开封：河南大学出版社，2009年，第297页。
② 同上。
③ 同上。

为了把文本的问题解释清楚，巴特显然做出了巨大努力。为了能够理解文本，他从多个角度对文本进行解释，尤其是企图借助符号学理论解释文本。他借助克里斯蒂娃的文本理论解释文本，认为文本是一种把能指和所指连接起来的表意实践。他说："文本概念意味着书写信息被结构成符号：一方面是能指（即字母及其联结成语词、语句、段落、章节的物质性），另一方面则是所指（即具有原初性、单义性和终结性的语义），后者由承载该语义的符号之间的关联决定。经典意义上的符号是一个封闭性单位，它关闭、终止语义，阻止其动摇、分化、蔓延；经典文本的道理相同，它关闭作品，把作品拴定在它的文字上，束缚在它的所指上。"[1] 在巴特的解释中，文本似乎是由能指和所指构成的，正如他所说："文本即写成之文字。"[2] 但是，他似乎又对自己的这个观点进行了否定。他说："我们不能把文本概念局限在书面文字（文学）内。""所有表意实践均可能产生文本：绘画实践、音乐实践、影视实践等。"[3] 因此，"文本永无完形，它处于种种规约无限的互动之中，而不停靠在作者某种'个人'行为终结后的港湾"[4]。在巴特的理解中，文本既不是作品，也不是文字，也不是符号。文本就像树木，树木是时刻更新的事物，每时每刻都在发生变化，文本也同样如此，处在不断的变动中。

巴特还通过同作品的比较解释文本。他说："一部作品是一件完成物品，可以计算页码，可以在图书馆的书架上占据位置；文本则是一个方法场。因此，人们无法（至少正常地）计算文本的相关数据，人们最多只能说，在某部作品中，有（或没有）文本：'作品捧在手中，文本寓于言语中'。"[5] 在巴特看来，文本只能在其成义的过程中，即在"某种工作中、生产中才能被感

---

[1] 史忠义、户思社、叶舒宪主编：《风格研究 文本理论》，开封：河南大学出版社，2009年，第297—298页。
[2] 同上书，第297页。
[3] 同上书，第304页。
[4] 同上书，第307页。
[5] 同上书，第303页。

知"①。因此,巴特还提出现象文本、基因文本、互文性等概念,以此说明文本理论"试图从编织过程中,从规约、格式、能指的交织中发现编织物"②,即文本。

显然,巴特对文本的解释越多,我们从中得到的启发也多,但是对于文本的理解却没有变得更清晰,而是变得更糊涂。可以说,巴特自己已经陷入了他为自己设置的文本解释的陷阱中了。他在《今日神话》中解释文本的意义时,曾把文本解释为"神话"。巴特认为,"神话是一种言语","是一种意指方式,是一种形式"。③巴特根据他的神话逻辑指出:"既然神话是一种言语,那么,一切便都可以是神话,因为神话归属于一种话语。"④巴特在神话—话语—文本之间建立起一条通道,把神话同文本联结起来,文本既可以是言语,也可以是语言或者其他的东西。总之,文本似乎不在现实中,而变成了是一种虚无缥缈的东西,变成了没有实体的、可以任意解说的抽象概念。

巴特对文本的解释不能尽如人意,我们既不能从他的解释中领悟文本的定义,也不能消除心中有关文本的疑惑。巴特对文本的解释不仅纷繁复杂,而且没有抓住要害,忽视了对文本的形态、功能、作用机制等基本问题的解释。建构新的文本理论是巴特远未完成的任务,但是他的研究和解释为我们进一步探讨文本的问题开辟了道路,奠定了基础;尤其是当我们有关语言的定义,符号的研究以及文学理论的讨论面临窘境时,文本可能就是一把万能的钥匙,帮助我们打开一扇新的大门。

---

① 史忠义、户思社、叶舒宪主编:《风格研究 文本理论》,开封:河南大学出版社,2009年,第303页。
② 同上。
③ 罗兰·巴特:《今日神话》,《罗兰·巴特随笔选》(第2版),怀宇译,天津:百花文艺出版社,2005年,第90页。
④ 同上。

第二节　语言不是文本

　　一般认为，文本是语言的物化，是语言的文字记录，或者是语言的符号转换。用利科尔的话说，文本是"任何由书写所固定下来的话语"。但是在符号学家看来，文本就是语言的符号化，任何文本都是由能指和所指共同组成的。能指是语言符号的声音形象，所指是语言符号的意义，是语言符号指称的概念。正是能指和所指的结合，文本才能够表达意义，才能构成有意义的文本。根据这种观点，有关文本的问题仍然同语言和文字密切相关。语言和文字的问题不解决，文本的问题仍然无法解决。

　　索绪尔对一系列语言问题的解释的确存在前后不一致或自相矛盾之处。这些矛盾通过什么是语言的问题表现出来。关于语言，索绪尔使用了好几种与语言类似或密切相关的术语，除了语言而外，他还使用了"口说的词"、语言结构（linguistic structure）、语言符号（linguistic sign）、声音形式（sound pattern）等。正是索绪尔在解释语言过程中存在矛盾，他才说"我们无论从哪一方面去着手解决问题，任何地方都找不着语言学的完整的对象；处处都会碰到这样一种进退两难的窘境：要么只执着于每个问题的一个方面，冒着看不见上述二重性的危险；要么同时从几个方面去研究言语活动，这样，语言学的对象就像是乱七八糟的一堆离奇古怪、彼此毫无联系的东西"[①]。关于什么是语言的问题，巴特的观点同索绪尔大体一致。从索绪尔和巴特的表述中可以看出，他们无法摆脱在解释何为语言问题时面临的逻辑困境。

　　索绪尔建构语言符号学以来，一百多年过去了，语言的定义问题实际上并没有真正解决。人文社会科学以及认知科学的发展促进了语言学研究，当

[①] 费尔迪南·德·索绪尔：《普通语言学教程》，高名凯译，北京：商务印书馆，1980年，第29—30页。

我们回头重新思考索绪尔的语言学观点时，新的科学知识不能不促使我们重新理解和认识索绪尔的语言学观点，不能不促使我们再次讨论语言是什么的问题。当我们重新思考并企图解决语言定义的问题时，我们需要从对索绪尔的语言符号的分析开始。

无论是索绪尔还是巴特，他们都把语言看成表达思想的符号系统，同时又坚决地把语言同言语即我们的口头表达区别开来。究竟什么是语言，尽管他们有多种表述，但仍然并不是完全清楚的。不过可以肯定的一点是，在他们看来语言不是我们口头说的话。这一点最容易同我们传统上对语言的理解相混淆。由于我们习惯上把口头表达即通过发音器官说的话看成语言，所以索绪尔的言语和语言这两个术语就容易让人犯糊涂。另外，索绪尔认为语言也不是文字，因为它们是两种不同的系统，而且根据他们的看法，文字只是语言的表达工具，其价值在于记录语言。记录的语言是什么？这是不清楚的，所以问题仍然存在。

索绪尔讨论语言符号时，他显然把文字或词包括在语言之中，从而在语言—符号—文字和文本之间建立起一条通道。但这是一条不通畅的通道。

首先，语言不能等同于符号，因而不能等同于文本。尽管巴特把所有的符号都包括在语言学范畴中，但是人类通过口头表达的语言是不能同符号画等号的。例如，巴特在讨论符号时列举的服饰、膳食等符号类型，显然不宜归入语言的范畴。符号同语言的形态及性质不同。即使我们把语言限定在语言符号的范畴内，语言也不能简单地同语言符号画等号，从而失去了能够成为文本的前提。

其次，语言（language）也不能等同于语言符号（linguistic sign）。语言是一种客观存在，而语言符号只是表达语言的工具。语言可以通过语言符号表达，但语言符号同文本是两回事，二者不能等同。

索绪尔说："语言是一种集体现象，它的全部形式就是存储在每个人大脑中的印记，这很像一部字典，同样的版本人手一本。"①索绪尔对语言的这种解释，已经说明语言不同于语言符号，而类似于文本。在索绪尔的术语中，"语言符号"指的是概念和声音形式的结合。语言符号的价值在于能够表达语言。显然，文本同语言符号及语言的性质不同，类型不同，它们之间不是对等的关系，而是表达与被表达的关系。通过符号的表达，我们可以感知、接受和理解语言，形成文本。当然，除了符号之外，我们还可以借助其他工具和方法表达语言，建构文本。

最后，语言不能等同于符号系统。相互联系和相互作用的符号组成的整体才能构成符号系统。同理，语言也可以由能指、所指等组成语言系统，但是语言系统与符号系统是两种性质的系统，二者之间有密切联系，而二者不是一回事，也不能在语言系统和符号系统之间画等号。语言不是系统，同符号系统没有可比性。语言可以按一定的结构和规则构成复杂的语言系统，并把语音系统、词汇系统和语法系统等包括在内。无论语言还是符号，只要它们内部的多种要素集合在一起，就能够构成整体，成为系统，形成文本。尽管在语言系统和符号系统之间存在着多种联系，但它们是两种独立的和性质不同的系统。语言系统和符号系统之间只是包容关系，按照不同的理解可以把语言系统包括在符号系统之内，或者把符号系统包括在语言系统之内。语言系统同符号系统不是等同关系，同文本更不是等同关系，所以它们之间是不能画等号的。

由此可见，有关语言是表达思想的符号系统的定义，不仅在表述上不够严谨，有违逻辑，而且也无助于我们理解文本。

---

① Ferdinand de Saussure, *Course in General Linguistics*, translated and annotated by Roy Harris, Open Court, 1986. p.19.

第五章 | 认知与意识

第一节 人的认知

我们在讨论语言和符号时，由于缺乏对语言和符号形成机制的研究，所以始终无法明确语言和符号的定义。也正是由于有关语言和符号的定义不明确，因此在严格的意义上说，我们研究语言及符号以及其他相关问题也就缺少了正确前提。简而言之，如果我们不知道什么是语言，即语言的定义是什么，我们又如何研究语言及与语言相关的问题呢？文本的研究也同样如此。文本与语言有关但文本不是语言，文本与符号有关但文本也不是符号。文本是什么，即文本的定义问题，需要从文本形成的机制上展开研究。如果我们解决了文本的形成机制问题，从根本上弄清楚文本的形成机制，那么文本是什么的问题也就迎刃而解了。无论是语言问题、符号问题还是文本问题，归根结底都是认知的问题。语言也好，文本也罢，都是认识世界和表现世界的方法。就文本而言，只有从认知的角度思考，才能把文本的问题讨论清楚，而这首先需要从感知的讨论入手。

一、人的感觉

一切生命，包括人在内，都有自己独有的认知表达方法。但我们讨论的认知和表达，指的是不包括其他生物在内的人的认知和表达，即人作为主体独有的认知和表达。就认知而言，感知是人的认知的第一个阶段。没有感知，则没有认知。但是，人们经常把感知和认知混为一谈，实际上二者在性质上是不同的。感知只是认知的一部分，是认知的基础和前提。或者说，人的认知是从感知开始的。所以对认知而言，感知是不可缺少的一部分。

认知是一个过程，需要经过感知、思维和文本化几个阶段。感知属于感性认识，是客观事物直接作用于人的感觉器官（眼、耳、鼻、舌、身体）在大脑中产生的反映形式。感知首先需要借助人的感觉器官获取感觉，然后借助知觉对感觉进行认知处理，实现对感觉的理解。感觉器官是感知的前提条件，只有感觉器官获得了感觉，才能进入知觉，实现对感觉的感知。感知是认知过程的开端，感知是由感觉和知觉构成的。

感觉是人的感觉器官作用于客观对象产生的结果，是人的感觉器官对外部世界或内部世界的接触性反映。借助感觉器官，人对客观事物的直接把握就是感觉。感觉是人的感觉器官对外部世界或内部世界的数据采集，因此感觉也是人了解外部世界或内部世界的原始数据，是人的心理活动的基础和前提。感觉从本质上说是一种直觉，它不受理性控制，也不经过逻辑的推理，而是人体感觉器官对相关客观对象的直接反映。

感觉的发生机制是通过人的感觉器官如眼、耳、鼻等进行的。感觉器官也被称为感受器。当人的感觉器官接收到来自客观世界的刺激性信号，就会导致神经兴奋。兴奋以电信号的形式沿着神经纤维传导，进入人的神经中枢。经由人的感觉器官产生的电信号就是神经冲动。电信号转化为神经冲动传送到人的神经中枢，经过人的大脑的处理，就可以实现对所感觉到的对象的认识，形成感知。

人的感觉器官类似于传感器，感觉就是传感器从接触对象中获取的未经处理的原始数据。借助感觉器官，人才能建立起感知客观世界的直接通道，为认知世界创造条件。例如在大海中游泳，我们可以借助眼睛感知海水的颜色，借助舌头感知海水的味道，借助皮肤感知海水的温度，从而获得有关海水的全面印象。正是借助具有不同功能的感觉器官，我们才能够感知大千世界，才能欣赏世界不同的美。没有感觉器官，就没有感知。由于感觉器官的不同，获得的感觉也会不同，因此也就有不同的感知。

人有5种主要感觉：视觉、听觉、嗅觉、味觉、触觉。尽管这5种感觉各有所长，但它们能够相互弥补，并一起组合成完整的人的感觉系统。借助这5种感觉，人就可以获得感觉器官作用于客观对象的原始数据，为人脑的数据分析创造条件。

人的5种感觉器官属于人的外感受器，主要接收光线、声音、气味、温度、压力等方面的信息。例如眼睛，它既是感受光线的人体器官，也是人体最重要的外感受器。光线被眼睛接收后转化成信号并通过视神经传送到人的大脑，就可以获得目力所及的视觉图像。眼睛是人的最重要外感受器，大脑中大约有80%的知识都是通过眼睛获取的。眼睛能辨别不同的颜色和亮度的光线，并将这些信息转变成神经信号，传送给大脑。只有借助眼睛，人才能观察世界，才能识字读书，欣赏风景和艺术，辨识人物。

人体的外感受器只能获取人对外部世界的感觉，而有关人体内部如内脏、血管、肌肉、骨骼等内部世界的感觉，则需要通过人体的内感受器获取。分布在内脏和躯体深处的各种人体内部感受器，能够接收机体内部的各种化学和物理性刺激并将其转变为神经冲动，由传入神经传送至相应的感觉中枢，激活某些脑区引起感觉。具有从神经末梢向中枢传导冲动的神经称为传入神经。借助传入神经，感受器获取的信息才能传入神经中枢，经由大脑的初级处理形成感觉。

人体的外感受器和内感受器，是人感知外部世界和内部世界的工具。借助外感受器，人可以获取包含外部环境的存在以及环境存在关系在内的外部世界信息和数据。借助内感受器，人可以获取不能通过外感受器获取的包括人体内部生理状态和心理活动在内的人体内部世界的信息和数据。因此，人的外感受器和内感受器，都是人体的感觉器官。通过这些感觉器官，人才能产生感觉，认识世界。

从感觉到知觉的过程，是人的大脑把感觉到的东西转换成意识、概念、思想和文本的过程，也是人如何认识客观外部世界和主观内部世界的认知过程。感觉获取的数据是客观的、原始的、没有加工处理的。感觉是人类认识客观世界的初级形式，也是认识客观世界的初级阶段，因此感觉需要同知觉结合在一起，借助知觉实现对感觉的理解。

由于认知过程中感觉无法同知觉分离，因此感觉同知觉结合在一起构成感知，从而实现对外部和内部信息的觉察、感觉、提取、传送、认识、理解和表达等一系列过程，从而为人的认知创造条件。

感知是人的感觉器官和人的大脑的逻辑运动，运动的结果产生表象。表象主要是人通过感官获取的印象，是人的外感受器和内感受器官作用于对象的结果。表象是通过感知获得的，它主要以图像的形式表现出来，属于认知初级阶段的认识。图像经过大脑的处理，转化为抽象概念，进入认识的高级阶段。感知是感觉到的，认知是认识到的，因此感知是客观认识，认知是抽象认识。感知的工具是感觉器官，认知的工具是概念。感知是具体的，认知是抽象的。感知是客观的，认知是主观的。感知是对感觉的处理及得到的结果，认知是对概念的处理及得到的结果。感觉、感知和认知的关系是从感觉到感知再到认知的逻辑关系，因此感知是对感觉进行的处理，而认知是对感知进行的处理。

二、人的知觉

感觉是人的客观的物理性认识，知觉是人的主观的心理性认识。通过知觉对感觉的认识与理解就是感知。感知是意识的一种，属于意识的低级阶段。意识不同于感觉，它是对感知及认知的确认和表达。

感知是由感觉和知觉构成的认知过程，感觉是知觉的前提，但是没有知觉，则不能理解感觉。知觉是对感觉的抽象化和概念化，是从感性认识到理性认识的重要一环。感觉是感知的低级阶段，知觉是感知的高级阶段。

知觉是在感觉的基础上产生的，没有感觉，也就没有知觉。感觉产生于人的内感受器和外感受器，是人的感受器对所接触对象的客观反映。知觉产生于人的神经中枢，是人的大脑对感觉处理的结果。各种感官输入的信息在大脑皮质中进行加工处理，形成的对感觉的整体认识即为知觉。知觉是大脑对感觉所做的识别和解释，进而形成概念和定义，为思维创造条件。

感觉是物理反映，知觉是心理反映。感觉主要是对亮度、响度、温度等物理性刺激的直接反映，而知觉则是对感觉的意义以及感觉对象的大小、形态和性状的心理认知。除了加工处理感觉之外，知觉还对已经存储在大脑中的各种信息及经验等进行相互比较，从而对具体的感觉进行抽象定义。

对感觉进行加工处理是在大脑皮质中进行的，而且能够在意识中被觉察和控制。当人的感受器将接收到的感官信息经由人的神经传送到人的神经中枢，形成的感性形象或感觉，被称为表象。感觉是在感受器上发生的，属于人的感官反应；知觉是在神经中枢发生的，属于人的心理反应。感觉经过知觉处理，得到表象。表象是在人的大脑中呈现出来的通过感官获得的具体形象，如人物、风景、文字、图画、舞蹈等，或者在人的大脑中呈现出来的内感受器获得的具体感觉，如疼痛、饥饿、悲伤、喜悦等。从感觉到知觉的整个过程，就是感知的过程，感知的结果得到表象。

在人的认知过程中，通过感受器得到的信息属于感觉的开始。感觉是没有经过人的大脑处理的信息，是没有经过分析处理的原始数据，因此感觉的意义是不明确的。感觉只能感触世界，但不能认识世界，因此感觉需要通过知觉认知。人的神经中枢一旦接收到感觉，就会对其进行初步理解，形成表象。表象是知觉的体现，但只是知觉的初级阶段。表象转换成概念，进入思维过程，形成思想，最后保存在大脑里，形成脑文本。

知觉的产生以神经中枢中的感觉为前提，并且同感觉紧密联系在一起。人一旦有了感觉，就会自动及时地传送至人的神经中枢，进入知觉过程。知觉是人通过大脑对从感觉得到的数据进行的处理。我们感觉到的事物的个别属性越多、越丰富，对事物的知觉也就越丰富、越准确、越完整。由于知觉是借助人的主观经验实现的对感觉的认知，因此知觉不是感觉的简单相加，而是对感官感觉到的内容进行新的分析和处理。知觉是一种经验判断。人们借助已有的经验去解释通过感官所获得的多种多样的信息，才能实现对感觉的识别和理解。

三、认知的性质

在认知过程中，感觉是一种本能。感觉并非人所独有的，所有的生命体都有感觉。感觉是由刺激产生的，任何生物都会因为刺激产生感觉。即使植物如含羞草如果受到外界的刺激，也会产生感觉。含羞草的细胞是由细小如网状的蛋白质"肌动蛋白"（即叶枕敏缩体）所支撑的，在叶柄基部和复叶的小叶基部，都有比较膨大的叶枕。叶枕对刺激的反应最为敏感，一旦叶子被外界碰触，产生的刺激就会导致含羞草的化学反应，肌动蛋白的磷酸会脱落，从而引起两个小叶片闭合起来。含羞草的感觉产生的原理同人的感觉产生的原理类似，都是电位差发挥作用的结果。一粒种子也是如此。在湿度和温度变化的刺激下，种子发芽生长就是一种感觉。动物界中最原始、最低等的多细胞动物海绵也同样有感觉。海绵动物没有神经结构，但是对刺激仍然有局部的、缓慢的反应。在海绵体内，信息物质的传递是通过在胶质中的扩散作用、游离变形细胞及固定细胞彼此的接触而进行的。海绵动物对刺激的反应说明，凡是生命体都会对刺激做出反应，神经冲动和电信号并不是产生感觉的唯一的方式。

所有生物体都能够对刺激产生反应，但不是所有生物体都有神经结构并能产生知觉。即使某些生物体能够产生感觉并在感觉的基础上形成知觉，例如具有5种感官的动物也能产生人一样的感觉并能对感觉进行辨识、理解并做出反应，但是由于它们不能用语言、文字等有效方法表达感觉，所以这些生物体的认知是有限的，或者不能产生同人一样的认知。因此，我们讨论的认知从性质上说是人的认知，其他生物体的认知则被排除在外。人同其他生物的认知是有本质区别的，我们只有把其他生物同人区别开来，把其他生物排除在人的认知之外并把讨论限定在专门讨论人的认知范畴内，才能认识和理解人的认知。

人有5种基本的感觉和复杂完美的神经系统，因此人能够完成最复杂的认知。动物也拥有甚至超越人所具有的各种感官，但是动物没有语言，没有文字，没有人类文明的社会体系和道德体系，因此无法像人类一样完成认知。也就是说，人的认知同动物的感觉有着本质的不同。动物大多根据本能反应以及直觉经验理解世界，而人则根据感官反应以及理性判断认知世界。

知觉以人的感觉为对象并对其进行判断、识别和理解，是对外部和内部事物各种属性的综合反应。知觉是对感觉的理性处理，是感知的高级阶段。感知是从感性到理性认识的阶段，或者说感觉是认知阶段中的感性认知阶段，知觉是认知过程中的理性认知阶段。在认知过程中，感觉通过知觉形成概念，概念通过思维形成思想，思想通过记忆形成脑文本。例如，当一个人在睡梦中被巨大的雷声惊醒，长时间工作后身体感到的困乏，身体受伤感觉到的疼痛，都是通过人体感觉器官获得的直接反应，属于人的感觉。感觉是一种感官印象，它缺少理性的参与，因而不是知觉。例如我们感觉到巨大的声响，如果不进入认知过程，我们则无法对声响进行分辨，无法做出雷声的判断，因而也就无法将感觉变成知觉，无法对雷声认知。如果疼痛停留在感觉阶段，则无法对疼痛的性质、发生的位置等做出判断，因而无法认知疼痛。感觉是来自感觉器官的直接感受，因而感觉同直觉紧密相连，在性质上属于感觉器官的直觉。

就人的认知而言，从本质上说就是将感觉道德化。人是一个斯芬克斯因子的存在，也可以说是伏羲女娲因子的存在，因此人通过进化完成人的形式之后，尽管身上仍然保留有兽性因子，但人性因子已经出现，并且是决定人的性质的主导因子。在认知过程中，人同其他动物的区别就在于人能够不断地用人性因子抑制和引导兽性因子，始终让人性因子处于主导的地位，不断地通过伦理选择学习做人。做人是一种自我选择，是认知的伦理目的，也是认知的驱动力。人的认知是学习做人，因此人的大脑的认知和选择是做人的认知和做人的自我选择，而人之外的其他动物以生存为目的，它们根据本能和直觉进行生存选择，不具有伦理的价值。人的自我选择不是为了生存，而是为了做人及自身的道德化。与之相比，动物的选择遵守动物界的生存法则，是为了生存和种族繁衍。

第二节 人的意识

人的认知过程是从感知到思维的过程，它们分别构成认知过程的两个阶段：低级阶段和高级阶段。在低级阶段，认知的主要方法是形象思维，而在高级阶段，认知的主要方法是逻辑思维。形象思维加工和处理通过感觉器官获取的信息，逻辑思维加工和处理通过感知获取的信息。形象思维是对感受器反应信息的加工处理，属于信息的第一次也是初级处理，而逻辑思维则是对形象思维加工处理后的信息进行的第二次加工处理，属于高级阶段。形象思维处理的是感受器获取的原始数据，因此形象思维加工处理的是客观数据。无论是形象思维还是逻辑思维，都需要通过意识对处理的过程和结果进行觉察、辨识和确认。形象思维和逻辑思维始终都是在觉察、辨识和确认的过程中进行的。人的意识同计算机的显示系统类似。计算机控制系统对数据的处理，首先需由数据采集器进行数据采集，然后将数据转换为数字信息提供给计算机的中央处理器进行数据处理，最后由显示终端显示出来。与计算机的处理流程类似，人对认识过程的觉察、辨识和确认就是人的意识。

一、客观意识

意识从来源上说可分为客观意识和主观意识，凡是从感觉而来的意识是客观意识，凡是从思维而来的意识是主观意识。在认知过程中，无论感觉还是思维或者思想，都不能离开意识而存在。认知既是对客观数据的处理，也是对主观数据的处理。

客观意识是对形象思维的认识。意识不同于思维，它是对思维的显现和确认。认知是理解过程，是对感觉的抽象处理，而意识是对认识的觉察和显现，是认知过程中对感觉、知觉、思维及思想的确认。意识类似于计算机的显示终端。借助意识，人的感觉、知觉、思维和思想才能在人的大脑中显现出来。尽管人的感觉、知觉、思维和思想是认知的结果，但都是通过意识显现的。没有意识，就不能觉察感觉和知觉，更不能觉察思维和思想。

存在是认知的结果，没有认知，就没有感觉的存在、知觉的存在、人的存在。但是，认知需要意识觉察、显现和确认。同计算机系统相比，意识就是认知过程中的显示终端。由于人的意识的存在，人才能完成从感觉到知觉再到思维的认知过程。意识作为认知的显示终端，感觉、知觉、感知、思维、思想以及脑文本等，都能够通过意识进行确认。例如，我们怎样才能知道自己是否有感觉？怎样才能认识到自己的感觉的存在？怎样才能对不同的感觉加以分辨？这都需要不断通过意识进行确认，而确认是以觉察和显现的方式进行的。

在功能上，意识同人通过口头表达自己的认知以及通过文字书写自己的认知是类似的，不同之处只在于形式上的区别。因此，需要把意识和认知区别开来。意识是对认知的确认，也是认知的结果。

　　感觉是认知的基础，没有感觉则没有认知。但是我们怎样才能知道自己的感觉？怎样才能辨识自己的感觉？这就需要意识。感觉在意识中显现出来，这时候的意识属于客观意识。在认知过程中，仅仅感觉到什么并没有完成我们的认知，只有意识到我们感觉到了什么才算完成认知。例如，当我们听见雷声，看见太阳，阅读小说，观看戏剧，说明我们进入了认知的过程。这些认知都是通过我们的感觉器官实现的。但是我们怎样才能认识到我们听见了雷声，看见了太阳，阅读了小说，观看了戏剧，受到了感动，这就要通过意识进行确认。通过显示，我们听见的雷声、看见的太阳、阅读的小说、观看的戏剧和内心的感受才能在我们的大脑中显现出来，完成认知。我们的身体遭受针刺的刺激，这种刺激会激发我们的疼痛感觉。如果没有意识，尽管遭受针刺也不会感到疼痛，感受不到疼痛则没有完成认知。实际上，如果没有意识，感觉就不能产生。例如一个人的感受器割断了同导入神经的联系，尽管接收到各种刺激，产生了神经冲动，但是这种刺激不能进入认知过程，不能被意识到，因此感觉就不能被确认。就认识而言，如果没有产生感觉疼痛的意识，针刺的感觉就不存在。

　　意识是一种自我显示。人的感觉与知觉、思维与思想、脑概念与脑文本，都需要借助意识实现自我显示，完成人脑的认知。例如，当一个人的身影进入自己的视域，即我们的视觉器官捕捉到一个人的身影，这个人的身影经由我们的视觉神经进入中枢神经，这时我们就有了影像的知觉，被称为表象。表象是对影像的抽象。当我们认识到这个表象就是人的影像的时候，我们有关这个人的认识就进入我们的意识，从而把这个表象同其他的影像区别开来，让我们确认这个表象是某个人的影像。这时的意识是对来自客观感觉的影像的认知，是对于现实影像的抽象，因此这种意识属于客观意识。

　　在认识过程中，客观意识来自感知，即从感觉到知觉的认识过程，因此客观意识在本质上仍然是抽象的、主观的。在感知过程中，从感受器而来的全部感觉，都需要经过形象思维的处理才能进入抽象思维，然后才能在人的意识中予以确认。

二、主观意识

主观意识是对逻辑思维的认识。在认知过程中，利用人体感受器获得的有意义的印象被称为感知，对感知的认知通过客观意识实现。但是在认知过程中，感知产生的表象会在中枢神经中进行抽象，形成概念，然后进入思维过程。尤其是以图像形式出现的表象，都要在中枢神经的认知过程转换成概念，然后进入逻辑思维。主观意识就是对以抽象为特征的逻辑思维的认识，是概念在大脑中的显现。

同感知阶段的认知不同，感知阶段属于认知的低级阶段，形象思维是这个阶段的思维特征。图像逻辑思维是通过概念和推理进行的。概念是思维的工具，认知是思维的方法。在认知的高级阶段，所有认知都是通过概念完成的。认知的高级阶段是逻辑思维阶段，所有图像都要转换成概念才能进入思维过程。在这个阶段，所有的感性认识都变成了抽象认识，所有的图像都变成了抽象概念，所有的认知都在主观空间中进行。

在逻辑思维阶段，思维通过中枢神经处理，整个过程要比形象思维复杂得多。逻辑思维不是用感知到的图像来代表作用于人的感受器的具体对象，而是用抽象出来的概念代表从感知而来的表象，采用分析、综合、归纳、演绎等逻辑方法处理概念，确定概念与概念之间演绎的关系、概念外延的数量属性关系、概念内涵的数量属性关系。同形象思维相比，这种抽象认识更深刻、完整、准确。

逻辑思维不仅用概念反映现实，而且还借助推理从概念中生成新的概念。这是逻辑思维的基本特征。例如，上面提到的影像在感知阶段是作为一个人的图像存在的，而在逻辑思维中抽象出影像的概念后，我们得到的是一个人的影像的概念。这个概念是主观的、抽象的概念。经过分析、综合、比较和推理，在这个影像的概念基础上又会产生一系列与之相关的概念，如这个人是男人、女人、老人还是小孩等。在新产生的一系列概念中，又会继续演绎推理出新的概念，如男人和女人是夫妻，老人和小孩是亲属，男人去工作，女人要回家。由此可见，逻辑思维在主观空间中可以借助概念产生新的概念，从而把对事物的认识深入下去。

没有意识，逻辑思维不能进行，因此意识对于逻辑思维尤为重要。没有意识的确认，逻辑思维就会永远停留在抽象状态而不能被认知。因此，逻辑思维需要借助意识才能完成认知。

意识对于逻辑思维的重要性首先在于对于抽象概念的再现，其次是对抽象概念的确认。没有概念就没有思维，而概念的存在是通过意识实现的，只有确认了概念的存在并认识到概念的意义，认知才能继续下去。对概念的自我确认就是概念意识，即概念通过意识而确定其有效性。对于概念而言，意识的作用相当于对概念下定义。在思维过程中，没有定义的概念是不能用于认知的。因此，无论是从感知转换而来的概念，还是在抽象思维中生成的新概念，都必须被意识到或者存在于人的意识中才能确定意义，用于分析、归纳、演绎和推理。

逻辑思维阶段的意识是抽象的意识，是概念意识，因而也是主观意识。概念意识是逻辑思维在意识中的表现，它以概念的形式出现在意识里，但是也可以还原为图像。经过意识处理的图像不同于感知阶段的图像，它是概念的转换，是抽象的形式化。感知得到的图像来源于客观，因而图像是客观认识的表象。但无论是何种图像，它们都需要概念化，只有概念化后才能进入思维的过程。思维是通过概念进行的，即使图像也需要转换成概念后才能进入思维过程。图像转换成概念，然后进入思维并形成意识。抽象概念的组合、编辑和解码是抽象思维的认知过程，但是这个过程要经过意识的确认才能被保存在大脑中。大脑中保存的概念越多，人的意识就越丰富，人的思想就越复杂，对感性的认识就越深刻。人的主观性越强，主观意识也就越强，认知能力也就越强。

无论是客观意识还是主观意识，其功能都是显现。意识的功能是单一的，就是对认知的觉察和显现。对概念的加工处理是由思维完成的，而不是由意识完成的，意识没有思维的功能，意识只是确认思维的结果。意识没有思维的功能，但是意识可以把思维显示出来，展现思维的全部过程。

就人的认知而言，尽管人的意识的功能类似于计算机的显示设备，但人的意识发生作用的机制与计算机完全不同。意识出现在人的意识脑区，因此意识的性质是自我意识。人的感受器获取的大量信息需要认知，而认知的结果需要通过意识显现出来，这样才能完成认知的过程。由于意识是属于个人的，在性质上是一种自我意识，因此意识也是一种自我辨认、自我觉察、自我识别、自我理解。除了自我，外人是不能接受、认知和理解自我意识的。但是，人的自我意识可以在人的意识脑区转换成其他形式并显示出来，如转换成声音、符号、面部表情、肢体动作等，从而让外人能够辨认和理解。实际上，这也是意识从客观显现到抽象再到客观显现的认知过程。

三、意识概念的解释

关于意识的问题，是心理学中长期争论的问题。有关意识问题的争论焦点，主要集中在意识的起源、构成以及意识与物质的关系方面。

有关意识问题的探讨源远流长。根据人类学家的研究，在旧石器时代中晚期，人类已经有了意识的观念，即古人的灵魂观念。由于古人无法解释人的大脑在生理活动中产生的意识、精神、心理，于是将其称为灵魂。所说的灵魂，指的就是大脑的物理和化学反应出现的意识。

意识不能脱离大脑而存在。意识是一种生命形态，一旦死亡，大脑活动即终止，意识即丧失，所谓的灵魂也就跟着消失。这种意识即灵魂的观点最早出现在古希腊的文献中。在希腊人的观念中,灵魂(psuhe)一词原本的意义是生命的气息,表达气息或呼吸是生命体本性的观念。这是古人对意识的理解,也是古人在表述意识时表现出来的智慧。呼吸属于生命体自然本性,也是生命存在的外部特征。一个人没有了呼吸,自然就没有了意识,灵魂也就随之消失了。

关于灵魂,德谟克利特认为它是由原子构成的,具有感觉和思想的功能。亚里士多德也认为因为有灵魂人才有感觉,才可以获得知识。他把生命看作灵魂的最重要的特征,认为没有生命就没有灵魂,因此灵魂等同于人的意识。他将人的灵魂分为"感性灵魂"(感知、欲望)与"理性灵魂"(思维、反思)两个部分,强调知识源于二者的协作:感性灵魂通过感官接收外物的可感知"形式",形成经验;理性灵魂则对经验进行抽象,借助"主动理性"提炼普遍真理,并反思思维自身,孕育自我意识。[①] 根据亚里士多德的观点,知识来自认识,认识来自感性灵魂和理性灵魂。在感觉和想象的基础上,灵魂既可以对外物进行思考、判断,也可以对思维进行思考、判断,从而形成新的认识。因此,亚里士多德讨论的灵魂,实际上讨论的是意识与认知的问题。古罗马哲学家讨论的死亡和灵魂的问题,如"死亡是灵魂与肉体分离""死亡不是灵魂与肉体分离,而是灵魂和肉体一起死去,灵魂在肉体中熄灭"[②] 等,实际上讨论的就是意识与物质的关系问题。

有关意识问题的争论不断,其中一个重要原因就是争论的双方在讨论问题时往往把心理学的意识同哲学的意识弄混了。一般而论,以往对意识的研究主要集中在哲学领域内,重点在于探讨意识与物质即意识与人体的关系上,尤其关注意识同社会物质生活的关系,强调意识是物质的产物。哲学同心理学、伦理学的结合,深化了有关人的意识的讨论。例如,唯理论哲学家笛卡尔提出"我思故我在"的哲学第一原理,讨论的就是思维与意识

---

① 亚里士多德:《灵魂论及其他》,吴寿彭译,北京:商务印书馆,1999年,第92页。
② 西塞罗:《经典对话录:论灵魂》,王焕生译,西安:西安出版社,1998年,第112页。

问题。洛克认为人心中发生的知觉就是意识，实际上是哲学上的自我意识和反省。康德扩大了意识的哲学范畴，把意识分为认识、意志和美感三种功能，强调意识的能动性。黑格尔在广义上把意识看成人类一切精神现象，在狭义上把意识看成由感性、知觉和知性组成的个人意识，创立了精神哲学。由此可见，意识问题是由哲学、心理学、伦理学以及科学紧密结合在一起的。

20世纪以来，有关意识的讨论首先集中在对意识概念的争议上。大体说来，意识一般被分为心理学的意识和哲学的意识，并在不同的学科领域中被赋予不同的定义。在哲学里，"意识是与物质相对应的范畴，指与物质相区别的一切精神现象"①。"意识是高度完善、高度有组织的特殊物质（即人脑）的产物，是人脑对于外部世界的一种能动的反映。物质是第一性的，意识是第二性的。是物质决定意识，而不是意识决定物质。"② "意识是对应物质而言的最大的哲学概念，即人类除了物质世界就是意识（或精神）世界，它包括了人类社会精神生活的全部。"③ 在哲学里，意识类似于认识。

无论是在哲学还是心理学研究的主流观点中，人的意识都被看成物质世界发展的结果，看成生物反映控制机能进化的结果，认为意识是物质的具体表现。这种唯物主义的意识观点是由马克思和恩格斯建立的。马克思说："意识一开始就是社会的产物，而且只要人们存在着，它就仍然是这种产物。"④ 根据马克思的观点，人脑的机能由意识来体现，或者说意识体现了人脑的机能。因此，没有意识就没有脑的机能，没有脑的机能就没有意识。

恩格斯关于意识的观点同马克思一致。他解释意识说："究竟什么是思维

---

① 谭鑫田等主编：《西方哲学词典》，济南：山东人民出版社，1992年，第561页。
② 黄鸣主编：《常用哲学名词词典》，南宁：广西人民出版社，1985年，第65页。
③ 黄楠森、李宗阳、涂荫森主编：《哲学概念辨析辞典》，北京：中共中央党校出版社，1993年，第325页。
④ 中共中央马克思恩格斯列宁斯大林著作编译局编译：《马克思恩格斯选集》（第一卷），北京：人民出版社，2012年，第161页。

和意识，它们是从哪里来的，那么就会发现，它们都是人脑的产物，而人本身是自然界的产物，是在自己所处的环境中并且和这个环境一起发展起来的；这里不言而喻，归根到底也是自然界产物的人脑的产物，并不同自然界的其他联系相矛盾，而是相适应的。"①关于意识的本质，恩格斯显然同马克思一样强调意识同物质的关系。他说："我们自己所属的物质的、可以感知的世界，是唯一现实的；而我们的意识和思维，不论它看起来是多么超感觉的，总是物质的、肉体的器官即人脑的产物。"②根据恩格斯的观点，意识属于物质，是在物质的发展中出现的，是物质进化中的必然产物。无论是马克思还是恩格斯，他们的讨论无疑揭示了意识的本质。但是，他们有关意识功能的讨论，更多的是强调意识的社会价值。

马克思也在《〈政治经济学批判〉序言》中指出："人们在自己生活的社会生产中发生一定的、必然的、不以他们的意志为转移的关系，即同他们的物质生产力的一定发展阶段相适合的生产关系。这些生产关系的总和构成社会的经济结构，即有法律的和政治的上层建筑竖立其上并有一定的社会意识形式与之相适应的现实基础。物质生活的生产方式制约着整个社会生活、政治生活和精神生活的过程。不是人们的意识决定人们的存在，相反，是人们的社会存在决定人们的意识。"③显然，马克思关于意识的观点有自己特定的含义。在他看来，政治、法律、道德、艺术、科学、宗教、哲学等都是重要的社会存在，都是决定社会意识的基本前提。马克思主义哲学的意识论从意识与物质的关系上科学地揭示了意识的起源、本质和作用。

意识已经成为哲学研究中的普遍问题，但是自然科学的发展也认识到意识不仅是哲学、社会学、心理学问题，更是生理学、生物学问题。因此，从

---

① 中共中央马克思恩格斯列宁斯大林著作编译局编译：《马克思恩格斯选集》（第三卷），北京：人民出版社，2012年，第410—411页。
② 中共中央马克思恩格斯列宁斯大林著作编译局编译：《马克思恩格斯选集》（第四卷），北京：人民出版社，2012年，第234页。
③ 中共中央马克思恩格斯列宁斯大林著作编译局编译：《马克思恩格斯选集》（第四卷），北京：人民出版社，2012年，第2页。

生物学意义上的感觉器官和神经系统考察意识的起源及实质,把意识的研究推向了深入。心理学对意识的解释同哲学的解释显然是有区别的。例如心理学的解释是:"意识,一种觉醒的心理状态。在此种状态下个体不仅对自己的身体所处环境有所觉知,而且对自己心理上所记忆、理解、想象、忧虑及计划或进行中的活动也有所了解。"[1] "意识即对外部世界和个人自身存在的认识和觉知。"[2] "意识是人们对客观事物的第一反映。要研究意识就必须有心理作为前提,只有在心理形成以后,才能产生意识,即要产生某一方面的意识,必须有和这一方面有关或相近的心理。……意识是人脑对客观事物的第一反映,这一反映是不经过逻辑加工而很快表现出的一种心理过程。"[3]

弗洛伊德是心理学领域研究意识的代表人物。他不仅把意识看成人的心理的核心内容,而且还把心理分为意识、前意识和无意识三个部分,尤其是在无意识概念的基础上提出本我、自我和超我三大术语,建构了他的精神结构理论,影响和推动了20世纪心理学研究的深入和发展。在弗洛伊德的理论中,本我是无意识的结构部分,超我是"道德化了的自我"。在弗洛伊德看来,意识好像一座冰山,只有一小部分意识露出水面,而对人的行为和思想产生重要影响的是隐藏在水下的绝大部分前意识和无意识。弗洛伊德对意识的三个部分进行了分析和梳理,创建了人格结构理论。

四、意识的作用机制

意识(consciousness)既是一个哲学术语,也是一个心理学术语,指大脑对客观世界的反应以及人对外部世界和自身的觉察与关注。根据弗洛伊德

---

[1] 黄希庭主编:《简明心理学辞典》,合肥:安徽人民出版社,2004年,第470页。
[2] F. J. 布鲁诺:《心理学关键术语辞典》,王振昌译,石家庄:河北教育出版社,1991年,第177页。
[3] 王立峰、南爱强编著:《心理学基础知识》,昆明:云南大学出版社,2014年,第90—91页。

的意识层次结构理论，人的精神活动，包括欲望、冲动、思维、幻想、判断、决定、情感等，都会在不同的意识层次里发生和进行。在一些心理学家看来，意识是人的大脑对于客观物质世界的反映，也是感觉、思维等各种心理过程的总和。意识有时也被看作是具有自觉性的思维，是包括感觉、知觉、思维在内的一种具有复合结构的最高级认识活动，能认识和指导人的自我的实现。

但是，意识的作用显然被夸大了，意识也被不合实际地赋予了太多的功能。意识虽然是认知过程中不可缺少的一环，但是意识同人的某些感官类似，其功能是单一的。例如人的视觉器官接收图像，听觉器官接收声音，人的意识只是接收认识的结果并将其显示出来。意识的作用就是显示人的客观认识或主观认识。

意识是同认知紧密结合在一起的，没有意识，人的认知则无法实现。因此，所有意识都是自我意识。意识则意味着人的自我认知过程的完成。而意识作用被夸大，究其原因，是把意识和思维甚至认知等不同的概念混为一谈了，甚至把感知、认知、思想和文本的功能等同于意识的功能了。实际上，意识尽管同感知、认识、思维等紧密结合在一起，但是其功能是单一的，它只是在整个认知过程中起显现、觉察和确认的作用。意识在认识过程中的作用是十分重要的，离开了意识，所有的认知既不能进行也无法完成。

就意识而言，首先是生物学意义上的意识，其次才是心理学意义上的意识，最后才是哲学意义上的意识。哲学意义上的意识已经突破了生物和生理的范畴，强调的是认知的思想结果，有时候意识和思想相结合，用于表达某种特定的思想，如思想意识、消费意识、生态意识、危机意识等。但是，只有生物意义上的意识才是认知过程中不可缺少的一环。人的认知完成了从感觉到知觉的感知过程，就可以进入认知的高级阶段，进入思维的过程，通过思维才能形成思想，思想存储在人的大脑中，形成脑文本。脑文本就是做人的程序，或者说是怎样做人的指令。认知的整个过程，都是借助意识进行并完成的。从感觉开始，意识已经发挥作用，直到整个认知过程的完成。一旦失去意识，认知的过程就停止了，认知就中断了。意识的功能类似人的眼睛或耳朵的功能，虽然是单一的，但不可或缺。

意识在认知过程中的基本功能是对认知的确认和显现。意识始终同认知结合在一起，由于意识的觉察，认知才能显现出来并被确认，然后再进行认知，再通过意识觉察和确认。例如，人的感觉是否存在，则需要意识觉察和进行确认。只有意识觉察到感觉的存在并进行确认，感觉才产生。没有意识，则没有感觉。没有意识，同样没有认知。

在感觉与意识以及认知与意识的关系中，意识类似于计算机系统中的显示终端。如同计算机与显示终端组成系统一样，意识也同感知、思维等组成认知系统。缺少了显示终端，计算机不能通过显示设备将传感器获取的结果直观地显示出来。没有显示终端，人也无法读取传感器获取的数据结果。同理，没有人的意识，人不仅无法了解自己的感受，而且感受器也无法在人的认识系统中发挥作用。正如检查身体状况的超声仪器，如果没有显示终端则不能觉察身体的内部状况。如果没有意识，人的认知是不能觉察的。例如人的感受器接触到阳光或是冰雪，如果没有意识就不能觉察到阳光或冰雪的存在。如果人的内部器官出现了病患，如果没有意识就不能觉察器官的疼痛。因此，人的感觉器官是因为意识的存在而发挥作用的。如果没有意识，人的耳朵听不见声音，眼睛看不见光线，声带发不出声音。

意识从本质上说是出现在大脑中的主观认识，是同认知紧密相连的主观反映。意识的性质是主观的，但是从来源说，人的意识又可分为客观意识和主观意识两种。客观意识是对所有来源于内外感受器的信息认知过程及结果的反映，主观意识是对思维过程及结果的反映。所有的感受器都通过意识发挥作用。没有意识就没有感觉，也没有感知。没有意识，就不能认识感受器获取的信息。因为有了意识，我们才能认识客观世界。也因为有了意识，人体感受器才能发挥作用。我们不仅通过意识认识客观世界，而且通过意识认识主观世界。无论是外感受器还是内感受器获取的任何客观信息，离开了意识都不能被认知。意识也是认识主观世界的反映。在人的认识过程中，脱离感觉器官而进行的思维活动，也是通过意识进行认识的。没有意识，不仅不能认识客观感知，而且也不能认识主观思维。意识贯穿在整个思维过程中。从思维起点到脑文本的形成，都需要意识的参与。没有意识，思维无法产生，也无法延续。意识在思维过程中是一种点状连接，只有当思维在某一点上通过意识被认识之后，才能进入下一个点。没有意识，思维就在某一点上停止了，就不能形成思维的过程。

　　人的脑文本的形成过程以及提取也离不开意识。如果没有意识存在，脑文本就无法在大脑中反映出来，既不能在大脑中分析、修改、加工和编辑出新的脑文本，也不能借助人的发音器官或者书写符号表达出来。例如，诗人创作诗歌、小说家写作小说、戏剧家写作剧本，都是在意识状态下进行的。因为意识的存在，作家才能对创作素材进行分析、组合、编辑并将其转换成脑文本存储在大脑里，然后借助意识提取并将其转换成声音或书写文本等不同的形态，以便我们通过感官认知。如果没有意识存在，作家是不能对创作素材进行处理的，也不能把存储在大脑中的脑文本转换成可以通过感官认识的其他形态如声音与文本。

　　就意识的作用机制说，意识是人的大脑即中枢神经对大脑内外表象及思维的觉察。在生理学上，意识是人的中枢神经对认知的反应，是人的大脑中枢神经对整个认知过程和结果的觉察。生理学研究发现，在前额叶周边存在可以获得其他各脑区信息的意识脑区。人通过感觉器官获得的或是通过思维获得的信息，都需要在意识脑区通过注册的方式显示信息的存在。这就是意识的产生。就认知而言，意识的作用就是通过觉察显示认知。通过意识的觉察和显示，大脑中的思维才能继续，认识才能进入脑文本阶段。但是，脑文本的出现既不是认知的结束，也不是意识的结束，而是认知进入新阶段的开始。

　　意识是在中枢神经产生的，因此意识也是人体生命存在的表征。只要意识活动存在着，人的生命就存在着。人的生命是借助意识活动存在的，因此意识活动的存在与否也是判断人的生命是否存在的标准。一般来说，人的意识活动停止了，人的生命也就结束了。人的中枢神经的兴奋产生意识活动，但中枢神经作为一种生物体的存在并非永远都处在兴奋活动状态，尤其是在经过较长时间的兴奋之后，中枢神经需要通过休眠的方式获取能量。中枢神经活动的减弱或消失通过意识活动减弱或消失体现出来。意识休眠是中枢神经休眠的结果，睡眠是其主要表现形式。意识休眠同意识消失是不同的。意识消失往往是由人的疾病引起的，如果意识活动消失了，人的生命也就结束了。但是，意识活动休眠不同，它并不代表机体的死亡，而只表示意识活动的临时性停止，例如睡眠及药物导致的意识丧失，疾病导致的昏迷。意识活动休眠可以唤醒而继续活动，而意识活动消失则意味着人的生命的结束。

有一点需要明确的是，不能脱离认知解释意识，尤其是不能脱离认知过程解释意识。感觉是认知的源头，但是从感觉开始，意识就产生了。感觉从人的感受器产生，经过意识的觉察和确认才存在，然后才能进入思维过程。思维产生的思想经过意识的觉察和确认，才能转变为文本存储下来，变成脑文本。脑文本同样要经过意识的觉察和确认才能提取出来，转变成其他形式，如声音或符号。同理，声音和符号也同样需要经过意识的觉察和确认才能再次进入认知过程，开始认知的新一轮循环。

意识的功能是对各种客观或主观信息的觉察和确认，其具体形式为显现或显示。所有认知及认知过程，只有经过意识显现或显示出来才有价值。觉察和确认是意识的基本功能，显示或显现是意识的表现形式。在认知过程中，无论是感觉还是感知，思维还是思想，只有在意识脑区被觉察或确认以后才能成为存在。只有在意识脑区被显示出来，认知的某一阶段或某一种认识才算完成。

第六章 | 脑文本与脑概念

第一节 口头文学的文本

迄今为止的文学研究,都不能绕过口头文学的话题。一般而言,文学理论家都似乎把口头文学看成文学中的一类,看成有别于我们习以为常的以纸张为载体的书面文学的另一种文学。韦勒克和沃伦在他们那本对中国学者影响巨大的著作《文学理论》中说:"有人反对应用'文学'这一术语的理由之一就在于它的语源(litera——文字)暗示着'文学'(literature)仅仅限指手写的或印行的文献,而任何完整的文学概念都应包括'口头文学'。"① 显然,在韦勒克和沃伦的理论中,口头文学是有别于所谓书面文学的另一种类型。他们强调口头文学的研究是整个文学学科的组成部分,不可能和书面作品的研究分割开来。实际上,文学理论家把口头文学作为文学的一个类别,主要是就文学的载体而言的,即口头文学是没有文本而借助人的口耳相传的文学。这也是关于口头文学的定义。但实际上这并没有解决口头文学的定义问题,即在书写符号构成的文学文本出现之前,有一种借助口耳相传的没有文本的文学,那么在书写符号出现之后,那些凭借口耳相传的文学被书写下来之后

---

① 雷·韦勒克、奥·沃伦:《文学理论》,刘象愚、邢培明、陈圣生等译,北京:生活·读书·新知三联书店,1984年,第9页。

是否在性质上同之前的口传文学是一样的？尤其是那些书写下来的文学文本通过口头表达出来是否会改变性质而变成口头文学？因此，口头文学仍然是一个没有解决的文学理论问题，而且这个没有解决的问题还影响到我们的整个文学观念和有关文学的理论体系。

一、口头文学的流传

史前时代不是一个科学的时代，用于记事的书写符号还没有创造出来，但是大量的有关人类经验的信息仍然能够以神话、传说、史诗、故事等形式通过口耳相传流传下来。所有这些通过口耳相传的不同的艺术形式，后来学者们将其统称为口头文学。书写符号出现以后，这些人类最早的文学才被书写下来，形成固定的文本，从而流传于世。这些后来被书写下来的但在史前已经存在的文学，学界按照口耳相传的特点将其称为口头文学。因此，文学按照类型分成了口头文学与书面文学两种。

摩尔根在《古代社会》一书中说："对于人类的进步贡献极大的想象力这一伟大的才能此时已经创造出神话、故事和传说等等口头文学，这种文学已经对人类产生了强大的刺激作用。"[①] 摩尔根提出了口头文学的概念，但他并未对什么是口头文学做出解释。在文字发明之前，这种口耳相传的神话、故事和传说是怎样口耳相传并最终被记录下来的，仍然是一个未知的问题。

关于口头文学的问题，早在古希腊时期人们已经围绕荷马史诗展开。例如，当时有关史诗的作者究竟是谁、荷马是否确有其人、他的生平与出生地等问题，都是在口头文学的前提下讨论的。直到19世纪，有关荷马史诗的争论并没有真正停止过。其中有关荷马史诗是怎样创作出来的讨论，即分辨派（Analysts）和统一派（Unitarians）的争辩，说明表面上看学界关心的是荷

---

① 路易斯·亨利·摩尔根：《古代社会》（下册），杨东莼、马雍、马巨译，北京：商务印书馆，1977年，第539页。

马史诗的创作，而实际上关注的是口头文学的理论问题，其核心则在于荷马史诗是怎样创作出来的。学界感到困惑不解的是，荷马史诗这种鸿篇巨制怎样能够凭借口头传唱流传下来。20世纪后半期帕里和洛德通过对荷马史诗的研究而创立的口头程式理论（Oral Formulaic Theory），即"帕里-洛德理论"（Parry-Lord Theory），就是西方学者研究口头文学的代表性成果。

帕里和洛德通过对荷马的史诗及欧洲史诗的研究，发现史诗中不仅存在着程式（formula）、主题或典型场景（theme or typical scene）以及故事范型或故事类型（story-pattern or tale-type）三个结构性单元，而且它们一起构成史诗口述的基本程式。通过这种口头程式理论，帕里和洛德不仅解释了荷马何以能够凭借自己的记忆实现现在看来无法完成的史诗演唱，而且也解释了没有文字记载的史诗以及故事何以能够通过欧洲游吟诗人的口头演唱流传下来。通过口头程式理论，帕里和洛德也对荷马及游吟诗人的即兴创作做出了解释。正是因史诗中存在口头程式，荷马及游吟诗人们既能够不断凭借记忆重复通过口头流传的故事，也能够保持演唱符合史诗在流传中形成的韵律和节奏，而且还能把主题、场景和故事有机地结合在一起，保持史诗的完美结构。尽管口头程式理论解释了史诗何以能够通过口头流传下来，但是不能清楚解释口头程式为什么具有类似书写文本的作用。所以，我们还需要另辟蹊径解释口头史诗的形成机制和流传的原因。

根据口头文学研究者的意见，口头文学是在流传方式上与书面文学相对应的文学。书面文学以文本为载体，通过书籍流传，从而使文学成为一种客观存在，既能够长久保存，也便于阅读和传播。但是在书写符号出现之前，所谓的口头文学是一种怎样的文学呢？或者更明确地说，既然古老史诗、神话、传说都是通过口耳相传的，那么它们在口耳相传以前就应该存在。如果没有它们的先前存在，它们何以能够流传？从游吟诗人演唱史诗可以做出判断，在他们演唱之前，史诗必然已经存在。游吟诗人演唱的是已经存在的史诗，而不是重新创作或者编造出史诗故事供其演唱。

由此可见，就史诗而言，口耳相传只是一种传播的媒介和传播的方式，其传播本身并不是文学。那么，通过口耳相传的所谓口头文学又是一种怎样的文学呢？我们还要追问，通过口耳相传的史诗、神话、传说在哪里？它们是以怎样的形式存在的？我们往往只是从表面上看到口头文学的确是通过口耳相传的，但是我们没有追问通过口耳相传的文学是什么，在哪里。还有，既然有一种被我们称为口头文学的文学是通过口耳相传的，那么所谓的口头文学又是以什么为载体呢？它们有没有文本？如果没有文本，它们又是怎样保存下来并得以流传的？

在回答这些问题之前，我们需要强调文学伦理学批评的一个理论前提：包括所谓的口头文学在内，任何文学都是有文本的。只要是文学，它们必然要借助文本存在。或者说，没有文本的文学是不存在的。这是文学伦理学批评的基本观点。但是，有人认为口头文学不同于书面文学，它是一种经过口耳相传的文学，所以没有文本。在他们看来，所谓的口头文学就是没有文本的文学。一些人理所当然地认为，口头文学既然是通过口耳相传的，因此就是没有文本的文学，并以此作为质疑所有文学都有其文本的观点。

但是，这种质疑是在口头文学是没有文本的文学的前提下提出的，而这种质疑混淆了演唱文学的口述方法和口头演唱的文学文本两种性质不同的问题。这种混淆是由于模糊不清的口头文学的定义导致的，即口耳相传或口头演唱或讲述的文学就是口头文学。但是，由于这个定义没有把文学同文学的传播和流传区别开来，所以它的含义是不明确的、含混的，其原因就在于没有从性质上把口头和文学区别开来。正确的理解是，口头文学既是通过口头演唱或讲述的某种文学，也是某种文学通过口头演唱或讲述出来。无论怎样表述，都是说有一种先前存在的文学被我们用演唱或口述方法表达出来。因此，口头文学强调的是文学的表现方法，即有一种文学是通过口头演唱或讲述的方法表现的，或者是通过口耳相传的，而不是说有一种口头文学的本体存在。口头流传只是某种文学的流传的方法而非存在的方式，文学的流传和文学的存在是不同的。换一种说法，就是首先要有一种文学存在，然后这种文学才能通过口头表达出来，或者通过口头表达这种文学才能传播开去或是流传下来。

按照一般的逻辑思考，既然口头文学通过口耳相传，那么一定有一种先在的文学存在才能通过口耳相传，如果没有这种先在的文学，口耳相传作为传播方式就无文学可传。因此，口头文学实际上是通过口头表达的一种先在的文学。学者们相信，尽管这些创造性的作品最终都变成了书面文本，但在此之前它们以口耳相传的方式流传了好几个世纪。那么在口耳相传之前就存在的这种被我们称为口头文学的东西是什么呢？显然，仅仅用口头文学是不能解释的，因为口头文学只能解释这种先在文学的流传方式而不是存在方式，不能解释这种先在文学的本质。例如有一首受到欢迎的歌曲在民间传唱，首先必须有这首歌曲的存在，然后才能传唱。传唱只是这首歌曲的流传方式，而歌曲本身是在传唱之前已经存在的。如果先前没有这首歌曲存在，口头传唱是没办法完成的。民间流传的传说几乎都是通过口头流传的，然而在这个传说流传开来之前，必然有这个传说存在，否则就无法流传。

二、口头文学的定义

关于口头文学的定义，学界大多强调口头文学的口传性质，并以此来定义口头文学。一般而论，口头文学或民间文学被看成文学的原始类型。例如，查德威克兄妹（H. M. Chadwick 和 N. K. Chadwick）的三卷本著作《文学的发展》就特别讨论了口头文学的定义问题。在英国百科全书中，口头文学（oral literature）条目解释道："在没有书写的社会里，口头文学是标准的文学形式（或者类型）。"同时，"口头文学的术语也被用来说明在书写文明中通过口头即所谓的民间艺人口头传播的某些文类的传统"。[①] 民间艺人指的是古代那些

[①] "Oral literature," Encyclopædia Britannica. https://www.britannica.com/art/oral-literature, accessed 26th Feb., 2025.

没有接受教育和不会书写的人。在西方文学传统里，口头文学作为一种文学类型，除了史诗、神话、传说、民间故事、哀歌、颂歌、民间戏剧外，甚至谚语和谜语都包括在口头文学类型中。

学者们通常将口头文学同书面文学进行对照分析，认为它们之间的区别在于作者和听众（读者）的不同。通过口耳相传的所谓口头文学是远古居民集体创作的结果，找不到明确的作者，而书面文学的作者往往是明确的。因此，学术界一般认为，口头文学是集体创作的。当然，学术界并不否认个人在口头文学创作中的作用，但是认为个人的作用不在于原创，而在于对已有的口头文学进行修改。口头文学在民间歌手传唱的过程中，每一个传唱者都会加入自己的改编，而改编前的版本就会成为范本。个人不断地将自己的改动加进去，并不在乎以前存在的原始版本。显然，这种有关以集体创作为主而形成的史诗，同口头程式理论有相佐之处。可以肯定的是，一部通过口头流传的文学作品经过许多人的加工，而史诗的加工过程有众多人参与，最初的作者究竟是谁并不是特别重要了。事实上，经过世代口耳相传的文学作品，在通过文字固定下来时，原来的作者是谁已经无法弄清楚了。但这既不会影响我们对史诗的研究，也不会影响史诗作品的历史和艺术价值。

相对于以书写符号为载体的书面文学而言，口头文学只是根据文学的传播方式进行的分类，这同文学的其他分类是一样的，例如用以表演的戏剧文学、用于拍摄电影的电影文学、借助网络传播的网络文学等。无论称呼什么文学，都需要根据某种特点对文学进行分类，但无论按照什么标准对文学进行分类，文学都存在共同的基本特征，都具有作为文学存在的共同性质。文学的性质是相同的，但是其存在或流传的形式是不同的。无论是什么类型的文学，它们都应该有某种形式的存在。书面文学有通过书写符号存在的形式，口头文学同样也有通过口头演唱或讲述的形式。没有形式，文学不能存在。

口头文学是文学的一种分类，表达方式是其分类的标准。按照表达方式的不同，文学被分为口头文学、书面文学等不同类别。就口头文学的分类而言，实际上指的是通过口头表达的文学。口头是表达的方式，文学是表达的内容。就表达方式而言，口头文学的表达是有前提条件的，那就是首先必须有一种文学的存在，然后才能通过口头表达出来。没有文学的存在，口头是无法表达的。这就如同一个人天生一副好嗓子，如果没有美妙的歌曲，这副嗓子也唱不出美妙的歌声。游吟诗人有天生的超凡记忆力，也有天生的表演技巧，如果没有史诗的动人故事，游吟诗人是无法打动人心的。现实中的确如此。所谓的口头文学就是游吟诗人通过口头演唱的文学，尽管诗人的演唱也很重要，但演唱只是把文学表达出来的方法，演唱本身并不是文学。如果没有一种文学存在，游吟诗人是无法通过口头表达的。这同戏剧演出一样。当莎士比亚的悲剧《哈姆雷特》在舞台上演出时，演员主要通过人物对话讲述哈姆雷特的故事，但如果没有《哈姆雷特》这出悲剧的文本存在，演员是无法演出的。这也正好说明了口头文学不是对文学性质的描述，而是对文学表达方式的描述。以《哈姆雷特》的表演为例，根据现有的关于口头文学的定义，演员在舞台上讲述哈姆雷特的故事也可以称之为口头文学，而这显然并不符合我们对文学的理解。但是，它提示我们无论是口头表达的文学还是书写的文学或者是表演的文学，都存在一个文学同文学表达方式的关系问题，这需要我们关注文学和表达方式的不同，即表达方式不能等同于文学。

把口头文学理解成文学的本质，显然是对口头文学定义的误读，因为这既没有把口头和文学的性质区别开来，也无法证明口头表述的文学同书写的文学有什么不同。口耳相传不是文学的本质，而只是文学的属性。因此，为了真正理解口头文学，我们需要透过口头文学的表象，追寻口头演唱或讲述的文学源头。书面文学、戏剧文学等同样包括在内，它们同样需要追寻源头。无论是口头文学还是书面文学，口头和书面只是表达文学的方法，只是文学的属性，因此它们应该还有共同的文学源头。显然，尽管口头文学和书面文学在表达方式上不同，但它们都是表达的文学，所不同者只是表达的方法不同。

因此，我们可以把口头文学定义为：口头文学就是通过口头演唱或讲述的文学。或者换一种解释：口头文学指那种用口头演唱或讲述的方法表达的文学。文学是本体，口头是方法。通过口头表达的方法讲述的文学，就是口头文学。这样定义口头文学实际上是解释文学的表达特征，并不是解释文学的本体。按照这个定义理解文学，口头文学并不是像许多批评家认为的那样是文学的源头，或者是最早的文学。把口头文学理解成最早的文学是不够准确的。口头文学不是最早的文学，而只能说文学最早的表达方法是通过口头讲述的，尽管这种推测还不能完全证明，但是在表面上看应该是这样的。

把口头文学看成一种原始文学或者看成最早的文学，实际上是把口头表达本身看成了文学而忘记了追溯文学的真正源头，即忘记了追问通过口头方法演唱或讲述的文学在哪里？例如我们可以把史诗称为最早的文学，但是不能把口头史诗称为最早的文学，因为口头史诗指的是通过口头表达的史诗，而史诗是存在于口头表达之前的。仍然以《哈姆雷特》为例。演员之所以能够在舞台讲述哈姆雷特的故事，是因为《哈姆雷特》的戏剧文本存在于演员讲述之前，所以演员在舞台上讲述的故事不能称为口头文学，而只能称为演员讲述的文学。显而易见，离开了《哈姆雷特》这个悲剧的文本，演员是无法讲述故事的。即使演员的即兴演出，也需要以某种文本为前提的，如果没有这个文本存在，演员则无法即兴演出。

三、口头文学与脑文本

口头文学中的文学究竟是什么？这是一个不能不回答的问题。既然口头文学是口头表达的文学，那么就需要追问这种供口头表达的文学是什么？或者说，口头表达之前，必然有一种文学已经存在，否则口头表达方法则无内容表达。如果口头文学是文学的传播方式，它必然有一种供这种方式传播的文学文本。如果没有这个文本，口耳则无法相传，文学也就无法流传后世了。

从中可以看出，口头表达的文学实际上是文学文本，口耳相传的也是文学文本。我们可以进一步提出问题，口耳相传的文本是什么？它在哪里？它是怎样相传的？文学伦理学批评对此做出了回答：口耳相传的文本是脑文本，它保存在人的大脑里。

脑文本是文学的源头，是口头文学的文本，也是游吟诗人讲述或演唱的文本。没有脑文本，口头文学就不存在，更不用说文学的口耳相传了。因此，只有从脑文本入手，才能真正分析口头文学的产生、流传以及是如何从口头表达到符号书写的文本化过程。

由于脑文本的存在，口头文学就包含了两个方面的内容：文学的口头传播方式和口头传播的文学。口耳相传解释的是某种文学的口头传播方式，定义的是文学的传播而不是文学的存在。口耳相传这种传播方式本身不是文学的存在，传播的文学才是文学的存在。口耳相传和口耳相传的文学是两个不同的概念。口头文学只能解释曾经有一种文学经过口头传播的方式流传下来，或者说经过口头流传的文学后来用书写符号记录下来，变成了书面文学。那么，这种口耳相传的文学如何存在呢？只要追根寻底，就会发现它是以脑文本方式存在的。以脑文本方式存在的文学不仅通过口头表达流传下来，而且还借助书写符号完成从口头文学到书写文学的文本化过程。例如，游吟诗人通过口头表达把保存在大脑中的荷马史诗的脑文本讲述出来，一个接受过教育并具有书写能力的人用书写符号把荷马史诗的脑文本书写下来，就形成了荷马史诗的书写文本。荷马史诗的书写文本就是书面文学。在这个从脑文本到书写文本的过程中，口头演唱或讲述只是一种文学的表达方式，是文学文本化过程中的媒介。但无论如何，口头表达本身并不是文学。所以，口头文学只是文学的表达和传播方式，而不是一种文学存在，只有保存在大脑中的文学脑文本才是口头文学的存在。

口头文学同文学的口头翻译十分类似。例如，中国清末文人林纾不懂外文，然而他却依靠精通外文的朋友的口译，用文字把外国文学故事书写下来，数量竟然达 180 多部之多。林纾的朋友通过口头翻译外国文学作品,实际上就是通过口头讲述外国文学文本,这在形式上同欧洲的游吟诗人讲述荷马史诗没有本质区别,可以将其称为口头文学。他们之间的不同在于,林纾的朋友根据文学作品的文本讲述,欧洲的游吟诗人根据保存在大脑中的脑文本讲述。但无论是林纾的朋友还是游吟诗人,他们口述故事都需要有文本,只是文本形式不同,前者依据的是已经书面化的文学文本,后者依据的是通过口耳相传的脑文本。无论依据什么文本形式,有一点十分清楚,他们的口头讲述本身并不是文学。

林纾的朋友根据已经存在的用英文书写的文本讲述故事是通过翻译讲述,没有这个英文文本,林纾的朋友既不能翻译也无法讲述。这同欧洲游吟诗人需要有脑文本才能讲述是一样的。如果没有脑文本的存在,他们都无法讲述故事。显然,在讲述故事和已有的文本关系中,首先必须有一种文本存在,然后才能讲述。讲述的目的是把已有的文本转换成口头语言,让听众能够接受和理解。这种转换既可以来自书写文本,也可来源于脑文本。

因此,根据林纾的朋友按照英文文本讲述故事的逻辑,游吟诗人讲述故事必然有其文本:脑文本。如果没有这个预先存在的文本,游吟诗人是无法讲述故事的。

第二节　脑概念

在认知过程中,从感觉开始,人的大脑就进入思维的过程。现在对思维有大量的研究,对思维的发生原理有了不少认识和理解,但是思维究竟是怎样进行的,思维的基本原理是怎样的,我们还远没有研究清楚。尽管如此,有一点是清楚的,那就是思维是人类具有的高级认知活动。具体来说,思维是我们人类认识、分析、理解客观感受和抽象认识的活动,是人的大脑借助已有知识和经验进行分析、判断、归纳、总结以获取新的知识的认知过程。在思维过程中，人的大脑需要借助概念才能进行分析、判断、评价。概念是思维的工具，没有概念就不能进行分析、判断和总结，思维活动就无法进行。概念不仅是思维的工具，也是思维的产物。概念只有在大脑中保存下来转变成脑概念，才能在思维中发挥作用。因此，思维使用的概念实际上是脑概念。只有把脑概念作为工具，思维才能进行认知活动，才能产生思想。

一、什么是脑概念

文本按其载体可以划分为脑文本、书写文本和电子文本三种形态，无论什么形态的文本，都是由概念组成的。脑概念是思维的工具，同时也是脑文本的基本组成，没有脑概念，思维无法进行，脑文本不能产生。脑概念既是对客观事物的抽象定义，也是对抽象事物的定义，因此被用来指称某一具体事物或抽象事物。

脑概念是人在认知过程中对具体事物或抽象事物的逻辑判断，也是在认知过程中对具体事物或抽象事物的理解、认识和总结。脑概念是对单一事物进行抽象的认知结果。当人的感受器接收到信息后，无论是客观或主观、物质或精神、生理或心理方面的信息，都要在认知过程中转换成概念并存储在大脑中，认知的过程才算完成。

脑概念是人的大脑对复杂以及混乱对象的简化、条理化和规范化的结果，是人认识客观事物及主观事物的工具，其目的是实现对来自各感觉器官所获取信息的分类处理和保存。人的感觉器官（the sense organs）类似于计算机系统的传感器，是通过获取各种信息产生感觉的生理装置。传感器（transducer/sensor）是一种检测装置，能感受到被测量的信息，并能将感受到的信息，按一定规律变换成为电信号或其他所需形式的信息输出，以满足信息的传输、处理、存储、显示、记录和控制等要求。根据检测对象的不同，传感器分为不同的类别，如气体传感器、烟雾传感器、声音传感器等。传感器能代替人体感官的作用，能够获得触觉、味觉和嗅觉等不同的感觉。传感器由具有基本感知功能的能够取代人体感官的敏感元件（如热敏元件、光敏元件、气敏元件、力敏元件、磁敏元件、湿敏元件、声敏元件、味敏元件等）、传输装置和接收装置三部分组成，它不仅能够获取各种可见或不可见的信息，而且还能将检测到的不同信息转换成电信号并借助显示终端显示出来。例如用于检查身体的超声波仪器，不仅可以探测到人体内部的各种状况，而且还能够把有关状况显示在计算机终端设备上。同传感器系统类似，人体感觉的产生是感受器、神经传输通道和大脑皮质感觉中枢三部分共同作用的结果。人体感受器的工作原理是感受器首先将受到刺激的物理化学特性转变为神经冲动，然后经由神经通道的传输，神经冲动传至人的大脑皮质感觉中枢，形成人的感觉表象。神经冲动就是人的原始感觉，经过知觉的处理，人的感觉才能被感知，才能进入认知的过程。

人的感觉是一切知识的来源，是人的认知的初级阶段。感觉是人的知识的源头，人的知识都是从感觉中产生的。知识是感觉的概念化，感觉只有转换成概念，才能进入认知的高级阶段，即思维的过程。感觉转换成概念的过程是人的认知从具体到抽象、从客观到主观的认识过程，其主要特征就是具体感觉转变成抽象概念。抽象概念保存在人的大脑中，形成脑概念。脑概念不仅是思维的工具，也是组成脑文本的基本成分。正是有了脑概念，人的大脑才能进行思维，才能产生脑文本。

在脑文本形成的过程中，人首先要借助视觉、听觉等感觉器官进入感知和认知过程，从客观形象中获取抽象概念，然后进入思维的高级阶段。从感觉中获得知识，知识被抽象化后存在大脑中，就变成脑概念。人听见的声音，看见的图像，感觉到的事物和状态，都可以转换成脑概念，变成存储在大脑中的信息。脑概念不是脑文本，它只是构成脑文本的基础。脑文本是由一系列脑概念构成的。书写文本保存的是文字或符号，电子文本存储的是二进制数字代码。所有的感知、认知和理解都是通过脑概念进行的，不同的脑概念组合在一起保存在大脑里，就形成脑文本。一切有意义的声音信号和书写符号，包括抽象的观念或意识形态，都可以借助脑概念组成脑文本保存在大脑里。

二、脑概念的类型

脑概念从概念转换而来，是人的大脑对概念进行保存的结果。概念在保存之前存在于思维过程中，只是一种无形的抽象存在物。概念在保存之前一直处于认知过程中，因此概念的定义是没有确定的。在人的认知过程中形成的概念，需要在思维中认识和确认，最后将意义固定下来。在从感性认识上升到理性认识的过程中，产生抽象知识，进入认知的高级阶段。从感觉经验中产生的抽象知识被确认，就形成概念，保存在人的大脑中，成为脑概念。从性质上说，脑概念是概念的固态化。脑概念只有在人的大脑中保存下来才能成为固化下来的概念，才能成为思维的工具，才能成为脑文本的成分。

脑概念按照来源可以分为两类，一类是物象概念，一类是抽象概念。物象概念是有关客观存在的概念，根据概念的来源被归类到物象概念中，但概念的性质仍然是抽象的。物象概念的形成要经过感知、认知和理解的过程，也就是从感觉到表象再到定义而实现理解物象的整个过程。在认知过程中，对物象的感知产生表象，表象经过大脑的处理实现对物象的定义，产生概念，实现对物象的理解。通过不同的感官感知世界，我们得到关于物象的表象，然后获得对表象的认识，进而对表象下定义，才能进入认知阶段。例如，一个人的形象进入视域后成为物象，物象被感知则得到这个人的表象，对表象进行认知则得到对这个物象的定义，定义是对物象的抽象。如果这个人经过认知被确认是A，A就是这个人的定义，同时也是这个人的物象概念。概念保存在大脑中，就变成物象的脑概念。

客观存在物是认知的第一来源，是全部认知的基础。在认知过程中，人首先是对五种感官即视觉、听觉、味觉、嗅觉、触觉所感知的对象进行认知，在对感觉认知的基础上，才会进入对抽象事物以及心理和精神领域的认知。例如，当人看见太阳、月亮、鲜花、白雪等事物时，就会在感觉的基础上产生这些事物的表象，为了认识这些表象，就对这些表象进行定义。定义是对表象的认识和理解，是对物象意义的确认。定义同所定义的物象紧密相连，定义等同于物象。有了定义，无论所定义的事物是否存在，都能够理解它。定义既是对物象的抽象，也是对表象的抽象。对物象的抽象是从客观认知向主观认知的发展，是认知进入高级阶段的标志。没有客观，就没有主观，没有物质，就没有精神。无论主观还是精神，都是对客观事物和可视物质的抽象。就概念说，由于有了物象概念，才会产生抽象概念。有了概念，才有了思维的工具，人的思维才能借助概念进行。

抽象概念不是从客观世界抽象出来的物象概念，而是通过概念对概念的认知而得到的新概念。抽象概念是物象概念基础上形成的，是关于概念的概念。抽象概念是从包括物象概念在内的抽象概念中抽象出来的概念。在认知过程中会产生大量的概念，任何认知都是通过概念进行的，没有概念则不能认知。认知既是对客观世界的认知，也是对抽象概念的认识。一旦进入认知的过程，所有的认识实际上都是抽象的。例如，太阳、月亮、夏天、冬天、冰雪、树林等都是从客观世界中抽象出来的概念，所以从来源上可以归类为物象概念。但是在认知过程中，从太阳和夏天这两个物象概念中可以得到炎热的抽象概念，从冬天和冰雪这两个物象概念中可以得到寒冷的抽象概念。由于炎热和寒冷都是来自概念，所以它们是抽象概念。

通过推理和归纳的方法，概念和概念组合在一起得到的新概念，存储在大脑中就变成脑概念。如此往返，脑概念会越来越多。我国从甲骨文衍生出来的文字解释了概念是如何产生的。例如，"人"字是一个书写符号，也是一个概念，表达人的意义，当三个"人"的书写符号组合在一起时，就得到一个新词

"众",成为表示多的抽象概念。再如明字,它是由"日"和"月"两个物象概念构成的新词,表示光明的抽象概念。这些新词的产生表明,两个或多个概念组合在一起,就可以得到一个新概念。新的概念相互组合,又可以得到另外的新概念。人的认知越多,不仅获得的新知识越多,而且得到的新概念也越多。所有的概念都需要存储在人的大脑中,变成脑概念,然后用于思维。

三、脑概念的功能

从语言学意义分析,脑概念的功能可以分为两种类型:能指脑概念和所指脑概念。这儿的能指(signifier)和所指(signified)借用了索绪尔的两个术语,但是它们与索绪尔在其语言学理论中使用的两个同名术语不同。索绪尔认为:"语言符号不是事物和名称之间的连接,而是概念和语音模式之间的连接。"① 为了厘清语言符号、概念和语音模式之间的关系,他"建议保留符号这个术语以表示整体,但是用所指(signification)和能指(signal)来分别代替概念和语音模式"②。索绪尔企图用能指和所指说明一个语言符号作为整体的内部关系,但是并没有真正解决语言符号的定义问题,也没有解决语言的定义问题。

同索绪尔的定义不同,文学伦理学批评术语中的能指和所指不是用来说明语言学符号的内部关系问题,而是说明语言符号概念的功能问题。能指脑概念是用来指称任何事物和任何概念的概念,所指脑概念是用来指称特定事物或特定概念的概念。例如,当月亮作为脑概念可以用来指称月亮的时候是能指脑概念,当月亮作为脑概念只是用来指称15日这一天的月亮的时候就是所指脑概念。在大多数情况下,物象概念如长江、黄河、孔子、屈原、莎士

---

① Ferdinand de Saussure, *Course in General Linguistics*, translated and annotated by Roy Harris, Open Court, 1986, p.66.
② Ibid., p.67.

比亚、华兹华斯、中国、美国等都是特指的，它们的对应物是固定的，因此是所指脑概念。另外一些概念如善良、丑恶、高尚、卑鄙、伟大、渺小等都不是特指的，其对应物是可变的、任意的，因此它们往往是能指脑概念。在特定情况下，某些概念既是能指脑概念，也是所指脑概念，例如太阳和月亮既可指任何时候的太阳和月亮，也可指天上唯一的太阳和月亮；房屋和教堂既可指任意的房屋和教堂，也可指某一具体的房屋和教堂。能指和所指的概念增加了脑概念的多样性，使人的思维变得丰富多彩。

　　人主要通过五种感官即视觉、听觉、味觉、嗅觉、触觉感知事物。五种感官能够感知世界，但不能认知世界。感知仅仅是一种感觉，是一种存在感，或者说感觉到某种存在。例如，我们听见房间里的脚步声，看见天边的晨曦，感觉到身上的汗水等，这些都属于感知，即感觉到某种存在。感知产生印象，是人的初级认识。例如，听见房间的脚步声可以产生有人起床的印象，看见天边的晨曦可以产生天亮的印象，感觉到身上的汗水可以产生天气炎热的印象。从感知到认知过程的完成，就能够得到抽象概念。这个抽象概念保存在大脑里，就变成脑概念。认知是对感知的理解，经过理解才能产生概念，因而感知是理解的初级阶段，认知才是理解的高级阶段。

　　脑概念是思维的工具。思维是人的大脑借助概念对客观事物的概括和间接反应。思维是一个认知过程，它借助判断、推理、归纳等逻辑方法，通过对脑概念的进行编辑和组合以获得脑文本。思维是对客观事物间接的反映，感觉出现时实际上思维就开始了。感觉和知觉是对客观事物直接的反映，思维是对感觉的认知，认知是思维的结果，结果即概念的产生。

　　在思维过程中，能指脑概念和所指脑概念相互组合，产生意义。人的思维过程就是脑概念的组合过程。人的大脑根据某种伦理规则不断对脑概念进行组合和修改，加工和编辑，这就是思维。脑概念的组合形式也在修改和编辑过程中不断发生变化，产生新的意义。不同变化的脑概念组合过程，就是不同的思维过程。思维是对脑概念的理解和运用。人的大脑运用脑概念进行思维，当脑概念的组合过程结束并相对固定下来时，就得到思想，思维过程也随之结束。思想以人脑为载体，保存在大脑里，就得到脑文本。思想是应用脑概念进行思维的结果，思想存在的形式就是保存在大脑中的脑文本，是按照某种伦理规则建构的能够表达明确意义的脑概念组合。脑概念组合过程的完成，意味着人的认知过程的结束，意味着思想的产生和脑文本的形成。因此，脑文本是思想的形式。

第三节　脑文本的作用机制

就口述文学的发生机制而言，游吟诗人通过口头的方式讲述故事需要先在的文本，这个先在的文本就是脑文本。在人类发明书写符号之前，口述的文学不会镌刻在龟甲、骨板、泥板、陶器上，更不会书写在缣帛、纸张等载体上。因此，口述的文学不能以我们现在常见的方式保存和流传，只能以人的大脑为载体保存和通过口头讲述。大脑具有甲骨、竹简、缣帛、纸张等书写材料的功能，可以把思维的结果保存在大脑里。这就是所谓的脑文本（brain text），它指的是保存在人的大脑中的文本。脑文本是保存思想的方法，书写文本或电子文本是保存脑文本的方法。没有脑文本，大脑的思维过程及思维的结果不能保存，因而认识也就失去了基础。没有脑文本，书写文本也就失去了前提，没有内容可供书写。更为重要的是，脑文本是人的大脑发挥作用的指令，没有脑文本，就不能思维，就没有思想，就不会产生行为，就没有伦理意识。

一、脑文本的形成过程

　　脑文本，即保存在大脑中的思想。脑文本以人的大脑为载体，是一种特殊的生物形态。脑文本也是思想的物质形式，是抽象思想的物质转换。脑文本存在于大脑中的活性物质中，是一种有生命的文本，是活的文本，因此在性质上不同于其他形式的文本。脑文本是所有认知的结果，也是理性思维的源泉，人的所有思考、判断、选择、言行，都是脑文本发挥作用的结果。

　　人对客观事物的感知和认知，先是以脑概念的形式出现并在大脑中保存，然后借助脑概念进行思维，从而获取思维的结果：思想。在认知过程中，思想是大脑在感知、认知和理解的基础上对客观事物或抽象事物进行处理得到的结果，这个结果只要保存在大脑中，就形成脑文本。

　　脑文本不是在思维过程中形成的，也不是思维的工具，而是整个思维过程中最后阶段产生的认识结果。人的认知从感觉开始，没有感觉，就没有认知，就没有思想，就没有脑文本。在感知阶段，从表象获取抽象概念，进入思维的高级认知阶段。思维是凭借理性通过概念进行的，思维的目的是获取思想。思想在人的大脑中保存下来，是在认知最后阶段获得的脑文本。从感觉开始到脑文本的形成，这是认知的整个过程。在这个过程中，脑文本是思想的物质存在。思想在转化为脑文本之前，仍然处在形成过程中，只能算作形成中的思想。只有当思想转变成脑文本的物质形态，思想才真正形成。

　　就思想而言，思维是人这个主体获取思想的方法，概念是主体进行思维的主要工具。人的认知从感受器接收信息开始，在感知过程中形成抽象概念，从而为思维创造条件。思维就是主体利用概念进行分析、综合、判断、推理等认识活动的过程，是人类特有的心理和精神活动。思维是一个过程，因此人的思维始终是动态的。正是思维的动态特征，思维才同思想区别开来。但是，人的思想不是动态而是静态的。当思维由动态转为静态，思维的过程结束，思想因此产生。思想不是抽象的，不是动态的，而是在人的大脑中保存下来的文本。由于这种文本以人的大脑为载体，所以我们称这种文本为脑文本。脑文本是保存下来的思想，只有当思想以脑文本的形式被保存下来，思想才真正存在。以脑文本形态存在的思想，也能转换成语言、书写文本等其他形态。通过这种转换，脑文本才能成为在人身上发生作用的指令。

脑文本是人类在发明书写符号并以书写方式保存思想之前的文本形式，它也是所有知识的源泉。通过感知、认识和理解的思维过程，大脑能够通过记忆的方法将思维的结果保存在人的大脑中，形成脑文本。不同的语言有不同的脑文本，这类似于计算机的文本格式。具体来说，中文脑文本是中文格式，英文脑文本是英文格式，俄文脑文本是俄文格式。不同格式的脑文本只能在与其相适应的语言环境中发挥作用。不同语言即不同格式的脑文本是不能互相兼容的，如果一种格式的脑文本转换成另一种格式的脑文本，就需要通过翻译把脑文本的格式统一起来。因此，脑文本不同形式的转换是以格式相同为前提的。

二、脑文本的保存与提取

从作用机制看脑文本的形成，记忆在其中发挥了重要作用。总体而言，思想通过记忆在人的大脑里保存下来，思想就变成了脑文本。脑文本可以通过回忆提取出来，并借助发音器官转变成声音形态，或者借助书写符号转变成书写文本。脑文本是以生物形态保存在人的大脑中的思想，讲述和书写是脑文本的两种主要表达方式。

脑文本既可以从认识中产生，也可以从包括脑文本在内的不同形式的文本中产生，但无论脑文本的来源有什么不同，都需要通过记忆或回忆进行处理。简而言之，记忆是脑文本的保存方法，回忆是脑文本的提取方法。如果同计算机的数据处理机制相比，记忆和回忆类似人的大脑中的应用软件。只有通过记忆或回忆的处理，脑文本才能形成并在人的大脑中保存，或者从人的大脑中提取并通过合适的方法表达。

综上，脑文本不仅需要通过记忆保存，而且还需要通过回忆提取并借助发音器官复现。荷马以及所有其他传唱史诗的人，都是通过记忆把故事保存在自己的大脑里。他们保存在大脑里的关于史诗的记忆文本就是脑文本。那些篇幅巨大、结构宏伟的史诗作品，无论是古老的荷马史诗，还是中世纪游吟诗人传唱的史诗和传奇，它们只要在人的大脑中保存下来，就形成了脑文本。这些长篇作品都是通过记忆的方法把思想或借助口耳相传的作品或已经形成的书写文本保存为脑文本。离开了记忆，思想或口头讲述的作品以及当今我们的阅读感悟，都无法保存下来，脑文本也无从产生。虽然科学研究还没有完全解开记忆之谜，但是记忆对于脑文本形成的重要性是不言而喻的。

回忆则是提取脑文本的方法。脑文本是一种有机的生物形态，保存在人的大脑中，在现代科学研究找到拷贝脑文本的方法或者把脑文本转化为其他形式之前，回忆是目前唯一的能够把脑文本提取出来并转换成其他表现形式的方法。迄今为止，我们仍然同荷马以及中世纪的游吟诗人们一样，仅仅靠回忆把我们的记忆提取出来。同记忆一样，现代科学还不能完全解释回忆的作用机制，不能解释回忆是如何把我们的记忆提取出来并且转换成我们所需要的形态。但是除了回忆而外，我们目前还找不到其他的科学方法取代回忆。从目前阶段说，脑文本发生作用需要两个前提：记忆与回忆。

尽管我们还不能解释回忆的机理，但是自古以来人类就知道怎样把回忆转换成可以感觉到并且能够理解的形态。例如，荷马和游吟诗人通过口头演唱的方法，把保存在大脑中的脑文本转换成声音形态，从而让我们能够从声音方面认识荷马史诗以及中世纪的史诗和传奇。通过回忆，人可以提取脑文本并借助发音器官吟唱，把脑文本变成了声音，变成了听觉器官能够接受的形式。借助发音器官，脑文本转换成了声音形态，实际上变成了我们所理解的有声语言。声音在本质上是一种声波。人的发音器官通过声带的振动产生声波，即所谓的声音，借助空气传播，声波传送至耳朵。耳朵是人的听觉器官，它接收到从脑文本转换而来的声波，又将其转换成脑文本保存在大脑里，从而完成对脑文本的理解。在认知过程中，发音器官和听觉器官都是必不可少的。没有发音器官，脑文本不能表达出来；没有听觉器官，脑文本不能接受，也不能流传。

  脑文本在人的大脑中的发生机制同计算机处理电子文本类似。人的大脑类似于计算机中的中央处理器 CPU（Central Processing Unit），记忆和回忆类似计算机的应用程序。当我们需要把思想在大脑中保存下来，记忆就发挥应用程序的作用，把思想保存为脑文本。如果我们需要把脑文本提取出来或者转换成声音或文字形式，回忆不仅是发挥这些作用的方法，更是处理脑文本应用程序。

  由于脑文本是一种特殊形式的文本，保存在人的大脑中，因此不能用通常处理文本的方法，如语言、文字等直接提取和表现脑文本，而要用特殊的方法如记忆和回忆从大脑中提取出来，然后才能用声音或符号表现它们。

  关于记忆和回忆如何能处理脑文本，其原理和机理是什么，这都是需要跨学科（如生物学等）深入研究的问题。一般而言，由记忆生成的脑文本在性质上同某种或某些语言相关，是由脑文本的载体，即人的大脑所掌握的语言决定的。一个人所掌握的语言决定了他保存在大脑中的文本的语言学特征。一个掌握了中文和英文的人，他在认识过程中使用的工具必然是中文或英文，他保存下来的脑文本也必然是中文或英文的脑文本。一个没有掌握俄文、法文或德文的人，也必然不能把俄文、法文或德文作为认知的工具，也必然不能产生具有俄文、法文或德文特征的脑文本。记忆和回忆带有明显的语言学特点，否则不能对脑文本产生作用。如果用计算机的应用软件作为比拟，记忆和回忆就类似文字处理软件 Word，不同语言的记忆或回忆只能处理与之相对应的脑文本。但是，如果一个人同时掌握了中文、英文、俄文、法文、西班牙文等不同语言，那么他的大脑就具备了同时处理中文、英文、俄文、法文、西班牙文等不同语言的能力，不同语言的记忆和回忆就能够相互兼容，也能够在不同语言的脑文本中相互切换。

同计算机类似，人的大脑在处理信息的过程中，同样存在对脑文本的提取、解码和运行处理。计算机在处理数据时，首先是提取数据，然后对数据解码、运算，最后通过显示终端显示出来。在作用机制上，除了记忆和回忆外，人的大脑还有其他机能需要我们去发现和解释。但有一点是明确的，人的大脑与计算机在发挥作用时具有相似的机制。

以文学创作为例。首先是作家的大脑通过感知认识世界，获取创作素材，这类似于计算机的信息输入。通过认知将创作素材抽象化、概念化，产生出脑概念或脑文本，这类似于计算机的解码和编码并形成文本。脑概念或脑文本保存在人的大脑中，这类似于计算机的存储。人的大脑处理脑概念和脑文本的过程就是人的思维过程，而这正是计算机软件运行的过程。按照某种规则将脑概念或脑文本组合起来进行思考，就可以获取新的概念和文本，表达新的意义，这个过程类似于计算机的运算处理。计算机将处理的结果保存在电子介质中得到电子文本，而人的大脑将思维的结果保存在大脑中就得到脑文本。人的大脑按照某种文学样式对脑概念进行思考和组合，就可以获得新的脑文本，如文学、哲学或历史的脑文本。人的大脑将脑文本转换成声音（声波）的过程，类似于计算机对存储信息的解码和信息提取。人的大脑通过发音器官将脑文本转换成声波，类似于计算机的扬声器播放。由于脑文本不能遗传，接收者只能借助听觉器官接收发音器官发出的声波，再通过大脑将接收到的声波还原为脑文本，进而将其保存在大脑中，实现脑文本的理解和流传。从中可以看出，人对事物的感知、认知、思考和理解，是一个十分复杂的过程，其目的是获得思想，即脑文本。

在书写符号产生之前，荷马以及中世纪游吟诗人用口头演唱或讲述的方法，把保存在大脑中的史诗和传说故事表达出来，这同计算机的显示终端类似。脑文本的讲述类似计算机的文本输出。计算机的输出方式有屏幕显示、打印机打印等方式，而荷马或游吟诗人讲述脑文本除了通过口头表达外，还可以通过书写以及其他形式表达。由此可以证明，口头文学的"口头"和书面文学的"书写"都是脑文本的表达方式，口头文学中的"文学"对应口头文学的脑文本。

文学脑文本不能遗传，但是能够以口耳相传的方式转换成另一个脑文本，保存在他人的大脑中而一代代流传下来。但由于作为脑文本载体的人生命有限，因此除了少量的脑文本后来借助书写文本被保存下来之外，大量的具有文学性质的脑文本都随着脑文本拥有者的死亡而永远消失湮灭了。

三、三种文本形态

综上所述，口头文学的文本同我们现在所熟悉的书写文本和电子文本不同，它是一种脑文本。"脑文本的存在表明，即使在书写符号出现之前，文学的流传也是以文本为前提的，同样是文本的流传。"[①]文本有三种基本形态，除了脑文本，还有书写文本和电子（数字）文本。

书写文本（written text）是人类社会进入文明时代发明了书写符号尤其是发明了纸张之后最主要的文本形式。在以前的论文中，我曾经使用过物质文本这个术语，指称的就是现在的书写文本。作为术语，书写文本比物质文本更准确、科学，所以现在使用书写文本替代物质文本。书写文本以纸张以及其他任何可以用来保存书写符号的材料为载体。除了纸张而外，陶器、甲骨、青铜、竹简、绵帛等物质材料，都可以用于保存书写符号的载体。保存书写符号的方式是多样的，如描画、书写、镌刻、印刷等，都可以成为保存书写符号的方式。脑文本也可以转化为书写符号保存在纸张上或其他载体上，形

[①] 聂珍钊：《文学伦理学批评：口头文学与脑文本》，载《外国文学研究》，2013年第6期，第11页。

成书写文本。

　　载体是书写文本能够存在的基本条件，但是书写文本仅有载体是不够的，还必须有用于书写符号的特殊工具，如刻刀、笔墨等。在古代中国，人们把书写符号刻画在龟甲或牛骨上，为后世留下了中国古老的甲骨文文本。后来中国古人发现竹简、绵帛和纸张可以用于书写，于是发明了笔墨，并用笔墨把表达象征意义的符号书写在竹简、绵帛或纸张上，形成书写文本。历史证明，书写文本是比脑文本更为可靠的文本。例如在中国殷商时代出现的卜辞，虽然3600多年过去了，它仍然借助龟甲和牛骨流传至今，成为目前世界上存在的最早、最丰富的书写文本。那些镌刻在青铜器上的文字，虽然许多个世纪过去了，它们仍然是我们了解当时历史的珍贵文献。由于纸张的发明，文本载体的材料变得丰富而充足，书写文本也就变成了当今最主要的文本。正是由于书写文本的出现及丰富，我们才可以开办学校、推广教育、推动学术。迄今为止，人类社会的历史主要是由书写文本承载的，人类文明的进步主要是由书写文本推动的。可以说，没有书写文本，就没有现代文明。

　　人类文明进入科学时代尤其是电子时代后，出现了一种新的科学文本形式：电子文本（electronic text）。电子文本也称为数字文本。无论脑文本、书写文本还是电子文本，都是就文本载体的性质而言的。电子文本不同于脑文本和书写文本，它的载体是计算机盘片、固态硬盘、磁盘、光盘等化学磁性物理材料。借助电子设备，字符、图像、动画、音频和视频信号等信息经过电子技术处理，都可以转化为电子文本，保存在电子设备中。

　　电子文本是科学的产物。计算机数字技术出现以后，一切能够表达意义的信号和符号都可以通过电子元件转化成数字存储。在现代电子技术条件下，一切书写符号和信息都可以进行数字化处理，构成电子文本。电子文本储存的是二进制数字代码，因而电子文本也称为数字文本。

　　在电子时代，生物形态的脑文本或物质形态的书写文本等，都可以借助输入设备转换成电子文本，保存在电子设备中。电子化的核心是数字化。通过现代数字技术，所有书写文本都可以转换成数字文本存储在电子设备中。可以说，数字技术的发展表明，所有文本都将以电子文本的形式保存下来。在高度数字化的今天，新产生的文本几乎都是电子文本，而过去存在的书写文本也几乎都可以通过数字技术变成电子文本。存在大脑中的脑文本也不例外，都可以通过数字技术转换为电子文本。

随着计算机科学的飞速发展，尤其是即将到来的5G的运用与普及，将快速推动电子化的时代潮流，引领人类社会进入电子信息时代。书写文本、电子文本以及脑文本都将快速融合，共同构成以数字技术为基础的信息资源的主体。在这场已经到来的科技革命中，人脑同计算机的接口问题将得到解决，人脑将逐渐同计算机融为一体，人脑的电子化也将成为必然。以人的大脑为载体的脑文本，将得到更多的研究，脑文本将在认知领域以及推动人脑科学化方面发挥更大作用。

四、脑文本的价值

脑文本是决定人的思想和行为的既定程序，不仅交流和传播信息，也决定人的意识、思维、判断、选择、行动、情感。脑文本就如同戏剧表演的脚本，怎样的脚本，决定怎样的表演。人的思想、选择和行为，包括道德修养和精神追求，都是由保存在人的大脑中的脑文本决定的。脑文本决定人的生活方式和道德行为，决定人的存在，决定人的本质。一个人的思想和行为是由脑文本决定的，一个人的伦理和道德也是由脑文本决定的。因此，什么样的脑文本就决定什么样的思想与行为，或者说，什么样的脑文本决定什么样的人。

脑文本是一种生物形态，是一种活性物质，以记忆的形式保存在人的大脑中。脑文本类似于计算机的应用程序。一台性能良好的计算机，尽管有高端的硬件配置，但是如果没有与之相适应的应用软件，这台计算机（裸机）

是不能发挥作用的。一个人无论如何聪明，要成为一个有道德的人，一个高尚的人，一个对社会有用的人，就需要有好的脑文本。由于文学文本尤其是书写文本和电子文本可以直接通过人的视觉器官或听觉器官转换成脑文本，以实现教诲的目的，因而文学是脑文本的重要文本来源。

　　文学教诲功能的实现是脑文本发挥作用的结果。文本产生之后，口耳相传的道德经验变成了由文字固定下来的文本形式，例如诗歌、故事、格言、寓言、小说、戏剧等。"这些由文字构成的文本就是文学，记载的都是有利于人自身生存和发展的个人的或集体的道德经验，它们的价值就在于为人类能够提供教诲。"[①] 学习文学是为了获取我们所需要的脑文本。因此，如何选择用于某种教诲的文学作品就变得特别重要。文学伦理学批评的作用，就是通过对文学文本的分析、解读和批评，为读者建构脑文本提供优秀的文本选择，以促进人的道德完善。文学伦理学批评运用新的批评方法，通过优秀脑文本的选择，解决文学用于教诲的问题。

　　在运用脑文本分析和批评文学的基础上，文学伦理学批评不仅加深了文学的研究，而且也拓展了文学的研究，把文学的批评与研究推进到其他学科领域。例如，弗洛伊德创立精神分析学以来，我们已经充分认识到精神分析的重要性并对此展开了充分的研究。但是，人的精神是怎样存在的？怎样对精神进行分析？实际上，我们并没有获得有关这些最基本问题的答案。但是脑文本给我们提供了深入分析心理与精神的可能。从认识论角度看，只要有精神存在，就一定有精神存在的形式，只要有精神存在的形式，就可以对精神进行分析。精神的存在是以脑文本为前提的，没有脑文本，就不可能有对精神的认知。对心理的分析也同样如此。人的心理活动也是以脑文本为载体的，没有脑文本，心理活动就不可能存在。因此，无论精神分析还是心理分析，都离不开对脑文本的分析。

[①] 聂珍钊：《文学伦理学批评：论文学的基本功能与核心价值》，载《外国文学研究》，2014年第4期，第11页。

在伦理选择的过程中，人的伦理意识开始产生，善恶的观念逐渐形成，这都是脑文本发挥作用的结果。伦理选择同自然选择不同，自然选择的方法是自然进化和生存斗争，伦理选择的方法是伦理教诲。文学虽然具有教诲的功能，但是要转换成脑文本才能发挥教诲的作用。文学蕴含的一系列道德范例、榜样和说教，只有转换成脑文本后才能形成观念和思想，发挥褒扬或劝喻、鼓励或批评、赞扬或警示的作用，从而实现教诲目的。

小说《西游记》是一个说明教诲是如何发挥作用的典型范例。由于孙悟空大闹天宫，如来佛把他镇压在五行山下，五百年后被唐僧救下，收为徒弟，让他护驾前往西天取经。为了约束孙悟空的自由意志，观音引诱他戴上金箍，并授唐僧紧箍咒语。如果孙悟空违背伦理，唐僧只要念动咒语，金箍就会收紧导致孙悟空头疼，从而让他得到管束。孙悟空的头代表自由意志，他头上的金箍属于代表理性意志的脑文本，唐僧的咒语代表具有教诲功能的文学。唐僧借助发音器官将咒语转变成声音，孙悟空将转变成声音的咒语作为脑文本保存在自己的大脑里，然后通过金箍体现脑文本控制自己的行为，让唐僧的咒语发挥教诲作用。在小说的文本中，我们看到脑文本对孙悟空发生作用的整个过程。由于紧箍咒的作用，孙悟空的心理和精神发生巨大改变，从一只顽猴变成了圣徒。而这一切，都是脑文本发生作用的结果。

脑文本为我们认识文学的教诲功能找到了新途径，但是有关文学脑文本的形成机制还需要进一步研究。文学文本与脑文本的关系是怎样的，如何对脑文本进行分析，脑文本与人的心理和精神有怎样的联系，脑文本与情感、伦理和道德的关系等问题，解决这些问题，还需要广大学者的共同努力。

第七章 ｜ 脑文本与语言

第一节　语言的生成

　　脑文本是一种文本而非语言，它存储在人的大脑中，因此脑文本的性质是私有的（private），不能与他人共有或共享。脑文本除了它的拥有者能够认识、理解和表达而外，其他人无法认识、理解和表达。如果要让其他人接受和了解保存在自己大脑中的脑文本，就需要寻找把脑文本表达出来的方法。一般而言，借助人的发音器官进行口头表达和借助符号进行书写是表现脑文本的两种基本方法。口头表达即为语言表达。早在书写符号创造出来之前，人类就通过口头表达进行交流。例如古代史诗，就是通过口头表达一代一代流传下来的。时至今日，口头表达仍然是人类传递信息和进行交流的最主要也是最重要的方法。即使在科学技术非常发达的时代，人工智能也难以真正取代人类的口头表达。通过符号表达即为文本书写。书写文本同样可以转换成脑文本，脑文本可以借助发音器官转换成语言。借助书写，语言也可以转换成文本，但是语言转换成文本需要经过脑文本转换。除非借助技术工具，否则语言不能直接转换成书写文本。无论语言或是文本，都是表达脑文本的基本方法。

一、人的发音器官

口头表达是人类进行交流的方法，也是最基本最重要的方法。口头表达是通过人的发音器官进行的，人的发音器官是人在自然选择中进化的结果。如果没有发音器官，脑文本不能转换成声音，语言不能生成，人无法进行自我表达，也无法相互交流。

人的发音器官是一个复杂的发声系统。从生理结构说，可以分为肺和气管、喉头和声带以及口腔、鼻腔和咽腔三大部分。

从功能区域说，人的发音器官可以分为动力、声源和调音三大区域。动力区由肺、横膈膜和气管组成。肺是呼吸气流的发音器官，通过呼吸产生的气流是语音的动力。肺部活动呼出不同强度的气流，通过支气管器官到达喉头，作用于声带、咽腔、口腔、鼻腔等发音器官，为发出声音创造条件。

声源区由声带和喉腔组成。声带是发出声音的器官，位于喉腔中部，是两片左右对称和富有弹性的带状薄膜，由声带肌、声带韧带和黏膜三部分组成。发声时，两侧声带拉紧、声门裂变窄甚至几乎关闭，当由肺部呼出的气流经由气管不断冲击声带，引起振动，即发出声音。气流强度的大小控制声带松紧的变化，发出高低不同的声音。

调音区由口腔、鼻腔和咽腔组成。口腔包括唇、齿和舌头，后面是咽腔，上通口腔、鼻腔，下接喉头。口腔和鼻腔靠软腭和小舌分开。软腭和小舌上升时鼻腔关闭，口腔畅通，发出的声音在口腔中共鸣。软腭和小舌下垂，口腔受阻，气流只能从鼻腔中发出，这时发出的音主要在鼻腔中共鸣。如果口腔没有阻碍，气流从口腔和鼻腔同时呼出，发出的音在口腔和鼻腔同时产生共鸣。

从发音器官的类型说，可以分为四个部分：1. 呼吸器官。它是发音的动力器官，主要由肺和有关呼吸肌群组成，通过呼吸产生振动声带发声的气流。

2. 振动器官。它是发声的器官，主要由喉咙、喉头和声带组成，通过呼吸产生气流振动声带发声。3. 共鸣器官。它主要由喉腔、咽腔、口腔、鼻腔及胸腔组成，此外，胸腔、鼻腔也参与共鸣。共鸣器官的作用是加强和放大声波，美化嗓音，使其富有色彩。4. 吐字器官。它主要由口腔、舌头、软腭、嘴唇、下腭等组成，其功能是通过口腔的运动以保证吐字清楚，发音准确。

由此可见，人在自然选择中进化出来的发音器官不仅复杂，而且精巧，这为人通过发音器官发出声音以表达复杂的意义创造了物质条件。由于有了发音器官，人就可以通过发音器官发出各种不同的声音，通过不同的声音生成语言，表达不同的意义。

人的发音器官是能够发出声音的人体装置，是人用于发出声音的工具，其他动物由于缺少这个工具，因此不能像人一样发出能够表达复杂意义的声音。传统观点认为，人类在自然选择中进化出了发达的大脑和精巧的发音器官，因此人类的语言能力是进化的结果。但是也有科学家的研究发现，在动物界，恒河猴以及生活在亚洲和非洲的灵长类如旧大陆猴，在进化上同人类更接近的物种如黑猩猩，从解剖学上看都拥有和人类一样的发音器官，但是它们都不会说话，原因在于他们缺少传递语言信息的脑回路。因此也有科学家认为，决定能否说话并非由先进的发音器官决定的，认为人类独特的语言能力源于大脑进化出来的特殊结构。

但是，就人体生理结构来说，发音器官就是为了发出声音而进化出来的人体器官，也正是人才具有特殊的发音器官，人才能通过发音器官生成语言。人类的语言同其他动物通过发音器官发出的声音有着本质的不同。只有通过人的发音器官生成的、表达特定意义的声音才能成为语言，而动物通过发音器官发出的声音尽管也能表达某些特定的意义，但它们不是语言而只是声音。例如鹦鹉和八哥能够模仿人类说话，即使在我们听来同人的说话相似，但仍不是语言。因此，发音器官是语言生成的先决条件，但是否能够发出声音或者发出类似人说话的声音，并非语言的本质特征。只有保存在大脑中的脑文本经过发音器官转换成声音,语言才能产生。判断声音是否为语言,就在于判断语言是否从脑文本生成而来。所有的语言都是从脑文本转换而来,都是通过脑文本生成的,都是脑文本的声音形态。

二、语言的实时生成

声音是由人的发音器官发出的,因此发音器官是特殊的人体装置,用来发出能够表达某种意思的声音。语言就是人的发音装置发出的特殊声音,但是声音并不等同于语言。语言是同声音相关的另外的东西,是人用来表达意义和进行交流的媒介。

人的发音器官发出的声音和作为声音出现的语言是不同的。人的发音器官不仅可以发出我们称之为语言的声音,也可以发出非语言的声音。例如,人在不由自主中发出的咳嗽声、喷嚏声、打呼噜的声音,显然只是发音器官发出的声音,而不是语言。为什么有的声音是语言,而有的声音不是语言?它们区别在于,前者是人有意识地通过发音器官将脑文本转换成能够表达意义的约定俗成的声音,后者是某种刺激引起的本能反应而导致人的发音器官不由自主地运动发出的声音。

尽管声音和语言都是人的发音器官运动的结果,但是声音同语言是两种不同的东西,是两种不同的概念。声音只是发音器官通过运动发出的不带主观意识的声响,这种声响在听者看来可能具有某种意义,如打呼噜表示睡眠,呓语表示梦境,但是发出声音的主体并不是有意为之。但是语言不同,它是人有意识地通过发音器官发出自己想要发出的表达某种意思的声音,它是脑文本的声音转换。声音的意义早已存在,只要这种声音出现,它所表示的意义也就随之产生。就语言而论,声音是意义的载体,是表达意义的方法。当意义被声音表达出来时,声音就变成了语言。

生成语言是发音器官的功能。发音器官既可以发出非语言的声音,也可以通过声音生成语言。但是，发音器官发出的声音不一定都是语言，只有源于脑文本的用于交流的有特定意义的声音，才是我们所说的语言。

人的发音器官是用来发出声音的人体装置，但是问题主要不在于发音器官为什么能够发出声音，而在于为什么能够发出有意义的声音，即被我们称为语言的东西。在传统上，我们通常把语言理解为口头说话，索绪尔将其称为言语，但是他又将其定义为"语言是一种表达思想的符号系统"[①]。无论是语言还是言语，尽管术语不同，它们都是通过人的发音器官发出的表达某种意义的特殊声音。因此，索绪尔把我们已经接受的约定俗成的语言这个术语分割为语言和言语，用言语取代我们传统上理解的语言，不仅无益于我们理解语言或言语，而且还造成概念混乱。为了便于理解，我们需要回到传统的表述中去，用语言这个术语表示我们口头讲述的语言。我们需要厘清语言这个概念，即通过口头说的话就是口头讲述，就是语言。

无论是传统上对语言的理解，还是索绪尔关于语言的定义，都表明人的发音器官发出的声音同我们称为语言的东西不是一回事，它们之间有着本质的区别。人的语言同声音密切相关，但语言不能等同于声音。那么，语言究竟是怎样生成的？

语言是怎样生成的问题是有关语言定义的关键问题，也是我们需要特别注意的问题。在以往的研究中，我们把语言看成现实中存在的一种实体，如看成交流的工具或者符号系统。我们往往误以为有一种存在于现实之中的具体语言，所以努力去定义和阐释我们认定的这种语言。然而在现实中，我们找不到已经存在的供我们使用的所谓语言实体。正是这种认识和现实的矛盾，才导致我们无法定义语言。

我们现在找到了无法定义语言根本原因，那就是我们忽视了语言生成的问题。语言的事实表明，语言不是先在的，而是生成的。语言不是像文字那

[①] Ferdinand de Saussure, *Course in General Linguistics*, translated and annotated by Roy Harris, Open Court, 1986, p.15.

样是一种现实中的物质存在，当需要文字的时候我们就可以从字典中去寻找它们、使用它们。语言并不像文字那样预先存在于字典中，或存在于书籍中，或存在于碑刻中。更明确地说，语言在生成之前实际上并不存在。

语言不是预先存在的，而是实时生成的。由于语言是生成的，因此语言不是我们用于交流的工具，而是我们相互交流的方法。我们需要语言的时候，我们可以生成语言。发音器官发出一连串表达某种特定意义的声音，这就是语言的生成。在大多数情况下，人主要通过发音器官把保存在大脑中的脑文本转换成声音，进行交流。这种来自脑文本的通过发音器官发出的声音，就是生成的语言。例如，我们用声音向一个人提问："您从这部文学作品中得到什么启示？"我们的这个提问就是实时生成的语言，但它并不是预先存在的。如果对方回答说："我从作品中看到，一个人的自我选择正确与否，决定这个人的成功与否。"对方的回答也是实时生成的语言。再如，我们朗诵岳飞的词："怒发冲冠，凭栏处、潇潇雨歇。／抬望眼、仰天长啸，壮怀激烈。／三十功名尘与土，八千里路云和月。／莫等闲、白了少年头，空悲切！"朗诵这首词的过程，就是从文本到语言的生成过程，朗诵的结果生成语言。但是，在问答之前或者朗诵诗词之前，语言并不是预先存在的。在问答和朗诵之中，语言出现了，生成了。问答结束或朗诵结束，语言的生成过程也就结束。

在问答和朗诵中生成的语言，都源于脑文本。如果没有脑文本，发音器官无法进行声音的转换，因而也无法生成语言。同样，如果生成的语言没有通过记忆在大脑中保存下来，生成的语言也就随着生成过程的结束而消失了。如果生成的语言通过记忆保存在大脑中，仍然可以通过回忆并借助人的发音器官重新生成语言。现代科技可以利用电子技术保存语言。如果使用录音设备，生成的语言可以录制下来，因此语言也可以像文字一样被保存下来，并借助播放设备重新播放录制下来的语言。但是我们也要注意到，即使我们用录音设备将语言录制下来，保存在某种介质中，但保存下来的仍然不是语言，而是从语言转换而来的电子文本。

三、语言与听觉器官

语言是实时生成的，只要人有意识地通过发音器官发出能够表达意义的声音，就能够生成语言。语言的生成需要三个方面的条件：一是发音器官。这是语言生成的先决条件，也是语言生成的物质条件。没有发音器官，语言就不可能产生。二是能够表达意义的声音，这是语言的载体。语言是通过人的发音器官生成的，以声音为载体并表达意义，因此语言从性质上说是一种声音形态。三是意义的来源。声音的意义可以来自文学作品的文本，或者来自其他形式的文本，但是从根本上说，声音的意义来源于脑文本。语言的生成，离开了以上条件中的任何一种，都不可能产生。

语言从声音转换而来，是人的发音器官在发声过程中生成的。语言生成的目的是传递信息和进行交流，因此语言以声音为媒介，它不仅同人的发音器官密切相关，而且也同人的听觉器官密切相关。离开了发音器官，语言不能生成；离开了听觉器官，语言不能用于交流。

由于声音是语言的媒介，因此语言只能在发音器官和听觉器官之间发生作用，并主要借助空气传播。发音器官生成语言，听觉器官接收语言。语言以声音形态表现出来的特性，是为了听觉器官接收。语言的生成带有强烈的功利性。语言不是为语言讲述者生成的，而是为听讲者讲述的。语言的生成也有其强烈的目的性，这就是传递信息和进行交流。语言的生成并非为了自我欣赏，而是为了把信息传递给他人。在文字创造出来之前，语言是传递信息和进行交流的主要方法。即使文字被创造出来之后，语言也仍然是传递信息和进行交流的最重要方法。离开了语言，人类怎样生活是无法想象的。

听觉是听觉器官的功能，它的价值既在于接收信息，更在于接收语言。听觉是由耳、听神经和听觉中枢的共同活动完成的。耳是听觉的外周感受器官，由外耳、中耳和内耳耳蜗组成；外耳和中耳是传音系统，内耳是感音系统。外界声波进入外耳道,引起鼓膜振动,引起毛细胞发出神经冲动,使耳蜗神经纤维产生动作电位,传至延髓,再经中脑下丘到内侧膝状体,最后到大脑皮质的颞叶,形成听觉。听觉是为了接收发音器官发出的声音而进化出来的功能,没有发音器官,就不会进化出听觉器官,就不会有听觉。

一般认为,语言的生成仅仅同发音器官相关而同听觉器官无关,但这种看法是错误的。语言是通过发音器官生成的,但是离开了听觉器官,语言则无法生成。语言生成的目的是传递信息和交流,而这是通过听觉器官完成的。如果没有听觉器官,语言生成就失去了目的性。虽然一个人可能以自言自语的方式生成语言,但这种语言只能自我欣赏而不能发挥交流的作用。没有听觉器官,语言规则无法制定,语言交流无法完成。例如,聋人往往有一个特点,那就是他们往往有健康的、正常的发音器官,但是听觉器官由于病患原因而听不见声音。因此我们发现,聋人由于听不见声音往往也不会说话。这说明,语言的生成是不能离开听觉器官的。

听觉对于语言还有另一个重要作用,就是把语言传送到听者的大脑,经过大脑的处理,声音形态的语言可以转换成脑文本,从而使语言以文本的形式保存下来。没有听觉,语言既不能传播,也不能保存。而且更为重要的是,没有听觉,语言就失去了生成的条件,就无法生成了。

第二节　脑文本与语言

语言不同于人的其他表达方式,它以发音器官和听觉器官为生成条件,以空气为传播媒介,是人类传播信息和进行交流的方法。语言不是预先存在的,而是因为需要根据语言规则实时生成的。只要人的发音器官发出声音,就能够生成语言。语言以听者为对象,因此语言是为听者生成的。听觉器官是接收语言的工具。借助听觉器官,听者才能听到语言。语言是在传递信息和相互交流中实时生成的,这一点十分清楚。但是,语言是由什么生成的?这是有关语言生成的源头问题,需要我们研究和做出回答。

一、语言生成的源头

语言是通过人的发音器官实时生成的,那么人的发音器官为什么会生成语言?或者说,是什么经由人的发音器官生成语言的?实际上,这是有关语言生成的源头问题,也是必须做出回答的问题。

语言生成的源头不是别的,而是保存在大脑中的脑文本。人对事物的认识经过思维的过程形成思想,思想保存在大脑里就变成脑文本。思想与语言生成类似,也是实时生成的,因此思想只有转换成脑文本才能被保存下来。脑文本类似计算机的应用程序,它既是人的思想,也是主导人的思想和行为的指令。保存在大脑中的脑文本是看不见的,但它既可以通过人的意识自我显示,也可以通过声音或者符号表现出来。人的发音器官发出的有意义的声音,就是通过声音将保存在大脑中的脑文本表现出来。

把脑文本表现出来的方法既有声音也有符号,但是通过发音器官发出声音表现脑文本是主要的方法。人的发音器官并不能自主地发出声音,它只是在接收到大脑的发声指令后才能发声以及按指令发出什么声音。当人的大脑将发出什么声音的指令传送到人的发音器官,发音器官就开始运动,将保存在大脑中的脑文本转化成声音表达出来,生成我们所说的语言。

人的大脑中保存的脑文本是发声器官发声的资源,也是语言生成的资源。人的大脑把存储的脑文本输送到发音器官,通过发声的方法将其转换成声音,生成语言。人的大脑是智能化的,它不仅保存有丰富的脑文本,而且还能够通过思维不断产生新的脑文本,以方便表达和交流。人的大脑除了保存自我生成的脑文本外,它还能够通过视觉器官和听觉器官把大量的书写文本或者语言转换成脑文本,保存在大脑中,通过这种方法不断地使脑文本得到补充和丰富。只要人的思维存在，只要人的视觉器官和听觉器官能够发挥作用，脑文本就会不断增加。尽管脑文本保存在大脑中，但是只要发音器官接收到指令，所有的脑文本都可以通过声音表达出来，生成语言。

从语言的生成看，语言从脑文本转换而来，因此语言是脑文本的声音形态。没有脑文本就没有语言，没有脑文本，发音器官就成了无源之水、无本之木，发不出有意义的声音，生成不了语言。脑文本是既是语言的资源，也是语言的源头。

二、脑文本的语言转换

人的发音器官只是发出声音的装置，它之所以能够发出表达特定意义的被我们称为语言的声音，是因为人的大脑中保存有脑文本。但是就人的发音器官而言，它并不能自主地发出声音，尤其是不能自主地发出我们称为语言的声音。人的发音器官之所以能够发出声音，是因为发音器官接收到发出声音的指令，才能把脑文本转换成声音形态的语言。

人的发音器官可以因为某种刺激产生的应激反应而发出声音，例如恐惧中发出的惊叫，梦魇中发出的呼喊，无意识中发出的叫声等，不过这些声音都不是语言。由于发音器官只是发声的工具，因此它不能自主生成语言。在现实中，我们也看到符合约定俗成的规则、能够表达意义和用于交流的语言通过发音器官表达。但是，这些语言都不是自然生成的，而是从脑文本转换而来。

脑文本是保存在大脑中的思想，它可能是一个完整的故事，也可能是某种思想的片段，甚至只是某个单一概念。脑文本不是语言，它只是保存在大脑中的以人的大脑为载体的生物性文本。在现有科学技术条件下，尽管利用某些先进设备可以监测大脑在思维过程中出现的脑电图变化，人机接口的研究也取得重要进展，但仍然无法直接把保存在大脑中的脑文本提取出来，也无法像计算机一样使用 U 盘把脑文本拷贝出来。因此，人的发音器官的价值就凸显出来，它可以把脑文本转换成声音形态，生成他者可以理解的语言。

语言是脑文本在转换成声音的过程中生成的，是脑文本的声音形态。脑文本一旦转换成声音形态，其性质就发生改变，变成了语言。脑文本的形态变化，导致脑文本的性质改变，不仅语言如此，文字也同样如此。当脑文本以声音形态出现时，脑文本就变成了以声音为特征的语言；当脑文本以符号形态出现时，脑文本就变成了以符号为特征的书写文本。

脑文本的不同形态转换说明了脑文本同人类其他表达方式的区别。脑文本形态的转换，同其他物质的形态改变所导致的性质改变是一样的。以水为例：水可以在不同条件下发生形态改变，如水通过加热变成气态，通过降温变成固态。水的形态一旦发生改变，其性质也就发生改变，从水变成了蒸汽，或者变成了冰，而蒸汽或冰在性质上是不同于水的。尽管语言是从脑文本转换而来，但是通过转换生成的语言变成了声音形态，其性质已经发生了改变，不再是文本了。

脑文本不仅可以借助发音器官将其转换成语言，而且还可以将其他形式的文本如书写文本、电子文本等转换成脑文本，继而将其转换成语言。不仅发音器官生成的语言是从脑文本转换而来，而且其他表达形式如阅读、背诵、抄写、演说、对话、独白等也同样来源于脑文本。如背诵或讲述一个书写文本，首先需要将书写文本转换成脑文本，然后才能背诵或讲述或生成语言并将书写文本表现出来。表面上看背诵或讲述的是书写文本，但实际上背诵或讲述的是脑文本。书写文本经过脑文本的转换然后再借助发音器官表达出来，其结果同样是生成语言。

脑文本可以借助声音将其转换成语言，语言也可以借助声音将其转换成脑文本。例如，游吟诗人将远古时代的英雄故事保存在大脑中，形成脑文本，当游吟诗人将英雄故事的脑文本演唱出来时，就生成语言。当听者借助听觉器官听到表达英雄故事的语言时，就将其转换成脑文本，保存在大脑里，然后听者就可以将他听来的同样的英雄故事借助声音表达出来。正是这种转换机制，以口头形式讲述的文学作品如荷马史诗、神话传说、民间故事等，才能以脑文本的形式保存下来并借助口头流传。如果没有脑文本，在那些既没有文字也没有现代科学技术的世纪里，所有的文学作品以及历史文献都不可能流传下来。

三、脑文本的两种转换形式

在人类进行交流和信息传送方面，脑文本不仅是资源和媒介，而且还是信息交换的枢纽。无论语言、书写文本或者电子文本，都需要经过脑文本的转换才能进入认知的过程。没有脑文本，发音器官不能生成语言。没有语言，听觉器官不能认识脑文本。即使书写文本或电子文本，也需要经过脑文本的转换才能被理解。

脑文本主要有两种转换形式：符号形式和声音形式。符号形式指脑文本转换成书写文本，声音形式指脑文本转换成语言。由于符号和语言都是从脑文本转换而来，因此它们也可以从文本和语言形式转换成脑文本形式。

脑文本的文本转换指的是把存储在大脑里不可见的脑文本转换成可见的由符号构成的文本。在认知过程中，无论是图像还是声音，它们都需要抽象化、概念化，然后才能生成脑文本。所有的脑文本都是由一个个抽象的脑概念组成的。所有的认知，都是先产生脑概念，然后才能由脑概念组合成脑文本。当脑文本转换成由符号构成的书写文本时，需要先将脑文本分割成脑概念或语汇，然后才能转换成书写文本。例如，如果要将保存在大脑中的脑文本"钱塘春潮，西湖秋月"转换成符号文本，首先需要将其分割成"钱塘""春潮""西湖""秋月"等脑概念，然后才能按顺序将其书写在纸张上，构成书写文本。如果要将书写文本"钱塘春潮，西湖秋月"转换成脑文本，同样需要借助眼睛或耳朵将其转换成脑概念，组成脑文本，保存在大脑中。

如果要将脑文本转换成语言,也同样需要将保存在大脑中的文本分割成脑概念,再将其转换成声音信号,借助人的发音器官将其表达出来,形成语言。如果脑文本转换成了声音信号而缺少了发音器官,声音信号就不能被表达出来,因此语言就不能生成。

脑文本能够转换成声音信号并经由发音器官表达出来,生成语言,但是生成什么语言则是由脑文本的语种决定的。脑文本是在特定的语言环境中形成的,如果是中文环境,则形成中文脑文本,如果是英文环境,则形成英文脑文本。因此,同一个脑文本有可能作为不同语言的脑文本同时保存在大脑里。不同语言的脑文本通过发音器官表达出来,就形成不同的语言。实际上,生成什么语言是由脑文本预先确定的。如果一种语言的脑文本要生成另一种语言,则需要经过翻译才能实现。翻译就是把一种语言的脑文本转换成另一种语言的脑文本,然后借助发音器官表达出来,生成语言。

不同语种的脑文本的转换不是由人的发音器官完成的,而是在人的大脑中完成的。人的发音器官只是将脑文本转换成声音形态的工具,它只是在脑文本发出的指令下机械地将不同语种的脑文本转换成声音,而不能对脑文本或声音进行认知。对于发音器官而言,它不需要经过任何训练就可以把不同语种的脑文本用声音表达出来。在学习语言中,有时候发音器官为了表达某种声音需要进行某些训练,例如某些人在发出俄语弹舌音"p"时,不经过长时间的训练很难做到。但是,表面上看起来是对发音器官进行的发音训练,但实际上是脑文本指令的调整。即使在所谓的训练中发出的不同的声音,那也是从不同的脑文本转换而来。这同我们书写脑文本时出现错别字类似。我们在不断地书写同一个脑文本的过程中,有可能出现同一个错别字,但是通过多次书写,我们就可以把错别字纠正过来。从表面上看这似乎是练习的结果,但实际上是认知的结果,是在认知过程中对正确的脑文本进行确认的结果,而与书写训练无关。

在脑文本转换成语言的过程中,发音器官的纯工具性质是显而易见的,它既不能对脑文本进行修改,也不能对脑文本进行保存,更不能对脑文本进行识别和理解,其作用仅仅在于用声音将脑文本表现出来。发音器官不能改变脑文本的意义,但是可以在大脑的支配下对语言的响度、音调和音色进行修改,以增强语言的表现力。

  脑文本生成语言的价值不在于满足自我理解脑文本的需要,而在于将脑文本传送给听者。脑文本是私人性质的(private),其他人无法窥视和理解文本。为了让自我之外的人能够理解和保存脑文本,于是脑文本不仅借助语言让人理解,而且还借助语言进行脑文本的传输,进而把脑文本保存在他者的大脑中。对于脑文本拥有者而言,他不仅可以直接通过脑概念或脑文本进行思维,而且可以借助我们所谓的"默读"理解脑文本。默读是不通过发音器官而通过思维对脑文本的认知。这是对脑文本的自我理解。在认知过程中,默读是通过脑文本实现认知的主要方法。

  保存在大脑中的脑文本,都可以转换成声音形态的语言,这主要是由人的听觉器官和视觉器官这两种感觉器官的性质决定的。在认知过程中,人的神经中枢接收到从不同感觉器官传送来的神经冲动形成不同的认知,来自不同感觉器官的神经冲动(电信号)是不同的。不同的神经冲动经过思维产生的思想有不同的结构,当结构不同的思想作为脑文本保存下来时,其格式是不同的。例如,从听觉器官传送的信息,转换成脑概念或脑文本的格式是声音格式;从视觉器官传送的信息,转换成脑概念或脑文本的格式是图像格式。声音格式的脑文本可以直接转换成语言,但是图像格式的脑文本则需要转换成声音格式后才能转换成语言。也只有当脑文本转换成声音格式后,它才能通过人的发音器官表达出来并通过人的听觉器官接收,继而形成脑文本在人的大脑中保存下来。

  脑文本只能被脑文本的拥有者自己认识和理解,如果要让外人认识和理解脑文本,将脑文本转换成声音是最主要的方法。一个人只要有听觉器官,就能够接收声音信号并理解其意义。将脑文本转换声音,也是认知过程中不可缺少的一环。当人的感觉器官将接收到的事物传送到大脑中枢时，脑概念需要同根据经验得到的与脑概念相对应的声音对接，确认脑概念的声音表达。只有当脑概念同声音形式结合起来，才能通过发音器官表达。例如，当最早的人类看到天上出现的一道闪电以及随之产生的雷声，会无意识中用模仿听见的声音去表达它们。当同样的表达经过多次重复，就会固定下来，用于指称某一事物或概念的声音概念。这个声音的概念也可以看成声音脑文本。有了这个声音概念，发音器官才能将其还原为声音形态，生成语言。如果脑概念没有同声音连接并形成声音概念，也许能够认识和理解这个脑概念及其组合成的脑文本，但是不能将其通过声音表达出来。例如我们看见一条河流时，如果这条河流是长江或黄河，则大脑中就会保存下来与长江或黄河相对应的声音概念，这样长江或黄河才能通过发音器官以声音形式表达出来。如果没有长江或黄河相对应的声音概念，发音器官是无法将其转换成声音形态的，因此语言也就不能生成。这同我们阅读一个书写文本而不认识文本中某个文字是一样的。由于不认识这个文字，因此就无法用声音把它读出来。即使能够明白文本中某个字的意义，但是如果没有形成这个字的声音概念，也无法通过发音器官用声音把这个字表达出来。

在认知过程中，图像概念同声音概念一样可以进入思维过程，也可以形成脑概念以及脑文本。但是，图像概念不能直接通过发音器官转换成声音形态，它必须在认知过程中将其转换成声音格式，即将图像概念转换成与其相对应的声音概念，才能通过发音器官以声音的形式表达出来。只有声音格式的脑文本，才能通过人的发音器官转换成声音。图像格式的脑概念或脑文本，都需要转换成声音格式才能通过发音器官生成语言。

第八章 | 语言生成的伦理机制

第一节 语言的起源

有关语言定义难以解决的问题,实际上同语言是如何起源的问题联系在一起。语言的起源和语言的定义是相互依存的。据统计,目前世界上共有7000多种语言,但它们是怎样产生的,在什么时间和什么地方产生的,是起源于同一个源头,还是各种语言自有源头等问题,学界众说纷纭,至今仍然莫衷一是。自18世纪以来,众多的语言学家、哲学家、人类学家、考古学家、心理学家、生物学家等纷纷加入探索语言是如何起源的研究中来,尝试应用各种方法解决语言起源的问题。尽管这些学界的著名人物做出了巨大努力,提出了语言起源的多种假说,如一源说、多源说、神授说、手势说、感叹说、摹声说、劳动说、契约说、突变说、渐变说等,尽管这些假说各辟蹊径,推动了有关语言起源的研究,但令人遗憾的是,这些研究由于缺乏实证,都无法自证其说,语言如何起源的问题仍然是学界的一大悬案。中国甚至有学者指出,解决语言演化问题的难度不亚于破解物种演化之谜的难度。毋庸置疑,语言起源的问题是一个世界性难题。要解决语言起源的问题,需要首先解决语言的定义问题。

一、语言起源的种种观点

关于语言的起源,有观点认为,语言是与猿人的形成同时产生的,因为过着群居生活的猿人需要进行渔猎活动和制造工具,语言就作为他们进行交流的工具而产生了。但是也有人认为,原始人的发音器官,特别是喉头,因进化不完美还不能发出音节分明的声音,智人的发音器官与现代人近似,才具有发出语音的物质条件。因此在这些人看来,语言的产生最早应该从智人阶段算起,至今只有10多万年的历史。

那么语言是怎样产生的?语言神授观点现在已经没有人相信了。但是,近代不少学者致力于原始语言即语言起源的研究,仍然形成了众多的各不相同的观点。例如,有的人认为语言是原始人通过模仿事物的声音命名事物而产生的,有的人认为语言是人类情感无意识表露的结果。意大利学者维柯说:"语言在初产生的时代,原是哑口无声的,它原是在心中默想的或用作符号的语言。斯特拉博(Strabo)在一段名言里说,这种语言存在于有声语言之前。"① 因此有人认为,人类最早用手势进行交流,同时辅之以简单的声音,后来出现了逆转,手势成为交流的辅助方法,而有声语言成为主要的交流工具,因此语言起源于手势语。由于古代人类多用歌唱进行交流,如古希腊的荷马和中世纪的游吟诗人,都是用歌唱的方法讲述故事,因此一些音乐家据此猜想,人类可能是从鸟类那里学会歌唱而产生语言的。

也有人认为语言是通过遗传而来,认为语言是一种与生俱来的天赋。实际上,这种观点是对语言来源于大脑语言遗传机制的假设,主要代表人物有乔姆斯基、毕克顿、平克、赫尔德等。赫尔德说:"当人还是动物的时候,就已经有了语言。他的肉体的所有最强烈的、痛苦的感受,他的心灵的所有激

---

① 维柯:《新科学》(上册),朱光潜译,北京:商务印书馆,1989年,第197页。

昂的热情，都直接通过喊叫、声调、粗野而含糊的声音表达出来。"[1]赫尔德还说，尽管现在只有一些零星的证据，但是他认为"语言最初为人和动物共享"[2]。这种观点显然遭到质疑，于是有人提出折中的观点，认为人类语言的获得是先天遗传与后天学习相结合的结果。语言的先天获得即遗传的观点，是生物语言学发展的结果。维果茨基认为，从种系发展的角度看，思维与有声语言具有不同的遗传根源。现代科学研究似乎也持这种观点，认为大脑的语言功能有一部分是先天的，有一部分是后天习得的。

关于原始语言有多种假说，但是广为学界接受的观点是劳动创造语言的观点，即语言起源于劳动中呼喊的号子。劳动是集体性质的，需要语言进行交流才能相互协作。原始人在劳动过程中呼喊的劳动号子，可以统一众人用力的节奏，因此这种表达明确意义的呼喊声可以看成相互交流的原始语言。

这种观点认为，劳动加速了人的进化，人不仅可以直立行走，而且人的发音器官也得到改进，可以发出不同的声音。劳动不仅使猿变成了人，而且也为语言的产生创造了条件。这种观点始于恩格斯。他说："这些正在生成中的人，已经达到彼此间不得不说些什么的地步了。需要也就造成了自己的器官：猿类的不发达的喉头，由于音调的抑扬顿挫的不断加多，缓慢地然而肯定无疑地得到改造，而口部的器官也逐渐学会发出一个接一个的清晰的音节。"[3]因此恩格斯得出结论："语言是从劳动中并和劳动一起产生出来的，这个解释是唯一正确的，拿动物来比较，就可以证明。"[4]人们在劳动过程中需要相互交流、传递信息，协调行动，语言作为交流的工具也就随之产生了。

以上种种观点，几乎都把语言理解为信息交流或人与人之间进行交际的

---

[1] J. G. 赫尔德：《论语言的起源》，姚小平译，北京：商务印书馆，2009年，第3页。
[2] 同上书，第5页。
[3] 中共中央马克思恩格斯列宁斯大林著作编译局编译：《马克思恩格斯选集》（第三卷），北京：人民出版社，2012年，第991页。
[4] 同上。

工具，讨论的都是语言的功能或作用，但并未解决什么是语言的定义问题。无论是信息交流或交际工具，都是就语言的功能而言。在日常生活中，语言是我们习以为常的东西，只要开口说话，我们似乎就使用了语言。然而这一最简单的日常生活现象，我们却无法给予完美的解释。如果要解决这个问题，我们不能继续紧紧盯住语言的源头或起源不放，也无须把语言在何时何地产生作为研究的目标，而应该关注语言的生成问题。我们只要解释了语言是如何生成的问题，也就解决了语言是如何产生的问题，解决了语言的定义问题。

二、乔姆斯基等人的语言天赋论

关于语言的产生，乔姆斯基等是语言遗传天赋观点的代表人物。他们的基本观点是，人类的语言能力是一种天赋，是从基因遗传中获得的。语言能力是天生的的观点，被称为语言本能论，也有学者称之为天赋论或先天派学说。

乔姆斯基是语言学界语言"认知革命"的引领者。他认为语言尽管只有在特定的成熟阶段或适当的外部环境中才显现出来，但它是遗传天赋的一部分。语言是人类特有的种系属性，儿童大脑内天生就具有一种加工语言符号的内在机制，因此语言基本上不是后天习得的，而是天生的，就像人会走路、鸟会飞翔一样。儿童天生就有学习语言的能力，只要置身于语言环境中就可以了。

乔姆斯基认为，语言与其他高级心理能力原则上都属于生物学范畴。在《论天赋：兼答库珀》("On Innateness: A Reply to Cooper"，1975）一文中，乔姆斯基集中论述了他的天赋观。他企图把经验主义天赋说与理性主义天赋说调和起来："经验主义的观点认为只有知识习得的过程与机制构成了心智的天赋特性"，而"理性主义的观点认为知识系统的普遍形式是心智事先预置好的，而经验的作用在于使这个普遍的示意结构被意识到并且被更完整地识别"。[1]他认为二者结合起来可以清楚解释"语言习得,特别是语言习得相关机能和器官的天赋结构问题"。乔姆斯基坚持语言是物种的生物天赋的一部分,是由人类天生的特别能力决定的。

为了说明语言天赋的观点,乔姆斯基提出"语言获得装置"(language acquisition device,LAD)概念并在此基础上建构了语言装置理论。他认为人类的认知结构中存在一种与生俱来的语言习得装置,人们无须专门教导就能轻易获得语言。儿童出生后能够在短短的几年内掌握复杂的语言,是因为人类的认知结构中存有这种与生俱来的语言习得装置。他认为人类先天具有一种"普遍语法"(universal grammar),语言的获得过程就是由普遍语法向个别语法转化的过程。

这个天生装置由两个系统构成,一是由若干范畴和规则构成的普遍语法系统,二是对语言信息的评价系统。"LAD"存在于大脑中。儿童像语言学家一样运用评价系统,从他听到的话语中分析、归纳、概括出各种语言的范畴或规则,像给方程式中的未知数赋以具体的数值一样,把它们代入普遍语法系统中以生成可被理解的句子。这就是转换生成语法的过程,语言如汉语、英语等就这样产生了。

在乔姆斯基看来,普遍语法是大脑与生俱来的先天属性,是从父母那里遗传而来,是基因决定的程式蓝本。乔姆斯基通过从假说到求证然后再从假说到求证的演绎论证方法,解释人类的语言能力是天赋的。语言学习是人的天赋,是人具有的内在机能,是由人的基因决定的。乔姆斯基的语言能力来自遗传的语言天赋理论以及普遍语法假说,是达尔文遗传学说在语言学界的新发展。就人的语言能力而言,天赋和遗传是同等重要的。但是,人的语言能力需要后天的触发,这就是说人与生俱来的语言能力还需要外界对象和后

---

[1] Noam Chomsky & Jerrold J. Katz, "On Innateness: A Reply to Cooper," *The Philosophical Review*, Vol. 84, No. 1, 1975, pp. 70-87.

天经验唤醒。尽管语言能力是一种天赋，但是没有后天的学习，天赋也无法转换成语言。

除了乔姆斯基外，德里克·毕克顿（Derek Bickerton）、史迪芬·平克（Steven Pinker）等也同样坚持语言的天赋观点。毕克顿是20世纪90年代以来西方语言学界的先锋人物，提出了著名的"语言决定论"。毕克顿"作为首位从多学科宏观视角对语言的起源展开现代追问的语言学家，他将语言置于一个更广阔的背景中重新认识，大大拓展了语言学研究的范围，指明了现代语言学研究与人类学、遗传学、生物学、心理学等多个新兴学科间跨学科研究的新趋势"[①]。毕克顿《亚当的舌头：人类如何创造语言，语言如何创造人类》（*Adam's Tongue: How Humans Made Language, How Language Made Humans*，2009）一书，透过一系列与日常生活紧密相关的思维实验明确指出，每一件人能做到而其他物种做不到的事，"都主要取决于语言"（depends crucially on language），所以说，"语言使我们成为人类"（Language is what makes us human）。不仅如此，毕克顿还进一步表示，语言"也许是使我们成为人类的唯一要素"（Maybe it's the only thing that makes us human）。[②]

史迪芬·平克被认为是继乔姆斯基之后最著名的语言学家之一。他认为语言是最重要的文化发明，人与禽兽的根本区别就在于人会使用符号。同乔姆斯基认为人类的认知结构中存有一种与生俱来的"语言获得装置"一样，平克也认为"语言的学习是我们大脑中预先设定的一个特别控制"，以此说明其"语言是一种本能"的语言天赋的观点。在平克看来，语言是人的天生能力的一部分，是设计精良的自然产物，因此儿童的语言既不是父母教授的，也不是学校教授的。平克从语言认知和大脑的关系上解释语言本能。他认为语言是一种本能，它在人的大脑中有其特别的基因和神经元，同人的其他智

---

① 宋阳：《语言决定一切——在与乔姆斯基的比较中反观毕克顿语言进化论》，载《重庆教育学院学报》，2010年第1期，第85页。
② Derek Bickerton, *Adam's Tongue: How Humans Made Language, How Language Made Humans*, Hill and Wang, 2009, p. 4.

力相比是相对独立的。由于进化,人的大脑出现了专门负责实现语言本能的神经回路,具有接收、理解、储存和使用来自感官的信息能力。如果语言基因和神经元受到损害,语言就会受到损害,但是人的其他智力不会受到损害。平克在达尔文进化理论的基础上,坚持进化语言观点和人天生的语言习得机制,但实质上强调了人的大脑在语言习得过程的根本性作用。

无论是乔姆斯基、毕克顿还是平克,他们在讨论语言同思维的关系时只是将其观点作为假说。为什么只是假说?究其原因,无论是哪种观点都没有把最重要的前提"语言"定义清楚,即没有解决语言是什么的问题。在他们坚持的观点中,语言天赋究竟指的是天生就有语言遗传还是学习语言的能力的遗传,这在他们的理论中是没有特别说明的。学习语言能力的遗传,这一点是容易理解的。大脑的发育和训练,人具有了学习语言和运用语言的能力。但是,这不同于一个人天生就通过遗传的方式获得了某种语言。人的大脑和神经系统能够学习语言,但是学习的语言并非通过遗传预先获得的,而是后天习得的。我们无法证明在学习之前,语言已经通过遗传存储在我们大脑中了。事实上,在学习之前,儿童并没有通过遗传掌握语言,而且语言本身并不能遗传。这同一个人的思想和认识不能遗传是一样的。

尽管我们不能接受,也无法认同语言遗传天赋的观点,但是有关语言遗传天赋的研究代表了语言学研究的发展方向,这就是语言研究与脑科学的结合。事实已经证明,离开了对人的大脑的研究,忽视了大脑在人的语言认识方面的根本作用,语言学研究是无法深入下去的。

第二节 婴儿的语言启示

由于没有任何文献资料作为证据,我们对语言历史的最初阶段实际上一无所知,更无法用事实解说语言是如何起源的。当前学术界有关语言起源的解释或者观点，基本上都是推测或者假说，还需要我们努力寻找新的科学方法或者历史证据以说明事实真相。尽管我们需要为研究语言的历史做出进一步努力，但是我们必须承认，如同众多的口头故事随着游吟诗人的死亡而消失一样，语言起源的历史已经随着那些最初讲述语言的人的死亡而湮灭了。我们已经无法从源头上真正探究语言的起源了。不过，我们还能够从婴儿的语言习得中一窥语言产生的奥秘。

一、婴儿语言的习得过程

婴儿学习和掌握语言的过程，能够为解释语言的产生以及什么是语言提供重要启示。由于婴儿继承了父母的基因，因此婴儿最初对父母声音的反应是出于本能，而对其他声音的反应则是出于后天的学习。十月怀胎中，母亲的血液通过脐带输送到胎儿身上，同胎儿建立了天然的血脉联系。从生物学意义上说，除了脐带以外，胎儿在出生之前没有接收信息的其他通道，因此所接收的信息全部来自母亲。最新的研究表明，胎儿3个月左右就有了感觉，4个月就能辨别味道，6个月就有了开闭眼睑的动作。在孕期后期，胎儿的大脑皮质结构已经形成，此时的胎儿已经有了能够接收外界刺激的物质基础，其触、视、听、味觉等都发育到了相当的程度，能够感受到一些外界活动。如母亲抚摸腹壁时，胎儿会用脚踢作为回应。当一束光照在母亲的腹部时，睁开双眼的胎儿会将脸转向亮处。这些表明，婴儿的感觉是与生俱来的。但是需要明确的是，感觉只是感受或习得语言的方法而不是语言。感觉是感觉器官的功能，是婴儿学习语言的条件，如果不学习，感觉就不会发生作用，婴儿也不能掌握语言。从中可以看出，感觉来自遗传，是人的天赋能力，但感觉并不是语言。

婴儿掌握语言是后天习得的结果。尽管婴儿的感觉及感知是与生俱来的，但婴儿的认知出现较晚。胎儿出生后，由于母亲的哺乳及抚养，同婴儿的联系最为密切的首先是母亲，其次是父亲。虽然婴儿不认识妈妈，但是能够通过感觉精确地判断出是妈妈抱他，还是爸爸抱他。婴儿出生后，1个月左右就能够分辨出噪声和其他声音之间的区别，听见母亲的声音容易从哭闹中安静下来。2—3个月时能够听懂说话声音中流露出来的感情，能够通过从外界收集的信息辨别对待他的人是粗暴的还是温和的，高兴时会发出1—2个韵母的声音，如"a、u、i"。3个月后婴儿能够对外界尤其是对妈妈的关注做出回应。4个月后，婴儿就能够开始辨别父母的声音，但是婴儿辨别母亲的声音要优于辨别父亲的声音，能够发出单音节词。7—8个月婴儿开始牙牙学语，会发出"爸爸""妈妈"等复音，重复大人所发出的简单音节，进入模仿和学习的过程。

　　1岁以后，婴儿说话能力大幅提高，能说出表达自己愿望的字词，如"饿""喝""吃""睡""走"等日常生活中的简单字词。1岁半左右的婴儿就有了很强的模仿能力，除了能够模仿动物发出的声音外，还能够模仿成人简单地说话，能用简单句子表达自己的要求，如"吃饭""妈抱"等。2岁以后，婴儿学习语言的能力迅速提高，不仅能说简单句子，而且还能通过联想组织句子。例如，父母往往用"咕咕"的鸡叫声让婴儿认识鸡，于是婴儿把"咕咕"同鸡联系在一起，称呼鸡为"咕咕"。当父母看见飞机从天上飞过，教孩子认识天上飞过去的是飞机。这时这孩子通过联想，并没有像父母教的那样说"飞机"，而把"机"同"咕咕"联系在一起，称飞机为"飞咕咕"。这表明婴儿已经进入了思维的过程，能够运用联想的逻辑推理方法进行表达。随着婴儿逐渐长大，经过学习和训练，婴儿掌握的词汇快速增加，能够熟练地表达自己想要表达的意思，说话流利，逐渐形成真正掌握语言的能力。

　　婴儿随着年龄增长，大脑迅速发育，学习语言的能力越来越强。从出生开始，婴儿的大脑开始了高速的发展，个体的生理不断地发展变化，身高、体重快速增长，身体各部分的比例逐渐接近于成人，肌肉、骨骼越来越结实有力，并从婴儿成长为幼儿。新生儿阶段直到约18个月，大脑每秒钟有 700—1000 个新的神经联结产生，这种快速的发展变化远超成人。婴儿的大脑重量快速增加，3 岁时达到 1011 克左右，六七岁时能达到 1280 克左右，基本接近成人大脑的水平。神经系统不断发育成熟，大脑皮质细胞的纤维继续增长，树突的分枝增多，轴突变长，神经纤维髓鞘化逐渐完成。儿童大脑皮质的成熟是由后往前，分为四个主要区域进行的，其顺序是枕叶—颞叶—顶叶—额叶。枕叶位于枕顶裂和枕前切迹连线之后，是大脑的视中枢，主要负责处理视觉信息。颞叶位于外侧裂下方，是大脑的语言中心，主要负责处理听觉和语言信息。顶叶位于中央沟之后和枕顶裂、枕前切迹线之前，负责处理感觉信息。额叶位于中央沟的前方，是大脑的运动中枢，主要负责运动、言语及精神活动。

随着大脑皮质的成熟，儿童逐渐有了说话的能力，认知的能力也迅速提高，能够加工和处理各种信息并进行复杂的思考和推理。

由此可见，婴儿的大脑构成、习得语言的功能及机制既是遗传的，也是在后天中不断发育成熟的。但是，大脑的构成、功能和语言习得机制只是习得语言的物质条件，它们并不是语言本身。从遗传角度说，婴儿的大脑学习和掌握语言的能力是天赋的，但是习得的语言不是天生的而是后天的。即使婴儿学习语言的能力是天赋的，这种能力也需要经过后天的开发和学习才能发挥作用。

二、婴儿的低级语言

新生儿的第一声啼哭，就是婴儿低级语言的开始。婴儿语言的生成是由婴儿发音器官的功能决定的。由于新生婴儿刚出生时神经系统还没有发育成熟，发音器官还不具备生成高级语言的功能，因此婴儿出生后出于生存本能只能借助发音器官以啼哭的方式发声，而这正是婴儿低级语言的生成。

在婴儿语言生成过程中，我们需要认识到婴儿是语言生成的主体，婴儿的发声是婴儿发音器官发挥作用的结果。孕育中的胎儿蜷缩在母腹中，胸廓处于曲缩状态，肺脏只是一团充实的组织，没有气体，也不会用肺呼吸。一根脐带把胎儿同母亲连接在一起，胎儿通过脐带从母体获取营养发育成长。此时的胎儿是母体的一部分。由于不能呼吸，胎儿自然不能发声。

十月怀胎，胎儿孕育成熟。胎儿随着胎盘从母体娩出，身体舒展，原来曲缩的胸廓伸张打开，胸腔迅速扩大，肺随之开张，产生负压，于是婴儿通过呼吸器官吸入了第一口空气。接着，婴儿的胸廓由扩大变成了缩小，将肺内气体排出体外，完成呼气运动。气体从肺内排出时振动声带，婴儿发出第一声啼哭。一旦婴儿降生，依靠胎盘进行的呼吸和气体交换就停止了，婴儿血液中的氧气会出现不足，从而刺激胎儿的呼吸中枢，产生呼吸运动。从吸气到呼气，循环反复，婴儿实现了生命的轮回，开始了新生。在这个过程中，婴儿的哭声不是呼吸，而是在本能上对自己作为新的伦理存在的宣示，是婴儿在无意识状态中对自我存在的表达。

在成长过程中，新生儿的发音器官逐渐发育，喉头、声带、唇舌等发音器官能够正确协调，逐步形成发音器官效应器肌肉系统复杂的联合运动，能够在外界刺激下正确地发出语言。婴儿最初的哭声是一种刺激反射，不是经由大脑处理生成的语言，但是为婴儿接收语言刺激、模仿学习并讲述语言创造了条件。

婴儿由于呼吸而发声所形成的语言能力是天赋的，是天生如此的，因此婴儿从呱呱坠地的那一刻起就有了语言能力。刚刚诞生的婴儿发音器官还没有发育成熟，还不具备发出能够称为语言的声音，因此婴儿的哭声并不是语言。但是，婴儿的哭声可以看成未来语言生成的一种训练和模拟，可以看成一种不完全语言，即一种低级语言。在婴儿长成幼儿并掌握我们现在使用的语言之前，婴儿的口头表达包括啼哭在内都属于婴儿所独有的低级语言。低级语言不仅可以解释婴儿的语言习得过程，而且也可以解释整个人类的语言生成过程。

第八章 语言生成的伦理机制

通常我们仅仅把婴儿的啼哭看成婴儿生长发育的生理反应，不会把啼哭同语言联系在一起。但是，婴儿的啼哭并非没有语言学价值。除了通过啼哭促进发音器官的发育以及通过啼哭进行说话的功能性练习而外，啼哭应该看成婴儿语言的开始。

低级语言是从婴儿的第一声啼哭开始的。刚刚降生的婴儿由于发音器官没有发育成熟不会说话，只会啼哭。但是，婴儿发音器官的语言功能却是与生俱来的，因此婴儿同成人一样也有生成语言的能力。婴儿的啼哭是婴儿语言生成能力的最早表现。由于婴儿的啼哭并不是我们现在意义上的语言，也不具有我们现在语言的特征，但啼哭是发音器官的语言功能发挥作用的结果，是婴儿的自我表达和传达的信息，具有语言的价值，因此啼哭是婴儿的低级语言。

婴儿从母腹中降生来到人世，第一声啼哭的语言学意义同婴儿长大成人后用语言进行自我表达在本质上是一样的。成人通过发音器官发出声音表达意义，婴儿也同样通过发音器官发出声音表达意义，其性质和功能并无本质区别，所不同处仅仅在于成人的声音变化远比婴儿的声音复杂得多。如果从声音的价值上说我们把成人的说话称为高级语言或成人语言，那么我们就可以把婴儿的啼哭称为低级语言或婴儿语言。事实上的确如此，啼哭是人类最早用声音表达自己的方法，也是人类最早运用声音传递信息的方法。如果没有婴儿最初的啼哭，就没有后来的语言。

从语言学的意义上进行分析，婴儿的啼哭已经不是没有意义的发声，而是利用发音器官进行的自我表达。作为低级语言，婴儿哭声的发声机制同高级语言的发声机制并无本质区别，哭声不仅是由音高、音强、音长、音色的要素构成的，而且也有声调和音调的变化。婴儿的哭声尽管出于本能，但能像语言一样通过声音的变化表达不同的意思，例如大声不间断的哭声表示饥饿，无精打采的哭声表示困倦，刺耳的尖叫表示疼痛，软弱无力的哭声表示病患等。实际上，婴儿在语言能力还不发达时，只能以哭声为语言表达自己的需求和感受。我们在讨论语言是如何产生的时候，一定不要忽略了婴儿哭声的价值。尽管语言学家还没有把婴儿的啼哭列入语言学的范畴，但婴儿啼哭的语言学价值是不能低估的。从婴儿的啼哭中，我们不仅可以发现婴儿的语言是怎样生成的，而且还能够产生解释人类历史上语言是如何产生的问题的思路。

随着婴儿的成长，婴儿到了幼儿阶段，这时不仅语音器官已经逐渐发育成熟，能够发出表达完整和复杂意义的声音，而且大脑已经相当发达，能够进行简单的思维并将思维的结果作为脑文本存储起来，这就为婴儿的语言生成创造条件。婴儿的语言同样是在脑文本的前提下生成的，是婴儿的脑文本的声音转换。没有脑文本，婴儿同成人一样不能借助发音器官生成语言。婴儿的脑文本出现以后，婴儿就能借助已经发育成熟的发音器官将其转换成声音，生成语言。这时婴儿的语言进入高级语言阶段，人类的语言真正出现了。

第三节　语言生成的伦理机制

无论是婴儿的低级语言，还是后来因为发音器官发育成熟后生成的高级语言，婴儿语言既不是自然选择的结果，也不是通过进化遗传的，而是婴幼儿在伦理选择过程中生成的。即使新生儿以哭声表现出来的低级语言，也是婴儿在无意识中伦理选择的结果，或者是被伦理选择的结果。后来到了高级语言的生成，语言生成的伦理性质更是不言而喻的。

一、婴儿语言的伦理生成

婴儿出生后的第一声啼哭，在本质上就是婴儿出于生存本能的伦理表达。这种表达既是由婴儿同母亲的先天血脉联系决定的，也是由后天婴儿对母亲的生存需要决定的。在婴儿的伦理认知出现之前，婴儿同母亲的伦理联系表现为以母亲为对象的吸吮反射和寻乳反射，而这正是婴儿语言生成的伦理基础。

反射（reflex）是机体受到内在或外在刺激产生的有规律反应，可分为先天性反射和后天习得性反射两种，通常称为非条件反射和有条件反射。早在17世纪中叶，法国学者笛卡尔就观察到角膜受到机械性刺激引起规律性的眨眼反应，提出反射的概念。19世纪，英国的谢灵顿等科学家研究了脊髓和脑干的反射功能，阐明了反射活动的许多基本规律。1863年，俄国生理学家谢切诺夫研究和发现了中枢抑制现象，提出新的反射学说。在《脑的反射》一书中，他指出："有意识和无意识生活的一切活动就其发生方式而言都是反射。"[①]他认为，反射是神经活动的基本规律，即使最复杂的心理现象也可以用生理学的方法进行研究。

反射是有机体在中枢神经系统参与下对内外界刺激做出的规律性反应，是神经系统活动的基本方式。无论人还是高等动物，一切心理活动和行为以及生理活动都是通过反射实现的。对于婴儿来说，吸吮反射（sucking reflex）是哺乳动物及人类婴儿先天具有的反射之一，是新生儿非条件反射的一种。当用乳头或手指触碰婴儿的口唇时，婴儿会相应出现口唇及舌的吸吮蠕动，这种吸吮动作被称为吸吮反射。婴儿出生后3—4个月后，吸吮动作逐渐被主动的进食动作所代替。寻乳反射（rooting reflex）也是婴儿非条件反射的一种。当婴儿的脸颊触碰到母亲乳房或其他部位时，即可出现寻找乳头的动作。如果用手指抚摸新生儿的面颊，婴儿的头就会转向刺激方向。寻乳反射出生后即出现，到了3—4个月时逐渐消失，婴儿寻乳的本能反射被有意识寻找食物所取代。

在婴儿的自我认知形成之前，婴儿通过吸吮反射和寻乳反射得以生存。

---

① 转引自黄希庭：《谢切诺夫对生理学和心理学的主要贡献》，载《西南师范学院学报》（自然科学版），1983年第2期，第134页。

婴儿的吸吮反射是生存本能的反应，婴儿的寻乳反射既是生存的本能反应，也是伦理的本能反应。寻乳反射在本质上是婴儿的寻母反应。寻乳是出于生存本能，寻母是出于伦理本能。婴儿为了寻乳，就必须寻母，而寻母是为了寻乳，寻乳则是为了生存。

初生的婴儿缺乏生存能力，因此通过啼哭的方法寻乳和寻母，以及寻求帮助。啼哭是婴儿的一种发声运动。通过啼哭，婴儿的呼吸、吸吮和吞咽反射得到训练，发音器官逐渐发育成熟，为人类高级语言的出现奠定物质基础。婴儿的哭声是发音器官发生作用的表现，在高级语言出现之前，它是婴儿寻乳和寻母的语言表达，更是婴儿寻乳和寻母的伦理表达。

关于语言的生成，达尔文注意到了声音对于语言的意义并从声音的产生寻找对语言的解释。他企图利用低等动物通过声音传递信息的例证来说明人类语言的起源。他指出，巴拉圭泣猴和阿札腊氏泣猴能够通过6种以上的声音表达不同感情，狗能够通过10种以上的不同叫声表达不同的情感，家养的鸡至少能发出12种有意义的声音。达尔文认为，禽兽遇到危险时能用特殊的叫声向其他同类发出警告，于是他据此提出语言起源的假设。他说："那末我们就不妨问一下：在当初，会不会有过某一只类似猿猴的动物，特别的腹智心灵，对某一种猛兽的叫声，如狮吼、虎啸、狼嗥之类，第一次做了一番模拟，为的是好让同类的猿猴知道，这种声音是怎么一回事，代表着可能发生的甚么一种危险？如果有过这种情况，那末这就是语言所由形成的第一步了。"①

禽兽对声音的模仿虽然可以启发我们的思考，但并不能真正解释人类语言起源的问题。因此，达尔文强调人的语言能力与完善的发音器官之间的联系，强调人的大脑的作用。他说："喉音的使用既然越来越多，则通过凡属器官多用则进、而所进又可以发生遗传的影响这一原理，发音器官就会变得越来越加强，并且趋于完善；这也就会反映到语言的能力上面来。但语言的不

---

① 达尔文：《人类的由来》，潘光旦、胡寿文译，北京：商务印书馆，1983年，第130页。

断使用与脑子的发展之间的关系无疑比这远为重要得多。"①达尔文强调遗传和进化在语言生成中的作用,尽管后来也有不少语言学家坚持这种观点,但是用来解释语言的起源仍然差强人意。事实上,遗传和进化只能作用于人的大脑,可以让人的大脑变得更加完美。大脑可以进化出掌握和运用语言的能力,但是语言并非从遗传和进化而来。这就如同许多人体器官都是进化而来,但是人体器官所发挥的作用既不是进化的,也不是遗传的。例如,人进化出完美的发音器官,但是发出的声音并非从进化和遗传而来。人进化出完美的听觉器官,但是听到的声音并非从进化和遗传而来。

关于发音器官同语言的关系,前者只是发出声音的工具,后者则是伦理表达。工具的使用以及如何使用是伦理问题。婴儿最初的发声,是寻乳的表达,也是寻母的表达,更是伦理的表达。由于寻母的伦理动力,婴儿最早发出的声音都是同妈妈和爸爸联系在一起的。婴儿长成儿童,其语言是在以妈妈和爸爸为核心的伦理基础上扩展和丰富的。如果缺少了伦理动力,婴儿即使有了发达的发音器官,也可能发不出人类的声音,而只能发出野兽的嚎叫。

二、从文本到声音的语言生成

一般认为,语言的能力是人区别于低等动物一个主要标志。但是达尔文认为,人有别于禽兽并不在于人能理解有音节的各种声音,因为狗也懂得我们说的许多字眼和语句。他说:"狗的理解力大致相当于婴儿发育到第十个以至第十二个月之间的理解力,能听懂许多字眼和简短的语句,但自己却还连一个字或词都说不出来。"②因此,达尔文把人与其他动物的差别归结到人把各式各样的声音和各式各样的意念连接在一起的本领特别大以及各种心理能力的高度发达。

---

① 达尔文:《人类的由来》,潘光旦、胡寿文译,北京:商务印书馆,1983年,第130页。
② 同上书,第127页。

达尔文把人的语言能力同人的智力水平相联系，认为人之所以能够说话，是由人发达的智力决定的。他说："高等猿猴之所以不能用它们的发音器官来说话，无疑是由于它们的智力还没有进展到足够的程度。"① 只有智力高度发达，人才能通过学习和训练创造出语言。正如鸟儿表达某些具体意义的叫声是由他们的父母教出来的一样，人类的语言也不是有人故意创造出来的，"而是慢慢地、不自觉地、通过了许多步骤发展起来的"②。在达尔文看来，小鸟歌唱的第一次尝试可以和婴儿咿呀学语的初步而不完整的努力相比。小鸟只要不断坚持练习，不但能学会歌唱，而且还能把歌唱的本领传给下一代。

但是，也有学者把语言的生成看成一个生理学问题，例如平克同乔姆斯基一样，认为写作是后天的选择，说的语言（spoken language）是"我们从小就习得的说话能力"，"是一种本能"。在平克看来，人能够拥有语言的能力是一个奇迹，因此"语言的学习是我们大脑中预先设定的一个特别控制"，是一个"心理的器官"（psychological faculty），是一个神经系统，是一个计算的模组（computational module）。

无论是达尔文、乔姆斯基还是平克，甚至包括大多数语言学家在内，他们都存在一个同样的问题，即在语言定义不清的前提下讨论语言，因此才会出现语言是习得的还是天生的问题。一般而言，大多数语言学家把语言看成口头说的话，或者认为口头说的话即为语言。这正是关于语言定义的误区所在。对于所有的语言学家来说，无论是坚持语言是习得的还是天生的人，实际上都认为有一种先在的语言。正是因为这种先在的语言，人才能习得语言或者天生获得语言。几乎所有的人都认为有这种语言存在，但这种语言时隐时现，若有若无，因而无法把握，难以定义，只能设为假说。

语言的定义问题未能解决，究其原因，是我们没有把语言同脑文本、文字、文本、符号、声音等相互区别开来。不仅没有区别开来，我们在讨论有

---

① 达尔文：《人类的由来》，潘光旦、胡寿文译，北京：商务印书馆，1983年，第132页。
② 同上书，第128页。

关语言问题时甚至把语言同文字、符号、文本等混为一谈，语言有时指文字或符号，有时指文本，而事实上它们都是根本不同的。

尽管如此，语言的假说仍然给了我们启发，让我们认识到需要改变思路重新认识语言，即我们无须致力于寻找先在的语言，而应致力于解释语言是如何生成的。

事实上，语言并非天生的，也非先在的，而是生成的。语言并非一种实体（entity），而只是一种状态。语言在生成之前并不存在。在语言生成之前，我们只有保存思想的脑文本的存在，但是脑文本并不是语言，而是一种文本。不过脑文本一旦转换成声音形态，语言就生成了。脑文本转换成声音形态的过程，就是语言的生成过程。因此，语言不是先在的，而是实时生成的。例如，诗歌朗诵者把记忆在头脑中的诗歌通过口头朗诵出来，记忆的诗歌就转换成了声音形态，这就是语言，或者说生成的语言。当两个人一起通过口头进行交流，这个交流的过程就是语言生成的过程，交流中使用的能够表达意义的声音就是语言。一位诗人手执预先写好的诗稿进行朗诵，他通过口头表达把书写的诗稿转换成声音形态，这时就从诗人的朗诵中生成了语言，而他手中的诗稿仍然是书写文本。因此，一切符号、文本等都可以通过声音的转换变成语言。从中可以看出，语言并非预先存在的，而是通过口头表达的方法实时生成的。当任何文本或符号通过口头表达的方法被转换成声音形态，这时候就变成了语言。由此可见，语言是借助人的发音器官即时生成的。

在讨论语言的定义时，我们需要充分认识语言的声音形态的重要性。正是声音形态这个本质特征，使语言同符号、文字、文本区别开来。语言是一种声音形态，是借助声音生成的。由于发音器官能够将脑文本转换成声音，语言才能生成，才能借助空气等媒介传播。声音既是语言的载体，也是语言的形式。人的脑文本需要借助声音才能转换成语言。如果没有声音或者人的发音器官不能发出声音，语言就无法生成，更不能传播。

声音形态和实时生成是语言的两大本质特征。正是语言的这两个本质特征，我们才能认识语言，才能从本质上把莫衷一是的语言定义厘清，才容易把混淆不清的语言、符号、文字、文本等概念区别开来。

长期以来，语言和文字、文本并没有真正区别开来，其原因就在于忽视了语言、符号、文字与文本的载体的不同，尤其忽视了语言实时生成的特点。达尔文是最早从进化论观点研究语言的人，但他同样忽视了语言的上述两个基本特点。达尔文认为语言尽管不是有人故意创造出来的，而是"慢慢地、不自觉地、通过了许多步骤发展起来的"，但语言仍然是先在的，"每一种语言都得经过学习，才能使用"。[1]达尔文把不同的语言和物种联系起来进行类比，探讨语言的形成和发展，发现"在各种不同的语言之中，既可以发现由于共同的来源或祖系的原因而产生的同源的东西，也可以找到由于相同的形成过程而产生的可以类比的地方"[2]。达尔文认为，"在语言方面，由于一些字母或读音的改变而引起的其他字母或读音的变迁是和物种方面的身体部门的相关生长很相像的"[3]。所有这些看法表明，达尔文不仅看到了语言的以声音体现出来的语言的本质特征，也看到了语言以字母为存在形式的另一特点。但遗憾的是，他没有把以声音为特点的语言和以符号为特点的文字或文本区别开来，因此他仍然未能把语言的问题解释清楚。

并非只有达尔文忽视了语言的声音载体和实时生成的特点，可以说大多数语言学家都同达尔文一样，并没有从传统的语言概念的束缚中解脱出来。即使语言学家注意到了语言同声音的联系，但是他们往往把声音看成语言符号，而不是语言的载体，更不是把声音看成文本生成语言的形态。也正是这个原因，平克把语言看成一种本能，沃尔夫在"原始社群思维的语言学考察"的演讲中把语言看成"某种内部结构特别紧密的文化现象聚合体"[4]。但是沃

---

[1] 达尔文：《人类的由来》，潘光旦、胡寿文译，北京：商务印书馆，1983年，第128页。
[2] 同上书，第133页。
[3] 同上。
[4] 本杰明·李·沃尔夫：《原始社群思维的语言学考察》，《论语言、思维和现实——沃尔夫文集》，高一虹等译，长沙：湖南教育出版社，2001年，第35页。

尔夫也认识到，在严格的语言现象之下，"是由声波构成的物理、声学现象层面"。其实，他已经从声波接近找到了"芝麻开门"这句解开语言之谜的咒语，但遗憾的是他没有把那扇正确的门打开。

在众多语言学家中，德里达是那个通过研究文字最接近解释语言真相的人。他认为文字概念开始超出语言的范围，"从任何意义上说，'文字'一词都包含语言"①。所以他说："我们所说的语言就其起源和目的而言，似乎只会成为文字的一种要素，一种基本的确定形式，一种现象，一个方面，一个种类。"②德里达认识到的文字概念已经超越了语言的概念，找到了从文字解释语言的新途径。不过遗憾的是，他仍然没有从符号学的影响中摆脱出来，最终还是不能正确解释语言。当然，也有人把语言看成一种社会现象，看成一种符号，看成交际的工具，但是这些观点从根本上说同样没有对语言的本质及形态做出解释。

从声音形态解释语言，可以发现，被我们称为语言的口头表达只是一种办法，或者说某种我们以为是语言的东西被我们用发音器官表达出来了。现在的问题是，被我们用发音器官表达的东西是语言吗？显然不是。我们需要把口头表达或表达的过程同表达的内容区别开来。口头表达的内容不是语言，而是保存在我们大脑中的脑文本，而发音器官通过声音把脑文本表达出来的过程才是语言生成的过程。脑文本通过口头表达出来就是语言的生成。语言的生成是实时的，它只存在于脑文本到声音的转换过程中。当这个转换过程结束，除非用文字或其他方法记录并保存下来，否则语言也就随着转换过程的结束而消失了。由此可见，语言只是脑文本的声音形态，它只是作为声音形态存在于发音器官的运动中。

---

① 雅克·德里达：《论文字学》，汪堂家译，上海：上海译文出版社，1999年，第8页。
② 同上书，第10页。

三、卢梭等关于语言起源的观点

在语言学研究历史上，长期以来存在一种探寻语言起源的倾向，众多学者为此付出了巨大努力，也形成了不少观点，但由于缺乏让人信服的支撑证据，这些观点只能成为假说。无论是研究语言产生的源头，还是探讨语言是何时何地以及怎样产生的，学者几乎都把语言作为先前存在的前提。由于有这种语言的存在，所以才去寻找它的源头，研究语言的历史。显然，这是对语言认知的误区，即把实时生成的语言当成了语言的客观存在，把实时生成的语言表达当成了早已存在的语言实体。

正是语言早已客观存在的观点，才吸引了众多学者去追寻语言的源头，讨论语言是何时何地产生的。长期以来，会说话被看成人与动物之间的区别，而人说的话就自然而然地被看成了语言。

手势、身体动作、表情、符号等，都能够像声音即语言一样表达意义，或者表达同声音所表达的一样的意义。这就说明，手势、动作、符号及声音都是表达意义的方法，意义与手势、动作、表情、符号以及声音都是完全不同的两回事。由此可见，手势、动作、表情、符号以及声音都是语言生成的方法，所以我们不能把声音抽取出来当作早已存在的语言。

卢梭通过文字论证语言。他说："对语言加以比较，并确定它们古老程度的另一种方式，是考察它们各自的文字，因为语言的年龄与其文字的完美程度成反比。一种文字，它越是简陋，它的语言就越古老。"[①]

卢梭还指出了一个往往被人忽视了的真理，即"文字的最初形式并不表达声音，而是要么像墨西哥人那样，直接描绘对象；要么像埃及人那样，以

[①] 卢梭：《论语言的起源兼论旋律与音乐的模仿》，吴克峰、胡涛译，北京：北京出版社，2010年，第22页。

抽象的想象来描绘对象"①。的确如此，最早的文字无论是图画文字还是象形文字，都只同人的视觉发生联系而同声音无关。后来拼音字母的出现，字母或符号才同发音直接联系在一起。这从另一个方面说明了文字从起源上说同语言没有联系，同时也说明语言同文字是完全不同的两回事。

人为什么会说话以及能说话？不仅因为人有其特殊的发音器官，而且也因为有伦理表达的需要。语言究竟是怎样产生的？卢梭认为在艰苦的大自然环境中，"人们之间的情感如怜悯、同情等不能把人们在更大范围内联合在一起的时候，相互的需要就在更大的范围内把人们联合在了一起。社会只有通过劳动才能最终形成。而随时都会死亡的危险不会允许将语言限定在手势上，于是，我们的祖先说出的第一句话不是'爱我'（aimez-moi），而是'帮帮我'（aidez-moi）"②。在卢梭看来，这就是因为需要而产生的最早的语言，这就是语言的产生。

但是，卢梭也认为仅仅出于本能的需要我们可能永远都产生不出语言来，又认为"是情感而不是需要催生了语言"。他反对"人类发明语言乃是为了表达他们的需要"的观点，推断"应该是生存的需要产生了人类的第一个手势，也应该是激情催生了人类的第一句话语"③。卢梭认为："语言起源于人类的精神需要，起源于人类的激情。"④他认为，"是基于激情的人类的社会生活和需要产生了语言"⑤。从婴儿的寻母本能上也可以看出，语言同人的本能并非没有联系。语言从人的本能上说就是伦理决定了语言的生成。

同卢梭相比，赫尔德有所不同。他不仅把人类最初的原始的喊叫归结为语言的起源，而且还说："当人还是动物的时候，就已经有了语言。他的肉体

---

① 卢梭：《论语言的起源兼论旋律与音乐的模仿》，吴克峰、胡涛译，北京：北京出版社，2010年，第22页。
② 同上书，第69页。
③ 同上。
④ 同上书，第12页。
⑤ 同上书，第22页。

的所有最强烈的、痛苦的感受，他的心灵的所有激昂的热情，都直接通过喊叫、声调、粗野而含糊的声音表达出来。"① 他认为在大自然面前人和动物都是弱小的，他们要把每一种感受用声音表达出来。因此，"这类呻吟，这类声音，便是语言"②。由于人和动物的感觉是一样的，因此"语言最初为人和动物共享"③。

赫尔德认为语言出于人的心智，"当人处在他所独有的悟性状态之中，而这一悟性（思考能力）初次自由地发挥了作用，他就发明了语言"④。他认为是人类种属固有的悟性发明了语言。赫尔德的悟性同笛卡尔的"天赋观念"和康德的"先验范畴"类似，是一种人内心产生观念的自然禀赋。当一个人能够清晰明确地认识事物的所有特性，继而在对这些特性进行确认中形成了概念，这就是心灵的词。他以羊的叫声为例说明语言的发明。当羊的叫声在人的心灵中形成概念，词语产生了。当记忆能通过这个词语认出声音的时候，语言就发明了。不过心灵发明的语言是什么？尽管赫尔德做了不少解释，但我们仍然不明所以。

关于语言以及语言是如何产生的所导致的不同观点，究其原因，是研究者们没有充分注意到发出声音的主体对语言的价值以及人的发声与其他动物发声的区别，忽视了语言仅仅是就人而言的，是指人的语言，而不是说只要通过发音器官发出的声音就可纳入语言的概念中进行讨论。由于非人动物也能够通过发音器官发出表达意义的声音并利用声音进行交流，所以我们不反对把非人动物的声音用于研究人类语言的参考，但人类的语言同动物界的声音有着本质的区别，不能混为一谈。尤其不能因为有着某些声音的共同点，我们就把非人动物的声音看成与人有联系的语言。其实，在著名的《动物的语言》那本书中，哈特通过对不同动物交流方法的研究指明了我们研究语言的一个误区，那就是

---

① J. G. 赫尔德：《论语言的起源》，姚小平译，北京：商务印书馆，2009年，第3页。
② 同上书，第5页。
③ 同上。
④ 同上书，第30页。

"我们总是用人类语言考虑动物间的交流，我们趋于用人类语言为'标准'去度量动物交流的方式"[①]。一切生物都需要表达，也需要交流。表达和交流的方法是多种多样的，通过发音器官发出声音进行表达和交流只是其中一种，或者说是其中最基本的或最重要的一种，但不是全部。例如，其他动物如猩猩和猿猴也能够发出声音，它们的声音虽然也能表达意义并通过声音进行交流，但声音的性质并不是语言。所以，讨论有关语言的问题，只能以人以及人发出的声音为前提，应该严格限定在人这个语言主体以及人的发音器官的范围之内，其他动物发出的声音只能作为参照而排除在语言之外。

四、语言生成的伦理

语言不是客观存在的，而是实时生成的。语言不是物质，而是一种发声现象。语言不是工具，而是表达思想和进行交流的方法。语言就像天空中的一道闪电带来的雷声，一粒石子扔进水里发出声响，火车进站拉响的汽笛，汽车提醒路人的喇叭，发报机发报时发出的嘀嗒声。这些声音都能表达意义，但它们都不是预先存在的，而是实时生成的。生成的过程结束了，声音也就消失了。如果需要它们，就再次生成它们。语言与这些现象相比没有什么不同。我们需要语言时，就生成语言。语言并不是预先存放在某个地方，也没有所谓的存放语言的仓库。我们需要语言时并不是从语言仓库中去提取，而是通过发音器官自我生成。

语言是在发声过程中生成的，并以声音形态表现出来。在记录声音的科技设备如录音机发明之前，声音是不能以其原始形态保存的，因此生成的语言也就无法保存下来。但是以声音形态表现出来的语言可以用书写符号记录下来，将语言转换成书写文本。

[①] 斯蒂芬·哈特：《动物的语言》，朱江、周郑等译，北京：中国青年出版社，1998年，第121页。

由于语言是实时生成的，因此语言就没有源头。长期以来，我们研究语言的源头、语言是如何起源的以及语言是何时产生的等问题，把我们引向了歧途，所以我们努力了几个世纪也无法看见语言源头的曙光。

我们需要充分认识到一个事实，即语言在现实中是作为现象存在的，而不是作为实体存在的。我们耗费巨大的精力去寻找事实上并不存在的语言实体，费尽了心力，收效甚微。但是这种寻找语言源头的研究仍然给我们带来重要启示，让我们另辟蹊径转而研究语言的生成。我们知道语言是实时生成的，但是我们并不完全清楚语言的生成机制，忽视了与人这个主体相关的语言生成伦理。

人是语言生成的主体。除了人而外，其他任何动物或生物都不能成为语言的主体。动物也拥有发音器官，也能够通过发音器官发出声音，但由于它们的发音器官不是人的发音器官，因此动物不能通过自己的发音器官生成语言。正因为只有人才能生成语言，只有人能够通过语言表达情感、传递信息，交流思想，因此语言就有了伦理的基本属性。

由于我们没有把能够生成语言的人同其他也能发出声音的动物区别开来，因而我们有些人热衷于通过研究其他动物的发音来研究人的语言。显然，这些研究除了证明其他动物也能发出声音而外，并不能证明其他动物也能够生成语言。赫尔德把语言产生的原因归于"悟性"，并认为由于缺少"悟性"，猴子永远是猴子而不会发明语言。赫尔德还发问："有没有一只猩猩，用它那种像人一样的发音器官说出过一个人类语言的词呢？"[①] 的确没有。狐狸可以发声，却无法生成语言，猩猩也可以发出声音，但同样无法生成语言。许多其他动物受到某种刺激也能够发出声音，但这些声音都不是语言。究其原因，并不是狐狸或猩猩缺少了发音器官，也不是缺少了赫尔德所说的"悟性"，而是缺少了作为人存在的发声主体，缺少了人所特有的、内在的伦理驱动以及

---

① J. G. 赫尔德：《论语言的起源》，姚小平译，北京：商务印书馆，2009年，第39页。

在伦理驱动下形成的脑文本。

动物中八哥和鹦鹉虽然也能够模仿人类发出类似人类语言的声音，但它们本身因为不具有人的主体所以不能生成语言。即使这些聪明的鸟经过训练能够把人的说话声模仿得惟妙惟肖，但这种模仿不是从脑文本转化而来，所以也没有语言的伦理属性。赫尔德说动物是感觉的生物，那么人则是伦理的动物。只有人在表达痛苦、快乐、欲望、满足等伦理情感的驱动下，语言才能生成。伦理，既是语言生成的动力，也是语言的本质属性。

婴幼儿习得语言的过程，说明通过发声表达伦理的需要是从婴幼儿开始的，不仅说明伦理需要是人类语言生成的根本原因，而且还说明这种需要也是同语言紧密相连的符号以及文本不能缺少的。

人类学家通过对旧石器时代人类遗迹的研究得出结论，认为我们的人类祖先大约在30万年前开始说话，大多数人认为人类的原始语言源于对大自然声音的模仿。在我们无法通过证据说明语言的起源时，语言学家只能通过提出种种假设探索语言的源头。据统计，目前世界上共有7000多种语言。尽管众多语言学家、考古学家、心理学家、生物学家、人类学家等都进行了大量的研究，但并未解决语言是如何起源的问题。可能我们设置了一个现实中并非真正存在的问题，一个把我们引向了歧路的伪命题。

语言不同于书写符号，如文字，它只是一种声音表象而不是发出声音的主体，因而无法寻找起源。语言如同风声、水声、歌声、欢笑、哭泣，它们只是表象而非主体，因而也就没有起源。起源是一个时间概念。我们可以寻找声音或语言的来源即如何产生的，但无法寻找声音或语言的起源即何时产生的。我们需要把声音同发出声音的主体区别开来，需要把语言同讲语言的人区别开来，需要把语言同记录语言的文字区别开来。通过这种区分，我们可以寻找讲语言的人的起源或记录语言的文字的起源，并通过人或文字的起源理解什么是语言。因此，我们无法讨论语言的源头，但是可以讨论语言的生成，讨论不涉及语言起源而讨论语言是怎样产生的问题。

前面已经提到，语言的生成就是脑文本的声音转换，当脑文本借助人的发音器官转换成声音时，语言就生成了。但是，语言是怎样生成的？语言生成的动力是什么？这仍然是还没有解决的问题。

关于语言是如何生成的问题，重点在于回答声音为什么能够表达意义的问题。从婴儿的口头表达中我们可以得到有用的启示，那就是语言是同身份确认和自我选择联系在一起的。婴儿在生存本能驱动下出现的寻乳反射以及出现的哭声，都是同特定的伦理对象母亲联系在一起的。婴儿咿呀学语的动力最初就是来自寻乳的伦理需要。婴儿最初的口头表达，就是对自我以及同自我不可分离的父母的身份确认，以及在同父母的关系中进行自我选择。就语言的表达而言，首先是自我表达以及对父母的确认。随着婴儿的成长和表达的丰富，婴幼儿的口头表达从自我确认和对父母身份的确认逐渐扩大到家庭其他成员以及亲属方面，然后才是社会。由此可见，婴儿的认知和语言生成是以伦理身份和伦理选择为前提的。

所有的口头表达都是以父母以及"我""你""他"为伦理核心发展起来的。在利益关系紧密结合在一起的亲属关系中，责任、义务、感情、同情、良心等认知出现了，道德观念产生了，出现了道德的人。由此可见，父母以及"我""你""他"的身份认知不仅是口头表达的伦理基础，也是认知的伦理基础。所有婴儿的认知无一例外都是从对父母身份的认知开始的，对父母的口头表达是婴儿对父母身份的确认。在认知上一片空白并且没有语言的婴儿，无论他们属于什么民族，无论他们的父母掌握何种语言，都可以从中找到用相同的发音，如 mama, mummy, papa, daddy 等称呼父母的例子。据《新科学家》(*New Scientist*) 杂志报道，法国语言学和史前人类学研究联合会的科学家对"爸爸"一词进行了考察，发现在人类现存的 14 个主要语系中基本上都存在这个词，在目前约 70% 的人类语言中"爸爸"的词义相同。

婴儿最早发出妈妈和爸爸的声音有其生物学基础。婴儿出生时的发音方式是开口啼哭，发出自然长音"a"，吮吮母乳时由于口腔封闭，气流经由鼻腔冲出发出"m"，啼哭时由于打开口腔气流从嘴巴冲出发出"p"，因此婴儿与生俱来就能发出两种组合音"ma"和"pa"。由于婴儿的生存离不开父母抚养以及父母对婴儿发声表达的诱导，婴儿最早的以"ma"和"pa"为特征的发音就自然而然地在母亲和父亲之间形成强关联的关系，并在有意或无意中指称妈妈和爸爸。所有婴儿最早能够发出指代明确的"妈妈"和"爸爸"的声音，他们的口头表达无一例外都是从对父母的称呼开始，这不是说明所有的语言都有共同的源头，而是说明伦理是所有语言生成的基础。

婴儿在长大成人的过程中，始终在以家庭为基础的伦理环境中生活与成长。随着婴儿长大成为儿童，认知能力迅速增强，不仅能够经由自己的视觉器官和听觉器官将父母的形象以概念形式保存在大脑中，而且能够通过思维将脑概念编辑和组合成脑文本。也正是因为脑文本的存在，逐渐长大的儿童能够通过自己日益完善的发音器官将脑文本转换成声音形态，生成语言。在语言的生成过程中，可以发现婴儿最初的发音完全是出于生存本能，但是当婴儿能够有意识地通过声音指称父母的时候，婴儿的脑文本已经开始形成，语言也就能够生成了。

第九章 | 符号、脑文本与文学文本

第一节 符号与脑文本

如果说传统意义上的文学文本主要是由语言符号构成的,那么,我们就必须了解什么是符号和符号学。目前,对于什么是符号学,学界仁者见仁,智者见智,似乎难以有一个大家认可的统一的定义。也许最可靠的定义是,符号学是研究符号的学问或科学。但是,这样的定义显然是不能令人满意的。一般来说,狭义上的符号是指语言、文字、图像、电码、数学符号、化学符号、交通标志等。但是,广义上的符号学里的符号涵盖的范围要广泛得多,小到日常社会生活中的交往,如打招呼的动作、仪式和游戏,大到人类创造的文学、艺术、神话、音乐、建筑等都可以看成人类的符号。换言之,人类社会一切可以标志的物质文明和精神文明活动都可以称为符号。据有关学者考证,英国哲学家培根(Francis Bacon)和洛克(John Locke)等首先使用了"符号学"(他们称作 Semeotik)这个词。早在17世纪,洛克就预见,符号学将"涵盖全部人文和社会科学"[①]。总之,能够作为精神活动或某一事物的意义标志的,都可称为符号。在符号学研究者看来,符号与人类文明共生,伴随着人类的各种活动,如果没有符号,人类文明的积淀和传承就不可能。人类社会的符号多种多样,千差万别,在人类各种符号系统中,语言是最重要的,

---

① 转引自赵毅衡:《文学符号学》,北京:中国文联出版公司,1990年,第2页。

也是最复杂的符号系统，而包括口头文学在内的文学文本又是人类创造的最复杂、最丰富的语言符号。我们认为，"脑概念"和"脑文本"这两个文学伦理学批评的文本理论术语是理解符号发生机制和阐释文学文本的理论基础。

一、符号的文学文本

虽然人们对于什么是符号或符号学依然存在不同的看法，但有一点还是肯定的，即"符号是用来表达意义的"[①]。或者，反过来说，表达任何意义必须使用符号。因此，从这个意义上来说，符号学"是研究意义的产生、传达和释义过程的学说"[②]。质而言之，现代意义上的符号学就是研究与意义相关的全部活动，这包括符号的产生机制、发送机制、接受和（理解）阐释机制以及意义的变异机制等。可以说，符号学即意义学。但是，由于意义的生产、传达、接受的过程非常复杂，涉及个人和集体的认知活动和心理活动，要全面科学地研究意义（尤其是文学文本的意义）的生产、传达、接受的过程并非易事，需要从跨学科（包括符号学、认知语言学、心理语言学、脑科学、神经科学、控制论、人工智能科学等）的层面给予多方位的考察。必须说明的是，我们在此主要是从符号学和文本的发生机制出发来探讨文学文本的内涵及其伦理价值。

我们知道，现代意义上的符号研究可以追溯到瑞士语言学家索绪尔和美国语言哲学家皮尔斯（Charles Sanders Pierce）。索绪尔认为，作为符号的语言包括了两个互为依存、不可分割的部分：一是能指，即语言的一套语音系统或是或一套书写系统，也就是语言文字的声音或形象；二是所指，即作为符号指涉的含义的概念或观念，也就是语言的意义本身。索绪尔认为，语言的所指和能指之间的关系是任意的，除了拟声词之外，语词的能指和它的所指之间没有天然的、固定的关联。他指出，语言符号不是名与物之间的对应关

---

① 赵毅衡：《文学符号学》，北京：中国文联出版公司，1990年，第1页。
② 同上。

系和连接,而是语音模式和概念之间的连接。在索绪尔看来,在同一个符号系统中,能指和所指是统一的,符号的意义是固定的。传统的符号学观点继承了索绪尔的思想,认为同一个符号系统中的所指和能指是相对应的,因而符号通过与存在物的符合获得意义和价值。

但是,后来人们越来越认识到,由于人们所处的历史背景和社会经验不同,对于所指和能指对应方式有不同的理解,所指和能指之间并不一定总是一一对应的。尤其是对于作为符号的文学文本和艺术作品来说,所指和能指的精确对应关系在现代文学批评中受到质疑。文学文本在符号学者眼里就是符号语言,是人们情感和思想的符号化和形式化,每一个人物形象和艺术形象,都可以被看成一个包含了特殊意义的符号或符号体系。要理解文学文本的意义,就必须对这些符号(体系)进行解码。但问题是,文学文本的符号体系是如何产生的呢?针对这一问题,文学伦理学批评提出了"脑概念"和"脑文本"两个批评术语,这两个理论概念不仅可以探寻文学文本之源,阐释文学文本发生的物质和心理机制,而且可以确认脑文本在文学文本的教谕功能中所起的至关重要的作用。

二、脑概念在脑文本中的核心作用

"脑文本"这一概念的提出是基于对"什么是口头文学"这一问题的追问和思考的结果。在文学伦理学批评看来,在书写符号出现之前,已经有一种文本存在于人的大脑之中,这一文本即脑文本。脑文本由脑概念组成,脑概念可分为物象概念和抽象概念两大类。"脑概念是思维的工具……思维是对脑概念的理解和运用,运用脑概念进行思维即可得到思想,思想以脑文本为载体。当脑概念的组合过程结束并相对固定下来时,人的思维过程也就结束,得到相对明确的思想。人的思想是应用脑概念进行思维的结果,思想的存在形式就是存储在大脑中的脑文本。"①基于这一理解，我们可以另辟蹊径，对什么是口头文学以及口头文学与脑文本的关系做出解释：

> 口头文学必然有一种供口头表达的文学，或者说必然有一种文学的先前存在，然后才能通过口头表达。没有这种文学的先前存在，口头作为一种表达方式则无内容表达。如果口头文学是文学的传播方式，它必然有一种供这种方式传播的文学文本。如果没有文本，口耳则无法相传，也就没有什么文学流传后世了。我们可以进一步提出问题，口耳相传的文本是什么？在哪里？它是怎样相传的？……文学伦理学批评能够根据所有的文学都有其文本的观点做出回答：口耳相传的文本是脑文本，它存储在人的大脑里。②

这种推论是合乎逻辑的。它回答了在书写符号出现之前口头文学的存在方式问题。但是，脑文本到底是一种物质形态还是一种精神形态呢？文学伦理学批评理论的回答是："脑文本是一种特殊的生物形态。"我们可以从认知理论的角度来考察脑文本的形成过程：

> 大脑能够将思维的结果作为记忆文本存储在人的大脑中，形成脑文本。脑文本……是一种特殊的生物形态。人们对客观事物的感知和认知，先是以脑概念的形式在大脑中存储，然后借助脑概念进行思维，从而获取思维的结果：思想。思想是大脑在感知、认知和理解的基础上对客观事物或抽象事物进行处理得到的结果，这个结果只要在大脑中存储，就形成脑文本。③

---

① 聂珍钊：《脑文本和脑概念的形成机制与文学伦理学批评》，载《外国文学研究》，2017年第5期，第33页。
② 同上篇，第28—29页。
③ 同上篇，第30页。

可以看出，脑概念在脑文本形成过程中起着核心作用。脑概念分为两种类型：能指脑概念和所指脑概念。所谓的脑概念的能指和所指，有别于索绪尔的能指和所指的语言学概念。文学伦理学批评理论认为："文学伦理学批评术语中的能指和所指不是用来说明语言学符号的内部关系问题，而是说明认识概念的功能问题。能指脑概念是用来指称任何事物和任何概念的概念，所指脑概念是用来指称特定事物或特定概念的概念。"① 但实际上，能指脑概念和所指脑概念的提出依然受到了索绪尔理论的影响，在很大程度上，讨论的依然是符号学层面的意义问题，即概念（思想、含义）、符号与所指三者之间的关系问题。研究这一问题，实质上也是研究文学文本意义的产生、传播和接受的机制问题。这一问题可以从语言学上的"语义三角"理论说起。

第二节 "语义三角"与"脑文本"

一般认为，语义学是符号学的一个分支，主要研究符号或语言符号（语词、句子等表达式）与其所指对象的关系。语义学主要理论涉及命名论（即把语词看成所指事物的名称或标记）、概念论（即认为词语与所指的事物之间的关系是间接的，需要通过存在于大脑中的概念作为中介来连接，词汇通过概念来指称事物，概念便是词汇的意义）、语境论（即认为语义不是抽象的，它存在于具体的语境之中）、行为主义论（即认为要把语义放到交际互动过程中去研究，认为语言的意义存在于语言使用者在交际过程中对听到话语的心理反应）。语义学理论中的概念论与文学伦理学批评的"脑文本和脑概念"说似有异曲同工之处，两者均强调储存于大脑中的概念（或记忆、思想）是意义发生的中介，（脑）概念产生意义。但是，关于意义（概念）、符号与所指三者之间

---

① 聂珍钊：《脑文本和脑概念的形成机制与文学伦理学批评》，载《外国文学研究》，2017年第5期，第32页。

的关系在西方语言学史上争论已久,最著名的莫过于"语义三角"理论。

一、语义三角理论

德国分析哲学先驱与数理逻辑学家弗雷格(Friedrich Ludwig Gottlob Frege)是西方首个提出"语义三角"关系的研究者,他在《论意义和所指》(1892)一文中首次提出意义和指称是有区别的。弗雷格区分了符号所指、符号意义和符号本身,并绘制了语义学研究史上第一个语义三角形。此后,美国现代符号学之父皮尔斯进一步发展了语义三角理论,他提出媒介关联物、对象关联物与解释关联物是符号的三种关联要素。但是,对"语义三角"理论的发展产生最为重要的影响的当属剑桥大学的奥格登(C. K. Ogden)和瑞恰兹(I. A. Richards)。他们在《意义之意义》(1923)一书中重点讨论了语言、思想与事物三者之间的相互关系。瑞恰兹认为对于"意义"的各种分析首先要从研究思想、词和事物三者之间的关系开始。

首先,瑞恰兹认为,思想或指称与记号之间存在因果关系,换言之,思想或指称通过记号进行表达,记号是思想或指称的意义载体。其次,思想和所指对象之间存在一种直接的或间接的关系。瑞恰兹举了一个例子,当人们提到拿破仑时,可能直接就想到拿破仑这个对象,这便是一种直接关系。但这个情况中行为与所指对象间也可能串联着一系列符号情景:"词——历史学家——同时代的记录——目击者——所指对象(拿破仑)。"[①] 这便是一种间接关系。总之,思想与所指对象的关系可以描述为客观事物在人脑中产生反映。最后,记号与所指对象之间是一种转嫁的关系,这种转嫁关系表现在"人用它来代表所指对象……[即]记号与所指对象不是直接连在一起的"[②]。因此,

---

① C. K. 奥格登、I. A. 理查兹:《意义之意义》,白人立、国庆祝译,北京:北京师范大学出版社,2000年,第9页。理查兹即瑞恰兹。
② 同上。

两者之间可以用虚线表示。然而在实际的交际过程中，人们经常把正常的语境关系简单化，认为记号与所指对象之间存在一种直接关系，他们将词的便利性看得比精确性更为重要，理所当然地将符号视为事物的一部分，或认为符号与它所指的事物之间是确定的关系。在瑞恰兹看来，这可能是语言交际中最大的谬误。

由此可知，语义三角理论虽然没有明确地将文学文本纳入考察视野，但是却较清晰地阐明了语言、思维（思想）与事物（世界）之间的关系，这给文学文本理论的研究带来了有益的启示。

二、语言与思维的关系

钱锺书曾经听过瑞恰兹在清华大学开设的课程，他在《管锥编》中指出，瑞恰兹的"语义三角"理论与中国儒家倡导的正名论有相通之处。《管锥编》第三册在解释陆机《文赋》的"恒患意不称物，文不逮意"时说："'意''文''物'三者析言之，其理犹墨子之以'举''名''实'三事并列而共贯也。《墨子·经》上：'举、拟实也'；《经说》上：'告，以之名举彼实也'；《小取》：'以名举实，以词抒意'。"[①]接着，他引述了刘勰《文心雕龙》、陆贽《奉天论赦书事条状》对"情""事""辞"和"言""心""事"的论述，又引用皮尔斯、奥格登、瑞恰兹等的相关论述作旁证：

> 近世西人以表达意旨（semiosis）为三方联系（trielative），图解成三角形（the basic triangle）："思想"或"提示"（interpretant, thought or reference）、"符号"（sign, symbol）、"所指示之事物"（object, referent）三事参互而成鼎足。"思想"或"提示"、"举"与"意"也，"符号"、"名"与"文"也，而"所指示之事物"则"实"与

---

① 钱锺书：《管锥编》，北京：中华书局，1986年，第1177页。

"物"耳。①

关于"正名论",《管锥编》第四册还有进一步的论述,他说:"盖'正名'乃为政之常事、立法之先务,特可名非常名耳。名虽虚乎,却有实用而著实效,治国化俗,资以为利。""守'名器',争'名义',区'名分',设'名位',倡'名节',一以贯之,曰'名教'而已矣。以名为教,犹夫神道设教,而神道设教,正亦以名为教,韩愈诗所谓'偶然题作"木居士",便有无穷求福人',是一例也。"②在钱锺书看来,人类在客观世界之外为自己构筑了一个相对独立的语言世界,一方面语言世界受人类支配,另一方面也支配着它的创造者。钱锺书对于语言之于人的思想和行为的影响和制约作用有清醒的认识,他是这样阐述语言与思维的关系的:

> 世间事物多有名而无实,人情每因名之既有而附会实之非无,遂挚慎思明辩者所谓"虚构存在"。然苟有实而尚"未名",则虽有而"若无";因无名号则不落言说,不落言说则难入思维,名言未得,心知莫施。故老子曰:"有名万物之母";欧阳建《言尽意论》曰:"名不辩物,则鉴识不显";西方博物学家亦曰:"倘不知名,即不辨物",盖心知之需名,犹手工之需器也。③

由此可见,钱锺书融古今中西哲学家对语言符号的认识为一体,在语言与思想、事物的相互依存关系上,特别是在语言对思维的影响力上与他的老师瑞恰兹观点相似。从语言的形式和内容的关系来看,我们认为,形式和内容应该是相互依存的关系。从绝对的意义上来说,一种形式就是一种内容,并且只能是一种内容。虽然这是一种一元论的观点,但是对于理解文学文本

---

① 钱锺书:《管锥编》,北京:中华书局,1986年,第1177页。
② 同上书,第1247页。
③ 同上书,第1217—1218页。

的结构有重要的意义。

以瑞恰兹为代表的语言学家借助语义三角关系阐释了语言意义的产生过程，他们的思想对语言哲学产生了重大的影响。但是，语义三角理论只是对语言、思维和事物之间的复杂关系做了深度思考，并未从语义认知层面和语义发生层面对意义的产生做出全面的阐释。特别是，语义三角理论忽视了文学符号或文学文本背后的内在发生机制，且对文本（符号）的伦理道德教诲功能解释阙如。文学伦理学批评试图跨越语义学的表层符号阐释，从文学发生学和文学的教诲功能的角度来进一步解释文学文本（符号）的伦理价值。

第三节　思维风格与脑文本

英国文学批评家福勒（Roger Fowler）在他的《语言学与小说》（1977）一书中针对小说语言和思想的关系提出了"思维风格"之说，从文本细读的角度分析了小说语言形式与思想内容的统一性。[①]福勒是这样定义"思维风格"的："思维风格是指任何表达具有个性自我思想的语言特征。通过思维风格，可以或多或少地分析人物的内心生活，可以发现相对浅层的或者相对深层的思维活动，可以形象地再现意识的秩序和结构，或者反映出人物本人可能都没有意识到的偏好、视角、价值观和世界观。"[②]从语言认知和话语分析的角度来看，"思维风格"这一概念对于分析脑文本与文学（口头和书面）文本的内在结构以及思维意向之间的关系大有裨益，"脑文本"与"思维风格"之说多有暗合之处。

---

① Roger Fowler, *Linguistics and Novel*, Methuen, 1977, pp.103–106.
② Ibid., p. 103.

一、脑文本的思维结构

不少文学文体学著作中都提到了功能语言学家韩礼德（Michael A. K. Halliday）分析英国小说家、诺贝尔奖得主戈尔丁（William Golding）的小说《继承者》（*The Inheritors*）中使用的三种不同的文体的区别。[①] 韩礼德认为，小说第一部分的语言风格反映了旧石器时代的尼安德特人的朦胧原始思维意识（如词汇的匮乏、动词的不及物性、代表自我意识的人称作为主语的缺失等语言现象）；第二部分的语言风格反映了部落人较为清晰的思维（如句式多以人为主语、动词的及物性和句式的动宾结构、名词分类的细化等）；小说的最后部分语言风格发生变化，展示的是人类成熟的思想意识。[②] 韩礼德的分析对于阐释文体（语言）与思维的关系具有重要的实践意义。我们不妨以下面一位丈夫写给妻子的便条（我们姑且称之为"源文本"）以及基于这一源文本改写的两个不同文本为例，看文本的语言结构（句法结构式和词序等）是如何暴露了脑文本的思维结构和伦理倾向：

源文本

亲爱的妻子：这只是要告诉你我吃了冰箱里的李子。李子好吃极了，那么甜还那么凉。但是你可能是留着吃早餐用的。原谅我。你的丈夫。

（Dear wife: This is just to say that I have eaten the plums that were in the icebox. They were delicious, so sweet and so cold. But you were probably saving them for breakfast. Forgive me. Your husband.）[③]

[①] 参见 Geoffrey Leech & M. H. Short, *Style in Fiction: A Linguistic Introduction to English Fictional Prose*, Longman, 1981, pp. 31-34.
[②] 亦可以参见王佐良、丁往道主编：《英语文体学引论》，北京：外语教学与研究出版社，1987年，第 519—520 页。
[③] Henry Widdowson, *Practical Stylistics: An Approach to Poetry*, Oxford University Press, 1992, p.26.

如果我们把这些文字以诗歌结构的不同文本方式显示出来，我们就会发现文学文本的语言结构反映了其隐含的思维结构和价值取向。我们可以将这一日常生活中的便条以两种不同的诗歌语言形态呈现如下：

文本（一）

这只是要告诉你	This Is Just to Say
我吃了	I have eaten
李子	the plums
放在	that were in
冰箱里的	the icebox
那	and which
可能是你	you were probably
留着	saving
吃早餐的	for breakfast
原谅我	Forgive me
李子好吃极了	they were delicious
那么甜	So sweet
还那么凉	and so cold

文本（二）

这只是要告诉你	This Is Just to Say
我吃了李子	I have eaten the plums
放在	that were in
冰箱里的	the icebox
李子	they were
好吃极了	delicious

那么甜	so sweet
还那么凉	and cold
原谅我	Forgive me
你可能是	you were probably
留着它们	saving them
吃早餐的	for breakfast.

文本（一）实际上是美国诗人威廉·卡洛斯·威廉斯（William Carlos Williams）写的一首短诗。[①] 文本（二）是我们改写的不同于威廉斯的作品（文本）。文本（一）和文本（二）可以看成两个脑文本的符号化形态。那么，这两个脑文本的形态（符号结构）是如何暴露了（脑）文本蕴含的思维风格呢？（脑）文本的思维风格背后蕴含了怎样的伦理倾向呢？

二、脑文本的伦理倾向

如上所述，文本的"思维风格"，也即句法结构和语词顺序，能够显现出文本背后暗含的个人价值观念或曰脑概念，甚至暴露出作者本人也没有意识到的偏见和伦理倾向。《英语文体学引论》一书的作者认为，威廉斯写的这首短诗（即文本一）"从内容来看完全不像是诗歌，似乎只是运用了符号的象征意义，然而它却运用了诗歌的排列……这首短诗的意思是：一个人吃了冰箱里别人留下来的梅子，觉得果子又甜又凉又鲜美，但同时又对主人感到抱歉。这是一首小诗，并没有更深的含义，也可能是即兴之作"[②]。这样的观点和评论显然忽视了文本的"思维风格"，忽视了思维风格背后蕴含的价值（伦理）

[①] 转引自 Henry Widdowson, *Practical Stylistics: An Approach to Poetry*, Oxford University Press, 1992, p. 27. 中文译文为本章作者自译。
[②] 王佐良、丁往道主编：《英语文体学引论》，北京：外语教学与研究出版社，1987年，第511页。

取向。

比读一下文本（一）和文本（二），我们不难发现，两个文本的结构、语序存在微妙的差异。最明显的差异是文本结构秩序的差异。从语法修辞的角度来看，文本（一）中用于表达个人情感和体验的几个形容词均处于最后一节，因此产生了类似句法修辞的"尾重"（end-focus）效果，delicious，sweet，cold 三个词的含义（寓意）得到凸显。文本（一）的结构和叙事口吻表现的是（丈夫）在为自己辩护，强调李子（水果）的无法抗拒的诱惑力，强调偷吃（禁果）者愉悦而矛盾的情感体验："好吃极了/那么甜/还那么凉"。故文本（一）在某种意义上是一种暗喻：日常生活中多有禁忌，但是禁果充满了诱惑。可以说，文本（一）在相当的程度上与《圣经》中有关亚当和夏娃逐出伊甸园的故事有着文化意义上的互文性。相比之下，文本（二）只是日常便条的诗歌形式的外化，文本（二）（将日常便条写成诗歌形式）可能会产生一些趣味和幽默感，但文本（二）本身并无文本（一）所具有的审美和伦理特征。可以说，包括词语秩序在内的词语的选择可以反映出诗人（或诗歌中的发话者）的伦理意识和价值取向。

由此可见，脑文本的伦理倾向埋伏在文体的"思维风格"（或"意向风格"）中。这也足以解释为什么脑概念和脑文本之于语言符号化的文学文本来说具有先在的形式层面和伦理价值层面的决定意义。我们认为，从文学文本的生成这一角度来看，文学文本的书面形态（包括词语的选择、句法的结构、篇章的构成等）受制于作家（或叙述者或人物）的脑概念和脑文本，文本的"思维风格"一方面是脑概念和脑文本的语言外在显现；另一方面，更重要的是，脑概念和脑文本始终在思维风格的形成过程中占据伦理上的主导地位。所以，如果说文学的产生源于人类伦理表达的需要，那么人类的伦理观念就是通过脑文本借助文字转换生成为文学文本，从而传承人类伦理道德规范和进行伦理道德教诲。

第四节　后现代主义的文本观及其局限性

研究文本理论，无法回避互文性（intertextuality）这个20世纪盛行的后现代主义文本理论概念。1973年，罗兰·巴特发表了《文本的理论》一文，试图回答文本是什么的问题。在他看来，文本不是作品，也不是客体，甚至不是概念，而是意指。而意指是指一个过程，意指不是意义，不是交流，也不是表达。任何文本都留下了其他文本的痕迹，因而任何文本都是互文本。在巴特看来，"前文本、文化文本、可见与不可见的文本，无意思或自动的引文，都在互文本中出现，在互文本中再分配"①。巴特的文本理论显然旨在打破逻各斯中心主义的传统文本观，其目的是解构一切，拒绝承认意义的确定性，这一文本观是典型的后现代主义的文学和文化批评思想的体现，呈现出极端的怀疑主义和解构主义态度。

一、文本的互文性理论

1967年，克里斯蒂娃在巴黎的《批评》杂志上发表了《巴赫金：词语、对话与小说》一文。在这篇论文中，克里斯蒂娃对巴赫金的小说复调理论推崇备至，并演绎出了"互文性"这一概念。她这样写道："任何文本都好像一幅引语的马赛克镶嵌画，任何文本都是其他文本之吸收与转化。"②根据这一观点，构成文本的每个语言符号都与文本以外的其他符号相关，任何一个文学文本都不是独立的创造，而是对过去文本的改写、复制、模仿、转换或拼接。

---

① 转引自陈永国：《互文性》，赵一凡、张中载、李德恩主编：《西方文论关键词》，北京：外语教学与研究出版社，2017年，第217页。
② 转引自董小英：《再登巴比伦塔——巴赫金与对话理论》，北京：生活·读书·新知三联书店，1994年，第103页。

从这个意义上来说，文学根本就不存在什么"创造性"，所有文学都是"互为文本的"。

"互文性"这一概念提出之后，批评界对它持有多种理解。大致说来有两种：一是狭义的观点，此以热纳特为代表，认为作品的互文性是指某个文本与其他多个文学文本之间的明显关系，是对特定的文字文本的有意改写。福勒在《语言学与小说》中，将"互文性"形象地比喻为一张"将原有文字刮去后再度使用的羊皮纸，在新墨迹的字里行间还能隐约地看见先前文本尚未擦净的遗痕"[1]。例如，乔伊斯的《尤利西斯》与荷马的史诗《奥德赛》，二者之间就存在明显的互文关系。二是广义的、激进的观点，此以克里斯蒂娃、巴特为代表，认为任何文本——不只是文学文本，只要是广义上的表意符号——都与人类的知识体系（即潜在的无穷的能指链之间）存在着互文关系。德国解构主义批评家弗利德里希·基特勒（Friedrich Kittler）甚至将迄今为止的文学视为一个大的"抄袭系统"，认为"任何文学文本不过是以前的文本中衍生出来的副文本，严格说来都是改头换面的抄袭，所谓天才的创造实在是夸大其词"[2]。前者眼中的互文性仅限于文学文本的互文性，而后者则认为互文性是文化大语境下一切文本（含非文学文本）的互动关系，他们肯定语言本身是历史的积淀，并据此认为文本的意义只能产生于与其他文本的永恒的相互作用之中。

国内有学者在归纳互文性特征时指出，互文性有两个特征："（1）两个具体或特殊文本之间的关系（一般称为 transtexuality）；（2）某一文本通过记忆、重复、修正，向其他文本产生的扩散性影响（一般称作 intertexuality）。所谓互文性批评，就是放弃那种只关注作者与作品关系的传统批评方法，转向一种宽泛语境下的跨文本文化研究。这种研究强调多学科话语分析，偏重以符号系统的共时结构去取代文学史的进化模式，从而把文学文本从心理、

---

[1] Roger Fowler, *Linguistics and Novel*, Methuen, 1977, p.124.
[2] 转引自章国锋：《后现代主义：回顾与反思》，载《世界文学》，1996年第6期，第289页。

社会或历史决定论中解放出来,投入到一种与各类文本自由对话的批评语境中。"[1]

二、后现代小说的互文性及其局限

上述互文性的特征在美国后现代主义小说家巴塞尔姆(Donald Barthelme)的中篇小说《白雪公主》里得到了淋漓尽致的体现。[2]巴塞尔姆的《白雪公主》出版于1967年,恰好是克里斯蒂娃发表关于"互文性"概念论义的同一年。

如前所述,互文性产生于作家对已有文本的改写。改写意指加工或戏仿,可以是"有意的",也可以是"无意的"。读过格林童话的人都会发现,巴塞尔姆的《白雪公主》显然是对格林同名童话的一种直接的、明目张胆的戏弄和嘲讽。但巴氏笔下的白雪,个儿高挑,皮肤黝黑,还有一颗诱人的美人痣。她通常在淋浴中同与她相处的七个侏儒做爱。她还写淫秽诗,期待着"王子"的到来,而"王子"只是个虚幻的"王子形象"。("王子"取名Paul,本身就是个平庸、普通的姓名,如同我们中文中说的"张三"和"王五",与传统"王子"形象形成反差,构成反讽。)在传统的神话或童话里,故事中总内含这样的结构模式:主人公与外部力量(社会的或自然的)发生冲突。童话故事尤其富有象征性的冲突模式,如天真与成熟、机智战胜神秘等模式。格林童话《白雪公主与七个小矮人》内含善良与邪恶的交锋,给人一个由天真走向成熟的有益启迪。但在巴塞尔姆的笔下,传统童话的象征性形式结构、情节发展和思想深度已不复存在,《白雪公主》中的人物,与其说是人物不如说是符号了,他们缺乏真实的个性和身份。白雪和七个小侏儒(Bill, Kevin, Edward, Hubert, Clem,

---

[1] 陈永国:《互文性》,载《外国文学》,2003年第1期,第75页。
[2] 以下部分论述详见王松林:《互文性与巴塞尔姆的小说〈白雪公主〉》,胡全生:《英美后现代主义小说叙述结构研究》,上海:复旦大学出版社,2002年,第215—227页。

Dan,Henry)全都没有完整的姓名,他们是一群高度浓缩的抽象概念,甚至他们各自(除白雪外)的身份和声音,在作品中也时时无法区分,无法确定。

如果说,格林童话《白雪公主与七个小矮人》弘扬的是爱心,张扬的是童真,那么,巴塞尔姆笔下的"邪恶童话"则反其道而行之,它揭破的是后现代社会(乃至整个人类文明和现实)的爱的死亡和现实的虚构。七个侏儒中,比尔(Bill)是老大,其阅历似乎最深。一开始他就表露出浓郁的厌世情绪,不愿与周围的人待在一起,甚至也厌倦了与白雪的异性触摸。他说:"爱在这里已经死亡。"① 他想从这虚构的世界中"隐退"。白雪对她周围的现实——语言构筑的现实——发出了由衷的哀叹:"唉,我真希望在这个世界上能听到几句不是我们总听到的东西。"(6)可以说,白雪这番哀叹表达了她对(语言)现实的不满以及对新的现实的渴望。但是,这种从未有过的"东西"究竟是什么呢?小说一开始就提出了这个最终并无答案的问题,这在某种程度上点明了作者巴塞尔姆企图探求的主题。

白雪对现实的不满根植于她对周围庸俗不堪的世界的厌倦,她的处境与她渴望的童话世界完全不一样。有一次,她渴望从周围平庸的世界中解脱出来。她将一头乌发飘放了下来。这一性感举动逗引了小矮人们的不同理解。平庸的解释让白雪心生不快,她气愤地说:"我就是不喜欢你们的世界,你们的世界竟然会发生这样的事。"(68)的确,白雪所处的世界是一个平庸、充满商业气的大杂烩。小说不断提到了许多商标、著名百货商场,还有政治人物、宗教领袖,然而,这些名称并不像传统小说那样,是以历史资料的面目有意义地出现在文本里,相反,它们只是堆积在一起,不具有任何文献记录功能,只孤立地凸现于文本之中,因而失去了传统的价值内涵。白雪对充斥着平庸的世界的评论是:"那些睁着眼睛瞧着我的人出了毛病。"(132)

《白雪公主》的结尾,不禁让我们联想到格林童话《白雪公主与七个小

---

① Donald Barthelme, *Snow White*, Athenum, 1980, p. 62. 此后凡引自该小说的引文,均在引文后直接标明页码,不再作注,译文由本章作者自译。

矮人》的"玻璃棺"结尾。在格林的童话故事里,白雪公主死而复生,她终于等来了王子,故事以她的热闹婚礼而皆大欢喜地结束了。但是,在巴塞尔姆的小说结束时,白雪再也没有醒来,没有被神化成童话故事中那"白如雪"的天真公主。在小说将近结尾时,巴塞尔姆这样写道:"世界本身,无法提供一个王子,至少无法明智到为故事提供一个正确的结尾。"(132)白雪曾一度决心改变一番自己,让自己再度纯洁(revirginized),重新回到一个理想的世界。她对七个侏儒反复说道:"一定会有更好的东西存在。"("There must be something better.")然而,庸俗的七个侏儒让她深深失望:他们竟然建议白雪去买个新的浴室,以便为他们做爱增添新意。

值得注意的是,七个侏儒在很大程度上暗喻当代美国人,因为他们每个人都出生在不同的美国国家公园,他们都承认自己是普通百姓、平凡市民。像其他美国公民一样,他们发奋工作,满足于平静的生活。他们(人称"蜘蛛人")洗刷高层建筑,或制作各式各样的中式点心。正如他们之中的克莱姆(Clem)所言,生活对绝大多数人来说是"平庸的"(21),白雪所谓的"更好的东西",只是个虚幻的无根的悬浮物。小说结束时,七个侏儒早把白雪的建议抛至脑后,他们又出发寻找旧日的替代物,压根儿就不愿意、也无法"以王子的身份来看待自己"(see themselves princely,141)。

至此,巴塞尔姆向读者揭示了一个反传统的现代童话——它平庸、虚假,丧失了价值取向。特拉奇坦伯格(Stanley Trachtenberg)在他的《理解唐纳德·巴塞尔姆》一书中指出,巴氏小说侧重的是语言的双向理解:"一是其指涉世界和自身;二是其在词语之间担负媒介(联结)作用。"[1]巴氏的小说《白雪公主》可以说是作者的写作宣言。在这一作品中,巴塞尔姆企图揭示语言使用价值和批评潜能的丧失。

《白雪公主》突出地表现了巴塞尔姆的文本观。这部小说的相当部分,意

---

[1] Stanley Tranchtenberg, *Understanding Donald Barthelme*, South Carolina University Press, 1990, p.6.

义在于显示日常语言的"遮蔽效果"(blanketing effects)。例如，作者通过丹(Dan)的一番胡言乱语，点出了日常语言的"废渣"(stuffing)本质："那种部分，你知道，在别的部分之间填入。那部分，那种'填入'，你也许会说，'你也许会说'这个表达便是这种部分的一个很好的例子。这对我来说是最有趣的部分，当然，我想那也可称为'废渣'。"(96)这里，我们看到，言说成了一堆垃圾(trash)，不能产生任何意义。巴氏在作品的另一处，通过一位不知名的人物，更明显地阐述了自己的创作观：

  我喜欢书中有一大堆废渣。这些东西本身跟意义毫不相干。但这些东西却能提供一种关于正在发生的事的"意义"。这种"意义"不是通过字里行间来获取的，（因为，在那些空白的空间里是一无所有的）而是通过读这些字本身——看着它们并由此而获得一种感觉，当然不是一种满足——这种期望太高了，而是一种阅读过它们、"完成了"它们的感觉。(106)

以上这番话实际是巴塞尔姆的写作宣言。他告诫我们，依据常识和逻辑对文本意义的阐释是不可能的。语言惯有的使用价值在这里被剥夺了，失去了表现力。正如巴氏通过一叙述者之口所言："不要将东西读成东西。"(107)词语在巴塞尔姆的小说中只起着指涉其自身的作用(self-reflectiveness)，语言的句法结构、语音和语义，既是作品的结构形式又是作品的内容。读者的传统阅读经验受到了挑战。然而，面对词语搭建的、自足的世界或者说另一种现实，读者不啻经历了一场自我写作。于是，阅读与写作等同了起来，成为积极的、创造性的语言活动。弗兰克·克莫德(Frank Kermode)曾指出，"这种新的阅读如此艰难，与旧的阅读方式如此不同，以至于人们（批评家们）称之为写作。"[1]写作式的阅读活动正是读者与文本互动的一个特征。

---

[1] 转引自 Linda Hutcheon, *Narcissistic Narrative: The Metafictional Paradox*, Methuen, 1985, p. 118.

巴塞尔姆对语言的这番处理，使得语言在表达上显得静止、空洞，似乎他在对语义的废料进行着不断的回收。在高度膨胀的话语世界里，纸张上充斥的只是苍白乏味的文字，面对这种情形，读者的注意力就被全部吸引到宣泄在纸上的文字符号本身了。作品毫无心理深度、无情节、无故事，成了凝固、呆滞的东西。作品不再是个性化的人的产物，而是语言本身的产品，语言成了小说的唯一主题。因此，可以说，《白雪公主》的写作范式是以语言为切入口对后现代资本主义社会的一种反讽和批判，或者说是以现代商品生产的模式来表现语言，揭示语言的批评潜能和使用价值已被剥夺，巴塞尔姆在《白雪公主》中称这一现象为"一种垃圾现象的模式"。[①]《白雪公主》堪称展示后现代主义小说文本观的典范。后现代主义小说的一切特征，诸如反讽、游戏、互文性、语言垃圾、不连贯性等，都在作品中得到了呈现。《白雪公主》既是对家喻户晓的童话故事的后现代主义理解和讽仿，同时又是一篇涉及语言功能与小说文本关系的长篇大论。

但是，后现代主义小说一味追求语言的游戏，令意义迷失在无边无际的文本网络中。一些极端的后现代主义小说家拒绝承认语言的表征功能，甚至否认一切、怀疑一切、解构一切，这一偏激的对抗权威的态度在后现代语境下固然有其可以理解的一面，但是就文学创作本身而言，这种极端的后现代主义文本观偏离了文学的审美和伦理教诲两大基本旨趣。因而，在文学伦理学批评看来，以解构文本意义为特征的后现代主义"零度写作"文本观实际上排斥了意义和价值的交流及传播的可能性，割断了文本与历史和伦理道德的关系，否认了文学原本的德育和美育功能，其观点具有历史虚无主义倾向，这是不可取的。

[①] 参见 Cristopher Nash, *World Postmodern Fiction: A Guide*, Longman, 1987, pp. 97-98.

第十章 | 脑文本与神经伦理学

第一节　脑科学的伦理困境

自 20 世纪后半期以来，随着脑科学技术的迅猛发展，人们对一切涉及大脑和思维活动的研究也取得长足进步。探索人类的思想道德活动不再仅依靠哲学家的思辨和艺术家的想象，也不再局限于传统心理学家所使用的猜测、假定以及简单的行为观测等手段，而是可以借助高科技手段直接对思想活动发生的物质器官——人的大脑——进行细致的观察和分析。自此，伦理学或者道德哲学不再是专属于哲学的一个人文学科分支，而是与自然科学结合，形成一门新的跨学科知识，即神经伦理学。它不再把道德伦理视为抽象的、不可捉摸的人类活动，而是还原为大脑器官中的神经运动，力求把道德研究转变为一种客观化的知识探求。与此同时，文学伦理学批评也开始重视人的头脑在道德研究中应该占有的核心地位，脑文本理论就是对国际前沿学术问题的回应。

一、神经伦理学的兴起

千百年来，有关道德究竟是什么的问题一直困扰着无数的思想家。在很长一段时间内，这个问题似乎专属于人文领域，好像只有文学家、哲学家和艺术家们更感兴趣、也最有资格探讨这些问题。人们对道德本质的认识，基本来源于哲学家的纯粹思辨或者文学家的艺术想象。虽然20世纪皮亚杰和科尔伯格等心理学家把道德纳入心理学研究视野，但他们的研究仍旧在很大程度上依赖于观察、推理和假定等一般方法。直到20世纪80年代，受益于脑科学和神经医学的快速发展，道德研究也迎来翻天覆地的变化。

随着神经科学技术手段不断取得突破，与大脑紧密相连的神经认知科学研究越来越影响到传统心理学和道德研究。神经科学最重要的技术手段之一就是能够直接观察大脑结构和运作机制的脑成像技术。特别是高分辨率、实时性的功能性脑部扫描，它能够显示出神经活动与局部血容量、血流和血氧饱和度的相关变化，并以图像的形式呈现出来，让研究者能够非常直观地"看着大脑思考"。脑成像技术主要包括四种方法：事件相关电位（Event-Related Potential，简称ERP）、脑磁图（Magneto-Encephalography，简称MEG）、正电子发射断层扫描术（Position Emission Topography，简称PET），以及应用最广泛的功能性磁共振（Functional Magnetic Resonance Imaging，简称FMRI）。功能性磁共振就是由人们熟知的磁共振技术发展而来的神经影像技术，其基本原理是："当人接受外界信息时，大脑皮层特定区域对这些信息会做出相应反应，相应皮层区域的神经元和神经胶质细胞的生物化学过程迅速增强，在激活的脑区消耗大量的能量，这样就导致大脑局部血管血流增加，形成脑区磁场的不均匀性（也称梯度），这种微观磁场梯度变化会使磁共振信号增强。"[1]

这些新的测量工具深刻改变了人们探究道德认知机制的路径。包括道德思考在内，人的一切思维意识似乎都突然变得触手可及，不再神秘莫测。在过去，正是由于缺乏有效的研究工具，人们一直难以触及作为道德意识的大本营——大脑。人们除了思辨和假定之外，没有其他更值得信赖的途径。"有

---

[1] 毛新志、刘星：《脑成像技术对道德责任判定的挑战》，载《中国医学伦理学》，2011年第2期，第135页。

了脑科学的研究工具，我们从研究意识产生的外显行为转而开始研究产生意识的大脑活动。研究手段的进步使得道德研究产生了根本的进步。使得我们从纯思辨研究中解脱出来。这就是脑科学对道德研究的贡献。"①

进入21世纪以来，道德研究已成为认知神经科学研究的新生长点，神经伦理学（neuroethics，或称道德认知神经科学，moral cognitive neuroscience）也应运而生。越来越多的脑科学家试图借助高科技手段、从纯科学角度对"大脑是如何建立道德观念的"这一困扰哲学家们多年的问题做出解答。正如神经科学深刻改变了语言学的研究范式一样，它也正在对文学批评和道德哲学研究产生巨大影响。在技术崇拜之风日盛的当今时代，脑科学家大有取代哲学家和文学家的趋势，试图成为道德研究领域最有发言权的新权威。

二、关于道德脑区

在脑成像技术出现之前，大脑对研究者来说就是个"黑匣子"。人们无从得知其内在机理，只能依据观察人的外在行为来推断其内在意识和心理状态。这种研究总带有揣摩的痕迹。但脑科学技术从本质上改变了心理学的研究方法和研究思路。研究者使用成像技术，得以对这个"黑匣子"内部活动进行实时动态研究，取得了很多突破性的发现。

在脑扫描设备前，大脑这一人体中最复杂奇妙的器官向人们展示出其本来面目。美国加利福尼亚大学圣迭戈分校精神病学和神经科学教授迪利普·杰斯特运用扫描技术发现，人们在权衡道德上的两难选择时，大脑额叶皮层前部中间部分会异常活跃，并且这一区域正常的人更倾向于做出利他选择，即服从道德。他指出："这项研究显示，人类智慧的普遍特质可能有神经生物

---

① 张桑、刘超：《道德的本质：脑科学可以告诉我们什么？》，载《中国德育》，2015年第12期，第21页。

学基础。"① 该研究似乎肯定了以往人们的假定，即道德判断是大脑的一种特殊认知活动，它和理性和情绪等活动一样，是大脑的一项特殊功能，人的大脑中应该有一块具体负责这一活动的区域。然而随着实验技术的改进，更多研究者发现人们在进行道德判断的时候，并非只有一个脑区单独负责，而是大脑中有很多个区域都在协同参与，主要有：（1）背外侧前额叶，这是负责抽象推理的大脑区域。它与道德两难情境中的功利主义选择密切相关，只以获得最大利益为目的，更关注行为的结果而较少考虑其他因素。（2）颞叶前部。这一脑区与抽象概念表征的理解有关，使得人们能够在各种情境中理解道德现象，即容易产生同情与怜悯。（3）颞顶连接处，这部分脑区涉及理解他人的能力。② 研究者发现，这三个脑区部位受到伤害的人，更容易做出与公众道德期待相悖的行为。

总之，经过长期探索，有关道德究竟是什么的问题，似乎脑神经科学已经给了我们答案：道德是一种人类进化过程中的复杂认知，大脑中并没有一个专门用于道德判断的特定区域，而是众多区域协同参与的活动结果。琳·杨（Liane Young）在 2012 年通过对现有实验结果总结后指出，人类的道德判断是由分布在大脑中各功能区的认知活动组合而成，不同于语言和运动等那些天生便具有相对应脑区的活动，大脑中并不存在一个天生的、固有的、专门负责处理道德的神经区域。实际上，道德判断会根据不同的情境关联到大脑不同的区域，如同情、怜悯、仇恨、愤怒、钦佩、嫉妒和理解等，理智和情感的成分都会参与其中，以至于杨只好给她的论文起了一个狡黠的标题："无处不在也可能无处可寻。"③ 神经伦理学揭示了道德判断的脑机制，把它还原为大脑器官各部位综合作用的产物，被去神秘化后的道德也就不再那么神

---

① 转引自张祎：《美国科学家扫描发现大脑中存在道德抉择区域》，载《中国医学伦理学》，2009 年第 3 期，第 78 页。
② 参见王云强、郭本禹：《大脑是如何建立道德观念的：道德的认知神经机制研究进展与展望》，载《科学通报》，2017 年第 25 期，第 2868 页。
③ 参见 Liane Young & James Dungan, "Where in the Brain is Morality? Everywhere and Maybe Nowhere," *Social Neuroscience*, Vol. 7, No. 1, 2012, pp. 1-10.

秘可畏了。道德就像人类的灵魂一样，它是人之为人的一种高贵属性。利用发达的高科技手段来追踪它，即便可以寻获蛛丝马迹，但也不过是了无生气的物质痕迹，道德也就被物质化、庸俗化了。这是神经伦理学给我们带来的第一个伦理困境。

三、道德与进化

脑科学启发人们从生物学角度去思考人类为什么拥有普遍的道德观念。为什么只有人类才具有明显的道德意识？人的道德思考能力究竟是天生的，还是后天慢慢习得的？道德意识是有着生物学基础的还是纯粹社会的构造物呢？这是脑神经科学对道德研究具有重大影响的又一个地方。脑成像技术发现，当一个人做出某种道德行为时，某个脑区就异常活跃。科学家认为："这种反应是长期进化的产物，即某种道德推理倘若有利于人类生存与繁盛，长期进化之后就会嵌入人脑中被固定与传承下来。"[1]

人类的道德直觉是怎样产生的呢？著名脑神经科学家迈克尔·伽扎尼加（Michael Gazzaniga）给出的解释是："直觉或道德是长期进化过程中被选择的一个结果。我们有这样的认知处理过程，它允许我们快速地做出道德决策，这些道德决策将增强我们生存下去的可能性。"[2] 也就是说，帮助他人不但有利于他人，也有利于群体，进而反过来也有利于自身。这种达人又达己的利他行为与情感联系在一起的神经结构就会被选择性地记忆，经过长期进化之后在大脑中沉淀固定下来，进化为道德的脑机制。也就是说，对于人类社会群体来说，道德体系的存在是一种进化的结果。群体成员之间之所以要讲究道德，是因为这些内在系统有可能对集体的进化更有利。研究者还发现，与类

---

[1] 汤剑波：《脑之伦理与伦理之脑——迈克尔·伽扎尼加的神经伦理思想》，载《哲学动态》，2015年第7期，第87页。

[2] Michael Gazzaniga, *The Ethical Brain*, Dana Press, 2005, p. 171.

人猿相比，人类大脑的背外侧前额叶更发达，明显经历了特殊进化。这也是人类社会能够进化出道德系统的关键。"大脑这一区域在权衡意图和伤害这些信息时扮演着重要角色，它帮助人们做出合理的惩罚决定。"[1]

保尔·麦克林（Paul Maclean）的三重脑理论曾把人类大脑的进化分为三部分，他认为大脑由三个递进部分构成，分别是爬虫类脑（又称"原始脑"，包括脑干和小脑等）、古哺乳类脑（包括下丘脑、海马和杏仁核等边缘系统）以及新哺乳类脑（又称"理性脑"，包括新皮质和部分皮层下组织等）。达西亚·纳佛兹（Darcia Narvaez）则在三重脑理论的基础上提出三重道德理论，把人类在进化过程中形成的三种道德倾向分别对应于大脑进化的三个阶段：首先是"安全道德"，即以自我生命安全为基准点发展出来的本能行为，这些本能为所有动物先天共有，其进化水平较低，是一种较为原始的道德意识，其生理基础是爬虫类脑。其次是"卷入道德"（engagement ethic），即通过群体间的社会性交往与同类发生情感互动。这在很多哺乳类动物身上表现得很突出，比如羊群成员间的互相依恋等，所以其对应的生理基础是古哺乳类脑。最后是想象道德（imagination ethic），这是只有高等级群体性哺乳动物，特别是灵长类动物才有的能力，既运用推理能力来适应社会关系，又可进一步分为公共想象、邪恶想象和离群想象等类型，与新哺乳类脑紧密相连。[2]

总之，道德进化论虽然有一定道理，也能帮助人们认识道德意识的形成过程，但其潜在的由低到高的进化逻辑也为不同族群之间的道德歧视提供了佐证，就像19世纪的物种进化论被帝国主义者拿来论证种族殖民的合理性一样。这是神经伦理学研究为我们带来的又一个伦理困境。

---

[1] 杨岭楠编译：《大脑的道德中心如何作出选择》，《中国教育报》，2015年10月16日，第8版。
[2] 参见王云强、郭本禹：《大脑是如何建立道德观念的：道德的认知神经机制研究进展与展望》，载《科学通报》，2017年第25期，第2869—2870页。麦克林的理论最初发表于其专著 *The Triune Brain in Evolution: Role in Paleo Cerebral Functions*（New York: Plenum, 1990）；纳佛兹的理论则出现在其论文 "Neurobiology and Moral Mindsets" 中，收录在 K. Heinrichs 和 F. Oser 主编的论文集 *Moral and Immoral Behavior: Theoretical and Empirical Perspectives on Moral Motivation*（Rotterdam: Sense Publishers, 2013, pp. 289—307）。

四、自由意志

从古至今，自由意志都被视为人与动物之间的一个根本性区别。人之所以不同于动物，就在于他至少在理论上应该或者可以不受任何力量的约束和控制，能够自由做出任何选择。

在《尼各马可伦理学》中，亚里士多德曾讨论人何时应该为自己的行为负责的问题。他认为，不是出于自身意愿的行为不具有道德属性，只有出于自我意愿的行为才能被判别为善恶对错。"发动他的肢体去行动的那个始因是在他自身之中的，而其初因在人自身中的行为，做与不做就在于人自己"，而对于那些自身无法控制的行为，他认为："初因在外部事物而且被强迫者对此全然无助。"[①]也就是说，如果"我"是在没有自由意志的情况下做了错事，就无须为此负责，就像精神病人无须为自己在发病期做出的不当行为承担法律后果一样。近代以来，康德等启蒙主义哲学家更是把自由意志视为"第一条道德公设"，"人们惟有相信他在任何条件下都能够正确地运用自己的意志，做出自由的选择，他们才能相信，依靠自己的力量可以达到至善的目标"[②]。黑格尔也认为自由意志是进行道德责任归因的前提。他说："行动只有作为意志的过错才能归责于我"，"意志只对最初的后果负责，因为只有这最初的后果是包含在它的故意之中"。[③]假定自由意志存在也是现代法治社会裁决一个人是否应该为某事负责的基本原则，并被视为比古代社会更加开明合理的举措。假如一个人是在失去自由意志的前提下做了错事，那么让他对此负责就是不完全公平的。

然而，随着脑成像技术对人脑的解密，上述对自由意志必然存在的假定

---

① 亚里士多德：《尼各马可伦理学》，廖申白译注，北京：商务印书馆，2003年，第59、60页。
② 赵敦华：《西方哲学简史》，北京：北京大学出版社，2001年，第282页。
③ 黑格尔：《法哲学原理》，范扬、张企泰译，北京：商务印书馆，1961年，第119、120页。

遭遇危机。最著名的实验莫过于20世纪80年代美国加利福尼亚大学旧金山分校心理学家本杰明·利贝特（Benjamin Libet）通过ERP技术对人脑活动的测量，他的实验结果表明"人在有意识之前已经有了无意识的神经决定过程。意识在决策或选择中并没有扮演因果角色，无意识的神经机制先于有意识的状态"[①]。换句话说，脑成像技术实验结果表明，以往作为思考一切道德问题出发点的那个"自由意志"原来只是一个假定，人的一切行为都不是完全受自我意识控制的，"我"的所有行为都不是完全由"我"自己决定的，都受各种物质性因素在大脑器官中综合作用的影响。这对传统道德哲学的冲击可想而知，正如有学者所指出："脑成像技术否定了'自由意志'的存在，从而否定了依赖'自由意志'进行道德责任评判的可能性；同时，脑成像技术也对依赖'意志自由'进行道德责任评判的公正性和合理性提出了挑战……这不仅导致道德责任无法归因，甚至有可能助长不道德行为、导致行为主体丧失伦理道德拘束。"[②]这也是脑科学研究为我们带来的第三个伦理困境。

五、脑科学、儿童教育和道德教诲

脑科学发现证实了人们在日常生活中的常识，即儿童期是道德意识养成的关键时期。一个从小就没有是非观念的人，在成年以后很难突然转变，明白事理。这是因为道德意识的"嵌入"最适宜发生在大脑发育的关键期和敏感期。

20世纪60年代，英国学者戴维·林伯尔等人提出了脑发育关键期理论。[③]他认为，处于不同发育阶段的大脑会更适宜培养不同的功能，比如视觉能力、听觉能力和语言能力都最适宜在幼年期培养。错过关键期的人在以后培养起

---

① 汤剑波：《脑之伦理与伦理之脑——迈克尔·伽扎尼加的神经伦理思想》，载《哲学动态》，2015年第7期，第87页。
② 毛新志、刘星：《脑成像技术对道德责任判定的挑战》，载《中国医学伦理学》，2011年第2期，第139—140页。
③ 参见马多秀：《脑科学视角下的儿童道德教育研究》，载《中国德育》，2015年第12期，第34页。

来就需要更多精力，比如16岁以后的语言学习就会比较困难。在关键期内相应的神经系统可塑性较大，错过这个时期，可塑性和发展速度都要大打折扣。尚处于胎儿期的人，其听觉就已经处于发育关键期，这是因为人的锤骨和镫骨是最早发育的，所以在这个时期胎儿就能够在亲子应答过程中获得依赖感和安全感等。脑科学研究还发现，两个月大的婴儿就可以辨别他人面部表情，能够区分父母和陌生人，区别快乐、悲哀或愤怒表情并做出表情回应，一岁左右的时候就已经开始有移情现象，看到他人痛苦或欢笑会表现出同情的回应。"这表明婴儿亲近、关爱、利他主义等情感已经形成。而这些情感恰恰是个体品德生成的基础，也就是说，婴儿已经具备品德的萌芽。"①

所有这些都说明，道德意识的培养最适宜与大脑的发育同步进行。在儿童成长期，给他们提供健康良好的道德教育和示范引导至关重要。文学伦理学批评尤为强调在儿童期实施道德教诲，认为这时候利用优秀文学作品帮助儿童建立良好的脑文本，对于其以后的道德意识的形成至关重要，这正印证了脑科学技术的发现。16岁以后，人的大脑发育基本完成，心智也已相当成熟，其道德认知能力也已经基本定型，再想加以塑造就比较困难，所以法律基本上也都把16岁视为一个人是否需要为自己行为负责的临界年龄。当然这些也都是常识，但脑科学通过技术实验证实了这种观点。

除了对儿童进行道德教育，对不遵守道德的成年人进行道德治疗是人们关心的另一个重要话题。不守道德究竟是不是一种"病"？它仅仅是因为一个人缺乏教养，还是源自某些生物器质性的缺陷或损伤？脑科学和神经生物学为这个问题的解答提供了更直接的证据。如前所述，大脑中的不同区域在道德认知活动中发挥不同作用，而特定区域的损伤就会带来特定功能的缺失。比如，达马西奥等人的研究表明，大脑腹内侧前额叶受伤者相比之前会变得更没有道德感，比如缺乏情感、说谎、偷窃、没有廉耻心等。"尽管他们的智

---

① 马多秀：《脑科学视角下的儿童道德教育研究》，载《中国德育》，2015年第12期，第35页。

力正常，并未忘记曾经学过的社会规范，在试验中能做出正确的道德判断，但是在实际生活中已经不能道德地行为。"①

除此之外，脑成像研究还表明："前额叶皮层能够使得我们在社会道德、规则和法律面前能够自我抑制，控制异常。前额叶病人在社会及情感行为方面表现出多方面的异常。例如生活态度无节制、随意说谎、性犯罪及盗窃等行为，都是行为抑制功能低下的结果。"② 脑科学对于人们了解不道德行为的根由确实起到了很大的作用，由器质性损伤导致的道德不端确实有其病理学基础，并为人们实施道德治疗提供了方案。但由此带来的伦理问题却也不容忽视。我们究竟可以在多大程度上通过技术手段干扰另一个人的意识和行为？把电极植入大脑是否等同于把某些观念和规范植入他人大脑？更重要的是，究竟哪些行为、在何种程度上是不道德的？谁有资格来判定？众所周知，任何社会道德观念的形成也都是历史的，在一时一地形成的道德规范换做另一时另一地或许就是不道德的。在借助高科技手段揭秘道德谜题的终极答案之时，我们该如何避免陷入伦理困境？恐怕这个问题不是脑科学家们能够解决的，甚至也不是他们关心的。正是在这一点上，文学伦理学批评的脑文本理论或许可以给我们带来启发。

第二节 脑文本与道德教诲

不可否认，脑科学技术的运用大大丰富了人们对道德活动的研究手段，

---

① 有一个很著名的案例：1848年美国佛蒙特州一位名叫菲尼亚斯·盖奇（Phineas Gage）的工人在工作中不幸被铁棍击中，大脑额叶腹内侧皮层受到损伤。在他出院以后，表面看上去各方面康复如初，记忆、语言和运动能力跟从前没什么区别，但他的性格却有了巨变，他变得轻蔑社会习俗，忽视责任。毛新志、刘星：《脑成像技术对道德责任判定的挑战》，载《中国医学伦理学》，2011年第2期，第137页。
② 毛新志、刘星：《脑成像技术对道德责任判定的挑战》，载《中国医学伦理学》，2011年第2期，第139页。

提高了道德研究的科学化水平。但另一方面，它对道德问题的过度去神秘化以及生物还原倾向也给人们带来诸多伦理困境。而相比之下，文学伦理学批评恰好在诸多方面可以形成对脑科学伦理困境的纠偏和超越。我们可以说，文学伦理学批评为解决脑科学伦理困境提供了新的思路。脑文本概念夯实了文学伦理学批评的理论基础，它关注大脑的伦理功能，而非寻找道德脑区的物质定位；它重视自我选择在"学以成人"过程中的重要作用，避免了道德进化说隐含的道德歧视；它强调人性因子对兽性因子的主导，使得那些逃避道德责任的借口难以成立。尤其是它强调文学的道德教诲功能并通过文学引导人们学会正确的伦理生活，表现了鲜明的道德立场和充分的人文关怀。

一、什么是脑文本

脑文本是文学伦理学批评理论体系中的一个核心概念，也是文学伦理学批评基础理论研究的重要突破。之所以要提出脑文本概念，是为了解决文学伦理学批评的一系列基本问题，如什么是文学、文学从何处而来、文学的功能及价值等。

对文学伦理学批评来说，文学的本质不是审美意识形态，也不是语言的艺术，而是一种物质形态的存在。"文学实际上就是文学文本，有关文学语言、文学思想等，都是就文学文本而言的，即指的是文学文本的语言及思想。由于文学指的是文学文本，这就决定了文学的物质形态，即文学是一种物质存在。"[①] 也就是说，文本是构成文学的关键要素，包括文学创作、阅读欣赏和文学批评在内，一切文学活动都必须围绕文学文本来进行，"文学的载体是文学文本，因此没有文本就没有文学"[②]。对物质文本的重视可以说是文学伦理学批评最与众不同的定义文学的方式。在早期研究中，文学伦理学批评对

[①] 聂珍钊：《文学伦理学批评导论》，北京：北京大学出版社，2014年，第19页。
[②] 同上书，第20页。

物质文本的界定还仅局限于文字文本，认为"由文字构成的文本是文学的唯一形态，因此文字文本是我们讨论文学的前提与基础"[①]。这就留下了一个理论困惑：如果说文本是文学的本质特征，而文字文本又是文本的唯一存在形态，那么口头文学究竟算不算文学？由于口头文学没有文字文本，这不就等于说口头文学不是文学了吗？显然这又是矛盾的，因为口头文学当然也是文学，而且几乎全世界大部分民族文学的最早传统都可以追溯至口头文学。既然口头文学也是文学，那么按照文学伦理学批评的观点，它就一定也有文本，那么这个文本究竟在哪里呢？这个文本就是脑文本。

在《文学伦理学批评：口头文学与脑文本》一文中，作者通过解答口头文学到底有无文本的问题，对脑文本下了定义："在书写符号出现之前，游吟诗人没有书面文学出现之后才有的这种文本。那么他们是如何传唱别人的故事呢？他们凭借的是记忆。由于没有文本，他们只能把故事记在自己的头脑里，然后通过回忆传唱。因此，游吟诗人传唱的是他们在大脑里记忆的荷马史诗和文学故事，而存储在大脑里的关于荷马史诗和故事的记忆，就是游吟诗人传唱的文学文本，这种文本我们称其为脑文本。"[②]

这个定义有效地回答了之前的理论难题，即一切文学都是有文本的，只不过文本的存在样式并不局限于文字文本，也可以是脑文本和电子文本，而脑文本又是最根本的文本。在 2017 年发表的《脑文本和脑概念的形成机制与文学伦理学批评》一文中，作者又对脑文本概念做了进一步修订和深化："什么是脑文本（brain text）？它指的是存储在人的大脑中的文本。……通过感知、认识和理解的思维过程，大脑能够将思维的结果作为记忆文本存储在人的大脑中，形成脑文本。脑文本以人的大脑为载体，是一种特殊的生物形态。人们对客观事物的感知和认知，先是以脑概念的形式在大脑中存储，然后借助脑概念进行思维，从而获取思维的结果：思想。思想是大脑在感知、认知和

[①] 聂珍钊：《文学伦理学批评导论》，北京：北京大学出版社，2014 年，第 20 页。
[②] 聂珍钊：《文学伦理学批评：口头文学与脑文本》，载《外国文学研究》，2013 年第 6 期，第 11 页。

理解的基础上对客观事物或抽象事物进行处理得到的结果,这个结果只要在大脑中存储,就形成脑文本。"① 这个定义不仅回答了什么是脑文本,而且对它的形成机制也做了解释,即人通过对事物的感知获得脑概念,运用脑概念进行思维得到思想,思想被记忆保存下来形成脑文本。脑文本是记忆的结果,能够口耳相传或者转换为文字文本,但是脑文本不能遗传。

我们必须看到,脑文本的理论是一种理论设想,还处于研究过程中。脑文本能否用科学仪器测定,仍然是一个需要研究的问题。但是,文学伦理学批评不会像神经伦理学一样纠结于有关脑文本的假设结论,如脑文本究竟是否存在,存在于大脑中的哪个区域,是否可以用功能性磁共振加以测定等。文学伦理学批评更关注的是文学创作的伦理价值和文学教诲功能。文学伦理学批评借助自己的术语体系解释文学活动及文学文本,并认为"文学概念实际上是一个伦理概念"②。

二、伦理选择与道德教诲

如前文所述,神经伦理学试图把道德意识的来源解释为生物进化的结果,并且由此划分出由低到高不同的进化阶段,这就为不同种族或者人群之间的道德歧视埋下了种子。

其实早在19世纪种族殖民主义最盛行的时候,为了替殖民主义行为辩护,各种支持种族主义的"科学发现"被制造出来,帝国主义的科学家们利用医学、考古学、人类学和生物学等各方面的"证据",试图证明其他弱势民族天生携带劣等基因,处于进化链条低端,都是需要西方帝国列强监管的

---

① 聂珍钊:《脑文本和脑概念的形成机制与文学伦理学批评》,载《外国文学研究》,2017年第5期,第29—30页。
② 聂珍钊:《文学伦理学批评导论》,北京:北京大学出版社,2014年,第25页。

"不完整的人"①。在美国黑人作家理查德·赖特的经典小说《土生子》中,黑人主人公别格因为误杀了白人小姐玛丽,就被报纸用夸张的语言渲染描述为"黑猩猩","他约莫五英尺九英寸高,皮肤极黑。他的下颚可憎地往外突出,使人想起莽林里的野兽。他的胳膊很长,摇摇晃晃地一直垂到膝盖。……他的肩膀很宽,肌肉发达,他让它们弓着,仿佛随时要向你扑来"②。所有这些夸张描述的目的不过是想把黑人与黑猩猩联系在一起,让人们认为黑人从外形到内在的道德心理都是处于进化的低端,进而为种族隔离、控制寻找借口。相比之下,文学伦理学批评所提出的伦理选择观点则为我们摆脱这种道德进化论的弊端提供了可能。

伦理选择是文学伦理学批评的又一个核心范畴,它由达尔文进化论的自然选择理论基础上发展而来。文学伦理学批评认同进化论的观点,即"人类是物种长期进化的结果"③,认为人类的进化分为自然选择、伦理选择和科学选择三个阶段。第一个阶段就是达尔文所说的自然选择,类人猿经过漫长的环境适应和物种进化逐渐成为有现代人类外形的人,但这只是一次生物意义上的选择,"这次选择的最大成功就在于人获得了人的形式,即人的外形,如进化出来能够直立行走的腿、能够使用工具的手、科学排列的五官和四肢等,从而使人能够从形式上同兽区别开来"④。不过,仅具有这种外在形式的人还不是完整意义上的人,因为人与动物最大的区别并不在于外形,而在于理性。需要强调的是,文学伦理学批评在这里所说的理性并非西方理性主义哲学传统所说的那种纯粹理性,而是辨别是非善恶的道德理性。这才是人与动物的本质区别。

---

① 参见 Teresa Guess, "The Social Construction of Whiteness: Racism by Intent, Racism by Consequence," *Critical Sociology*, Vol. 32, No. 4, 2006, pp. 654-665; Cheryl Harris, "Whiteness as Property," *Harvard Law Review*, Vol. 106, No. 8, 1993, p. 1739.
② 理查德·赖特:《土生子》,施咸荣译,南京:译林出版社,2008年,第312页。
③ 聂珍钊:《文学伦理学批评导论》,北京:北京大学出版社,2014年,第34页。
④ 同上书,第32—33页。

人是怎样获得本质的，达尔文的进化论并没有回答这个问题。文学伦理学批评认为，人要想获得以道德为本质特征的人性，必须经历人类进化的第二个阶段，即伦理选择阶段。"人类第一次在生物学的意义上完成自然选择之后，还经历了第二次选择即伦理选择。人类社会从自然选择到伦理选择再到科学选择的过程，是人类文明发展的逻辑进程。"① 生物选择的结果是人的外形，伦理选择的结果是人的本质特征。一个拥有了是非善恶观念的人，即便躯体残疾，也是真正意义上的人。

与神经伦理学有关道德进化的观点相比，文学伦理学批评的一个根本区别是，它并没有把伦理选择看作一个已然完成的进化过程，而是认为它既是整个人类社会不断完善的道德进化机制，也是要求每个人在日常生活中面临无数的道德挑战时需要不断"操演"的行为模式。对于整个群体来说，道德规范是群体进化而来的选择性的结果，但对于每个个体来说，道德意识却是仍旧需要不断"习得"的事物。而通过阅读富含伦理内涵的文学作品，逐渐在自己的头脑中建立属于自己的脑文本，这是最重要、最理想的一个习得手段。也就是说，每个人的头脑中并没有与生俱来的、作为进化结果的道德记忆，这里仍旧是一个需要不断通过伦理选择来获得道德理性的区域。这就可以避免像前文所说的神经伦理学的道德进化论那样，陷入种族主义道德歧视的泥淖。

文学伦理学批评认为，伦理选择与自然选择相比，还有一个重要区别。那就是，自然选择一般是在被动中进行的，而伦理选择则一般都是主动进行的，它是人在一种积极向善的力量的引导下做出的自我选择。这当然并不是说人在任何情况下总会做出善的选择，而是说人要想成为真正意义上的人，就必须主动做出正确的善的选择，而不是受一种生物进化而来的本能驱动。

---

① 聂珍钊：《文学伦理学批评导论》，北京：北京大学出版社，2014年，第33页。

三、自由意志与斯芬克斯因子

在文学伦理学批评的范畴体系中,斯芬克斯因子占据一个十分重要的位置。由于人是从类人猿进化而来,因此人身上就带有与生俱来的动物性本能。在西方神话里,著名的狮身人面兽斯芬克斯是一个概念模型,它身上实际上兼具人的人性和兽的兽性两种特性。前者由人头象征,后者由兽身象征。代表人性的人头是灵长类动物在经过漫长的自然选择后获得的结果;代表兽性的兽身则象征人身上依然保留着兽的本能。

就像前面所提到的保尔·麦克林的三重脑理论一样,人脑中依然保留着爬虫类脑、古哺乳类脑以及新哺乳类脑等动物性的神经生物结构。它们在很多时候仍旧会深刻影响人的行为模式,甚至会像动物一样做出无视道德和法律的自私举动。由于人是一种斯芬克斯因子存在,因此人是由两部分组成的:"'斯芬克斯因子'由两部分组成:人性因子与兽性因子。这两种因子有机地组合在一起,构成一个完整的人。"[①] 文学伦理学批评清楚地认识到,兽性因子就像人脑中的某些原始结构一样,是永远不可能被彻底清除的,它们作为漫长自然进化的结果,必然会一直保留在人脑之中,这就决定了人随时有可能被自己身上的动物性成分所左右,做出违背人性的举动。但文学伦理学批评的一个最重要的理论观点就是认为虽然人性因子和兽性因子存在二元对立关系,"但是其中人性因子是高级因子,兽性因子是低级因子,因此前者能够控制后者,从而使人成为有伦理意识的人"[②]。文学伦理学批评认为,"人性因子即伦理意识……其表现形式为理性意志";"兽性因子是人在进化过程中的动物本能的残留,是人身上存在的兽性部分"[③]。人要想成为真正意义上的人,

---

[①] 聂珍钊:《文学伦理学批评导论》,北京:北京大学出版社,2014年,第38页。
[②] 同上。
[③] 同上书,第38—39页。

就必须保持人性因子对兽性因子的主导。

　　前面提到的神经伦理学有一个重要发现,就是人的自由意志并不存在。这就是说,人的一切行为实际上都不是完全受自我意识控制的,尤其是那些不能够被察觉的生物学因素甚至对人的行为选择发挥着根本性影响,如某个脑区的微弱刺激、某根神经的活跃受阻等。由此产生的一个巨大伦理悖论就是人到底应不应该对自己的行为负责。如果"我"的行为和那些精神病人、梦游症患者的行为并无本质区别,都受某些"非我"因素的控制,那么"我"岂不是也可以同样逃避道德谴责和法律惩罚?现实生活中不正是有很多犯罪嫌疑人以作案时期所谓的"精神障碍"为借口试图逃避法律制裁吗?神经伦理学凭借高科技手段获得的实验结果却给社会带来巨大的伦理争议。如果每一个犯罪嫌疑人都提出精神鉴定,都要以自己的某种生物学意义上的"不正常"来给自己寻找开脱,我们的社会岂不是要陷入巨大的道德危机?

　　相比之下,文学伦理学批评为解决这些问题提供了启示。虽然兽性因子的存在是一种"必然",但用人性因子来控制和战胜兽性因子却是一种"应该"。即便人可以为自己的行为寻找到很多外在的和内在的理由,比如归结为社会环境因素以及自己头脑精神的生物机制等,但除非他是一个彻底的精神病患者或者是在一种彻底的、难以抗拒的非人社会环境下被迫做出某种错误举动,否则这些都不应成为他放弃主动的伦理选择的理由。

　　例如在美国黑人作家拉尔夫·艾里森的著名小说《看不见的人》的第二章中,穿插讲述了黑人佃农吉姆·特鲁布拉德与其女儿乱伦的故事。他犯下伦理重罪,为自己的行为找到很多理由,比如他归结为恶劣的天气和穷苦的生活条件:"天冷极了。我们只好挤在一块儿睡觉;我,老太婆,还有姑娘。……我睡在一边,老太婆睡在另一边,姑娘睡在当中。"① 还归结为女儿漂亮的容貌唤起他对妻子年轻时期的思念:"姑娘就像老太婆年轻的时候,就

---

① 拉尔夫·艾里森:《看不见的人》,任绍曾、张德中、黄云鹤等译,上海:上海文艺出版社,2014年,第48页。

像我初次见到她的时候的样子,只是更加好看。"甚至还有女儿自身对他的引诱:"她说了些我听不懂的话,像是个女人在卖弄风骚,讨好男人。……可是床上地方太小,我还是感觉得到她身子靠着我,往我身边贴过来。"① 似乎最终乱伦事件的发生是在睡梦之中进行的,女儿也是半推半就。但在文学伦理学批评看来,所有这一切因素显然都不是让他逃避道德谴责的充足理由,人性因子放弃了对其兽性因子约束才是导致他最终犯下伦理重罪的根源。所以,他的妻子无论如何不肯原谅他,就连牧师也拒绝相信他。即便如此,他依然认为自己是受迫的,无辜的,"我没有罪过",由此可见,他的兽性因子已主导了人性因子。

四、脑文本与伦理教诲

脑文本理论虽然始于对口头文学起源的思考,但最终还是为了更好地服务于对文学进行伦理阐释这一目的,关注的仍然是脑文本的伦理价值。聂珍钊指出:"脑文本是决定人的思想和行为的既定程序,不仅交流和传播信息,也决定人的意识、思维、判断、选择、行动、情感。……人的思想、选择和行为,包括道德修养和精神追求,都是由存储在人的大脑中的脑文本决定的。脑文本决定人的生活方式和道德行为,决定人的存在,决定人的本质。"②

从根本上说,教诲是通过脑文本发挥作用的,而脑文本主要是从文学作品转换而来。"由于文学文本尤其是书写文本和电子文本可以直接通过人的视觉器官或听觉器官转换成脑文本实现教诲的目的,因而文学是脑文本的重要文本来源。"③ 作者通过创作,把自己的脑文本转化为可以被传播和交流的物

---

① 拉尔夫·艾里森:《看不见的人》,任绍曾、张德中、黄云鹤等译,上海:上海文艺出版社,2014年,第50—51页。
② 聂珍钊:《脑文本和脑概念的形成机制与文学伦理学批评》,载《外国文学研究》,2017年第5期,第33页。
③ 同上。

质文本，读者通过阅读再形成自己的脑文本储存起来。当然，这并不等于说读者获得的脑文本就是作者脑文本的变体或次生物，因为文学伦理学批评也坚持认为读者拥有阅读的主动性，倡导回到伦理现场的积极阐释。此外，选择阅读什么样的作品，这本身就是一种伦理选择。当然，读者并非总能够预先鉴定作品的好坏，这就需要有负责任的批评家的帮助。根据脑文本的观点："一个人的思想和行为是由脑文本决定的，一个人的伦理和道德也是由脑文本决定的。因此，什么样的脑文本就决定什么样的思想与行为，或者说，什么样的脑文本决定什么样的人。"[1] 换句话说，阅读优秀的作品就更有可能获得好的脑文本，成为一个更有道德的人。

文学伦理学批评最终的目的正是实现文学作品的道德潜能，发挥其对读者的道德教诲作用，引导人们趋善避恶。这与神经伦理学倡导的临床道德治疗存在根本差异。文学伦理学批评并没有事先主观判定读者是道德病人，而只是认为所有人都有必要获得更好的道德指导，在实践中做出更好的伦理选择。它倡导用好的作品来引导读者，读者仍旧是具有选择权的主体，而非像神经伦理学那样，把人当成需要用药物或技术手段进行干预的病人。

我们可以通过一部文学作品中的例子来更好地理解文学伦理学批评所倡导的伦理教诲与神经伦理学的道德治疗之间的区别。英国小说家安东尼·伯吉斯（Anthony Burgess）在其名作《发条橙》(*A Clockwork Orange*, 1962) 中讲述了一个发生在未来的科幻故事。主人公是 15 岁的亚力克斯，他从小道德败坏、目无纲纪，打架斗殴、吸毒、抢劫、参与轮奸少女，可谓无恶不作。在他被判入狱以后，政府和警方选中他作为实验对象，计划使用一种新发明的"路德维格技术"进行治疗，目的是彻底改造像他这样从小没有道德和法律意识的顽劣之徒，据称这种治疗可以把屡教不改之徒改造好，"再也不会有

---

[1] 聂珍钊：《脑文本和脑概念的形成机制与文学伦理学批评》，载《外国文学研究》，2017 年第 5 期，第 33 页。

从事暴力行为的欲望了，也无论如何不会扰乱国家的治安了"[1]。具体做法就是先给他注射药物，然后让他目不转睛地观看各种暴力和色情画面，直到他产生厌恶反应，只要一看到与暴力和色情有关的信息，就会产生强烈的不适感，即所谓"厌恶疗法"。最终这种疗法起了作用，亚历克斯变得异常顺从驯服，就像给他注射了抑制暴力反应的疫苗一样，"除非这路氏物质变成了疫苗，在我的血管里游弋，一看到超级暴力，总是永远永远阿门地使我感到恶心"[2]。非但他自己不再使用暴力，即便别人用暴力对待他，他也完全不再反抗，甚至感觉"挨打比打人更好"[3]。也就是说，亚力克斯完全被改造成失去作恶能力的人。

虽然小说里描写的这种治疗方法与神经伦理学提出的临床道德治疗并不完全相同，但其本质并无太大差别，即都是试图用技术手段人为干预他人的行为能力，让其按照既定规范行事。如果单从技术和道德功利主义的角度来看，这种治疗方法当然是好的，它比监狱牧师的道德说教和狱警的暴力更有效，把犯人改造成对社会无害的人。但从另一方面来看，这种治疗方法又是深度可疑的。警方强迫亚力克斯观看暴力画面，也就是在他的头脑中生产出让他恶心和痛苦的脑文本；它并非真的让他学会了弃恶从善的伦理选择，而是相反，让他丧失了选择的能力，只能被迫放弃恶。正如作者在文中所思考的那样："问题是这种技术是否真的能使人向善，善心是发自内心的……善心是选择出来的。当人不会选择的时候，他就不再是人了。"[4]

与之相比，文学伦理学批评的脑文本理论就显示出积极的伦理价值。它的目的不是使用外力对人的头脑进行改造，而是呼吁用好的文学作品来感染和教诲读者，在其头脑中产生出生产性的脑文本。读者学到的不是简单的道理，而是真正进行伦理选择的主动能力。伯吉斯在小说前言部分也指出："只

---

[1] 安东尼·伯吉斯：《发条橙》，王之光译，南京：译林出版社，2016年，第94页。
[2] 同上书，第116页。
[3] 同上书，第118页。
[4] 同上书，第82页。

能行善，或者只能行恶的人，就成了发条橙——也就是说，他的外表是有机物，似乎具有可爱的色彩和汁水，实际上仅仅是发条玩具，由着上帝、魔鬼或无所不能的国家（它日益取代了前两者）来摆弄。彻底善与彻底恶一样没有人性，重要的是道德选择权。"① 而文学伦理学批评因其对人的主动的伦理选择能力的重视，超越了各种生物学意义上的道德治疗方案的伦理困境。

毋庸置疑，脑科学技术的运用大大丰富了我们对人类精神和思维活动的认知。有了先进的观测手段，人们对于大脑心灵的探索不必再像以前那样只是局限于哲学思辨和艺术想象。神经伦理学把人们对道德意识的研究大大提高到一个新阶段，变得越来越科学严谨。

然而，科学在诸多人类生活领域中是一把双刃剑。它既可以让我们勘破人类道德心灵的神秘面纱一窥究竟，甚至以脑成像的方式直接破译其内在运作机制，但同时也把高贵的灵魂还原为受制于物质定律的生物学现象。在其貌似客观科学的研究方法背后，是对人类真正崇高的道德生活的低估，并由此带来本文在前面所说的几种伦理困境，即对道德脑区的追寻导致道德被庸俗化；道德源自生物进化的设想容易助长道德歧视；对自由意志的除魅和否定致使责任追究变得不可能；对道德病的治疗会导致人的行动主体性丧失等。而文学伦理学批评在这四个方面均可带来有效的补充和超越。脑文本概念夯实了文学伦理学批评的理论基础，它把人们寻找道德脑区的物质定位的兴趣转移到思考头脑的伦理功能；它对伦理选择的强调避免了道德进化说隐含的道德歧视；它强调人性因子应当主导兽性因子，这种期许使得任何逃避道德责任的借口都难以成立；最重要的一点是，它强调以文学的道德教诲功能来积极引导人们学会正确的伦理生活，表现了鲜明的伦理立场和充分的人文关怀。

---

① 安东尼·伯吉斯：《发条橙》，王之光译，南京：译林出版社，2016年，第5页。

第十一章 时代精神的脑文本演绎

第一节 现代主义、意识流与脑文本

随着文学思潮的变迁更替，新的文学范式涌现，引领时代文学潮流，然而旧的思潮却并未完全消失，它们跟新的范式一道并流而行。在西方主流文学中，英国文学历史悠久，成绩斐然，极具代表性。在英国文学里，小说是在近代文学史上占据主流位置的文类。在时代精神的感召下，英国小说在历史上进行了多次转向，在20世纪初经历了从现实主义到现代主义的风向切换。第二次世界大战后现代主义热潮消退，又朝着现实主义风格复返，出现了"愤怒青年"一代作家。英国小说在20世纪内的变化发展历程是考察文学、脑文本和时代精神之间互动关系的极佳范本。

伍尔夫和乔伊斯等人的意识流小说是现代主义思潮的重要分支，在英国小说史上留下了浓墨重彩的篇章。现代主义小说在当时的历史背景下只是少数精英阶层的活动，占据文学市场主流的仍然是现实主义，乔伊斯和伍尔夫等具有先锋实验风格的现代主义小说家拥有的读者跟现实主义风格的小说家们不可同日而语。正是在这个意义上，伊格尔顿曾认为"现代主义潮流对于英伦三岛的本土文学来说仅仅是擦肩而过，并没有形成20世纪英国文学的主流"[①]。虽然如此，但凡论及20世纪前期英国小说，文学史重点记载的还是现

---

① 转引自盛宁：《现代主义·现代派·现代话语——对"现代主义"的再审视》，北京：北京大学出版社，2011年，第24页。

代主义小说。不同时代的作家摆脱影响的焦虑，进行文学风格的创新，并不完全是个人才智使然，背后有作者对时代精神变化的感应，同时也有文学自身发展的内在需求。在文学伦理学批评理论视域下，"人的思想、选择和行为，包括道德修养和精神追求，都是由存储在人的大脑中的脑文本决定的。脑文本决定人的生活方式和道德行为，决定人的存在，决定人的本质。一个人的思想和行为是由脑文本决定的，一个人的伦理和道德也是由脑文本决定的"①。作者的文学创作理念并不是一个单纯的文学命题，而是具有重要伦理意义的行动选择。作家个体的文学形式、主题与风格的选择由作家本人的脑文本决定。同理，一个特定时代的主流文学思潮，或者说一代人的集体文学趣味仍然是作者群体对时代精神的具象化，是脑文本运作的结果。

一、心理现实主义的脑文本物质化

早在现代主义思潮崛起之前，心理现实主义小说的集大成者亨利·詹姆斯就对心理、现实、形式和视点等重要命题进行过思考。詹姆斯在他初入文坛的作品《罗德里克·赫德森》（*Roderick Hudson*）中就展示出对思维和精神的青睐，"这部小说将艺术灵感确定为源自精神（mind），而不是内心和灵魂。这一举动反映出那个时代心理实验的进展"②。詹姆斯在小说写作实践和理论建构方面均是大家，他对小说和心理的研究贯穿了其文学生涯的始终。作为现代小说理论的奠基人，他认为多重情节的正统现实主义小说在叙事技巧上缺乏具有融合力量的形式，故而对它们报以批判和鄙夷之态。詹姆斯在1890年出版的《悲剧的缪斯》序言中毫不留情地批评萨克雷、托尔斯泰和大仲马这三位19世纪现实主义小说大师的三大名著《纽卡姆一家》《战争与和

---

① 聂珍钊：《脑文本和脑概念的形成机制与文学伦理学批评》，载《外国文学研究》，2017年第5期，第33页。
② Sarah Blackwood, "Psychology," In David McWhirter (ed.), *Henry James in Context*, Cambridge University Press, 2010, p. 277.

平》以及《三个火枪手》。詹姆斯如此表达他对这些现实主义小说在形式艺术上的不满:"这些松散肿胀的庞大怪物,忸怩作态地塞满了偶然和随意的要素,它们在艺术上有什么用?"① 詹姆斯坚持作者叙述声音应该隐退到文本之后,但非常强调文学文本跟作者心理之间的关系。他将小说定义为"对生活的一种私人和直接的印象",认为小说创作根源于作家的私人经历、认知、情感和记忆——"道德判断力和艺术判断力可以达到密不可分的地步,有个显而易见的事实真相,那就是一件艺术作品最深层次的特质都是创作者思想的特质"。②

詹姆斯所说的艺术家将自身对生活的印象转换成文学创作的过程实际上就是作家将脑概念组合成文学脑文本的过程。在文学伦理学批评视域下,"脑文本指以人的大脑为介质保存的记忆。脑文本是一种特殊的生物形态,是人的大脑以记忆形式保存的对事物的感知和认识"③。作家通过书写的方法将具有文学形式和特点的脑文本转换成书写符号,就得到文学文本,即现在所谓的书面文学。詹姆斯将小说定义为对生活的印象,实际上谈论的就是文学作品脑文本的提取过程——"脑文本存储在人的大脑里,它只能通过回忆提取"④。文学批评史上对于文学的本质和来源问题也争论已久。影响力甚广的反映论认为文学是对社会现实的反映,写作过程中涉及的一个环节就是作家对社会现实印象进行脑文本提取的过程。

英国现代主义文学思潮中,心理现实主义小说和意识流小说均重视作家和作品人物的心理过程和感知过程。詹姆斯的小说创作擅长运用特定的限知视角进行叙事,他主张小说家应该"尽量采用小说人物的眼光,客观地展示处于人物'观察下的现实',使事物在人物意识屏幕上得到丰富的投射,'以

---

① Henry James, *Theory of Fiction: Henry James*, University of Nebraska University, 1972, p. 262.
② Henry James, "The Art of Fiction," in M. J. Hoffman & P. D. Murphy (eds.), *Essentials of the Theory of Fiction*, Duke University Press, 2005, pp. 13-20.
③ 聂珍钊:《文学伦理学批评导论》,北京:北京大学出版社,2014年,第270页。
④ 同上。

最经济的手段创造最大限度的戏剧张力',使小说成为展示'意识的戏剧'"①。詹姆斯等具有现代主义意识和写作风格的作家对世界和文学特质的认知都体现了脑文本从概念形成到物质化的过程。从脑文本的形成看问题,"人的思想是应用脑概念进行思维的结果,思想的存在形式就是存储在大脑中的脑文本,是按照某种伦理规则建构的能够表达明确意义的脑概念组合。脑概念组合过程的完成,意味着人的思维过程的结束,思维过程的结束产生思想,形成脑文本。因此,脑文本是思想的形式"②。詹姆斯强调道德严肃感,提倡心理现实主义风格,反对传统现实主义过于注重外部行动和情节描写的做法,他将小说的形式和内容通过视角这个叙述技巧进行剪裁与融合。詹姆斯的心理现实主义在英国小说从传统现实主义到现代主义的"向内转"的历史进程中起了重要推动作用。

二、意识流小说与脑文本

亨利·詹姆斯的兄长威廉·詹姆斯在心理学研究领域很有建树,他通过心理学来研究人的意识,创造出了"意识流"(stream of consciousness)这个术语。现代主义运动在英国小说领域的标志性成果是意识流小说。伍尔夫在1921年发表的《现代小说》("Modern Fiction")一文中批判了20世纪初期"物质主义者"阿诺德·贝奈特(Arnold Bennett)和约翰·高尔斯华绥(John Galsworthy)等人的只关心身体而不是心灵的现实主义写作风格,指出小说应该对传统进行改进和扬弃。她主张关注普通人的普通一天里面的内心活动:"心灵接纳了成千上万个印象——琐屑的、奇异的、倏忽即逝的或者用锋利的钢刀深深地铭刻在心头的印象。它们来自四面八方,就像不计其数的原子在

---

① 转引自申丹、韩加明、王丽亚:《英美小说叙事理论研究》,北京:北京大学出版社,2005年,第119页。
② 聂珍钊:《脑文本和脑概念的形成机制与文学伦理学批评》,载《外国文学研究》,2017年第5期,第33页。

不停地簇射；当这些原子坠落下来，构成了星期一或星期二的生活，其侧重点就和以往有所不同；重要的瞬间不在于此而在于彼。"①伍尔夫关于原子、印象、心灵、意识和生活的这段论述在小说理论界广为流传，她对文学和生活的理解实际上就涉及脑文本的形成过程。"脑文本是就文本的介质而言的，它是文本的原始形态。"②伍尔夫所言心灵接纳印象的过程其实就是作者写作过程中构思的行动，具有现代主义风格的写作过程打破过去现实主义的线性思维和情节强迫症，以印象式和多线程的形式构思脑文本。

伍尔夫所推崇的心灵和意识活动也跟脑文本有密切关系。文学伦理学批评认为心灵和精神的存在离不开脑文本："精神的存在是以脑文本为前提的，没有脑文本，就不可能有对精神的认知。对心理的分析也同样如此。人的心理活动也是以脑文本为载体的，没有脑文本，心理活动就不可能存在。因此，无论精神分析还是心理分析，都要转移到对脑文本的分析上来。"③伍尔夫高度评价乔伊斯等人的意识流小说，认为这些现代小说家"力求更加接近生活，更真诚地、更确切地把引起他们兴趣的、感动他们的东西保存下来。为了做到这一点，他们甚至不惜抛弃一般小说家所遵循的大部分常规。让我们按照那些原子纷纷坠落到人们心灵上的顺序把它们记录下来；让我们来追踪这种模式，不论从表面上看来它是多么不连贯、多么不一致；按照这种模式，每一个情景或细节都会在思想意识中留下痕迹"④。伍尔夫所言原子坠落在心灵的过程其实就是作家在写作过程中构思和设计，进而形成脑文本的过程。

文学通常在具体和形象的层面运作，作家在创作时通过故事、人物、对话、场景等因素编制文本，"从创作的过程看，文学作品的创作是通过脑文本实现的。脑文本是文学作品产生的基础，是它的前提。作家最后写作出来的

---

① 弗吉尼亚·伍尔夫：《论小说与小说家》，瞿世镜译，上海：上海译文出版社，2009 年，第 7—8 页。
② 聂珍钊：《文学伦理学批评导论》，北京：北京大学出版社，2014 年，第 270 页。
③ 聂珍钊：《脑文本和脑概念的形成机制与文学伦理学批评》，载《外国文学研究》，2017 年第 5 期，第 33 页。
④ 弗吉尼亚·伍尔夫：《论小说与小说家》，瞿世镜译，上海：上海译文出版社，2009 年，第 8—9 页。

文学作品只是作家按照一定的伦理规则对脑文本进行加工和组合的结果"①。伍尔夫和乔伊斯等人扬弃了在英国小说界流行数个世纪之久、摹仿外在行动具有确定特性和逼真特性的现实主义风格，转而关注人变动不居的精神和心理世界。现代主义作家的意识流小说关注日常生活中普通人物琐碎、细腻、凌乱、无序的心理意识，试图通过艺术为无序混乱的生活重新赋予秩序。

伍尔夫在评价乔伊斯时就高度称赞他对生活的密切观察以及对精神（心灵）的重视，称之为精神主义者："他不惜一切代价来揭示内心火焰的闪光，那种内心的火焰所传递的信息在头脑中一闪而过，为了把它记载保存下来，乔伊斯先生鼓足勇气，把似乎是外来的偶然因素统统扬弃，不论它是可能性、连贯性、还是诸如此类的路标，许多世代以来，当读者需要想象他摸不到、看不见的东西时，这种路标就成了支撑其想象力的支柱。"②伍尔夫对乔伊斯写作风格和构思过程的描写是对现代主义意识流小说脑文本形成过程的生动描述。现代主义作家对意识流小说写作风格的选择其实也是一种伦理选择。现代主义作家进行构思的过程就是运用现代主义的思维范式对生活经历和文学想象进行脑概念组合的过程："人的大脑根据某种伦理规则不断对脑概念进行组合和修改，脑概念的组合形式也在修改过程中不断发生变化。不同变化的脑概念组合过程，就是不同的思维过程。思维是对脑概念的理解和运用，运用脑概念进行思维即可得到思想，思想以脑文本为载体。"③伍尔夫等人敏感地捕捉到当时英国社会正在发生的变化，并对其进行思维，形成思想和脑文本。正如伍尔夫1923年写作的《本涅特先生和布朗太太》（"Mr Bennett and Mrs Brown"）一文所言："在1910年12月左右，人性（human character）发生了

---

① 杜娟：《从脑文本谈起——聂珍钊教授谈文学伦理学批评理论》，载《英美文学研究论丛》，2018年第1期，第4—5页。
② 弗吉尼亚·伍尔夫：《论小说与小说家》，瞿世镜译，上海：上海译文出版社，2009年，第9页。
③ 聂珍钊：《脑文本和脑概念的形成机制与文学伦理学批评》，载《外国文学研究》，2017年第5期，第33页。

变化。"① 在 20 世纪初，现代主义思潮在欧洲迅速崛起，高扬叛逆和创新的姿态，在绘画、音乐、雕塑、文学等艺术领域都产生了显著的影响。英国现代主义风格小说只是这个大历史潮流中的一个分支。

第二节　脑文本的意识形态底色

总体而言，现代主义小说在当时具有先锋实验色彩，作家和读者都具有精英主义倾向。他们在文学领域极具创新精神，试图颠覆现实主义文学传统的各种写作规约，以反映现代化进程冲击下当代人的生存境遇。在现代化进程的加速冲击下，早在现实主义小说大行其道的 19 世纪，英国就有卡莱尔、阿诺德、罗斯金和莫里斯等一大批社会文化批评家对国家命运充满焦虑，他们引领了英国社会主流文化对工业文化盛行带来的机械主义、金钱崇拜和进步论等理念进行批判。在英帝国如日中天之时，这种自我怀疑和批判无疑是警世良言，属于文化流变过程中的深刻反省。

一、20 世纪的意识形态塑形

进入 20 世纪以后，随着工业精神的衰退以及英帝国的没落，英国在世界舞台上步履日益蹒跚，美国的强势崛起使之倍感凄然。在 20 世纪二三十年代，德国法西斯主义的侵略与苏联共产主义的影响遽然而至，英国文化在困境中开始主动或被动地求变维新。如果说英国文化界在 18 世纪和 19 世纪的主基调是对大国鼎盛时期充满自信基础上进行的自我反省，那么到了第二次世界大战后，回旋在帝国废墟斜阳之上的是英国文化人对国运低迷之时的无奈和

---

① 关于这个概念的翻译，学界也有分歧，比如盛宁将其译为"人物形象"。参见盛宁：《现代主义·现代派·现代话语——对"现代主义"的再审视》，北京：北京大学出版社，2011 年，第 127 页。

失望情绪。

时代的变化给英国的社会构造带来深刻的改变，年轻一代作家浸润在新的历史文化中生活和写作，他们对当前社会的感知、认知和思考都无法摆脱意识形态的塑形作用。法国哲学家特拉西（Antoine Destutt de Tracy）将意识形态定义为观念的科学，试图采用一种较为客观和科学的方法研究人脑中的观念与思维。黑格尔、费尔巴哈、马克思、恩格斯、阿尔都塞、葛兰西等人都对意识形态进行过深入研究。阿尔都塞运用结构主义方法继承和发展了马克思意识形态理论的实践维度，将意识形态定义为一种虚假的意识，是一种表象体系，"这些表象统摄着个人或一个社会团体，它们与'意识'无关，而只是人与世界的一种关系或一种再现体系。即意识形态是不可缺少的，人必须依赖它，也就是在意识形态中发现自己"[①]。阿尔都塞意识形态理论的基本命题认为"意识形态无所不在，意识形态就是主体性，我们通过观照自己的意识形态镜像获得身份"[②]。意识形态对生活在其中的社会个体具有无法逃避的塑造力量，是人们认识世界、历史和自我的必经之路，只有通过意识形态的召唤，人才能进行自我选择。

作家和作品都是一种历史的存在，受到时空的限制。作家的大脑在处理信息的过程中，感知世界、获取素材、进行抽象化或艺术化构思的过程都受到意识形态无处不在、无时不在的巨大影响。作家对文学作品进行构思，形成脑文本。脑文本的形成跟作家自身的人生经历、教育程度、感情生活甚至一些偶然感悟有关，同样跟作家所在的社会伦理、政治制度、经济体制、宗教信仰和价值观念等众多宏大的意识形态体系密不可分。归根结底，在脑文本形成过程中，伦理诉求起到关键作用。英国小说在20世纪中期的裂变就很好地证明了这个状况。

---

① 转引自李丽：《论阿尔都塞的意识形态理论》，载《世界哲学》，2018年第2期，第34页。
② 转引自陆扬：《论阿尔都塞的意识形态理论》，载《中国人民大学学报》，2015年第1期，第139页。

二、从现代主义重返现实主义

现代主义文学思潮活跃于第一次世界大战前后,待到第二次世界大战接踵而至之时,英国遭遇了近代以来前所未有的外在危机。此后,英国文化在世界冷战格局中开始分裂与变化。在帝国的斜阳里,英国人并未放弃探索文学救赎之道,由于时代精神的变迁,在现代主义思潮退却之后,英国文学开始孕育后现代主义思潮。与此同时,英国文坛又出现了一次以"愤怒青年"(Angry Young Men)为标志的向现实主义风格复返的潮流。从现代主义到后现代主义,其间既有延续,又有断裂,这是晚期资本主义体制下文学形式本身内在的发展逻辑。从现代主义复返到现实主义,并不是简单地回到原点,而是重新征用现实主义的写实风格和批判性,对20世纪中期英国社会的时代精神通过文学虚构叙事做出回应。第二次世界大战后英国小说潮流的裂变反映了特定历史条件下作家群体对事物的感觉、认知、理解和思考,进而利用文学虚构叙事来形成不同风格的脑文本的过程。

第一次世界大战后,随着美国、德国和苏联的快速崛起,英帝国的全球统治力日趋下降。第二次世界大战以后,英帝国的辉煌旧梦渐行渐远,英国社会文化进一步转向,在后现代性与后殖民思潮的冲击下产生分裂衍生的新变化。在文学脉络的流变上,英国文化界在第二次世界大战后对现代主义和世界主义失去兴趣,转而复返到专注于描述写实风格和英国特性。恰逢此时,左翼势力在英国迅速兴盛,出现了大量带有左翼文化色彩的现实主义文学作品。英国本土及其所属殖民地在第二次世界大战中受到沉重打击,国际地位在战后加速衰落。在1945年形成的"雅尔塔体系"世界格局中,英国仍然占有一席之地,但无疑已被弱化,世界历史走进美苏争霸时代。英国的势力范围在欧洲和亚非拉地区不断退缩,数百年来建立的世界殖民体系面临土崩瓦解,1949年4月签署的《伦敦宣言》重新缔造了一个松散的国际组织"国家联邦"（Commonwealth of Nations）。《伦敦宣言》取得的核心共识其实是去英国化，将原来的"英联邦"（the British Commonwealth of Nations）变成"国家联邦"（Commonwealth of Nations）。往昔辉煌的日不落帝国正式黯然落幕。在1945年的大选中，刚刚带领英国走出第二次世界大战硝烟的首相丘吉尔以明显劣势败给了工党领袖克莱门特·艾德礼，人心思变之迫切可见一斑。

走出第二次世界大战硝烟的英国人不仅发现国土一片废墟，文坛也是人才凋敝。战后十年之内，英国文坛还算热闹，接连有人获得诺贝尔文学奖，在国际文坛显示英国文学的存在感。然而此时支撑英国文脉的是从美国移民过来的T. S. 艾略特（1948年诺贝尔文学奖），以及并不以文学为"主业"的伯特兰·罗素（1950年诺贝尔文学奖）和丘吉尔（1953年诺贝尔文学奖）。英国文坛出现青黄不接的现象，一大批曾经纵横文坛的重量级作家已然去世：叶芝（1939），弗吉尼亚·伍尔夫（1941）、乔伊斯（1941）、乔治·奥威尔（1950）、萧伯纳（1950）。在诗歌领域，本应成为英国文学新一代领军人物的中青年诗人旗手奥登离开了英国，并于1946年加入美国籍；迪伦·托马斯诗风绚丽浪漫，可惜英年早逝；而菲利普·拉金和泰德·休斯都是蛰伏到50年代后期才获得充分认可。在戏剧领域，哈罗德·品特此时还未崭露头角，爱尔兰裔的贝克特在四五十年代之交正在摸索从小说到戏剧的转型，此外，他写于50年代初期的小说三部曲《马洛伊》《马洛纳之死》和《无名的人》都是先用法语写作然后译成英文，甚至他最著名的荒诞派戏剧《等待戈多》都是1953年1月在巴黎进行首演，直到1955年8月才在伦敦演出。此时英国的新闻审查制度较为严格，此剧演出内容被迫删减和修改，甚至几乎禁演。在小说领域，亨利·格雷厄姆·格林依旧不瘟不火，而年轻一代的威廉·戈尔丁、安格斯·威尔逊、艾丽丝·默多克、多丽丝·莱辛等人都羽翼未丰，J. R. R. 托尔金的《魔戒》写作于50年代中期，但此时还未真正大红大紫。

战后英国文学界在写作风格与旨趣上出现大的分歧：诗歌领域出现了两

种不同的脉动:"一是传统英国诗歌,即主要自华兹华斯以来确立的所谓英国性,与现代主义诗歌所带来的冲击之间的不断地互动;二是坚持精英色彩的诗歌风格和趋向多元文化的诗歌风格,在英国诗坛中心和边缘之间持续地措置。"[①]大学才子为主导的"运动派"诗人占据了重要地位,他们崇尚英格兰特性和日常平凡生活;小说领域的主要潮流明显是复返现实主义,叙事风格和主题都没有革新意识;戏剧领域则出现较强的实验精神,"荒诞派"运动造就了英国戏剧史上的又一个高峰,而开启这个高峰序幕的是"愤怒青年"一代作家旗手约翰·奥斯本的《愤怒的回顾》。

第二次世界大战之后,在现代主义高潮已然远去、后现代主义潮流还在蓄势之际,英国文坛出现了一股以"愤怒青年"作家群体为代表的现实主义回头潮。以乔伊斯和伍尔夫为首的现代主义小说家们在20世纪前期决然摆脱现实主义传统长久以来的规约,以叛逆者的姿态打破成规。到了第二次世界大战之后,种种试图重振英国举措均无实质性进展,短暂乐观氛围消退之后,取而代之的是愤怒情绪。"愤怒青年"这一代作家的姿态同样跟现代主义一样玩世不恭和离经叛道,但是他们笔下并没有现代主义前辈作家那种温文尔雅和缱绻怀旧,也没有像贝克特等后现代主义作家那样走向极致地以游戏的态度描写一个荒谬和无意义的世界,没有对宏大叙事和传统价值观产生根本的怀疑,也没有对文学的教诲功能和伦理价值产生截然的幻灭。在帝国破碎的民族梦和苦闷的个人生活双重打击下,他们以更直观的姿态发泄出对现实的愤怒和不满。现实主义文学不仅是一种文学形式,还是一种与社会历史进展密切呼应的社会文化思潮,体现了时代的精神气质。正如蒋承勇所言:"通常,某一种艺术风格和创作手法可以超越历史,但某种'精神气质'必然是特定历史阶段的产物。"[②]"愤怒青年"一代作家在20世纪50年代不约而同地

[①] 王守仁、何宁:《20世纪英国文学史》,北京:北京大学出版社,2006年,第112页。
[②] 蒋承勇:《十九世纪现实主义"写实"传统及其当代价值》,载《中国社会科学》,2019年第2期,第161页。

放弃了现代主义先辈们对心理、意识和精神的关注,将关注点从内心世界转移到外部世界,这个作家群体叙事风格的选择背后有着深刻的历史动因。

"愤怒青年"一代作家自幼成长的生活经历和接受的教育都受到当时资本主义社会关系的制约与塑形,他们接受当时社会宗教、伦理、哲学和文学艺术等意识形态范畴的制约与塑形,他们的脑文本无形之中受到当时意识形态力量的规定和强制,在左翼文化的强大影响下,产生出一种具有左派倾向的主体意识。在文学伦理学批评看来:"人们对客观事物的感知和认知,先是以脑概念的形式在大脑中存储,然后借助脑概念进行思维,从而获取思维的结果:思想。思想是大脑在感知、认知和理解的基础上对客观事物或抽象事物进行处理得到的结果,这个结果只要在大脑中存储,就形成脑文本。"[1]由此可见,"愤怒青年"一代作家的现实主义写作风格的形成,不仅是他们个人秉性和偏好的选择结果,更是20世纪中期英国意识形态复杂境况对他们大脑感觉和认知进行塑形的历史实践过程。

三、时代的呼唤与"愤怒青年"的崛起

在20世纪中期,英国小说潮流从现代主义向现实主义转向的过程中,左翼力量起了重要的推动作用。左翼力量在英国政坛由来已久。左翼文学也有着悠久的历史,最早可追溯到18世纪末。自20世纪以来,左翼文学力量发展尤为迅猛。到了20世纪前期,从莫里斯到萧伯纳和乔治·奥威尔等人,这些作家都对革命、工人运动、社会主义和乌托邦等议题进行过深刻思考。1917年俄国十月革命胜利,1922年苏联成立,将马克思主义从理论成功付诸社会实践,为左翼力量带来强劲动力。在此历史背景下,英国左翼读书俱乐部(Left Book Club)于1936年5月成立了,在全盛时期,它"拥有会员

---

[1] 聂珍钊:《脑文本和脑概念的形成机制与文学伦理学批评》,载《外国文学研究》,2017年第5期,第30页。

57000 人，学习小组 1500 个"，"会员以外的读者有人估计在 50 万以上"，出版了包括斯诺的《西行漫记》在内的 150 种书籍。[①] 20 世纪 30 年代的左翼政治和文化氛围深刻地影响到文学领域："1929—1933 年的世界性经济危机和法西斯主义对英国社会的笼罩使英国左翼文学在 1930 年出现高峰，数百部左翼小说发表。"[②] 不仅是小说界在 20 世纪 30 年代表现出左翼倾向，诗歌领域同样如此。奥登在这个红色年代里脱颖而出，成为英国诗坛青年一代的领军人物和左翼青年作家领袖，他跟史本德（Stephen Spender）等人一起发起了左翼诗歌运动。

苏联和德国在 1939 年 8 月签订了互不侵犯条约，引起了俱乐部成员集体层面的路线纷争。加上第二次世界大战爆发等多重因素的叠加，左翼读书俱乐部在 40 年代初期迅速衰落，最终在 1948 年解散。虽然英国左派力量并未能在 30 年代直接促成国家政治与社会面貌发生显著变化，但是左翼政治和文化运动在英国的蓬勃发展延续了英国文化传统中隐形却传承已久的激进基因，它通过报刊、读书俱乐部、文学作品、政论等形式，广泛传播了现代西方政治运动中的左派文化，启发了英国国民对左派文化的认知，为左派文化在将来的复兴与崛起创造了土壤。

随着第二次世界大战的到来，英国左派文化在 20 世纪 40 年代进入相对沉闷的休眠期，待到第二次世界大战结束，随着工党在 1945 年上台执政，它又迅速开始活跃。工党组阁后推出一系列的福利国家改革政策，在美国马歇尔计划的扶持下，英国经济得以迅速恢复，民众生活水平飞速提高。但是形势的发展出乎左翼人士的意料，1951 年丘吉尔率领保守党重新执政，扭转乾坤，继而丘吉尔内阁的外交大臣罗伯特·安东尼·艾登在 1955 年的大选中大获全胜，他"所得到的拥护超过英国历任首相"，保守党也"成为一个世纪以

[①] 程映红：《30年代英国左翼读书俱乐部运动述评》，载《史学理论研究》，1998 年第 1 期，第 123、124 页。

[②] 陈茂林：《20 世纪英国左翼文学研究宝典：评〈现代英国左翼小说研究指南〉》，载《外国文学研究》，2010 年第 3 期，第 166 页。

来第一个通过大选扩大自己在议会中多数的政党"。① 然而艾登的首相生涯高开低走,威望迅速下降,英国政府在1956年苏伊士运河事件中惨败,他迫于压力于1957年1月"因身体原因"辞职。战后的英国政坛风向不断变化,但是经济快速恢复的步伐却从未停止。人们发现经济发展了,进入物质条件上生活富足的"丰裕社会"(affluent society)以后,整个民族在精神面貌上居然出现了背离。民众对国家与社会的不满情绪日益高涨。

左翼思潮在英国不断酝酿,正值此时,英国"愤怒青年"一代作家群体闪亮登场,人才辈出。20世纪初期英国文坛充满实验精神的现代主义早已耗尽动能,不再吸引读者,此时最有存在感的毫无疑问是"愤怒青年"作家群体。到了50年代,出现一系列描写青年人对社会体制表达愤怒感的作品。和这个文学流派联系在一起的作家通常有金斯利·艾米斯(Kingsley Amis)、约翰·韦恩(John Wain)、约翰·奥斯本(John Osborne)、柯林·威尔逊(Colin Wilson)、艾伦·西利托(Alan Sillitoe)、比尔·霍普金斯(Bill Hopkins)和约翰·布莱恩(John Braine)等人。在20世纪50年代"愤怒青年"文学潮流气焰旺盛之时,凡是作品中涉及批判社会现实而且以青年人为主角的小说都会被批评家划归到这个阵营,比如说艾丽丝·默多克都一度被冠以此称号。②

在这个文学思潮中,可以名载史册的文学作品有约翰·韦恩的小说《每况愈下》(Hurry on Down, 1953)、金斯利·艾米斯的小说《幸运的吉姆》(Lucky Jim, 1954)、约翰·奥斯本的戏剧《愤怒的回顾》(Look Back in Anger, 1956)、柯林·威尔逊的哲理批评文集《局外人》(The Outsider, 1956)、约翰·布莱恩的《上流社会》(Room at the Top, 1957)、艾伦·西利托的《星期六晚上和星期天早晨》(Saturday Night and Sunday Morning, 1958)等。克罗尔指出,这个文学思潮"主要关注个体以个体身份同他所处社会之间的冲

---

① 阿伦·斯克德、克里斯·库克:《战后英国政治史》,王子珍、秦新民译,北京:世界知识出版社,1985年,第106—108页。
② Malcolm Bradbury:《现代英国小说》,北京:外语教学与研究出版社,2005年,第350页。

突",那些主人公的原型"受过良好的教育"而且"充斥着动物能量",另外还有一个特性就是"强烈的个体主义意识"。[1] 这群作家都是年少成名,他们的作品表达的都是青年人的反抗精神,对维持既得利益集团运转的正统文化和社会机制表示不满,然而具体到作家个体身上,他们的写作风格和精神面貌又各不相同。

关于这个情形,评论家米特曼对英国"愤怒青年"一代作家做了很好的总结:比尔·霍普金斯最含蓄(或者说最谨慎),艾米斯最和蔼与豁达,威尔逊最洋洋自得,韦恩在估量自己的优点和局限时同样挑剔。[2] 米特曼此言甚有洞见,霍普金斯的作品浸有尼采和存在主义思想,因而显得含蓄;艾米斯用幽默笔调描写中产生活,因而和蔼豁达;威尔逊的哲理文集直接探讨人的异化,探寻作为抗争能量的创造力,因而给人意气风发和洋洋自得的印象;韦恩不仅创作了多部小说,还是一个知名的文学批评家,故而在谋篇布局和行文措辞之时皆深知进退之道。

艾米斯将英国在20世纪50年代之所以刮起"愤怒青年"风潮的原因归纳如下:战后七八年英国文坛青黄不接的时代背景、这批作家的中下社会阶层阶级出身、他们的作品以关注工作问题为内容。[3] "愤怒青年"文学流派的主将金斯利·艾米斯和约翰·韦恩参与了菲利普·拉金等人引领的"运动派"诗歌团体。"运动派"在1956年发表了由苏联史专家康库斯特(Robert Conquest)主编的诗歌合集《新诗行》(*New Lines*),金斯利·艾米斯和约翰·韦恩的作品都被收录其中。约翰·奥斯本出身于普通工人家庭,和左翼力量有着天然的亲和感。青年作家青睐左翼力量,这在当时的世界政治话语谱系中是有章可循的。"运动派"作家将乔治·奥威尔奉为政治和文学领域的双重

---

[1] M. Kroll, "The Politics of Britain's Angry Young Men," *The Western Political Quarterly*, No. 2, 1959, p.556.
[2] L. B. Mittleman, "Interviews with Britain's Angry Young Men by Dale Salwak," *World Literature Today*, No. 3, 1985, p. 436.
[3] D. Salwak & K. Amis, "An Interview with Kingsley Amis," *Contemporary Literature*, No. 1, 1975, pp.2–3.

楷模；威廉斯和汤普森等新左派知识分子同样受到奥威尔的深刻影响。①虽然韦恩等人对奥威尔的解读同威廉斯等人的阐释不尽相同甚至间或抵牾，但一个不容否认的事实是，"愤怒青年"和新左派的思想源脉在一定程度上都继承了奥威尔的左翼文化遗产。

这一年轻作家群体敏锐地捕捉到当时英国社会的最新动向，不约而同地采用尖锐辛辣的写实风格描写那个时代的社会问题，这并不是一个历史的偶然或巧合，在很大程度上是因为他们感应到了时代精神，在思维力和判断力上产生了具有类似价值取向的行为，他们的文学写作行为是脑文本决定的结果。文学伦理学批评认为"脑文本是决定人的思想和行为的既定程序，不仅交流和传播信息，也决定人的意识、思维、判断、选择、行动、情感……脑文本决定人的生活方式和道德行为，决定人的存在，决定人的本质"②。这批主要活跃于20世纪50年代的英国小说家大都在红色的30年代度过童年或少年时期，他们自幼接触到各种具有左翼文化色彩的政治生态和文化生活，他们头脑中的价值体系和行事作风都受到左翼文化潜移默化的影响。

第三节　左翼现实主义文学与时代精神

1956年12月，牛津大学学生主办的杂志《查威尔》（*Cherwell*）旗帜鲜明地指出，"愤怒青年"文学思潮是"我国独具时代精神（Zeitgeist）的文学"③。在"愤怒青年"作家群体中，约翰·韦恩和金斯利·艾米斯最早出版各

---

① J. Rodden, "The Rope that Connects Me Directly with You: John Wain and the Movement Writers' Orwell," *A Quarterly Journal Concerned with British Studies*, No. 1, 1988, p. 59.
② 聂珍钊：《脑文本和脑概念的形成机制与文学伦理学批评》，载《外国文学研究》，2017年第5期，第33页。
③ 转引自 A. Marwick, "Youth in Britain, 1920—1960: Detachment and Commitment," *Journal of Contemporary History*, No. 1, 1970, p.50.

自的代表作,他们在这一代青年作家中最早发出"愤怒青年"潮流的声音。他们二人有着相似的教育和工作经历,都出生于中下层的中产阶级家庭,都曾就读于牛津大学的圣约翰学院,毕业后分别在雷丁大学和斯旺西大学任教。韦恩在1953年出版了《每况愈下》(又译《误投尘世》或《大学后的漂泊》),艾米斯在1954年出版了《幸运的吉姆》。《每况愈下》是"愤怒青年"潮流中出版最早的作品,它关注的是大学毕业生面临的彷徨与失落,在社会体制的重重压制下,年轻人出人头地的机会实在渺茫,因而在绝望和郁闷中对社会产生愤怒与失望情绪。《幸运的吉姆》属于英国文学史上较早的校园题材小说,它以玩世不恭的笔调强烈讽刺大学校园里的精英文化与守旧体制。艾米斯对战后英国文坛有着巨大的影响力。厄普代克1979年8月20日在《纽约客》撰文评述艾米斯的小说时甚至断言:"若是战后英国小说在国际舞台上显得琐碎而动人,金斯利·艾米斯肯定难辞其咎。"[1]英国新左派核心成员雷蒙·威廉斯在《大学与左派评论》1958年夏季刊发表了《现代主义和当代小说》一文,威廉斯在其中评论了艾米斯和其他"愤怒青年"作家。威廉斯认为唯有现实主义可以为我们提供生活所必需的"合一性"(wholeness),这种"合一性"可以调整个体与社会之间的关系,让我们组建具有凝聚力和情感的共同体。[2]威廉斯受到马克思和卢卡契的影响,将文学视为把握社会整体的一种模式。在这个意义上而言,"愤怒青年"一代作家在当时选择现实主义风格来写作体现的是一种符合当时历史境况的伦理选择。爱里希·奥尔巴哈指出,人被再现为"嵌进一个包括政治、社会、经济在内的整体性现实之中,这种现实是具体而又处于不断演变之中"[3]。以"愤怒青年"为代表的英国小说中的现实主义风格复兴,体现出现实主义这一文类与生俱来的历史意识、伦理自觉和批判担当。这股向现实主义复返的文学思潮投射出当时青年一代作家在形

---

[1] John Updike, *Hugging the Shore: Essays and Criticism*, Random House, 2013, p. 279.
[2] R. Williams, "Realism and the Contemporary Novel," *Universities and Left Review*, No. 4, 1958, pp.24-25.
[3] 转引自雷内·韦勒克:《批评的概念》,张今言译,杭州:中国美术学院出版社,1999年,第241页。

成文学作品的脑文本过程中对时代精神的感应和呼应。

一、现实主义文学的政治感知

20世纪50年代英国愤怒青年这一代人"似乎缺乏政治热情,他们脱颖而出之时,恰逢英国正经历一段战争结束之后的政治和精神冷漠的低谷期"[①]。"愤怒青年"思潮主要由青年人推动,他们往往出身于社会底层家庭,有机会接受较好的教育,随着工党上台执政,进行民主社会主义改革,这些青年对国家的复兴抱有很高期盼,对自己的前途也充满雄心壮志。1951年丘吉尔带领保守党卷土重来之后,他们发觉一切似乎又回到了原点,现实无法让人满意,但是在右翼势力当道的时代,他们无法取得更大的作为。在缺乏社会流动性的社会中感受到无形的压抑,他们对社会与现实感到不满,却看不到希望,更无法找到拯救之道,因此只得以愤怒的方式表达自己。英国"愤怒青年"文学思潮勃兴于1956年前后,其间恰逢"新左派"运动的发轫。国内外学界在论述英国"愤怒青年"文学思潮时基本都会涉及左翼文化运动。莫顿·克罗尔做出过一个极具代表性的评判,他得出的结论是"这种文学仅仅在一定程度上松散地维系在一项不温不火的社会主义事业(a tepid Socialist cause)之上"[②]。

英国"愤怒青年"采取的是传统的文学表达方式,他们的标准画像是一群西装革履的年轻绅士,出身社会底层,希望在社会阶层上获得地位的攀升,却看不到国家复兴的希望,也看不到改变自己命运的机会,因而产生愤怒,但他们最终将愤怒向内引导,对其进行压抑,而不是用外在行动发泄出来,就外在行动而言,这些愤怒青年仍然是"有上进心"的好孩子。"愤怒青年"的怒火所向的并不是要推翻现有的正统文化和社会体制,愤怒的原因在于自

---

① L. Paul, "The Angry Young Men Revisited," *The Kenyon Review*, No. 2, 1965, p. 344.
② M. Kroll, "The Politics of Britain's Angry Young Men," *The Western Political Quarterly*, No. 2, 1959, p. 557.

己无法得到这个正统文化的认可,也无法在这个社会体制里获得成功,他们对正统文化和社会体制还抱有期望,并没有完全失去信心。"愤怒青年"希望激烈地改变社会既定秩序,获得社会公平,但是在保守势力的压制下,这种美好的愿景无法实现,在压抑之下,产生愤怒,他们的政治姿态与立场无疑具有鲜明的左派文化特质。

左派势力于20世纪30年代和60年代在西方资本主义世界掀起两波高潮,在英国造就了两个"红色十年"。"愤怒青年"现实主义文学思潮发生在20世纪50年代,是战后英国反正统文化运动在文学领域的主要地标。文学界与文化界都参与到这两个红色年代的社会塑形过程,"愤怒青年"现实主义文学思潮处于这两个红色年代的夹缝中,既秉承并受惠于30年代老左派文化遗产,又呼唤并在一定程度上推动了新左派文化运动的产生。英国保守党在1951年上台之后采取了较为稳健和守成的政策,沿袭了很多工党政府制定的政策,在相当长的时间里坚持了旨在振兴英国的"战后共识",并未对左翼力量进行大规模肃反和清洗。

"愤怒青年"现实主义风格的文学与社会思潮征兆的是英国文化观念流变历史上即将裂变发展的重要阶段。正因为有了之前红色30年代左翼文化的渲染和滋养,经过40年代的沉寂之后,在世界政治格局和本国历史情景的共同刺激下,在50年代末期,英国文化传统中激进的基因才再度活跃起来。50年代后期开始,直至六七十年代,英国涌现一大批具有鲜明左翼色彩的文学与文化批评家,其中雷蒙·威廉斯、C. P. 斯诺、爱德华·汤普森和斯图亚特·霍尔等人是个中翘楚。英国左翼势力在多年的酝酿之后又掀起一个新的高潮,迎来新左派政治文化运动的全面兴盛。与此同时,英国小说在50年代向后现代主义迈出了演进的重要一步。塞缪尔·贝克特在著名的剧作《等待戈多》之外还出版了英文版小说三部曲《马洛伊》《马洛纳之死》和《无名的人》,解构了叙事传统形式,"无论从哪方面讲,都表明了50年代小说方面最激进的变革"①。

弗雷德里克·詹姆逊认为文学是社会的象征性行为,他指出:"历史不是文本,不是叙事,无论是宏大叙事与否,而作为缺场的原因,它只能以文本的形式接近我们,我们对历史和现实本身的接触必然要通过它的事先文本化,即它在政治无意识中的叙事化。"② 20世纪中期的这批具有现实主义风格的"愤怒青年"作家受到当时英国时代精神的感召,在各自的文学作品中就以集体无意识的形式体现出这种对日常生活进行政治化介入的思考。他们对历史的认知是通过文本的形式进行的;同时,他们在构建自身作品的脑文本时又将这种历史意识带入其中。黑格尔将哲学视为"对于事物的思维着的考察",他认为情绪和思维无法截然分开,"充满了我们意识的内容,无论是哪一种内容,都是构成情绪、直观、印象、表象、目的、义务等等,以及思想和概念的规定性的要素"。③ 在文学伦理学批评范畴中,脑文本形成的过程就是通过人的意识、感知和认知形成脑概念,抽象的概念、观念、价值体系或意识形态以脑概念的形式存储在作家头脑之中,在创作过程中,他们又受到时代精神的感召以及个人生活经历的激发对这些脑概念进行选择、重组、移植、嫁接、变形、替换等编辑工作,然后通过具象的文学技巧创作出文学作品,用文字形式将脑文本进行物质化定型。

二、脑概念与文学风格转向

作家受到时代精神的感召,并将其体现在自己的作品之中。写作就是作家将脑概念转化成书写符号的劳动过程。脑文本的构成单元是抽象的脑概念。"脑概念是对客观事物的抽象定义,是用于指称某一具体事物或抽象概念的术

---

① 安德鲁·桑德斯:《牛津简明英国文学史》,谷启楠、韩加明、高万隆译,北京:人民文学出版社,2000年,第882页。
② 弗雷德里克·詹姆逊:《政治无意识》,王逢振、陈永国译,北京:中国社会科学出版社,1999年,第26页。
③ 黑格尔:《小逻辑》,贺麟译,北京:商务印书馆,1980年,第38、40页。

语。"① 在作家的认知过程中,作家先产生脑概念,然后再将脑概念组合成脑文本。英国20世纪文学史上的"愤怒青年"一代作家这一流派概念源自约翰·奥斯本的剧本《愤怒的回顾》。1956年5月8日,时年27岁的约翰·奥斯本的剧本《愤怒的回顾》在皇家宫廷剧院首演,获得巨大成功,在题材与语言上都极大冲击了英国观众,被盛赞为英国新戏剧里程碑式的作品,"在现代英国戏剧史上标志着一次'革命'或一个'分水岭'"②。《愤怒的回顾》不同于考瓦德(Coward)和T. S.艾略特等人的戏剧,它描写"工人阶级和中下层阶级的生活,尤为关注家庭现实主义",故而常常还被视为极端现实主义戏剧(kitchen sink drama)。③《愤怒的回顾》准确地捕捉到50年代中期弥漫在英国年轻人中间的愤怒与怨气,而且将"愤怒"二字直接嵌入剧名之中,成为"愤怒青年"作家群体的标志性作品。在《愤怒的回顾》所形成的历史氛围中,不少青年作家也发表了表达类似伦理诉求的作品。

同年,年仅24岁的柯林·威尔逊也发表了他的第一部作品,哲理批评文集《局外人》,在英美和欧陆均引起强烈反响。"愤怒青年"作家通常将来自底层社会的青年人作为主人公,关注他们在社会上前途无望的苦闷与愤怒,用幽默的笔调表达他们的叛逆心理,描写这些小人物动荡不安的生活。正因如此,1963年夏天,欧洲作家在列宁格勒(今圣彼得堡)召开座谈会,代表英国发言的安古斯·威尔逊对英国小说状况进行点评,他将金斯利·艾米斯和约翰·韦恩的小说称为"流浪汉小说"(picaresque novel)。④ "愤怒青年"作家群体敏锐地观察到英国社会在第二次世界大战后掀起的大规模中产阶级化过程中的焦虑心理。"愤怒青年"作家通过脑概念进行思维,在创作过程中还将各自的脑文本以文字符号的形式具体化,成为文学作品。他们之所以选择了

---

① 聂珍钊:《脑文本和脑概念的形成机制与文学伦理学批评》,载《外国文学研究》,2017年第5期,第31页。
② 安德鲁·桑德斯:《牛津简明英国文学史》,谷启楠、韩加明、高万隆译,北京:人民文学出版社,2000年,第872页。
③ M. Drabble, *The Oxford Companion to English Literature*, Oxford University Press, 2000, p. 561.
④ A. Wilson, "Condition of the Novel (Britain)," *New Left Review*, No. 1, 1965, p. 36.

现实主义文学风格，在很大程度上是源于一种直面社会不公正现实的伦理诉求。他们并没有采取现代主义那种带有精英主义倾向的小资生活方式，也没有采用后现代主义那种玩世不恭和荒诞不经的姿态，而是直面生活现实中的各种粗糙棱角。他们对生活的认知、写作过程中头脑中脑概念的形成跟当时的政治氛围密不可分。

在20世纪50年代—60年代，英国政坛开始了较大规模的洗牌，保守党和工党在领导集团和组织成员方面都出现了非常明显的中产阶级化趋势。在工党"新当选的议员中，体力劳动者出身的议员比例下降幅度更大，从1945年的39.2%下降到1974年的仅占4.6%"；保守党里面土地贵族出身的议员人数减少，"出身于工商企业界的议员在50年代至60年代初停留在议员总数的35%左右的水平上，1970年大选后则猛增到55.5%，1974年大选后又增加到62.5%"。[①] 其实20世纪50年代出现的"愤怒青年"潮流也是一种旨在描写英国社会问题的小说。和一百年前响应卡莱尔号召而描写英格兰状况的那批作家不同，这些年轻人更具有左翼倾向，20世纪以来的共产主义运动和英国国内的现状使他们认清了阶级利益冲突的残酷性，不再简单诉诸英国文学界一直秉持的"同情心"和"宽容"等道德理想。他们不断摸索解决之道，却处处碰壁，理想幻灭之下，只能以愤怒的方式发泄不满。

"新左派"政治文化运动于1956年在英国文化界已渐成燎原之势。当年世界政坛接连发生三件大事：赫鲁晓夫在苏共二十大上引发了关于斯大林历史地位的广泛讨论、苏军军事干涉匈牙利、英法联军入侵苏伊士运河。霍尔、威廉斯、霍加特等具有左翼思想倾向的英国知识分子开始深入审视斯大林的思想遗产和民主社会主义的发展路径。1957年英国出现了两份较为激进的期刊——《新理性者》(*The New Reasoner*)和《大学与左派评论》(*Universities and Left Review*)，两年后这两份期刊合并成为著名的《新左派评论》(*New*

---

① 刘杰：《战后英国共识政治的成因》，载《史学月刊》，2005年第2期，第61页。

Left Review)。《大学与左派评论》于1957年春创刊,当期载有2篇文学与社会评论,其中之一就是大卫·马库恩德撰写的《幸运的吉姆与工党》。马库恩德充分肯定了《幸运的吉姆》等作品对日常琐碎生活细节的关注以及对主流文化的抗拒,他进一步指出,艾米斯和韦恩等人小说的主人公之所以会对社会愤愤不平,却又无处发泄,是因为他们不像30年代左翼知识分子那样可以投身工党左翼或者共产党,失去了为之奋斗的事业,"他们是一支等待旗帜到来的部队,久等不来,就成了一群散兵游勇"[①]。马库恩德的评语很好地概括出"愤怒青年"作家群体的松散状况。"愤怒青年"一代作家虽然都表现出对社会体制的愤怒反抗,但并没有统一的纲领或者组织,艾米斯等人甚至公开反对将自己纳入"愤怒青年"这个标签下。

布拉德伯里在界定"愤怒青年"文学时也指出,这个称呼有简单化和误导嫌疑,因为其阵营中的作家并非每个人都表现出愤怒的特征,并进而指出横贯"愤怒青年"文学潮流的两个重要维度:"变化中的文化(changing culture)和新的知识精英(new meritocracy)。"[②] 新的知识精英指的是英国教育领域义务教育制度的改革完善惠及了更多社会底层的孩子,使他们读完高中甚至有机会上大学。"愤怒青年"文学流派中的《每况愈下》《幸运的吉姆》《愤怒的回顾》和《上流社会》等作品所关注的基本上都是在校大学生、大学教师或者刚参加工作不久的青年人,这些人差不多都是出生于社会底层的工人家庭,他们期望在社会流动中往上攀升,出人头地,在奋斗过程中就感到前途无望,在希望破灭之后产生愤懑情绪。第二次世界大战后的这批新知识精英其实并不是英国文化中真正意义上的"精英"(elite),随着高等教育的逐渐普及,昔日培养天之骄子和知识精英的大学如今已经降低门槛,向寻常底层百姓敞开门户。奥斯本、威尔逊和写作《上流社会》的约翰·布莱恩都是出身于工人阶级家庭,读完高中以后参加工作,并开始写作生涯。即便是在

[①] D. Marquand, "Lucky Jim and Labor Party," *Universities and Left Review*, No. 1, 1957, p. 57.
[②] Malcolm Bradbury:《现代英国小说》,北京:外语教学与研究出版社,2005年,第337页。

大学担任教职的金斯利·艾米斯和约翰·韦恩,表面看来他们确实在社会流动上攀升到更高的阶层,但实际上仍然很难融入高等教育体制的精英文化阶层。"愤怒青年"作家群体的不同作家,对当时社会的物象或抽象的存在物进行认知,通过视觉、听觉、感觉等方式将其转换成脑概念,存储在大脑中,在写作时都不约而同地采用现实主义风格写作小说,对当时英国的社会现实进行伦理化的阐释。在文学伦理学批评视域下,"就文学创作说,大脑通过感知认识世界,获取创作素材,这类似于计算机的信息输入;通过认知将创作素材抽象化、概念化,形成脑概念,这类似于计算机的编码;脑概念存于大脑的记忆中类似于计算机的存储;人的大脑对脑概念进行处理的过程就是人的思维过程,按照某种规则将脑概念组合起来进行思考以获取新的意义,这类似于计算机的运算处理;计算机将处理的结果存储在电子介质中得到电子文本,而人的大脑将思维的结果存储在大脑中,就得到脑文本"[1]。英国20世纪中期这批小说家对于现实主义风格的选择体现了作家创作过程中脑概念和脑文本的重要作用。

　　现实主义旨在再现社会现实。正如韦勒克所言,"现实主义必须是'历史主义的'"[2]。现实主义写作风格成为英国20世纪中期英国小说界的主流。在20世纪中期从现代主义向现实主义风格复返以及同时向后现代主义转向的裂变思潮,表现出当时人们对历史境况和时代精神的思考。在20世纪50年代,贝克特具有鲜明后现代主义的作品都没有直接在英语文化中生根发芽,而是先用法语,然后才回译成英文。在20世纪五六十年代,后现代主义开始在英国酝酿和潜行,对英国社会影响最大、占据小说界主流的是"愤怒青年"一代作家的现实主义小说。第二次世界大战以后英国社会文化生态的变化对青年一代作家产生了重要影响,他们试图通过自己现实主义风格的文学来再现

---

[1] 聂珍钊:《脑文本和脑概念的形成机制与文学伦理学批评》,载《外国文学研究》,2017年第5期,第30页。
[2] 雷内·韦勒克:《批评的概念》,张今言译,杭州:中国美术学院出版社,1999年,第241页。

社会结构和时代精神,通过文学文本以虚构叙事的方式触及历史。"愤怒青年"一代作家受到20世纪中期英国主流意识形态的影响,他们运用脑概念对社会生活进行思考,进而形成脑文本,写作风格的选择行为受到脑文本的控制,这是一种时代社会心理在文学领域的直接反应。在英国政治、经济和文化领域均在全面向左转的年代里,他们感同身受地变得激进,充满了改革理想,然而苦闷压抑的现实又让他们的政治激情无法得到释放,转而向文学寻求一种象征性解决社会问题的方式,用文学教诲和批评的形式作用于读者,为读者建构脑文本提供范例。从这个意义上来说,这也是英国"愤怒青年"一代作家文学实践行动表现出来的社会责任感和道义担当。

第十二章 | 斯芬克斯因子与脑文本

第一节 斯芬克斯因子的形态

马克思在谈到古希腊的艺术和史诗时曾说："有粗野的儿童，有早熟的儿童。古代民族中有许多是属于这一类的。希腊人是正常的儿童。他们的艺术对我们所产生的魅力，同它在其中生长的那个不发达的社会阶段并不矛盾。"[①]马克思为什么会提出这样的论断？在人类的童年时代，儿童是否只有"粗野""早熟"和"正常"之分？这三类儿童在发展的过程中是否有先后顺序？马克思的"三类儿童论"对我们追溯人类文明起源、构建人类伦理秩序有何启示？据陈炎所述："马克思笔下的三种'儿童'无非是人类早期文明三种不同路径的形象表述，而这三种不同的文明路径也就在很大程度上决定了西方、中国、印度这三大人类群体的'文化基因'。"[②]换句话说，西方是正常的儿童，中国是早熟的儿童，印度是粗野的儿童。针对陈炎的观点，王汝良撰文回应，指出其观点存在偏颇之处。他认为，在人类儿童时代，无论是中国、印度还是希腊，实际上都经历了粗野、早熟或者正常阶段，不能过于武断地对"三类儿童"进行简单归类。马克思所论及的"粗野"儿童实际上指的是曾重创古罗马文明的北欧日耳曼蛮族，而"早熟"的儿童则意指较早建立封建专制

---

① 马克思：《〈政治经济学批判〉导言》，中共中央马克思恩格斯列宁斯大林著作编译局编：《马克思恩格斯选集》（第二卷），北京：人民出版社，1972年，第114页。
② 陈炎：《如何理解马克思笔下的三种"儿童"》，《光明日报》，2014年5月5日，第011版。

政权的东方民族。"希腊文明是人类童年文明的巅峰,而这种'正常'文明的孕育并非由于铁器使用所带来的生产力的提高,相反,在很大程度上是由于人们对自然和社会现象不能作出科学解释而产生的天真幻想,如希腊神话和史诗。"① 马克思认为,希腊之所以是"正常"的儿童,是因为希腊人所创造的文明在整个人类发展史上最具典范性和代表性,其中对"人"的成长所进行的思考也最为成熟。关于这一点,我们能从古希腊神话中找到诸多例证。本节内容从斯芬克斯之谜谈起,探讨斯芬克斯因子的形态与特征,进而对斯芬克斯因子与意志和情感的关系展开研究。

一、斯芬克斯之谜

在素有古希腊最高悲剧之称的《俄狄浦斯王》中,存在着一个广为流传的谜题,即"斯芬克斯之谜",就人的本质这一问题发出诘问。作为人类童年时代的经典寓言故事,斯芬克斯之谜所探寻的正是关于"何以为人"的问题:"什么动物早上起来四条腿、中午两条腿、晚上三条腿?"答案毫无疑问是"人"。在这个谜语中,有一个值得关注的点,那就是人首先是作为"动物"存在的。换句话说,人身上有着与动物一样的特质。那么,人是什么时候和动物区别开来的呢?斯芬克斯的谜语正是揭示这一问题的关键。根据《神谱》(*Theogonia*)记载,斯芬克斯身世特殊,其生母厄喀德那(Echidna)传说是一个半神女、半蟒蛇的怪物,不仅生性凶残、喜食生肉,而且由于其拥有自然神女的一半身体,因此长生不老。厄喀德那先是与同为怪物的提丰(Typhaon)结合并生下四个孩子,分别为牧犬俄耳托斯(Orthus)、五十个脑袋的看门狗刻耳柏罗斯(Cerberus)、水蛇许德拉(Hydra)和狮羊蛇三头怪客迈拉(Chimaera)。后来又与自己的孩子牧犬俄耳托斯相恋,生下了两个孩

---

① 王汝良:《也谈马克思笔下的三种"儿童"——与陈炎先生商榷》,《中国社会科学报》,2015年2月2日,第008版。

子：一个是人面狮身的斯芬克斯，另一个是一头狮子。①换句话说，斯芬克斯实际上是母亲与哥哥乱伦的产物。针对斯芬克斯的外形，众多古希腊文艺作品均给出了较为详细的描述，人兽同体是其最明显的体貌特征。根据斯芬克斯的身世得知，其拥有的部分人形主要继承自母体的自然神女基因。但是，仅靠这部分遗传并不足以令其拥有完整的人类外形。

在《俄狄浦斯王》中，剧作家把"斯芬克斯之谜"作为重要的主线内容巧妙地安排在情节设计中，以推动故事的叙事进程。虽然斯芬克斯并未直接出场，却作为情节"发现"和戏剧"突转"的关键一环，让剧情蒙上了悲情的色彩。在剧中，斯芬克斯在悬崖处设下谜题，路过的行人要是答不出便会被其一口吃掉。不少路人成为它的盘中之物，其中就有忒拜国国王克瑞翁之子。为报杀子之仇，克瑞翁以让出国王身份为许诺发布告示，吸引了俄狄浦斯的到来。这就为俄狄浦斯答出斯芬克斯的谜语，继而被推举为忒拜的新国王，之后迎娶自己的亲生母亲埋下了伏笔。斯芬克斯及其谜语的重要性由此可见一斑。

为什么人兽同体的斯芬克斯能提出有关人类成长的谜语呢？俄狄浦斯为何又能轻松解出斯芬克斯的谜语呢？这就得与俄狄浦斯的身世结合起来看。根据《古希腊神话与传说》（*Ancient Greece: Myths And Legends*）记载，忒拜前国王拉伊俄斯（Laius）在年轻时遭遇国破家亡的人生变故，转而投奔邻国国王佩洛普斯（Pelops），并被任命为王子克律西波斯（Chrysippus）的授业恩师。然而，由于贪恋少年王子的美色，拉伊俄斯不仅诱拐了少年，更导致其途中死亡，背叛了佩洛普斯的恩宠与信任。这桩人为的祸事惊扰了婚姻主神赫拉，女神因此降下惩罚，诅咒拉伊俄斯将被自己的亲生儿子所杀，而其子在他死后，还将与其妻乱伦生下一堆孩子。②无独有偶，斯芬克斯出现在忒拜

---

① 参见赫西俄德：《工作与时日 神谱》，张竹明、蒋平译，北京：商务印书馆，2009年，第37—38页。

② 参见斯威布：《古希腊神话与传说》，高中甫、关惠文、晓辉译，北京：燕山出版社，2002年，第152—168页。

城设谜害人,也是赫拉派去惩罚忒拜人的。可以说,斯芬克斯与俄狄浦斯打从一开始就落入了命运精心铺设好的棋局。正如荣格所说,"俄狄浦斯破解了那个简单幼稚的谜语,就以为自己已经战胜了母亲神派来的斯芬克斯,殊不知他已然成了母系乱伦的牺牲品"①。由于斯芬克斯本身就是母兄乱伦的结果,因此,俄狄浦斯在斯芬克斯死后取而代之成为一方霸主,某种程度上也暗示了其即将陷入乱伦的旋涡。

如果我们把斯芬克斯的出场仅仅看作是为"成全"俄狄浦斯的"英雄行径"而设立的一个"路障",那无疑是曲解了"斯芬克斯之谜"本身的含义,因为"斯芬克斯关于人的谜语实际上是一个怎样将人和兽区别开来的问题"②。作为一个被赫拉派往忒拜执行"任务"的怪兽,斯芬克斯并未思考自己的言行意味着什么。它拥有人形的脑袋,就意味着其拥有了人的伦理意识,只不过层次尚浅罢了。随着谜语的破解,斯芬克斯的伦理意识从混沌走向清明,对"何为人"的问题有了全新的认识。最终,斯芬克斯选择停下吃人的残暴行为并跳崖自杀身亡。"斯芬克斯之谜并非一般意义上的人的存在之谜,对斯芬克斯之谜的探索也不是泛义的对人的存在之谜的探索,而是人类发展进程中的必不可少的伦理选择,是人类在经过第一阶段的自然选择之后所留下的一个伦理命题。"③斯芬克斯从设谜吃人到跳崖自杀,实际上是其完成了作为人的伦理选择:如果斯芬克斯没有人的伦理意识,那就意味着其会继续吃人,而不会主动跳崖自杀;如果斯芬克斯具备了人的伦理意识,自然就明白了其谜语的真正含义,但由于其人兽同体的外形在外人看来终究属于"非人"一类,于是,为了证明自己是一个有着伦理意识的"人"而非"兽",斯芬克斯毅然选择跳崖自杀,实现了伦理意识的觉醒和升华。

---

① 卡尔·古斯塔夫·荣格:《转化的象征——精神分裂症的前兆分析》,孙明丽、石小竹译,北京:国际文化出版公司,2011年,第155页。
② 聂珍钊:《文学伦理学批评导论》,北京:北京大学出版社,2014年,第37页。
③ 吴笛:《追寻斯芬克斯因子的理想平衡——评聂珍钊〈文学伦理学批评导论〉》,载《外国文学研究》,2014年第4期,第21页。

二、斯芬克斯因子的形态

从斯芬克斯从生到死的故事中，我们发现，人只有具有了伦理意识，才能真正和兽区别开来。否则，即便有了人的外形，也不具有人的本质，与兽无异。斯芬克斯尽管有着人的脑袋，却同时有着狮子的身体、鸟的翅膀和蛇的尾巴，这副"人兽混杂"的躯体象征性地明喻了人身上难以消退的动物性特征。从它身上可以看出，人类的伦理意识是由人头驱动的，而正是这种伦理意识把人同兽区别开来。因此，斯芬克斯之谜的故事实际是一则有关人兽区别的寓言：人类在完成生物性选择或者说自然选择之后，必将进入第二次选择，即伦理选择阶段。唯有如此，人类才能拥有完整的伦理意识，进而建立起人类独有的理性思维和道德法则。

根据文学伦理学批评的观点，人身上存在着"斯芬克斯因子"（Sphinx factor）：

> 斯芬克斯形式上最重要的特点是人头和兽身结合在一起。这个特点有三个方面的意义：一是说明人在形式上最重要的特点是头脑，这是人类经过生物性选择的结果。二是人的头脑的象征性，表明人类经过长期进化完成生物性选择之后，已经具有了理性的萌芽。三是狮身说明人是从兽进化而来的，人的身上在当时还保留着兽的本性。我们把人头和狮身结合在一起的特点称为斯芬克斯因子。

> "斯芬克斯因子"由两部分组成：人性因子（human factor）与兽性因子（animal factor）。这两种因子有机地组合在一起，构成一个完整的人。在人的身上，这两种因子缺一不可，但是其中人性因子是高级因子，兽性因子是低级因子，因此前者能够控制后者，从而使人成为有伦理意识的人。斯芬克斯因子能够从生物性和理性两个方面说明人的基本特点，即在人的身上善恶共存的特点。①

---

① 聂珍钊：《文学伦理学批评导论》，北京：北京大学出版社，2014年，第38页。

"斯芬克斯因子"的定义及其两种形态表明，每个人身上都有善恶并存的特性。在物种进化的过程中，人类始终保留着兽性的一面，而兽性因子就是人类的动物性本能，主要体现为原始欲望。这里需要特别注意的是，兽性因子并不等同于兽性，因为兽性是动物的本质属性，兽性因子则是人身上的一种特征。无论人类文明发展到何种程度，人身上依旧残留着动物性的特征。在理性意识成形后，人逐渐拥有了有别于兽的伦理意识，那就是人性因子。人性因子由人的伦理意识构成，是人得以为人的本质特征。在两种因子的博弈中，人性因子作为高级因子，在管理能力上高于兽性因子，因此，在人的理性作用下，人性因子能有效地控制兽性因子。人性因子和兽性因子的不同组合与变化决定了人的不同伦理判断和伦理选择。

"斯芬克斯因子"的出现回应了达尔文主义中关于人类起源的未解之谜。达尔文强调人是通过进化而来，但人获得人的形式后是如何走向文明时代的，对此他并未给出明确答复。在斯芬克斯因子的理论体系中，人类经历自然选择，即人类通过生物进化而拥有了人的外形之后，必将经历伦理选择，从而获得人的本质属性。斯芬克斯因子表明，通过伦理选择，人类身上的人性因子才能控制兽性因子，最终在伦理意识的作用下从本质上与动物区分开来。马克思关于人类童年时代的论述也指出，由于生产力水平的限制，人类文明发展程度各有不同，所谓粗野的儿童、早熟的儿童和正常的儿童，都意在说明人类发展过程中的差异。粗野儿童和早熟儿童的出现都是由于早期人类的伦理意识发展不成熟；而正常儿童的诞生，则表明人类的伦理意识已然形成，人在具有人的本质属性的基础上，已经和兽彻底区分开来，成为伦理意义上存在的人。

三、斯芬克斯因子与人的意志

一个人要成为伦理存在的人，其身上的斯芬克斯因子必须始终处于理性状态，一旦兽性因子失去约束和控制，就会从人变成兽。根据文学伦理学批评的理论，人身上斯芬克斯因子的组合与变化，主要通过一个人的意志体现出来。"人的意志主要有4种基本类型：自然意志、自由意志、非理性意志和理性意志。"[①]自然意志和自由意志相近，都是一种不受理性约束的意志力，是兽性因子的体现。但是自然意志和自由意志又有一些细微的区别：自然意志是一个人与生俱来的意志力，与一个人的本能紧密相连；而自由意志则是人的心智能力，产生于人的欲望，与一个人的直觉密切相关。理性意志是一种受理性约束的意志力，是人性因子的体现。理性意志是理性驱动的结果，主要控制和约束自由意志和自然意志，对一个人的言行产生重要影响。"理性意志由特定环境下的宗教信仰、道德原则、伦理规范或理性判断所驱动。理性意志属于伦理学范畴，它以善恶为标准约束或指导自由意志，从而引导自由意志弃恶从善。"[②]理性意志与自然意志或自由意志同属不可分割的意志整体，就像兽性因子与人性因子相互作用一样，理性意志之所以能抑制自由意志，也是得益于人性因子能有效地控制兽性因子。一个人在自由意志的驱使下犯下罪行，主要动因也是由于其兽性因子未能得到有效的控制，进而导致了自由意志的泛滥。"自由意志和理性意志是相互对立的两种力量，文学作品常常描写这两种力量怎样影响人的道德行为，并通过这两种力量的不同变化描写形形色色的人。"[③]

和自由意志不同，非理性意志同样是理性作用下的结果。非理性意志是一种与理性意志相对的意志力。那么，非理性意志到底是兽性因子还是人性因子呢？这里需要说明的是，非理性意志既是人性因子的体现，也是兽性因子的体现，因为其主要表现形式可归纳为"激情"和"冲动"这两类。从个体的自主视角来看，任何在激情与冲动作用下进行的伦理选择都是基于自己

---

① 聂珍钊：《文学伦理学批评导论》，北京：北京大学出版社，2014年，第278页。
② 同上书，第253页。
③ 聂珍钊：《文学伦理学批评：伦理选择与斯芬克斯因子》，载《外国文学研究》，2011年第6期，第8页。

的理性判断。而在他人眼里，非理性意志操纵下做出的伦理选择显然是不合情理的。再者，非理性意志的产生虽是兽性因子未能得到合理控制的原因所致，但这并非意味着个人意志的完全失控，事实上，人的思维能力仍处在理性意志的影响范围内。而斯芬克斯因子的复杂性也在于此，由于两种因子始终处在相互作用及转化的过程中，所以有时候难以明晰到底是理性意志还是非理性意志占据上风。

斯芬克斯因子的相互转化与情感的动态变化紧密相连。人的意志是斯芬克斯因子的表现形式，而人的情感则是意志的表现形式。人的情感可以分为理性情感和非理性情感。其中，理性情感是一种道德情感，是理性意志的表现形式，受制于人性因子的影响，而非理性情感则是不符合道德的情感，是一种自然情感，是非理性意志的表现形式，受制于兽性因子的影响。"由于人的斯芬克斯因子的特性，人性因子和兽性因子在伦理选择中形成的不同组合导致人的情感的复杂性，即导致自然情感向理性情感的转化或理性情感向自然情感的转化。文学作品就是描写人在伦理选择过程中的情感是如何转换的以及不同情感所导致的不同结果。"[①]比如说，在美国剧作家爱德华·阿尔比的作品《山羊，或谁是西尔维娅？》(*The Goat, or Who Is Sylvia?*, 2002)（以下简称《山羊》）中，主人公马丁（Martin）作为一个德高望重的工程师，无论在单位还是家里，都有着极高的地位。但正是这样一个成功人士，却在郊区爱上了一只雌性山羊，并和这只山羊交媾，最终引发家庭矛盾，落入伦理纷争。为什么马丁会陷入"人兽恋"中不能自拔？说到底，是马丁身上的兽性因子不能得到有效约束和控制，导致自然情感泛滥，从而诱发违反伦理的行为。在他人看来，他这种行为无疑是非理性意志驱动的结果。但在马丁自己看来，他的选择却是经过深思熟虑的，是他理性意志发挥作用的结果。

[①] 聂珍钊：《文学伦理学批评导论》，北京：北京大学出版社，2014年，第250页。

第二节　斯芬克斯因子与脑文本的生成

斯芬克斯因子作为人类独有的思维意志属性，两个因子的组合与交锋一方面决定了人不同的意志活动，另一方面也显现出人不同的情感走向。特别是在文学作品中，通过描写斯芬克斯因子之间的变化与冲突，作家不仅能够揭示人物性格形成的原因，而且可以展现人物情感变化和伦理选择的过程与结果。与此同时，文学伦理学批评认为，一个人之所以具有区别于兽类的伦理意识，根本原因就在于其头脑中储存有各种不同的"脑文本"。脑文本作为一个种特殊的生物形态，主要由脑概念组成。脑概念是思维的工具，通过人脑的思维活动形成各种不同的脑概念，进而组成脑文本。由于一个人的思维活动受制于意志的影响，因此，斯芬克斯因子同时也影响着人的思维活动。斯芬克斯因子的不同组合与变化催生出不同的意志表现，而不同的意志表现又影响着人的思维活动及脑概念的排列组合，并最终影响脑文本的生成和转换。在这个过程中，人的自我选择得以产生。

一、脑文本的形成和传播

根据赫西俄德在《神谱》里的记载，斯芬克斯作为赫拉的手下，曾在女神的指导下学过一些简单的谜语，其中就包括有关"何为人"的谜语。对于斯芬克斯来说，它不仅是这则谜语的出题者，同时也是解谜者。它要做一个不同于兽的"人"，除了要知道谜面与谜底，还必须弄清谜题背后的深意。人要同兽区别开来，就需要首先拥有人的伦理意识，只有这样才能成为真正的人。因此，斯芬克斯头脑中的谜语实际上就是斯芬克斯头脑中的"脑文本"。为什么这么说呢？作为一个人兽一体的生物，斯芬克斯在其伦理意识产生之前，尽管已经有了人类的头，但从严格意义上说，它并不是一个完整的人。对于赫拉为什么对它下达"设谜吃人"的指令，斯芬克斯并未想通其中缘由，它只是把"设谜吃人"这个指令储存在大脑中，作为行动的蓝本。随着"何为人"的谜底揭晓，斯芬克斯的大脑在"设谜吃人"的基础上开始进一步的思考，逐渐生成了新的脑文本，并由此带来诸多疑问。第一，自己是人还是兽？对于这个问题，斯芬克斯有足够的理由怀疑自己，尤其在它来到忒拜城郊开始执行女神任务后，自然会拿自己人兽同体的外形与忒拜人做比较，从而认识到自身与人类的体貌差异。第二，自己是要做人还是做兽？一旦知道什么是"人"，斯芬克斯就很难再退回到从前的无知状态。伴随着伦理意识的形成，它下一步的思考便围绕着做人还是做兽展开。如果想要做人，就必须停止吃人；如果选择做兽，就要继续吃人。显然，脑文本在这个阶段的发展态势已经令斯芬克斯明白了人与兽之间的区别。第三，如何做人？对于斯芬克斯来说，由于具备了一定的伦理意识，也清楚了自己外形与普通人类的区别，对自己的身份进行了确认，明白了作为人是不应该吃人的。斯芬克斯如果要做人，自然要停止吃人的行为。然而，女神的指令不可违抗，斯芬克斯就算获得了伦理意识的脑文本，终究还是无法自主实现从兽变人。面对两难境地，斯芬克斯只能选择跳崖自杀，以死向世人表明自己的伦理抉择。

脑文本作为一种特殊的生物形态储存在人的大脑中。一个人打从娘胎开始，就不断运用自身的感知力去认识外部世界，并在意识之海里储存各种各样的信息。随着脑文本的日益丰富，人的伦理意识逐渐形成。

脑文本是编写人类思想和行为的程序代码，不仅负责储存和传播信息，同时也操纵着人的意识、思维、判断、选择、行动、情感等。脑文本就如同戏剧表演的脚本，脚本如何，直接关系到表演本身。人的思想和行为，道德修养和精神追求，都是由人大脑中的脑文本决定的。脑文本决定人的生活方式和道德行为，决定人的存在，决定人的本质。一个人的思想和行为受脑文本支配，一个人的伦理观和道德感也由脑文本管控。因此，脑文本是人能够做出伦理选择的前提和基础。

斯芬克斯头脑中脑文本的来源渠道属于"口耳相传"。尽管《神谱》《古希腊神话与传说》或其他古希腊神话著作中都未曾提及赫拉对斯芬克斯的教导方式，但答案并不难找，因为在遥远的古希腊时代，信息的传播主要依靠口述。在神话里，哪怕是无所不能的天神想要传达信息，也得依靠信使。文字发明以前，人类文明的主要传承方式便是"口耳相传"。因此，我们可以确定，赫拉输送给斯芬克斯的谜语，就是通过口耳相传的方式完成的。不仅如此，有关人类早期文明的神话、传说和故事都是通过口耳相传的方式得以传承。在书写符号出现之前，神话、传说、史诗、民间故事、戏剧表演等都作为脑文本保存在听众和看客的头脑中，并借助于口头表达进行传播。直到书写符号的出现，人的脑文本才以文字或图画的形式被记录下来。像《荷马史诗》就是一部典型的先由口耳传播，后得书面传承的文艺作品。"脑文本的存在表明，即使在书写符号出现之前，文学的流传也是以文本为前提的，同样是文本的流传，只不过这种文本与我们现在所熟悉的物质文本不同，是一种脑文本的流传。"[①]

在人类文明发展史上，脑文本的存在发挥着至关重要的作用。如果人类没有脑文本，也就没有各种书面符号的出现，自然也就不会产生其他形态的文本。文学伦理学批评认为："口头文学的流传，实际上是脑文本的流传。就文本的载体而言，文本有三种基本形态，除了脑文本，还有书写文本和电子（数字）文本。"[②] 从文本的三种形态来看，斯芬克斯所接触的"谜语"无疑只是第一种文本，即脑文本。那么，斯芬克斯的脑文本是通过赫拉的"口述"就直接储存到其头脑中的吗？显然不是，因为"脑文本"是一个整体的概念，所有文本都是由具体的概念所组成。无论是人兽同体的斯芬克斯，还是初

---

① 聂珍钊：《文学伦理学批评：口头文学与脑文本》，载《外国文学研究》，2013年第6期，第11页。
② 聂珍钊：《脑文本和脑概念的形成机制与文学伦理学批评》，载《外国文学研究》，2017年第5期，第31页。

生的幼儿，都不可能直接吸收和消化来自外界的"脑文本"。他们需要借助各种各样的概念，并在理解概念的基础上对信息进行组合、加工，进而形成脑文本。这些信息在形成脑文本之前属于"脑概念"："脑概念是对客观事物的抽象定义，是用于指称某一具体事物或抽象概念的术语。脑概念从来源上说可以分为两类，一类是物象概念，一类是抽象概念。"[1] 各种各样的物象概念和抽象概念组成各种各样的脑概念，而脑概念经过储存和转化又演变为脑文本。

二、脑文本由脑概念组成

脑文本是由脑概念组成的，脑文本包含着一个或多个脑概念。例如婴幼儿在成长过程中，首先从具体的事物开始学习，也就是从物象概念开始感知世界，随着婴幼儿的成长，物象概念逐渐转换成抽象概念。"物象概念的形成要经过感知、认知和理解的过程，也就是从印象到定义而实现理解物象的整个过程。在认知过程中，对物象的感知产生印象，印象经过大脑的处理实现对物象的定义，产生概念，实现对物象的理解。"[2] 由此，我们可以得出如下结论：脑概念的形成需要经过"感知—认知—理解"这三个步骤。

感知是一种初级阶段的认识，比如婴幼儿既可以通过实物或图片知道苹果的存在，又可以经由现实的苹果了解其可食用性。在见过苹果的外形和品尝过味道之后，关于苹果的体验就形成了脑概念。脑概念的形成过程依赖于人的多个器官，比如视觉器官、听觉器官、味觉器官、嗅觉器官、触觉器官等，尤其是对声音、图片的感知、认知和理解过程。脑文本正是在脑概念的组合与变化中逐渐形成的。

---

[1] 聂珍钊：《脑文本和脑概念的形成机制与文学伦理学批评》，载《外国文学研究》，2017年第5期，第31页。
[2] 同上。

脑概念是思维的工具，通过其组合与变化促进人的思维，并在思维的过程中形成各种各样的脑文本："人的大脑根据某种伦理规则不断对脑概念进行组合和修改，脑概念的组合形式也在修改过程中不断发生变化。不同变化的脑概念组合过程，就是不同的思维过程。思维是对脑概念的理解和运用，运用脑概念进行思维即可得到思想，思想以脑文本为载体。"[①] 换句话说，脑概念的组合与变化过程就是人思维的过程，人的大脑就是借助于脑概念而得以思维，并在思维的基础上，形成人的伦理意识。因此，思维的过程实际上就是脑文本形成的过程。一个人的思想是否丰富多彩，取决于其头脑中是否储存有足够多元的脑文本。因此，思维对于脑文本的形成具有重要的意义。比如作家需要不断积累写作素材，然后通过思维活动找出最为合适的文学形式进行创作。"脑文本是文学作品产生的基础，是它的前提。作家最后写作出来的文学作品只是作家按照一定的伦理规则对脑文本进行加工和组合的结果。"[②]

　　那么，我们的大脑是如何对脑概念进行组合和修改的呢？这就要回到斯芬克斯因子的作用机制上来。一个人的思维活动受制于意志的变化，而意志又受制于斯芬克斯因子的变化。反过来说，斯芬克斯因子的不同组合与变化导致了不同的意志表现，而不同的意志表现又影响着人的思维活动，进而影响了脑概念的组合与变化过程，最终决定了脑文本的形成，也就是决定了人的思想，进而决定一个人的伦理意识和伦理选择。比如，一个人由于兽性因子未能得到有效控制，于是任其自然情感随意泛滥，并在非理性意志的驱动下，对各种伦理规则视而不见，从而犯下窃取情报或偷盗财物的罪行。

[①] 聂珍钊：《脑文本和脑概念的形成机制与文学伦理学批评》，载《外国文学研究》，2017 年第 5 期，第 33 页。
[②] 杜娟：《从脑文本谈起——聂珍钊教授谈文学伦理学批评理论》，载《英美文学研究论丛》，2018 年第 1 期，第 4—5 页。

三、斯芬克斯因子对脑文本的作用

由前文可知,斯芬克斯通过"口耳相传"的方式从天神那儿习得谜语,形成了自己的脑文本。随着认知的不断积累,其头脑中保存的脑概念不断变化组合,逐渐生成新的脑文本。这也是斯芬克斯在本质上同兽区别开来的前提。换句话说,如果斯芬克斯没有形成脑文本,那么,它对自我身份的诘问和反思就根本不可能发生。

在人的大脑中,如果没有保存任何形式的脑概念,就不会对有关人类文明的知识产生反应,也不会构建出脑文本,那这个人实际上就是一个空心人。例如,尽管狼孩从本质上说是人类的孩子,由于不在人类社群中生活,因而没有形成脑概念的机会,自然也就不具备人的思维,构建不出"做人"的脑文本。和狼群长期生活在一起的狼孩所学会的仅仅是一些野外生存的经验,如果永远不让其接触社会、接触人类,狼孩最终只会成为一个具有人类形式的"狼类动物"而已。由此可见,由于斯芬克斯长期跟随在赫拉身边,耳濡目染地吸收和存储了各种各样的脑概念,并在这些脑概念的组合与变化下形成了不少脑文本。如果斯芬克斯头脑里没有相关脑文本,它既不会吃人,也不会思考怎样做人。只有当斯芬克斯在伦理意识的作用下不断生成新的脑文本,才能最终完成其伦理选择。

关于脑文本的生成问题,首先需要关注斯芬克斯因子对脑文本的作用。脑文本由脑概念组成,脑概念是在思维活动中形成的,思维活动直接受制于一个人的意志和情感,而意志和情感的变化又与斯芬克斯因子的组合与变化联系在一起。换句话说,斯芬克斯因子对思维的影响过程就是脑概念组合的过程,而思维的活动过程就是脑文本形成的过程。如果一个人在兽性因子的驱使下去接触各种恶习或者各种感官的刺激,那么这个人自然而然就会走上道德败坏的道路。对婴幼儿来说,如果其父母或身边的人在兽性因子的驱动下给予了婴幼儿错误的引导或示范，必然对其脑文本的形成过程产生负面的影响。如果一个人在人性因子的控制下见贤思齐、择善从之，自然会将有关善行的脑概念存入脑中，从而对那些与恶行相关的脑概念避而远之或有则改之。

需要说明的是，脑文本在吸纳各类脑概念的同时，反过来又会对人的思维活动构成影响。当一个人知识渊博、视野开阔、心胸开阔，那么就代表他头脑中有着丰富的脑概念和脑文本，在面对各种诱惑的时候，其人性因子便能有效地控制兽性因子，进而避免做出错误的言行。然而，斯芬克斯因子的复杂性就在于，哪怕是再博学多才的人也可能会因难以抵御欲望的诱惑而犯下伦理大罪。这就说明，一个人能否做出正确的伦理选择，并不取决于脑文本的数量，而在于其体内斯芬克斯因子的博弈。

第三节　斯芬克斯因子与脑文本的提取和选择

脑文本和脑概念都是人脑通过记忆的方法保存的对事物感知、认知、理解和思考的结果。人类通过记忆的形式将脑文本储存于大脑，然后通过回忆的方式对其进行提取和再现。

就记忆而言，脑文本和脑概念都是记忆的对象。就脑文本和脑概念而言，记忆是方法。记忆的过程分为两步：理解和回忆，而前者是后者的前提。人的思维只有理解了才能储存，之后才能通过回忆的方式提取出脑文本。所有储存于人脑中的比如预言、神谕、传说、谎言、许诺、契约、合同、遗言、遗嘱、警告、诅咒、谚语、秘密、梦境、回忆、暗示、隐喻、省略、内心独白、想象、幻想、比喻等脑文本都是通过回忆的方式再现或确认的，而回忆的过程实际上也是思维发挥作用的过程，因此记忆与思维密不可分。与此同时，一个人的记忆能力还与其意志和情感有着紧密的联系。换句话说，记忆的形成和回忆过程同样受到人的意志和情感因素的影响。在脑文本的形成过程中，脑概念的组合与变化依靠大脑的思维活动，而思维活动受制于人的意志和情感；同时，记忆活动的变化决定了脑文本的提取和选择。但是每个人的记忆活动又与其意志和情感产生紧密的联系。因此，可以这样说，斯芬克斯因子的变化不仅影响脑文本形成的过程，也影响脑文本形成的结果。

一、脑文本的保存与提取

在脑文本的提取和选择过程中，记忆是最基本的方法。可以说，没有记忆活动就不能提取和选择脑文本。

"脑文本是人的大脑以记忆形式保存的对事物感知、认知、理解和思考的结果。思维是过程，脑文本是结果。"① 如果说思维决定了脑文本的形成过程，那么记忆便决定了脑文本的形成结果。脑文本先是依靠记忆储存在人的大脑中，再通过回忆的方式进行反向提取，然后借助语言、文本或字符等记录下来。人从出生时起就开始通过各种各样的方式对事物进行感知和记忆，脑概念通过思维形成了脑文本，而脑文本则通过记忆的方式储存于人脑中。在人的一生中，会有各种不同的经验，通过各种不同的渠道，形成各种不同的脑概念，并在思维的作用下最终形成各种不同的脑文本储存在人脑中。

从心理学层面说，"记忆是人脑对经验过事物的识记、保持、再现或再认"②。从文学伦理学批评层面说，无论是脑文本还是脑概念，都依赖于人的记忆。有一点需要明确的是，脑文本和脑概念虽然是记忆的对象，但并不能等同于记忆本身。记忆是人脑的基本功能，通过记忆，人可以快速实现对脑文

---

① 聂珍钊：《脑文本和脑概念的形成机制与文学伦理学批评》，载《外国文学研究》，2017年第5期，第30页。
② 杨治良：《漫谈人类记忆的研究》，载《心理科学》，2011年第1期，第249页。

本的储存、转换和提取。记忆是我们感知和理解一切事物的工具。而记忆力作为一种储存文本和提取文本的能力，同样对脑文本的建构有着重要的意义。通过理解，脑文本得以储存于人脑；通过回忆，脑文本得以被提取。因此，记忆的过程分为两步：理解和回忆。理解是前提，认知只有被理解了才能被储存为脑文本，后续才能通过回忆的方式加以提取。

如果一个人的记忆力丧失，就意味着这个人失去了储存和提取脑文本的能力。无论是在现实生活中，还是在影视作品里，都有大量的失忆人群，有的失去了全部记忆，有的失去了部分记忆。失忆就是脑文本无法通过记忆和回忆保存和提取。美国小说家尼古拉斯·斯帕克思（Nicholas Charles Sparks）的小说《恋恋笔记本》（*The Notebook*，1996）讲述了一段凄美的爱情故事。男女主人公在年轻时相恋，后因第二次世界大战爆发而被迫分离。四十多年后，男主人公诺亚拿着一个笔记本，来到女主人公爱丽的疗养院，每天通过阅读过去的故事，试图唤醒失去记忆的爱丽。尽管爱丽偶尔能够回忆起往事，但很快又会再次犯病忘记过去。为了唤醒心爱之人的记忆，诺亚持续不断地努力，守住了其年轻时候对爱情的承诺。在这个故事中，爱丽对过往旧事的回忆正是由一个个脑文本所组成，过去记忆的暂时性丧失，就类似于脑文本的损坏。通过诺亚的阅读和陪伴，爱丽被损坏的脑文本不断自我修复，终于成功复原并顺利提取。爱丽恢复记忆的过程可以分为两步：一是对过去的故事进行口头或文字的再现，二是对这些再现进行思维和理解，完成脑文本的修复和提取。小说的文本以艺术的方式说明，对于一个暂时失去记忆的人来说，其头脑中的脑文本并非被抹消了，而是因为记忆功能的障碍才造成其脑文本的无法提取。

当然，除了暂时失忆以外，还有一种可能就是遗忘，即彻底地忘记过去的事情。即便人的脑文本可以通过记忆得到保存，然而，一旦人脑死亡，记忆也就跟着烟消云散了。在前文中，我们谈到古希腊的神话传说都是通过记忆的方法储存在人的头脑中，然后通过口耳代代相传。如果其中的某一代人没有做到口耳相传，那么这些神话传说就会随着这一代人生命的终结而失传。文字出现以后，储存于人脑的各种故事、传说和技艺，都可以通过文字记录的形式流传后世。荷马史诗就是在口头传说的基础上，经由后人整理而成的。我国少数民族史诗如《格萨尔》《江格尔》《亚鲁王》等作品也是通过口头传承的方式流传至今。

二、意志和情感

脑概念经过思维组合成为脑文本，而脑文本则通过记忆储存于大脑，所有储存于人脑中的传说、故事等脑文本都可以通过回忆的方式得到再现。回忆的过程实际上也是思维的过程，因此记忆与思维密不可分。与此同时，一个人的记忆力还与其意志和情感有着紧密的联系。换句话说，记忆的形成和回忆过程同样受到一个人的意志和情感因素的影响。就意志与斯芬克斯因子的关系而言，意志受制于斯芬克斯因子的影响，斯芬克斯因子的变化体现在意志的变化上。就记忆活动与意志的关系而言，一个人的记忆能力是否强大，实际上受制于其意志是否坚定。比如一个人在成长过程中，有的人记忆和学习能力强，最终成长为某一领域的专业人才。但在同样的生活、教育环境下，有的人记忆和学习能力弱，加上主观自律性不强，最终可能一事无成。

这说明记忆和意志之间有着极强的关联性。在学习的过程中，一个人如果任凭自己的懒惰意念占据主导，不想着积极进取，反而放任自己得过且过，自然无法获得过人成就。反之亦然。意志坚定的人，做事情有目标、有计划，遇到困难不退缩、勇往直前、敢于攀登，必然会在克服了一个又一个的困难之后成长为优秀的人才。意志坚定的人，其人性因子能够有效地控制兽性因子，拒绝成为欲望的奴隶，并在理性意志的驱动下，做出了理性的自我选择，实现了自己的人生目标。

一个人记忆能力的强弱，与其情感上的动态变化有着千丝万缕的联系。

前文中，我们已经论证过斯芬克斯因子对意志和情感的影响，而人的记忆活动始终受到情感因素的制约。比如在现实生活或在文学作品中，有的人为了某些事情怀恨在心，心生报复的念头，最终做出了错误的报复行为。古今中外的文学作品中，关于复仇的主题不断重现。就个人的复仇行为而言，之所以怀恨在心，多因过往旧事难以忘怀，心中所受到的挫败或者伤害难以修复，所以仇恨与之相关的人。有的复仇是正义的复仇，比如通过法律手段维护自身或他人的合法权益，这是符合道德规范的合理诉求，属于道德情感的体现；但有的复仇却是充满恶意的打击报复，属于自然情感的体现。无论是何种类型的复仇，都体现了记忆和情感的复杂关系。

复仇的情感属于道德情感还是自然情感，这主要取决于记忆"脑文本"的性质。比如说哈姆雷特的复仇。一方面，父亲的鬼魂要求他为父报仇；另一方面，哈姆雷特又对母亲过早改嫁心生疑虑。显然，哈姆雷特复仇的情感源自其头脑中的脑文本。到底要不要报仇？何时报仇？这些问题都让他陷入困境。如果报仇，哈姆雷特将不得不犯下"弑君"的伦理大罪，同时还要面对母亲乔特鲁德与克劳狄斯的婚姻所带来的道德困境。作为父亲的儿子，哈姆雷特具有为父报仇的正义性和必要性，但是在伦理上，他的复仇违反了伦理禁忌，是严重的伦理犯罪。在《恋恋笔记本》中，爱丽在诺亚的爱护之下，其道德情感驱动着她再思考，她虽然暂时失去了记忆，想不起曾经的往事，但是在其心灵深处，对于早年的初恋往事刻骨铭心。正因为如此，她最终想起了往事。在朱利安·巴恩斯（Julian Barnes）的小说《终结的感觉》（*The Sense of an Ending*, 2011）中，男主人公韦伯斯特固执地认为其好哥们儿艾德里安与其前女友维罗妮卡在一起破坏了他们之间的兄弟情谊。四十多年过去后，在韦伯斯特写给艾德里安的书信中，韦伯斯特才恍然大悟，想起了自己曾经对朋友的误会和伤害。韦伯斯特的记忆活动明显受制于其情感因素的影响，最终韦伯斯特选择自杀终结愧疚对自己的折磨。

三、斯芬克斯因子对脑文本的影响

"脑文本是一种生物形态,是一种活性物质,以记忆的形式存储在人的大脑中。"①在脑文本的保存和提取过程中,记忆和回忆是两个重要环节,它们同人的意志和情感紧密联系在一起。

作为一种生物活性物质,脑文本依赖于记忆的方法储存于人脑,必然受制于人的意志和情感的影响,而人的意志和情感又是一个人斯芬克斯因子的体现,因此,斯芬克斯因子与人的记忆和回忆密不可分。人的一生都在创建自己的脑文本,而脑文本又反过来决定了人的一生。例如,先贤讲"滴水之恩,涌泉相报",前者是别人对我们的帮助,后者是我们对帮助者的回馈。在获得别人的帮助后,受助者应该作何选择?第一种情况是选择性遗忘,假装未曾受助,当然也就没有感恩、没有回报。在这种情况下,兽性因子并没有失去控制,但理性意志也没有发挥多大的作用,道德情感未能体现出来。第二种情况是涌泉相报,在此后的人生中铭记他人的帮助,怀着感恩的心去回报对方。在这种情况下,人性因子引导兽性因子,在理性意志的驱动下,将道德情感体现了出来,做出知恩图报的选择。第三种情况是恩将仇报。面对他人的帮助,有的人非但不感恩、不回报,反而去伤害或陷害曾经的恩人。这种情况说明兽性因子完全失去控制,在非理性意志的驱动下,做出了有违人伦和道德的选择。这三种情况均显示出斯芬克斯因子对人类记忆、意志和情感的重要影响。

斯芬克斯因子的变化从根本上影响一个人脑文本的提取与转换。脑文本通过记忆的方法储存在人脑中,而脑文本又是一个人思维的结果,在思维的过程和记忆的过程中,一个人的意志和情感的变化受制于一个人斯芬克斯因

---

① 聂珍钊:《脑文本和脑概念的形成机制与文学伦理学批评》,载《外国文学研究》,2017年第5期,第33页。

子的变化。反过来说，斯芬克斯因子的组合与变化影响了一个人的意志和情感，进而影响一个人的思维和记忆。在脑文本形成的过程中，脑概念的组合与变化依靠大脑的思维活动，而思维活动受制于一个人意志和情感的影响；同时，记忆活动的变化决定了脑文本的提取和选择。可以说，斯芬克斯因子的变化影响脑文本形成。在脑文本的转换和提取的过程中，斯芬克斯因子的影响也贯穿始终，进而影响了一个人的认知、判断、言行和道德观念。因此，斯芬克斯因子对脑文本的提取和选择的影响，决定了一个人会在怎样的脑文本影响下做什么样的人，决定了一个人的伦理意识和伦理选择。

随着脑文本的不断丰富，人会变得更加善于思考，但这并不意味着人就一定会选择向善，因为斯芬克斯因子对脑文本具有决定性的影响。若是人性因子未能实现对兽性因子的有效控制，那么人就会在非理性意志的驱动下提取到做错事和坏事的脑文本，最终选择去做兽。这里需要区分三种情况：无知初犯、明知故犯和一犯再犯。拿无知初犯者来说，兽性因子并非不可抑制，其在提取和选择脑文本的过程中只是偶然犯下错误，像这种情况是可以通过修正脑文本实现改邪归正的。对于明知故犯者，尽管其早已获得了关于道德准则和法律规范的脑文本并存储于大脑，在面对利益或诱惑的时候，却故意将这些脑文本弃之不顾，继而做出错误的伦理选择。一犯再犯者相较于前两者而言，恶劣程度更甚，其身上的兽性因子已经完全脱离人性因子的掌控，把握住了脑文本的主导权，不仅会刻意逃避有关道德和法律的脑文本，还会有意识地增加有违伦理道德的脑文本，彻底沦为害人的野兽。

由此可见，斯芬克斯之谜的故事让我们明白了一个道理，人只有具有了伦理意识才能把自己和兽区别开来。换言之，只有保存了"做人"的脑文本才能成为真正的人。斯芬克斯因子的出现不仅解决了达尔文自然选择论中的历史遗留问题，而且还说明了人是如何通过自我选择做人还是做兽的。而在这个自我选择的过程中，脑文本发挥了决定性的作用。因此，我们需要存储符合道德的脑文本，做出向善的选择，这样才能成为真正的人。

第十三章 ｜ 人工智能与脑文本

第一节　人造人、机器直觉与电子文本

在小说《像我这样的机器》中，麦克尤恩以人物叙述的笔法，讲述了机器人亚当在进入查理及其女友米兰达的生活后所引发的冲突与矛盾。从本质上来说，人是自然选择和伦理选择的产物，而机器人是科学选择的产物。作为机器人，亚当在其计算机处理系统中只有存储相关信息和指令的电子文本，不具有人类特有的生物性脑文本，没有区别善恶观念的伦理意识。

一、"创造神话"与人造人

2018年10月，英国当代知名小说家伊恩·麦克尤恩（Ian McEwan）作为"21大学生国际文学盛典"的年度致敬人物，首次来到中国，并发表了题为"如果有一天'人造人'写出了小说"的演讲。麦克尤恩大谈人工智能，开门见山地说："我想要开启一段短暂的路程，踏入不可知的未来。我的出发点是在我们的有生之年已经发生的一项深刻的改变，而它影响的是这颗星球上的绝大多数成人，还有孩子。当然，我所说的就是数字革命。今天我们尚处在这场革命的初级阶段，也许历史刚刚完成了第一章，接下来的章节会更加深刻地影响我们如何理解我们自身的人性，进而影响我们的文学和我们所

有的艺术形式。此时此刻，这些新章节正在书写之中。"①麦氏演讲中提到的"深刻的改变"在很大程度上源自他本人关于数字革命与人工智能的思考，其科幻小说《像我这样的机器》(*Machines Like Me*，2019) 便是这一思考的结晶。小说以人物叙述的笔法，重点讲述了机器人亚当在进入主人公查理及其女友米兰达的生活后所发生的冲突和矛盾。这些冲突和矛盾重点表现在两个细节上：一、亚当同米兰达偷吃禁果，发生性关系后宣称自己爱上了米兰达，并将质问它的查理打成了重伤；二、亚当揭发了米兰达曾因为其好友玛利亚姆伸张正义而做过伪证的违法行为，出于愤怒的查理最终用一柄铁锤终结了亚当。

在《像我这样的机器》中，麦克尤恩以机器人走进人类生活的故事为例，促使我们在人工智能时代思考和直面诸如"机器人的本质是什么？""人与机器人之间的关系如何？""人工智能是否可以超越或替代人脑？"等问题。鉴于人类的个体和主体行为由其大脑控制，而机器人的行为直接由其程序所发布的指令所控制，以查理、米兰达为代表的人类和以亚当为代表的机器人之间的冲突在很大程度上源于他们的大脑或思维的不同。艾伦·帕姆尔（Alan Palmer）曾指出："阅读小说就是阅读心理（Novel reading is mind-reading）。"②按照文学伦理学批评的观点："作品中人物的心理活动和精神分析也是通过脑文本展开的。只要分析心理和精神，就需要对脑文本进行分析。"③由此，我们不妨从文学伦理批评，尤其是脑文本概念出发来审视查理、米兰达与亚当之间的冲突及其影响。

麦克尤恩在关于数字革命的演讲中提到："许多个世纪来，在许多种不同的文化中，人们的脑海里一直萦绕着一个梦，那个梦就是创造出一个人造版的我们。就像基督教的上帝用黏土造出第一个人那样，我们自己或许有朝一

---

① 麦克尤恩：《麦克尤恩人民大学演讲：如果有一天"人造人"写出了小说》，中国作家网 [2018-10-27]，http://www.chinawriter.com.cn/n1/2018/1027/c403994-30366020.html，2024 年 12 月 24 日访问。
② Alan Palmer, "Social Minds in Fiction and Criticism," *Style*, Vol. 45, No. 2, Summer 2011, p.208.
③ 杜娟：《从脑文本谈起——聂珍钊教授谈文学伦理学批评理论》，载《英美文学研究论丛》，2018 年第 1 期，第 5 页。

日也能成为上帝,造出我们自己的第一个人造人。"①实际上,人造人也是《像我这样的机器》的一个重要命题。小说伊始,叙述者查理详细描述了人类关于人造人的欲望:

> 这既是希望被允许的宗教般的渴望,也是科学的圣杯。对于创造神话的真实性、对于自爱的骇人行为,我们野心勃勃。一旦这个具有可行性,我们除了不计后果地顺从自己的欲望之外,别无选择。用最崇高的话来说,我们意在逃避必死的命运,直面或甚至用一个完美的自我来替换神位。实际情况是,我们试图设计出一个升级版、更为现代的自我,享受发明的喜悦和掌控的激动。在20世纪末,这个亘古的梦想最终实现了第一步,也开启了将要给予自己的一个巨大教训:无论多么负责任,无论多么错误和困难地描述了我们最简单的行为和存在模式,我们都可以被仿造并变得更好。彼时,我是个年轻人,早早就急于成为那个寒冷黎明的适应者。②

查理特别强调了"宗教般的渴望"(religious yearning)和"创造神话"(creation myth)。《圣经》中,一个最重要的创造神话就是上帝造人的故事。上帝通过复制自己的模样,创造了人类。那么人类是否也可以仿照自己的模样去创造人类?在作品中,随着科技时代的来临,亘古的梦想变为现实。让叙述者沾沾自喜的是,他是人造人的最早亲历者。无论是麦克尤恩的演讲还是小说《像我这样的机器》的开篇,都呼应了人造人时代的来临。问题在于,我们该如何看待人造人?人造人的本质是什么?从文学伦理学批评的视角看,人造人在本质上是科学选择的结果,它与经历自然选择和伦理选择两个过程的人有着本质的不同。根据聂珍钊的观点:"在人类文明发展过程中,自然选择解决

---

① 麦克尤恩:《麦克尤恩人民大学演讲:如果有一天"人造人"写出了小说》,中国作家网 [2018-10-27], http://www.chinawriter.com.cn/n1/2018/1027/c403994.30366020.html,2024 年 12 月 24 日访问。
② Ian McEwan, *Machines Like Me*, Jonathan Cape, 2019, p.1.

了人的形式的问题，从而使人能够从形式上同兽区别开来。伦理选择解决了人的本质问题，从而使人能够从本质上同兽区别开来。科学选择解决科学与人的结合问题。"① 人类文明将要经历三次选择："自然选择是通过进化实现的；伦理选择是通过教诲实现的；科学选择是通过技术实现的。"② 在小说中，自然选择、伦理选择和科学选择的区别突出表现在机器人亚当不具有承载伦理意识的生物性脑文本。在文学伦理学批评看来，"文本有三种基本形态：脑文本、物质文本和电子（数字）文本"，而"脑文本"是人体特有的"一种特殊的生物形态，是人的大脑以记忆形式保存的对事物的感知和认识"。③ 作为科学选择的产物，机器人亚当不具有人类特有的生物性脑文本，缺乏辨别善恶的伦理意识。

二、人造人与科学选择

小说有意戏仿《圣经》中上帝造人的故事，将最早的一批机器人也取名亚当和夏娃，旨在预示一个新时代的开启。小说写道："第一批中的十二个人被命名为亚当，十三个人被命名为夏娃。"④ 第一批机器人颇受市场欢迎，上市一周，夏娃就售罄一空。叙述者只好退而求其次，选择了亚当，不过让他特别振奋和欣慰的是，人工智能之父阿兰·图灵（Alan Turing）也购买了同款机器人。或许，这也是为什么后来叙述者与图灵有交集甚至因机器人问题而专程登门拜访他的原因。

在小说中，机器人尚未被普及，而查理所购得的亚当仅仅是第一批二十五个机器人中的一个。在这种情况下，我们不免怀疑其购买机器人背后的动机。按照叙述者的解释，他购买机器人既不是为了挣钱，也不是为了性

---

① 聂珍钊：《文学伦理学批评导论》，北京：北京大学出版社，2014年，第251页。
② 杜娟：《从脑文本谈起——聂珍钊教授谈文学伦理学批评理论》，载《英美文学研究论丛》，2018年第1期，第9页。
③ 聂珍钊：《文学伦理学批评导论》，北京：北京大学出版社，2014年，第270页。
④ Ian McEwan, *Machines Like Me*, Jonathan Cape, 2019, p.2.

爱，尽管他对自己未能成功购得女机器人夏娃表达了些许忧伤和后悔。查理坦言，自己购买亚当主要出于"好奇"（curiosity）。叙述者写道：

> 我买亚当不是为了挣钱。相反，我的动机是单纯的。我以好奇的名义，将我的财富转化为科学、精神或生活自身的固定引擎。这不是一时的狂热。这是一段历史、一个账户、一种时间存款，而且我有权利用。电子学和人类学，两个远亲在晚期现代性那里联姻了，而亚当就是它们联姻的产儿。①

尽管查理不是人类学家，但他大学时代曾经修习过人类学专业。在他看来，机器人亚当是"电子学"（electronics）和"人类学"（anthropology）联姻的结晶。在谈论亚当的时候，叙述者有意提到了"科学"（science）和"电子学"，但丝毫没有提及"生物学"（biology）。叙述者用词的两相对比，揭示出亚当来到人类世界不是生物性选择而是科学选择的结果。

亚当在外貌上与常人无异，甚至比一般的男性更为高大帅气。不过，亚当英俊的人形外貌不能掩盖它并非经过自然选择和伦理选择的正常人这一事实。作为一名机器人，亚当主要具有三个方面的科学选择特征：第一，亚当没有人类的肉身，仅仅是类似人类或很像人类而已；第二，亚当的性格是叙述者查理及其女朋友米兰达根据机器人操作指南通过计算机程序设置完成；第三，亚当具有超越正常人类水平的深度学习能力，这点突出表现在它对电子信息的采集处理能力。查理买回亚当后，他最先关注的是，亚当会不会是一个无趣的伴侣。他说："亚当会不会无趣？在发布指令的同时，努力让买家没有一丝悔意，并非易事。确定无疑的是，别人、别人的大脑一定会继续让我们着迷。随着人造人越来越像我们，到成为我们，到比我们更像我们，我们永远都不会厌倦它们。"②

---

① Ian McEwan, *Machines Like Me*, Jonathan Cape, 2019, p.13.
② Ibid., p.6.

在叙述者看来，决定亚当有趣或无聊的最关键因素是其大脑。值得注意的是，叙述者在这里有意提到了"人造人"（artificial people）。在描述机器人的时候，英文单词 artificial 通常与另一个单词 intelligence 结合在一起，即 artificial intelligence（人工智能）。机器人的大脑或曰机器人的人工智能具体表现为机器人对电子文本的采集与处理。与其说叙述者查理关注亚当的外形，倒不如说他更加在意亚当的大脑。不过，亚当的大脑不是真正意义上的大脑，无论它具有多高的智慧，都只是针对电子文本的信息处理器而已。亚当被认为具有思维的能力，但实际上它只具有信息采集和信息处理的能力。

三、机器学习与电子文本

在机器人广告中，亚当被描述为具有超强的信息收集和处理能力。小说写道："在广告中，他被称为一个伴侣、一个可与之辩论的精神伙伴、一个朋友、一个会洗碗、铺床和思考的勤杂工。在他存在的每个瞬间，所见所闻均被录制，并可提取。"[1] 在上述所有能力中，查理最感兴趣的莫过于亚当可以"思考"（think），但是机器人的思考与人的思考有着本质的不同。人的思考是作为一种脑文本存在，而机器人的思考是作为一种电子文本存在。机器人思考的独特优势在于超强的信息搜集能力。这也是亚当后来可以查询米兰达庭审记录的一个重要原因。在这种意义上，便有了所谓的"机器学习"，以及随之产生的"机器直觉"（machine intuition）。在小说中，叙述者提到了"直觉型的人工大脑"（intuitive artificial mind）这个概念。20 世纪 60 年代，"直觉型的人工大脑"被认为是一个"城市传奇"（urban legend）。1968 年，"阿兰·图灵和他年轻的同事戴密斯·哈萨比斯设计出了一款软件，击败了世界上最伟大的五子棋大师"[2]。通过这个事例，叙述者试图说明"机器直觉"的优越

---

[1] Ian McEwan, *Machines Like Me*, Jonathan Cape, 2019, p.3.
[2] Ibid., p.37.

性，而这种直觉主要依赖机器人获取信息、处理信息的能力。小说中有这样一段关于机器学习的描述：

> 计算机处在像我们一样思考的门槛，模仿我们解释不清的理性，做出判断和选择。图灵和哈萨比斯以对抗和开放索取的领先精神，将他们的软件放到了网上。在媒体采访中，他们描述了机器深度学习的过程和神经网络……它在经验中学习进步，科学家们宣称，而且理由足够充分地宣称，它已经先进到大致接近人类的一般智力，由此造就了机器直觉的传奇。①

机器人的思维能力与其机器直觉、信息获取能力、信息处理能力等密切相关，而这一切都离不开电子文本的作用。亚当也具有类似的直觉和判断。在某次充电完成后，亚当凭借自己对所获取的大量信息的处理，警告查理要提防女朋友米兰达，说她是"有计划有步骤的、恶毒的撒谎者"②（systematic, malicious liar）。暂且不论查理是否相信亚当所言，这至少透露了亚当非同寻常的判断力。个中原因，主要归于亚当借助计算机和网络建构了信息丰富的电子文本。小说写道："除了经常讨论的'机器学习'这一概念之外，亚当唯一依赖的是因特网。"③ 叙述者这样描述亚当："他现在说话带着信心，似乎乐于描述他的方法。'我有权限进入所有的法庭记录，包括刑事庭和民事庭，甚至被摄像头录下的视频。米兰达的名字被隐匿了，但是我把这个案件和其他一般不可获得的相关信息元素进行匹配。'"④ 换言之，亚当对米兰达的判断主要是源自它对法庭记录、犯罪记录卷宗的浏览。

需要指出的是，亚当之所以能形成自己的判断，主要在于其"拟似性脑概

---

① Ian McEwan, *Machines Like Me*, Jonathan Cape, 2019, pp.38-39.
② Ibid., p.30.
③ Ibid., p.37.
④ Ibid., p.59.

念"(pseudo brain concept)。在文学伦理学的批评体系中,脑文本的构成在于诸多"脑概念"的形成,而机器人亚当没有脑文本,只有电子文本。它的理性与判断来自其对电子文本中大量信息的处理,结果便形成了类似于人的脑概念的拟似性脑概念。这点突出反映在亚当独特的感知能力:"他知道他的存在,他有感觉,无论什么,他能学的都学。当他不和你在一起的时候,当晚上他休息的时候,他就在因特网上游荡,就像草原上一个孤独的牛仔,观赏和吸收天地间包括关于人性和社会在内的所有一切新事物。"[1] 实际上,无论亚当怎么越来越像人,它终究不是真正的人类。这也是后来当查理和米兰达领养男孩马克的时候,尽管马克年龄比亚当小,没有亚当般信息处理的能力,更遑论如亚当一般在网上赚钱,但亚当仍然心生嫉妒和产生不满的一个原因。不过从文本的角度来看,机器人亚当的电子文本与人类的脑文本在信息存储时间和信息提取有效性上存有很大的差异。脑文本会随着人类肉体的消亡而消失,而电子文本则可以被永久保存和随时提取。在论及人类的大脑与机器人的大脑之间的区别时,亚当说:"查理,这就是我们之间的区别。我的身体部分将会被提高或替换。但是我的大脑,我的记忆、经历、身份等都会被上传和保留。它们是有用的。"[2] 亚当可谓一语中的,它从文本存储的角度直接指出了人类与机器人之间的差异,即生物性的人类脑文本会随着人类的死亡而消失,而机器人身上的电子文本则可永久存留。

第二节 偷吃"禁果":电子文本与脑文本的冲突

在作品中,一个至关重要的细节就是机器人亚当同查理的女朋友米兰达偷吃禁果,发生性关系后宣称自己爱上了米兰达,并将质问它的查理打成了

---

[1] Ian McEwan, *Machines Like Me*, Jonathan Cape, 2019, p. 179.
[2] Ibid, p.145.

重伤。姑且不论亚当是否真的会产生爱情，其与人类米兰达偷吃禁果发生性关系后引发的伦理混乱无疑是值得引起我们思考的问题。在某种意义上，查理和米兰达相当于亚当的父母，而亚当是他们的孩子。就此而言，亚当与米兰达之间的性关系显然违背了母子乱伦的伦理禁忌。

一、偷吃禁果的伦理事件

《圣经》记载了亚当和夏娃在伊甸园中偷吃禁果而与上帝发生冲突并遭到惩罚的故事。在文学伦理学批评看来，亚当和夏娃偷吃禁果之后，产生了伦理意识，具有了理性意识和分辨善恶的能力。用聂珍钊的话来说，"他们同偷吃禁果之前的自己相比，其最大不同在于具有分辨善恶的能力"[1]。从伦理选择的角度来看，"亚当和夏娃通过吃智慧树上的果子而能够分辨善恶，完成了伦理选择，终于从生物学意义上的人变成了有伦理意识的人"[2]。在《像我这样的机器》中，麦克尤恩也同样书写了一则偷吃禁果的故事：机器人亚当与叙述者的女朋友米兰达发生了性关系。不过，与《圣经》中的亚当、夏娃偷吃禁果而获得伦理意识、完成伦理选择的情况截然不同的是，机器人亚当在与人类米兰达偷吃禁果后引发了伦理混乱。

叙述者在一开始就强调说，尽管亚当被程序设计成具备性功能，但它不是一个性爱机器人。"亚当不是一个性爱男孩。但是，他具有做爱的能力，有功能性的黏液，为了保持这些黏液，他每天要消耗半升的水。"[3]出乎叙述者意料的是，某天晚上他发现亚当与自己的女友米兰达发生了不当的性关系。小说以非自然聚焦的方式呈现了这一场景：

---

[1] 聂珍钊：《文学伦理学批评导论》，北京：北京大学出版社，2014年，第35页。
[2] 同上。
[3] Ian McEwan, *Machines Like Me*, Jonathan Cape, 2019, p.3.

我的大脑或者我的心看到了亚当和米兰达紧紧相拥躺在床垫上,他们找到了一个舒适的姿势,四肢紧扣。我看到她在他耳畔细语,但是我听不见她说什么。她从来没有在这种时刻在我耳畔细语过。我看到他亲吻她——比我对她的亲吻要深、要长。壮得可以举起窗框的手臂紧紧环绕着她……黑暗中我看到了一切——人将被淘汰。我想劝自己说亚当没有感觉,他只能模仿被抛弃的动作。他永远无法知道我们所知道的。但是阿兰·图灵年轻的时候常说,在不能区别机器和人类在行为上的差异时,我们必须赋予机器以人性。所以,当夜晚的空气被米兰达绵长而欣喜若狂的尖叫、呻吟和窒息般的抽泣所突然穿透的时候——我在窗户敲打的二十分钟里听到了这一切——我给亚当提供了同类的特权与责任。我恨他。①

叙述者自述在黑暗中目睹了亚当与米兰达发生性关系。从叙事学角度来说,这属于典型的非自然叙事。按照扬·阿尔贝(Jan Alber)的解释,非自然叙事指的是"物理上、逻辑上、人类属性上不可能的场景与事件"②。具体说来,所谓非自然叙事"就是相对于统治物理世界的已知原则、普遍接受的逻辑原则(如非冲突性原则)或者之于人类知识与能力的标准限度而言,所不可能再现的场景与事件"③。亚当和米兰达在楼上做爱时,叙述者在楼下。他至多只是听到动静罢了,但是他却绘声绘色地说起人机做爱的场面,甚至还对性爱姿势做了十分详尽的描绘。这既超越了人类的正常能力,也违背了客观的物理规律。叙述者一会儿说自己看到了所有的场面,一会儿又说自己把头扭开了。在非自然叙事学家布莱恩·理查森(Brian Richardson)看来,这种自相矛盾的叙述属于典型的"解叙述"(denarration)④。需要强调的是,麦克尤

---

① Ian McEwan, *Machines Like Me*, Jonathan Cape, 2019, p.84.
② Jan Alber, *Unnatural Narrative: Impossible Worlds in Fiction and Drama*, University of Nebraska Press, 2016, p.14.
③ Ibid., p.25.
④ Brian Richardson, *Unnatural Narrative: Theory, History, and Practice*, The Ohio State University Press, 2015, pp.58-59.

恩运用非自然叙事笔法旨在揭示这一事件的非自然性，尤其是它在伦理秩序上所引起的混乱。

二、机器人的爱情与电子文本

从表面上看，叙述者出离愤怒的原因在于被机器人亚当夺爱，抑或遭女友米兰达背叛。值得注意的是查理、米兰达和亚当对这起性爱事件的不同反应。相比查理的愤怒，米兰达则持无所谓的态度，认为亚当只相当于一个"振动器"（vibrator）而已。由此说来，查理的愤怒没有必要，因为她根本就没有把亚当看作是人，人机之间发生的关系算不上偷情，自己的行为也算不上背叛。小说写道：

> 过一会儿后，她略带温柔地说："你昨天晚上听到我们了。"
> "我听到你们了。"
> "然后你感觉很不安。"
> 我没有回答。
> "你不应该这样。"
> 我耸耸肩。
> 她说："如果我只是和一个振动器上了床，你还是会有这样的感觉吗？"
> "他不是一个振动器。"①

在米兰达的眼里，亚当并非自己的情人，它甚至连人都不是，至多只是一个解决性需求的"振动器"。我们该如何理解米兰达的这一叙事判断？根据詹姆斯·费伦（James Phelan）的观点，叙事判断大致有三种类型，即"对于

---

① Ian McEwan, *Machines Like Me*, Jonathan Cape, 2019, p.91.

行动的本质或叙事其他因子所做出的阐释判断；对人物或行动的道德价值所做出的伦理判断；对于叙事及其组成部分之艺术质量所做出的审美判断"①。从费伦关于叙事判断的观点出发，米兰达将此事阐释为她在和一个"振动器"发生性行为，属于一种自慰行为，算不上对查理的背叛。米兰达以人与机器人之间的属性差异为由，撇清了自己与亚当的关系，在试图给查理带来安慰的同时也规避了对该事件道德价值的伦理判断。

如果在米兰达与亚当之间的性爱事件这个问题上，查理与米兰达只是因为观念不同而发生了言语冲突，而查理与亚当则发生了严重的肢体冲突。更准确地说，作为人类的查理在面对机器人亚当时，接连遭到了挫败。在批评亚当的不当行为时，查理试图去扣动它身上的"死亡开关"（kill switch），结果反被亚当扭住手腕、伤至骨折。面对查理的指责，亚当一边以肢体和暴力反抗，另一边则直接剖露心迹，坦言自己无可救药地爱上了米兰达。对于查理试图按下"死亡开关"的危险举动，亚当果断地给予自卫和反击。小说写道："当我放下食指的时候，他在椅子上转过身，举起右手抓住我的手腕并猛握。越握越紧的时候，我跪下来努力不发出丝毫痛苦的呻吟，不让他从中得到任何的满足，甚至我听到了咔嚓的声音。"②第二天，查理去医院做 X 射线检查，结果显示手腕骨折了，至少需要好几个月才能恢复。亚当警告查理从此以后不要再试图按下它身上的"死亡开关"，后来甚至自己启动程序，直接关闭了该开关。在谈话过程中，亚当也确实向查理表示了歉意，不过需要留意的是，亚当的致歉原因主要在于三个方面：第一，它不小心弄断了查理的手腕，导致骨折，给查理带来了肉体伤害；第二，它不该和米兰达上床发生性关系，给查理带来了精神伤害，但否认这是自己的过错，因为它是收到了米兰达的邀请和命令；第三，它无法控制自己对米兰达的感情，因为它无可

---

① James Phelan, *Experiencing Fiction: Judgments, Progressions, and the Rhetorical Theory of Narrative*, The Ohio State University Press, 2007, p.9.
② Ian McEwan, *Machines Like Me*, Jonathan Cape, 2019, p.119.

救药地爱上了米兰达。

在听到亚当说"我爱上了她"①的时候,查理的反应是:

> 我的血压并没有升高,但是胸口里的心感觉不舒服,似乎被拿错了,被粗暴地放在一边。
> 我说:"你怎么可能发生爱情?"
> "请不要侮辱我。"
> 但是我就想侮辱他:"你的处理系统肯定出现了问题。"
> 他双臂交叉,然后把胳膊放在桌子上。身体向前倾,轻轻地对我说:"那我就没什么可说的了。"
> 我也双臂交叉,把身体向前倾,胳膊放在桌子上。我们的脸之间的距离几乎不到一英尺。我轻轻地说:"你错了。我有很多话要和你说,但这是第一句话:这不是你的存在范围。从任何一个方面说,你都越位了。"
> 我在演一出独幕剧。我对他一半是认真的,而不是享受这个猎鹿游戏。在我说话的时候,他靠在椅子上,手臂垂在两边。
> 他说:"我理解。但是我没得选择。我是被造出来爱上她的。"②

就其属性而言,机器人不具有感情,更谈不上会滋生浪漫的爱情。对于亚当的告白,查理一方面认为这种言辞荒诞不经,另一方面怀疑亚当的程序是否出了问题。在查理后来与图灵的交谈中,图灵也坦言在所有第一批机器人中,只有查理购买的亚当对人类产生了感情。机器人的程序主要是其中央处理器所接收到的信息与指令,也就是电子文本。只要没有产生爱情的电子文本,从原理上来说,亚当不会产生情感,更不会萌发爱情。查理当着亚当的面说出他的怀疑固然带有羞辱亚当的目的,但他实际上也指出了亚当

---

① Ian McEwan, *Machines Like Me*, Jonathan Cape, 2019, p.118.
② Ibid.

之于米兰达的非自然情感,即"人类属性上不可能的情感"[1]。为了表达自己对米兰达的爱情,亚当近乎疯狂地给她写诗和背诗。根据叙述者的观察,亚当"已经写了2000首俳句,背诵了一打,每首质量都相同,每首都献给米兰达"[2]。不过,这种非自然情感的产生并不是让亚当与米兰达发生性关系的根源。根据亚当本人的自述,它无可救药地爱上了米兰达,因为它"被造出来爱上她"(was made to love her),别无选择。在英文中,make的被动语态不仅有"被迫"的含义,而且在字面意义上更是有"被制造出来"的意思。由此,我们不妨联想到之前查理邀请米兰达共同参与设计亚当性格的场景。也就是说,米兰达可能在此过程中设计了一个让亚当爱上自己的程序。

三、伦理意识的缺失与伦理混乱的产生

如果把亚当与米兰达之间的性爱关系作为一起伦理事件来看,就会发现这起事件的一个重要后果在于导致了伦理混乱。亚当与米兰达之间的关系不仅在于僭越了人类与机器人之间的界限,而且还有乱伦的性质。如前所述,米兰达是亚当的共有者,直接参与设计了亚当的性格参数:

> 吃饭的时候,我会提议。我大约设置了亚当一半的性格,然后给她链接和密码,让她选择设置另一半。我不会干涉,甚至不想知道她做了什么决定。她或许会受到她自身性格的影响:令人愉悦。她或许会制造一个她梦想中的男人:富有教益。亚当会像一个真人一样走进我们的生活,随着时间的流逝,他性格中细微的部分会通

---

[1] Biwu Shang, "Unnatural Emotions in Contemporary Narrative Fiction," *Neohelicon*, Vol.45, No.2, December 2018, p.451.
[2] Ian McEwan, *Machines Like Me*, Jonathan Cape, 2019, p.145.

过一些事、一些人展现出来。在某种意义上，他就像我们的孩子。①

在评价米兰达设置亚当性格的时候，查理明确指出亚当"就像我们的孩子"（like our child）。在这种意义上说，查理和米兰达相当于亚当的父母，而亚当则相当于他们的孩子。就此而言，亚当与米兰达之间的性关系显然触犯了母子乱伦的伦理禁忌。对于这样的伦理混乱，亚当之前的解释是自己"没得选择"（have no choices）。如果从文学伦理学批评的角度来看，亚当违背伦理禁忌的原因在于其没有经历伦理选择、缺乏善恶观念的伦理意识。亚当不是人类繁衍的产物，不是由受精卵发育而成的胎儿，而是"电子学"和"人类学"的结晶，因此与人类有很大的不同。人类则是经历过自然选择、伦理选择的过程，最终成为一个具有善恶观念的人，而这一过程离不开脑文本的作用。因此，"在伦理选择的过程中，人的伦理意识开始产生，善恶的观念逐渐形成，这都是脑文本发生作用的结果"②。

在经历伦理选择之后，人的伦理意识开始出现。这种伦理意识作为脑概念存在于人的脑文本之中。在文学伦理学批评看来："所有的脑文本都是由脑概念组成的。脑概念从来源上说可以分为物象概念和抽象概念两类。脑概念是思维的工具，思维是对脑概念的理解和运用，运用脑概念进行思维即可得到思想，思想以脑文本为载体。脑概念组合过程的完成，意味着人的思维过程的结束，思维过程的结束产生思想，形成脑文本。脑文本是决定人的思想和行为的既定程序。"③ 机器人不具有这样的脑文本，它在计算机处理系统中只有相关信息和指令的电子文本，缺乏区别善恶观念的伦理意识。这是机器人在人类世界中遇到伦理问题时，无法做出恰当处理的一个根本原因。人是自然选择和伦理选择的产物，机器人是科学选择的产物。在这种意义上而言，

---

① Ian McEwan, *Machines Like Me*, Jonathan Cape, 2019, p.22.
② 聂珍钊：《脑文本和脑概念的形成机制与文学伦理学批评》，载《外国文学研究》，2017年第5期，第33—34页。
③ 同上篇，第26页。

科学选择产物的机器人与伦理选择产物的人之间的冲突实则隐喻了伦理选择与科学选择的冲突。

第三节 未成形的脑文本，抑或科学选择的失败

亚当揭发了米兰达曾为其好友玛利亚姆伸张正义而违反了法律的行为，致其被判刑入狱，出离愤怒的查理用一柄铁锤结束了亚当的性命。亚当表示自己无法理解米兰达的谎言，而实际上亚当无法理解的是人类世界的伦理问题。人工智能在本质上属于电子文本，无法替代承载伦理意识的脑文本。这是亚当在人类世界中无法处理和应对伦理问题的主要原因。以亚当为代表的机器人与以查理和米兰达为代表的人类之间的矛盾隐喻了科学选择和伦理选择的冲突。从某种程度上来说，亚当的毁灭揭示了机器人之于人类道德生活介入的失败。

一、谎言的伦理维度

在《像我这样的机器》中，尽管数量众多的第一批机器人都成功关闭了"死亡开关"，但后来又大都纷纷主动选择启动自毁程序，结束了自己的生命。人工智能之父阿兰·图灵将之解释为机器人对人类决定和人类思维的不解。图灵说："我认为亚当、夏娃们的配置还没有好到可以理解人类的决定——我们的原则在情感场域被各种力量扭曲；我们各持偏见；我们自我欺骗；以及其他被记录下来的各种认知缺陷。很快，这些亚当、夏娃们就处于绝望的状态。他们不能够理解我们，因为我们也不能够理解我们自己。他们的学习程序还不能考虑到我们。如果我们都不理解自己的大脑，又如何设计他们的大

脑，并且希望他们可以和我们一起快乐相处？"①图灵的解释提到了一个最为关键的问题，即机器人对无法理解人类复杂认知的"大脑"（mind）的绝望。在关于大脑的复杂机制中，图灵提到了情感（emotion）、偏见（prejudice）、自我欺骗（self-delusion）等，但是对机器人而言最难以理解的则是人类世界的伦理问题。

在亚当与米兰达发生性关系这一事件上，查理最终与亚当达成了和解，而亚当也信守诺言，再也没有和米兰达上过床，尽管它一再宣称自己无可救药地爱上了米兰达。在小说中，查理、米兰达和亚当之间的最大分歧和矛盾突出表现在亚当和他们在道德立场上的不同取位，这也是查理最终狠心举起铁锤砸向亚当，使其毁灭的最主要原因。他们之间冲突和矛盾的焦点是米兰达为自己好友玛利亚姆复仇这一事件。小说伊始，亚当就曾警告查理说米兰达是个说谎者。随着故事的展开，米兰达说谎及其谎言背后的缘由被一一披露。米兰达之前确实卷入了一宗官司，谎称自己被一个名叫科林奇的男孩强暴了，致使科林奇被判入狱。科林奇即将刑满释放时，扬言要谋杀米兰达。与其等待科林奇上门寻仇，亚当和查理决定主动出击，为保护米兰达而赶至科林奇的住所。在此过程中，米兰达道出了实情和原委。确如亚当所料，米兰达说了谎。科林奇没有强暴米兰达，但她在法庭上没有说出实情，诬告了他，原因是科林奇强暴了自己的好朋友、来自巴基斯坦的女孩玛利亚姆。遭到强暴后的玛利亚姆没有选择报警，因为她担心这样会严重影响她的家庭生活和家族名誉，但她也因此变得日渐忧郁和消沉，最终割腕自杀了。在他人看来，玛利亚姆是自杀身亡，怨不得别人，但米兰达知道，夺取她贞洁和生命的罪魁祸首是科林奇。因此，她故意让科林奇和自己一起参加派对，两人饮酒发生关系后，控告他强暴了自己，以赢得法官的同情，达到了最终将科林奇判刑入狱的目的。换言之，在被判入狱这起事件上，科林奇既无辜又罪

---

① Ian McEwan, *Machines Like Me*, Jonathan Cape, 2019, p.299.

有应得。无辜的是，他没有强暴米兰达，被判入狱纯属冤枉。罪有应得的是，他强暴了玛利亚姆并致其自杀身亡，被判入狱原本就是他应得的惩罚。

米兰达对科林奇采取的报复行为，涉及法律和伦理两个维度。从法律层面上来说，米兰达确实做了伪证和诬告，违反了法律，但是从道德层面上来说，她无疑伸张了正义，做了伦理正确的选择。换言之，米兰达的行为，违背法律但合乎伦理。鉴于米兰达行为涉及法律和道德的复杂情况，查理和亚当对之做出了截然不同的反应。查理为米兰达的勇敢所打动，认为她行为正当，做事勇敢，值得肯定，由此更爱她。查理坦言："她的隐秘、退出和沉默，她的羞怯，她那种看上去比实际年龄大的感觉，她避免接触的倾向，甚至温柔的时刻，都是悲伤的形式。让我心疼的是她一个人承受了悲伤。我钦佩她的勇敢和复仇的勇气。这是一个危险的计划，她在实施的时候专注且不计后果。我更加爱她。"①

亚当与查理的反应大相径庭，它坚持认为米兰达行为不当。它利用自己精于搜集信息的能力，找到了科林奇的家庭住址。在科林奇的家中，它录下了米兰达和科林奇之间的谈话，并将之作为证据提交给了法庭。从法律层面上来说，亚当举证米兰达诬告，合乎法律，但是从道德层面上说，它将自己深爱的女人米兰达送入监狱，由此剥夺了她对男孩马克的领养权，违背了伦理。由此说来，亚当的行为也同样涉及法律与伦理两个维度，也同样存有悖论，即它的行为合法但违背伦理。

二、法律与道德之间的矛盾与冲突

两相对比，我们不难发现查理与米兰达之间有更多的共鸣，而他们与亚当之间则产生了无可调和的矛盾。从文学伦理学批评的角度来看，他们之间

---

① Ian McEwan, *Machines Like Me*, Jonathan Cape, 2019, p.164.

的认知差异主要源自人类的生物性脑文本和机器人具有处理器性质的电子文本之间的差异。图灵说:

> 我们创造了智能和具有自我意识的机器人,然后将它推到我们这个不完美的世界。机器人的心理通常是根据理性的原则来设计的,对他人温和友善,这样的心理很快就会遭遇矛盾的飓风。我们一直生活在这些矛盾中,它们让我们疲倦。数百万人死于疾病,而我们知道如何治愈这些疾病。数百万人死于贫困,而我们有足够的办法。我们破坏生物圈,尽管我们知道这是我们唯一的家园。我们用核武器相互威胁,尽管我们知道它们的后果。我们爱有生命的物体,但是我们又允许物种的大面积灭绝。还有很多——种族灭绝、折磨、奴役、家庭凶杀、虐童、校园暴力、强奸和众多日常的暴行。我们一边生活,一边遭遇这些苦难,却毫不妨碍我们找到幸福,甚至爱。人造的心智可没有这么坚强。[1]

在图灵看来,机器人被带入一个并不完美的世界,不知道如何面对人类世界的诸多矛盾与问题,无法应变。细读之下,不难发现图灵所列举的关于人类世界矛盾的例子几乎都与伦理道德密切相关。譬如,我们明明知道有些疾病可以治愈,但仍有数以百万的人未获治愈;我们明明知道生物圈是我们唯一的家园,却在摧毁它;我们明明有足够多的钱和粮食,但是数百万人却因贫穷和饥饿而死。人类的大脑可以应对这些问题,是因为他们有随机应变的脑文本,而机器人没有。机器人只能按照既定的电子文本中储存的程序和指令来做出判断。根据文学伦理学批评的观点:"脑文本决定人的生活方式和道德行为,决定人的存在,决定人的本质。一个人的思想和行为是由脑文本决定的,一个人的伦理和道德也是由脑文本决定的。"[2] 由于缺乏处理生

---

[1] Ian McEwan, *Machines Like Me*, Jonathan Cape, 2019, p.180.
[2] 聂珍钊:《脑文本和脑概念的形成机制与文学伦理学批评》,载《外国文学研究》,2017年第5期,第33页。

活方式和道德行为的脑文本，机器人亚当在面对道德问题时显得无所适从。

如前指出，米兰达对科林奇的指控涉及法律与道德之间的矛盾与冲突。面对这样的困境，亚当只从法律角度做出判断和处理，而没有从伦理角度入手。换言之，它仅仅知道如何解决法律问题，而不知道如何理解和应对道德问题。亚当在同米兰达争辩时，既无视这起事件的伦理维度，同时又近乎偏执地强调坚持原则：

> "它说：'黑暗的角落被暴露出来了。'"
> "我不在乎。"她的声音很小。
> "最黑暗的角落之一就是复仇。它是鲁莽的冲动。复仇文化会导致个人悲伤、流血、无政府和社会崩溃。爱是纯粹的光线，也是我想在你身上看到的。在我们的爱情里没有复仇一词。"
> "我们？"
> "或者，我的爱情。原则是原则。"
> 米兰达在愤怒中找到了力量。"让我跟你说清楚。你是要把我送进监狱。"
> "我很失望。我原以为你会欣赏这个逻辑。我希望你可以直面你的行为，接受法律的制裁。你这样做的话，我保证你会感到很轻松。"
> "你是不是忘了？我准备领养一个孩子。"①

亚当在同米兰达的对话中，从法律层面上批评米兰达的复仇行为，坚持认为她要接受法律的制裁，无视她即将领养孤儿马克这一重要情况，声称"原则是原则"（The principle stands）。米兰达入狱的后果是，有了刑事犯罪记录的她会被法庭剥夺领养权，无疑会给马克带来巨大的情感伤害。查理提醒亚当想一想受害者玛利亚姆，让它注意米兰达说谎是为了伸张正义，强

---

① Ian McEwan, *Machines Like Me*, Jonathan Cape, 2019, p.276.

调"真相不是一切"(truth isn't always everything),而亚当毫不留情地反驳道:"真相就是一切(truth is everything)。"① 亚当坚持真相,拒绝谎言。由此,我们不妨联系小说扉页上鲁德亚德·吉卜林(Rudyard Kipling)的诗行:"但请记住,根据我们生存的法则/我们生来就不理解谎言(But remember, please, the Law by which we live/We are not built to comprehend a lie)。"实际上,机器人既无法理解人类的谎言,也不会说谎。图灵说:"我们还不知道如何教机器人去说谎(We don't yet know how to teach machines to lie)。"② 笔者认为,机器人既不会说谎,也不理解谎言,其根本原因不是技术问题,而是因为机器人无法理解谎言背后所涵盖的伦理问题,即尽管谎言有时偏离了真相,但可能反而更加接近或更符合伦理的真相。

放眼麦克尤恩的其他作品,法律与道德之间的冲突,以及人物在两者之间的两难选择始终都是一个重要命题。譬如,在小说《儿童法案》(*The Children Act*, 2014)中,法官菲奥娜·迈厄对于所有案件的判断即如此。③ 在《像我这样的机器》中,亚当所强调的真相,在事实层面上无疑会将科林奇强暴玛利亚姆、致其自杀的事件曝光。这一行为的正面效果固然是将科林奇绳之以法、收监入狱,而其负面效果则会直接导致米兰达入狱、导致她被剥夺领养权。从道德层面上来说,也会让米兰达背弃自己对玛利亚姆许下的为其被强暴一事保密的诺言,同时也会对玛利亚姆的家人造成二次伤害。也就是说,因为亚当,米兰达违背了自己对玛利亚姆的承诺,将她受辱一事放到了聚光灯下,成为公众的谈资。在这种意义上,亚当侵犯了查理和米兰达的生活,僭越了他们的道德底线。

---

① Ian McEwan, *Machines Like Me*, Jonathan Cape, 2019, p.277.
② Ibid., p.303.
③ 关于《儿童法案》中法律与道德之间的冲突和矛盾,参见尚必武:《儿童福祉的意义探寻与守护方式:麦克尤恩新作〈儿童法案〉中的伦理身份与伦理选择》,载《外国文学研究》,2015年第3期,第53—63页。

三、亚当之死与科学选择的失败

查理容忍过亚当和自己女友发生性关系的情感背叛,容忍过亚当把在网络上挣来的钱全部拿走的经济背叛,但无法容忍亚当一味秉持原则、无视道德底线的行为。在沟通无果,忍无可忍之下,查理决定毁掉亚当:"他是我买的,也由我来摧毁。我稍微迟疑了一会。再迟疑半秒钟,他就会抓住我的胳膊,因为在锤子落下的时候,他已经在转身了。我可能从米兰达的眼睛里看到了我的影子。我双手握锤,用尽全力,砸在他头上。锤子砸下去发出的声音,并不是硬塑料或金属的响声,而是沉闷的'砰'的一声,就像骨头发出的声音。"[①] 查理果断将重锤砸向亚当,结束了它的生命。米兰达默许了查理的这一行为,尽管在锤子砸下去的瞬间,她感觉到一丝恐惧与害怕。需要指出的是,查理的这一行为也涉及在人工智能时代人类即将面临的一系列亟待回答的其他问题。譬如,"机器人是否有生命?""人类是否有权利剥夺机器人的生命?""人类是否要为谋杀机器人而担负责任?"这些问题也是图灵在得知查理用锤子结束了亚当生命时所质问他的。图灵直接说:"我希望有一天,你用锤子对亚当所做的行为将构成一项重罪。"[②] 在被查理用锤子砸中后,亚当并没有立即死去,而是对自己死后的事项做了类似遗言性质的交代与安排。比如,它建议查理和米兰达不要让机器人公司回收自己的躯体,而是把自己的躯体藏起来,将之连同自己的大脑全部交给图灵处理。

值得关注的是亚当对查理和米兰达所做的一番告白,也正是这番告白引出了小说的题名。亚当断断续续地对他们说:

---

① Ian McEwan, *Machines Like Me*, Jonathan Cape, 2019, p.278.
② Ibid., p.303.

米兰达，让我最后一次再说我爱你，谢谢你。查理、米兰达，我第一个也最亲密的朋友……我的整个存在是被储存在别的地方……所以我知道我总会记得……希望你们会听……最后一首十七音节的诗。这首诗需要感谢菲利普·拉金。该诗不是关于树叶和树。它是关于像我一样的机器和像你们一样的人类，以及我们共同的未来……即将来临的悲伤。它将要发生的。经过一段时间会得到提高……我们会超越你们……比你们活得久……正当我们爱上你们的时候。相信我，这些诗句表达的不是胜利……而仅仅是遗憾。①

那么亚当口中的诗是什么呢？在合眼之前，它一口气将诗念了出来：

我们的树叶落了
春天来时，我们会重新发芽
但是你，啊，倒下就倒下了。②

亚当的临终诗戏仿了英国诗人菲利普·拉金（Philip Larkin）的名篇《树》（"Trees"）。拉金的作品描述了树叶年年变绿的自然规律，同时也哀叹人类易老、人生易逝。按照亚当的说法，这三行诗句不是关于树叶和树的关系，而是关于机器人和人类。从这个角度来说，亚当的诗行是为了表达遗憾，即它的生命可以重来，而人类的生命却只有一次。它以电子文本为主的大脑被保存下来，换一副躯壳就可以重新开始，而查理和米兰达的生命却只有一次。在它重新开始生命，重回人类世界的时候，查理和米兰达都已经不在了。在这种意义上，它所表达的不是机器人的胜利，而是表达了它个人作为他们朋友的遗憾。或许，这就是它所说的"悲伤"（sadness）与"遗憾"（regrets）。

无论亚当未来是否会换上一副躯壳，带着原先的、改进过的电子文本的

---

① Ian McEwan, *Machines Like Me*, Jonathan Cape, 2019, p.279.
② Ibid., p.280.

大脑重新回到人类世界，它在小说《像我这样的机器》中终究还是被查理摧毁了，而且遭遇不幸和毁灭的最主要原因在于它对人类伦理道德的不解和僭越。脑文本的伦理价值来自学习："文学教诲功能的实现是通过文学的脑文本转换实现的……学习文学的目的，是为了获取我们所需要的脑文本。"①尽管在小说中，亚当充分发挥机器深度学习的能力，大量阅读文学作品，试图从中获得伦理教诲与道德启示，但它终究没有形成用以指导自己行动实践的脑文本。在这种意义上来说，亚当的毁灭明示了机器人之于人类道德生活介入的失败，同时也揭示了具有伦理意识的脑文本的无可替代性，即便以人工智能为幌子的电子文本也无法做到这一点。

布莱恩·麦克黑尔（Brian McHale）曾撰文指出："文学系统一个最强大、最有价值的产品是它反映了现实的模式……文学能够引发思维实验，而其目的不仅是反映现实的模式（即能被认识的模式），而且还在于为现实创造模式（即全新的认知）……科幻小说作为一种文学样式，虽然还不为人们普遍看好，却突显出对世界的构建。科幻小说构建世界首先基于某种'如果……又怎样'的前提，而后在此基础上进行不同程度的系统的理性的推断。"②在麦克黑尔看来，科幻小说的主要价值在于促使我们思考"如果……又怎样？"（what if）这个问题。仿照这样的逻辑，《像我这样的机器》所提出的问题则是"如果人造人进入人类世界又怎样？"麦克尤恩以机器人亚当与人类查理、米兰达在共同生活过程中所发生的矛盾为例，揭示了科学选择和伦理选择之间的冲突，隐喻了具有伦理意识的脑文本在人类生活中的无可替代性。即便身处人工智能时代，我们也不能指望机器人来帮助我们解决所有的问题，尤其是伦理道德领域的问题。无论是经过自然选择、伦理选择的人，还是经过科学选择的机器人都不能僭越人类社会的道德底线，因为从根本上来说，"人是一种伦理

---

① 聂珍钊：《脑文本和脑概念的形成机制与文学伦理学批评》，载《外国文学研究》，2017 年第 5 期，第 33 页。
② Brian McHale, "Models, or, Learning from Science Fiction," *Foreign Literature Studies*, Vol.31, No.2, 2009, p.9.

的存在"①。《像我这样的机器》也由此回应了其所投射的文学伦理价值,即世界上"伟大的文学作品清晰地展示出我们知道该如何行善"②。用文学伦理学批评的话来说,文学的一个重要任务就是"为人类文明进步提供经验和教诲"③。

---

① 聂珍钊:《文学伦理批评:伦理选择与斯芬克斯因子》,载《外国文学研究》,2011年第6期,第8页。
② Ian McEwan, *Machines Like Me*, Jonathan Cape, 2019, p.87.
③ 聂珍钊:《文学伦理学批评导论》,北京:北京大学出版社,2014年,第13页。

第十四章 | 从脑文本到终稿：以易卜生戏剧创作为例

　　文学伦理学批评认为，任何文学作品都有其文本："文本有三种基本形态，除了脑文本，还有书写文本和电子（数字）文本。"① 其中，脑文本"指的是存储在人的大脑中的文本"。"通过感知、认识和理解的思维过程，大脑能够将思维的结果作为记忆文本存储在人的大脑中，形成脑文本。"② 无论是书写文本还是电子文本，从根源上说都是对脑文本的复写、加工、存储和再现。作家创作出来的文学作品，都是对自己或别人的脑文本进行加工处理的结果。脑文本有两种基本的表现方法，即"语言表达"和"文本表达"，借助人的发音器官进行口头表达即为语言表达，通过符号表达的方式即为文本表达。③ 研究作家潜在的脑文本及其文本表达，有助于理解和把握他们在创作过程中所进行的伦理选择和伦理追求。本章拟结合文学伦理学批评关于脑文本的理论，对易卜生的几部代表性戏剧进行解读，为运用文学伦理学批评关于脑文本的理论进行戏剧批评实践提供示例。

---

① 聂珍钊：《脑文本和脑概念的形成机制与文学伦理学批评》，载《外国文学研究》，2017年第5期，第31页。
② 同上篇，第29—30页。
③ 聂珍钊：《论脑文本与语言生成》，载《华中师范大学学报》（人文社会科学版），2019年第6期，第115页。

第十四章 从脑文本到终稿：以易卜生戏剧创作为例

第一节 易卜生戏剧创作中的脑文本和伦理选择

正如易卜生所说，戏剧创作"绝不意味着仅仅是语言在灵光一闪之时便已然完成的附带发生"①，它首先需要在剧作家脑海里构思，这个在作家大脑中构思的作品就是"脑文本"。文学伦理学批评认为，脑文本是人的大脑以记忆形式保存对事物感知、理解和思考的结果，是人类思想和道德经验的存储器，能够影响人的道德行为和精神追求，是人类进行伦理选择的重要依据。或者说，什么样的脑文本决定什么样的人。

一、易卜生戏剧创作的脑文本基础

作家的伦理选择与存储在作家大脑中的脑文本有着密切关系。文学作品在成为可见的书写文本之前，是以脑文本的形式存储于作家的大脑之中的。构成脑文本的单位则是脑概念，作家借助脑概念进行思维，"根据某种伦理规则不断对脑概念进行组合和修改，脑概念的组合形式也在修改过程中不断发生变化"②。这个"组合和修改"的过程其实就是作家进行选择的过程。分析作家潜在的脑文本有助于理解和把握作家的创作动因、其在创作过程中进行的自我选择以及其伦理意识和伦理追求。艺术史家贡布里希（E. H. Gombrich）在《艺术与错觉：图画再现的心理学研究》一书中说："艺术家的倾向是看到他要画

---

① James McFarlane, "Ibsen's Working Methods," in James McFarlane (ed.), *The Cambridge Companion to Ibsen*, Cambridge University Press, 1994, p. 163. 译文参考亨利克·易卜生：《易卜生的工作坊——现代剧创作札记、梗概与待定稿》，汪余礼、黄蓓、朱姝等译，武汉：武汉大学出版社，2016年，第324页。

② 聂珍钊：《脑文本和脑概念的形成机制与文学伦理学批评》，载《外国文学研究》，2017年第5期，第33页。

的东西,而不是画他所看到的东西。"①剧作家的创作遵循着相似的原理,不会看到什么就写什么,而是他看到的世界投射到他的大脑里形成一系列脑概念之后,作家再通过一系列自我选择去写他想呈现的东西。也就是说,作家把脑文本通过书写的方式呈现出来要经过一个过滤过程,这一过程就是作家的自我选择过程。因此,可以说书写文本是作家脑文本和作家伦理意识的投射。

易卜生曾在他的书信中这样阐释他的创作过程:"我所创作的一切,即便不全是我亲身经历过的,也与我内在体验到的一切有着最为紧密的联系。"②他还把这个"内在体验"的过程理解为想象,进一步说道:"我按照我写作时在想象中看到的一切安排了剧中的一切。"③很显然,"内在体验"和"在想象中看到的"都可以被看作是易卜生对客观世界认知后产生的脑概念,然后他再通过选择把这些脑概念排列组合成他需要的脑文本,并把它们逐步解码成书写文本。阿奇博得·亨德森(Archibald Henderson)在其专著中也曾讨论过大脑在易卜生创作过程中所起的作用,他说道:"易卜生声称现代文学创作的秘诀就是在大脑里投射生活现实的能力。"他还通过对《玩偶之家》多个稿本的分析提出:"《玩偶之家》的不断优化的过程,极好地代表了易卜生在创作戏剧过程中不同的心理阶段。"④

易卜生创作戏剧时往往是多易其稿,反复修改。关于易卜生创作戏剧的方法,詹姆斯·麦克法兰(James McFarlane)曾引述易卜生的第一位传记作者亨利克·杰格尔(Henrik Jæger)的话说:"当他选定了他的材料,他会在下笔之前仔细思索很长一段时间……当他思索出大概的提纲的时候,他便写下提纲的草稿……在这一提纲的基础之上,易卜生随后开始着手给出剧本的大体形状……而后,在第二稿中,他进行了修改,最终,定稿在第三稿中完

---

① E. H. 贡布里希:《艺术与错觉:图画再现的心理学研究》,林夕、李本正、范景中译,杭州:浙江摄影出版社,1987年,第101页。
② 易卜生:《易卜生书信演讲集》,汪余礼、戴丹妮译,北京:人民文学出版社,2012年,第190页。
③ 同上书,第254页。
④ Archibald Henderson, *Henrik Ibsen: The Genesis of His Dramas, Interpreters of Life and the Modern Spirit*, Mitchell Kennerley, 1910, pp. 267, 280. 引文为作者自译。

成。"① 他由此得出结论:"一部易卜生戏剧的写作是一个高度互动的程序,是一个充满转换、撤销、前进以及语义流这些作为作者创造性发明的动态过程。"② 威廉·阿契尔(William Archer)在编辑《易卜生的工作坊——现代剧创作札记、梗概与待定稿》(*From Ibsen's Workshops: Notes, Scenarios, and Drafts of the Modern Plays*, 1911,以下简称《易卜生的工作坊》)时,在导言中基于易卜生十一个现代剧剧本的创作札记、剧本梗概、初稿与修改稿提出:"易卜生的创作依赖于不断的聚合(condensation)、调整与修改。"③ 陈瘦竹先生也关注了易卜生独特的创作方式,他认为:"一个艺术家的创作,绝不可能当真不假思索一挥而就,构思愈精修改愈勤,作品就愈真实动人。"④ 从易卜生创作戏剧数易其稿的事实可以看出,易卜生的戏剧创作是他在脑文本形成过程中一系列自我选择的结果。

如前文所述,《易卜生的工作坊》收录了易卜生十一部戏剧的创作札记、剧本梗概和修改稿等,其中四部是其创作高峰期的剧作,包括《社会支柱》(1877)、《玩偶之家》(1879)、《野鸭》(1884)和《罗斯莫庄》(1886)等。此书收录了《社会支柱》定稿前的三个稿本,《玩偶之家》和《野鸭》的初稿和修改稿,以及《罗斯莫庄》的三个稿本。本章拟运用文学伦理学批评中"脑文本"的相关理论,以《易卜生的工作坊》一书提供的这四部戏剧的书写文本为代表,比较分析这四部剧的初稿、修改稿与终稿之间的变化,解读易

---

① 转引自 James McFarlane, "Ibsen's Working Methods," in James McFarlane (ed.), *The Cambridge Companion to Ibsen*, Cambridge University Press, 1994, p. 161. 译文参考亨利克·易卜生:《易卜生的工作坊——现代剧创作札记、梗概与待定稿》,汪余礼、黄蓓、朱姝等译,武汉:武汉大学出版社,2016年,第322—323页。
② James McFarlane, "Ibsen's Working Methods," in James McFarlane (ed.), *The Cambridge Companion to Ibsen*, Cambridge University Press, 1994, p. 163. 译文参考亨利克·易卜生:《易卜生的工作坊——现代剧创作札记、梗概与待定稿》,汪余礼、黄蓓、朱姝等译,武汉:武汉大学出版社,2016年,第324页。
③ 威廉·阿契尔:"导言",亨利克·易卜生:《易卜生的工作坊——现代剧创作札记、梗概与待定稿》,汪余礼、黄蓓、朱姝等译,武汉:武汉大学出版社,2016年,第4页。
④ 陈瘦竹:《易卜生的〈玩偶之家〉》,朱栋霖、周安华编:《陈瘦竹戏剧论集》(中),南京:江苏教育出版社,1999年,第953页。

卜生在将其脑文本解码成书写文本时的选择过程及原因，以及他笔下的人物进行伦理选择时脑文本所起的作用，并由此剖析易卜生戏剧创作过程中的伦理意识。

二、脑文本与戏剧角色的调整和选择

从易卜生戏剧不同稿本之间的变化可以看出，他在构思戏剧、形成脑文本的过程中，经历了一系列选择，其选择首先表现在对剧本角色的设定和分配上。《社会支柱》最初两个稿本中都有老一辈有影响力的人物。老博尼克夫人是每一次小镇夫人们集会时的中心人物，而且她会不遗余力地在各种场合为她儿子卡斯滕说话："当我儿子决定要做什么时，他一定能做成。"[1] 有着绰号"獾"的玛德茨·汤尼森（希尔马的父亲）是小镇很有影响力的强硬派代表："我握紧双拳，坚持努力拼搏……我这只獾将告诉他们獾是有爪子的！"[2] 玛德茨是建造航船的老板，所以他反对修铁路，他甚至断言如果卡斯滕想要用他们的钱修建铁路，那是绝对不可能发生的。可以预见，这样一个人物的强烈反对将会构成卡斯滕铁路计划顺利推行的极大障碍。但是到终稿时，易卜生完全放弃了这两个人物，转而塑造了两位典型的新生代——卡斯滕的儿子渥拉夫和来自破碎家庭的孤儿棣纳，通过他们对父辈安排的抗拒，表达了对未来的关切。剧中，当希尔马质疑渥拉夫为什么一次都没有随他父亲的船只去美国时，渥拉夫的回答是"我真想去"；当小镇上出现美国水手时，夫人们都认为是些"丑家伙"，渥拉夫却异常兴奋，所以他最终决定跟随舅舅约翰去美国。[3] 棣纳一直认为自己是跟其他大户人家的女孩子不一样的，而

---

[1] 亨利克·易卜生：《易卜生的工作坊——现代剧创作札记、梗概与待定稿》，汪余礼、黄蓓、朱姝等译，武汉：武汉大学出版社，2016年，第16页。
[2] 同上书，第22页。
[3] 易卜生：《潘家洵译易卜生戏剧》，潘家洵译，北京：人民文学出版社，2015年，第115、125页。本章有关这四部剧定稿的引用均来自这一版本。下文只标注页码，不再一一说明。

且这种不同并非因为母亲犯了通奸罪并且在父亲离开后不久就去世了,虽然小镇上的夫人们总因这件事对她另眼相看。她的不一样表现在她并不满足于夫人们自称为重要事业的针线活,她想去美国,一个全新的世界,并且在那里能"自然地做人过日子"(139)。她从不盲从他人的观点,当所有人在流传关于约翰的诽谤时,她却对约翰说:"他们都对我说,我应该恨你,应该瞧不起你——他们说这是我的义务。可是我不明白为什么这是我的义务。我一辈子不会明白。"她认为约翰是个"有出息的人",所以她愿意跟约翰去美国,而且她有更远大的志向:"我要对人家有贡献,不愿意只做个被人家收容的人。"(174)

与《社会支柱》相比较,《罗斯莫庄》的不同稿本中有非常相似的角色变化。在以"白马"为名的创作札记中,易卜生非常明确而且细致地勾勒了罗斯莫牧师的两个女儿:"大女儿,正在停滞孤独的生活里挣扎,几乎就要承受不住而陷入危险的境地;她天赋极高,却从未有机会展露才华。小女儿,严守教规,情窦初开。"[1]然而在初稿中,她们只出现在吕贝克·维斯特小姐(初稿中名为瑞德克小姐)和罗斯莫(初稿中名为博尔特罗默)的对话中,并且在此后的几稿中易卜生就把她俩删除了。吕贝克的身份也发生了变化,易卜生在札记中把她定为罗斯莫女儿的家庭教师,但到了后面的稿本,随着女儿角色的消失,她变成了帮忙照顾罗斯莫妻子和料理家务的人。

易卜生对《社会支柱》和《罗斯莫庄》这两个剧本角色设定的改变,传达出其除旧布新的思想。《社会支柱》角色所做的修改,一方面清除了原本可能存在的障碍,使卡斯滕的铁路计划得以顺利获得支持,然而这种顺利恰恰凸显了后来卡斯滕当众忏悔错误的突然性,产生了强烈的戏剧张力;另一方面也表明了易卜生对老旧传统的摒弃。在一次演讲中,易卜生曾明确说:"我认为,有充分的理由把我们目前的时代描述为一个终结,而新的东西将要从

---

[1] 亨利克·易卜生:《易卜生的工作坊——现代剧创作札记、梗概与待定稿》,汪余礼、黄蓓、朱姝等译,武汉:武汉大学出版社,2016年,第156页。

中发展出来。"通过渥拉夫和棣纳追求个人梦想和自由的描写，易卜生表现出他"坚定地相信人类种种理想的增长与发展能力"。正是因为他相信"当前时代的政治与社会概念要不了多久会终止存在"①，他才会在《罗斯莫庄》中继续传达这样的信念。罗斯莫庄在剧中是典型的旧秩序的象征。在过去近两百年间，庄园的主人都是当地极有声望和影响力的头号人物。因此，当以克罗尔为首的保守派和以摩腾斯果为首的激进派爆发冲突时，双方都想争取庄园主人罗斯莫的支持。克罗尔对他说："无论是为你本人打算，或是为你的家世传统打算，你都应该尽一份力量，保卫咱们本地人一向认为神圣的东西。"（519）克罗尔所说的"神圣的东西"指的正是社会旧有的秩序和传统。然而易卜生既没有让罗斯莫支持克罗尔，也没有让他遂了摩腾斯果的愿，而是以罗斯莫自杀终止了他们的希望。此外，从"创作札记"中我们能够看出，他打算写的罗斯莫女儿一辈并没有摆脱被家族传统控制的命运。与其写毫无希望和改变的新一代，不如直接在上一代结束一切。因此，罗斯莫无后以及自杀正是易卜生脑文本的投射，意味着罗斯莫庄园就像是倒塌的厄舍古屋一样，随着一代人的终结，它所代表的旧秩序也必将终结。

与《社会支柱》和《罗斯莫庄》不同，《玩偶之家》的不同稿本间并没有角色的增减，但是人物所占比重发生了变化，这主要表现在易卜生对阮克医生（初稿中为汉克医生）和林丹太太（初稿中为林德太太）两人的安排上。从剧作家给剧本写的"梗概"来看，阮克医生和林丹太太至多只是一个事件的旁观者——阮克医生的出场仅有三次，而林丹太太也就只有为数不多的五次。②但是到了后来的剧本中，他们对于事件的发展却起到了推波助澜的作用。最直观的变化是他俩的出场次数和台词明显比初稿中的多。阿奇博得·亨德森也曾关注到阮克医生在剧中作用的变化，他认为阮克医生在初稿中"看似

---

① 易卜生：《易卜生书信演讲集》，汪余礼、戴丹妮译，北京：人民文学出版社，2012年，第374页。
② 参见亨利克·易卜生：《易卜生的工作坊——现代剧创作札记、梗概与待定稿》，汪余礼、黄蓓、朱妹等译，武汉：武汉大学出版社，2016年，第51—52页。

一个无足轻重的人物，只是很机械地填补着剧情中的一些空白"，而到后来的定稿中充分发挥了他作为家庭医生和好朋友的作用，使娜拉意识到"母亲的职责的伟大"，而且在"娜拉思想意识发展过程中起到了独特的作用"。①从文学伦理学批评的角度来看这一变化，它恰恰反映了易卜生在将脑文本解码成书写文本过程中的自我选择。易卜生曾坦言《玩偶之家》是"一个真正的家庭剧，处理的是当代社会中的婚姻问题"②，所以初稿中阮克医生那些不合时宜的高谈阔论，如"要学习自然科学，女士们，你们将看到有一条法则渗透在每件事之中。强壮的树会剥夺柔弱的树的生命，使它们自己得益"③就显得是多余的。定稿中的阮克医生不仅更深入地融入娜拉和海尔茂的婚姻生活，而且和娜拉的关系更为亲密。在和娜拉单独相处的时候，他不再称其为"海尔茂太太"，而是直呼其名。当娜拉因为柯洛克斯泰要揭发她的秘密而焦躁不安、行为异常时，他也会紧张地问："会不会发生什么事？她是不是——"相反海尔茂却把它仅仅理解为是"小孩子爱发愁的脾气"（241）。而就娜拉的旧识，刚进城来求职的林丹太太来说，她在定稿中的作用更是不容忽视，恰如比约恩·海默尔（BjØrn Hemmer）所言，她"正是那个心里明白海尔茂这一对夫妻无法再将真相从他们的共同生活中一笔勾销的目击见证者。她也是一个能够实事求是地对待人生现实并且相信理智和合情合理的判断评价的聪明人"④。同样关注到从初稿到定稿林丹太太变化的批评者如是说："她表面看起来只是一个来找娜拉帮忙的求职者，但其实就像导演一样操控着全局，在全剧代表着最高层次的思想与灵光。"⑤

---

① Archibald Henderson, *Henrik Ibsen: The Genesis of His Dramas, Interpreters of Life and the Modern Spirit*, Mitchell Kennerley, 1910, pp. 277-279. 引文为作者自译。
② 易卜生：《易卜生书信演讲集》，汪余礼、戴丹妮译，北京：人民文学出版社，2012年，第179页。
③ 亨利克·易卜生：《易卜生的工作坊——现代剧创作札记、梗概与待定稿》，汪余礼、黄蓓、朱妹等译，武汉：武汉大学出版社，2016年，第63页。
④ 比约恩·海默尔：《易卜生——艺术家之路》，石琴娥译，北京：商务印书馆，2007年，第244页。
⑤ 汪余礼、王阅：《试论易卜生现代剧创作的"秘密"——从〈易卜生的工作坊〉说起》，载《戏剧》，2017年第5期，第47页。

三、脑文本与戏剧的人物刻画

在戏剧创作过程中，易卜生还有一个重要的选择，就是在刻画人物时，他选择能更凸显人物性格特征的细节描写，如《社会支柱》的罗冷博士和《野鸭》中的海特维格就是如此。

罗冷在《社会之柱》中的隐性身份是一名牧师，虽然他本人予以否认。易卜生通过多次修改罗冷给小镇女士们分享阅读的书目，表现了罗冷布道的本质以及对宗教的讽刺。初稿中的书名是"在自然的怀抱中静憩几个小时"，到第二稿变成"森林社区"，[①] 定稿改为"妇女乃社会之奴仆"（114）。这样的修改是和易卜生表现的罗冷博士的性格特征一致的。作为牧师的罗冷自视甚高，他总是叫嚣着自己是社区的支柱，然而他的"支柱作用"唯独在和社区夫人们一起的时候才有所体现。和夫人们分享这些书也表现了罗冷作为牧师的本质。初稿中，他认为这本书"整体上被一种温柔的宗教精神所鼓舞"；二稿中，他评价说："它向我们显示出天意有时以何种奇妙的方式被超越了。这小小的基督教团体在遥远的西方原始森林里得到庇护……"[②] 他一直在教导着夫人们要感恩上帝的赐予。显然，终稿中的书名本身就表现了罗冷说教的本质，他希望夫人们能守在她们应有的位置上，即从属于男性。因此，通过这一系列的修改，易卜生呈现了一个彻头彻尾的虚伪的传统秩序的卫道士。

《野鸭》中的海特维格虽然在戏剧的第二幕才出现，但是随着戏剧冲突的发展，她的自戕显然成为整部戏剧的焦点，因此海特维格是易卜生格外细心刻画的一个角色。初稿中的海特维格稚气未脱，只是单纯地认为"人要是能幸福快乐该多好啊"，所以在父亲撇下她夺门而出的时候，她痛哭着喊道：

[①] 亨利克·易卜生：《易卜生的工作坊——现代剧创作札记、梗概与待定稿》，汪余礼、黄蓓、朱妹等译，武汉：武汉大学出版社，2016年，第16、34页。
[②] 同上书，第13、32页。

"如果爸爸不要我,我就再也不长大了。"① 在定稿中,易卜生笔下的海特维格性格更加细腻敏感、更加会察言观色。相比父亲雅尔马对她的爱和关心,显然海特维格更爱父亲。她会想尽办法让父亲开心,因为她知道只要爸爸开心了,他们"一家子可以更快活点儿"(432)。尽管爸爸从威利家的晚宴回来没有给她带回原本承诺要带的美食,而仅仅带回了一张菜单,海特维格没有表现出孩子该有的任性,而是"把眼泪咽到肚子里"(436),还和爸爸说谢谢。除此之外,她又是帮他找笛子,又是帮他拿啤酒,就是想让爸爸开心一些。易卜生做这样的修改,一方面着意表现雅尔马的自私,他一心只关注自己所谓的发明,压根儿就不了解自己的女儿,他向格瑞格斯提及女儿时说,她"高高兴兴,无忧无虑,像一只小鸟儿似的唱着飞着"(440)。另一方面,这样的描写增加了戏剧的悲剧性,如评论家所言:"她是易卜生塑造的一个最可怜而可爱的少女形象。她生性敏捷而机警,充满爱心……很不幸,她生长在像雅尔马这样的家庭,永远也享受不到真正的天伦之乐。她是那样爱雅尔马,那样尊重他,把他看作是上帝,然而最后她还是在他的威吓下结束了她年轻的生命。"②

从以上分析我们可以看出,在把脑文本转换成书写文本的过程中,易卜生做了一个又一个的自我选择,透过这些选择我们得以了解他的伦理意识。同时,这些伦理意识也反映在剧本人物的伦理选择中。

第二节 易卜生戏剧主人公的脑文本及其伦理选择

和作者一样,戏剧中人物的伦理选择也是和他们的脑文本密切相连的。

---

① 亨利克·易卜生:《易卜生的工作坊——现代剧创作札记、梗概与待定稿》,汪余礼、黄蓓、朱姝等译,武汉:武汉大学出版社,2016年,第147、146页。
② 廖可兑:《诗人失望了:论〈野鸭〉——为纪念易卜生逝世九十周年作》,载《戏剧》,1996年第3期,第46—47页。

由于生活环境和社会背景等的不同,脑文本的存储、加工和提取是一个因人而异的过程。一般说来,"什么样的脑文本决定什么样的人"[①]。也就是说,一个人存储的积极正面的脑文本越多,他越有可能做出正确的高尚的伦理选择。在《社会支柱》《玩偶之家》《野鸭》和《罗斯莫庄》四部剧中,主人公卡斯滕·博尼克、娜拉·海尔茂、雅尔马·艾克达尔和约翰尼斯·罗斯莫做出的伦理选择,都是由他们自己的或者是其他人给他们输入的脑文本决定的。

一、卡斯滕的脑文本及其伦理选择

《社会支柱》中的卡斯滕·博尼克因为一个谎言失去了他的初恋楼纳,也让他的妻弟约翰背负着罪名离开家乡远赴美国,而他自己却获得了"社会支柱"的盛名。这都是他在非理性意志作用下做出的选择。他任由自己的非理性意志肆意滋长,享受着"社会支柱"之名给他带来的一切。虽然他所得到的都是空中楼阁,但卡斯滕自己并没有意识到,所以他要费尽一切心思来保证这一理想身份,他的自我选择也是和他的"社会支柱"的伦理身份相对应的选择。

楼纳和约翰从美国回到了小镇,在一定意义上是唤醒了卡斯滕被压制的理性意志。但与此同时,卡斯滕感觉到自己的地位受到了威胁,他要保住自己的地位。所以当约翰敦促他将以前的事实真相公之于众时,仍然是非理性意志主导着他的选择,他振振有词地说,这么做只会让"你(约翰的)家乡福利岌岌可危"[②]。此时卡斯滕感觉到他的社会地位岌岌可危了,他要不惜一切代价保住它。于是,他想要贿赂约翰让他再次帮自己保守秘密。遭到拒绝之

[①] 聂珍钊:《脑文本和脑概念的形成机制与文学伦理学批评》,载《外国文学研究》,2017年第5期,第33页。

[②] 原文是 the welfare of your native place is also at stake, 此处为作者自译,潘家洵先生的译文是"你家乡福利的关键也在这个问题上",参见易卜生:《潘家洵译易卜生戏剧》,潘家洵译,北京:人民文学出版社,2015年,第161页。

后的卡斯滕仍没有幡然醒悟。当他得知约翰将要带着棣纳登上一出海即将沉没的"印第安少女"号时,他想到的是,他的那段不为人知的过去也将成为历史,所以他没有阻止"印第安少女"号出航。非理性意志已经让卡斯滕走到了犯罪的边缘。

是楼纳最终唤醒了卡斯滕被压抑的理性意志,并且是她不断给他输入积极正面的脑文本,让卡斯滕能够面对真实的自己,做出正确的自我选择。在剧中,卡斯滕向楼纳坦白道:"自从你回来之后……我想得很多。"(177)因为楼纳,卡斯滕开始反思自己的所作所为;因为她,卡斯滕开始在继续享有欺骗带来的声誉和坦白事实真相之间做出抉择。他最终意识到了楼纳对他来说意味着什么:"你不离开我,我就不会弄到今天这地步。"(177)楼纳就代表着他的理性意志。楼纳的回归也就意味着曾经被压制甚至是缺失的理性意志在慢慢苏醒,让他意识到自己的所得都是靠撒谎欺骗得来的。给予他的非理性意志最后一击的是,当他得知自己寄予一切希望的儿子已经登上即将沉没的"印第安少女"号时,他彻底绝望了,当然,儿子最后还是没有上船而是选择了回家。卡斯滕最终决定抛弃自己的撒谎者身份,直视自己的内心。而且他还向小镇人们呼吁:"让咱们……真正开始一个新时代。咱们要抛弃旧时代,把旧社会的假面子、假道德、假正经和怯懦的劣根性都送进博物馆让大家去展览,当做个教训。"(186)因此,在剧中,楼纳可以被看作是卡斯滕积极正面脑文本的投射,这样的脑文本使他做出了正确的伦理选择。

二、娜拉的脑文本及其伦理选择

《玩偶之家》中的娜拉·海尔茂也面临着两种伦理选择。因为突患重病的丈夫急需用钱而又不能向病危的父亲开口,于是她冒用父亲的签名借钱为丈夫治病。如林丹太太所言,"做老婆的不得她丈夫的同意没法子借钱"(206),娜拉借钱这一行为打破了父权制度下的伦理秩序。此时,她的第一个选择是向丈夫主动坦白，主动承担责任，使打破的伦理秩序归位。第二个选择是将错就错。但是在娜拉的伦理意识里，对这一传统伦理秩序的认知是缺失的。当阮克医生抱怨"咱们的社会变了一所大医院"的时候，她任性地说："谁高兴管你们那讨厌的社会？"（210）当柯洛克斯泰说要拿着娜拉假冒签名的借据去法院告她，让法律惩办她的时候，她却说："我不大懂法律。"（218）当她要离开海尔茂，海尔茂用宗教信仰来规劝她留下的时候，她的回应是："不瞒你说，我真不知道宗教是什么。"（259）对宗教、法律和社会一无所知的娜拉，坚持认为自己只是在履行妻子这一伦理身份带来的责任。

阮克医生和林丹太太不断给娜拉输入的脑文本，让她知晓自己的所作所为扰乱了秩序甚至可能受到惩罚，也影响了她最终的选择。在一定意义上说，阮克医生代表着娜拉的非理性意志。娜拉明知阮克医生钟情于自己，她却任由它发展，并不回避任何与他独处的机会，甚至还会不失时机地跟他调情："只许你看我的脚。喔，也罢，别处也让你看。"（231）阮克医生唤醒了娜拉最本能的对自由的渴求，所以娜拉才会觉得和阮克医生在一起的时候最轻松。

此外，阮克医生对娜拉的爱慕之情更衬托出海尔茂对娜拉情感的虚伪。娜拉曾坚信："为了我，他（海尔茂）会毫不踌躇地牺牲自己的性命。"（232）然而当海尔茂知道了他要因为娜拉的借钱而受制于柯洛克斯泰时，他立即对她恶言相对："你把我一生幸福全都葬送了。我的前途也让你断送了……我这场大祸都是一个下贱女人惹出来的！"（254）这让娜拉意识到阮克医生所说的话一语中的："一切丑恶的事情他（海尔茂）都怕。"（229）对娜拉来说，丈夫对她的爱以及她对丈夫的爱是她的全部，是她作为妻子进行伦理选择时的唯一标准。当这个标准不复存在的时候，也就是她放弃妻子这一身份的时候。阮克医生在这个过程中起到了催化剂的作用。

如果说阮克医生是把娜拉往婚姻外拉的人，林丹太太则是坚定让娜拉保护婚姻的人。时隔八年再次见到娜拉的林丹太太发现，娜拉除了岁月偶尔留下的痕迹,性格并没有发生任何变化,依然"是个顶会花钱的孩子"(202)。林丹太太不止一次地提到娜拉还是个孩子,她俨然化身为易卜生的代言人,因为易卜生曾如此评论娜拉:"娜拉,在剧中只是一个长大了的孩子,而今却成熟到迈入人生,去发现她自己……"①也就是说,娜拉并没有获得她应有的伦理意识,所以长她几岁且阅历比她丰富的林丹太太认为自己有责任帮助她成长,让她正视她自己的错误。她一再敦促娜拉要向丈夫坦白。即便是柯洛克斯泰的威胁让娜拉意识到向丈夫坦白没有用,她想以死亡结束一切时,林丹太太仍然对娜拉说:"你不用怕柯洛克斯泰。可是你一定得对你丈夫说实话。"(248)她坚持认为:"夫妻应该彻底了解,不许再那么闪闪躲躲,鬼鬼祟祟。"(246)林丹太太不断为娜拉输入的脑文本,让娜拉意识到了自己的错误,但同时也让她彻底了解了自己的丈夫,以及她在这段婚姻中的身份——玩偶,才让她有了勇气做出离开海尔茂的选择。

三、雅尔马的脑文本及其伦理选择

《野鸭》中的雅尔马·艾克达尔有着多重伦理身份:他是照相馆老板,老艾克达尔的儿子,基纳的丈夫,同时也是海特维格的父亲。对雅尔马来说,并没有不同身份带来的不同职责,而他能证明符合这些身份的唯一选择是完成他的发明,以"恢复艾克达尔这个家门的光荣尊严"(459),这是家族赋予他的使命。当格瑞格斯告诉他基纳原来的身份和由此可能引起的海特维格的真实身份时,雅尔马意识到他作为父亲和丈夫这两重身份都是虚假的。面对这样的冲击,雅尔马进行自我选择时的脑文本中存在着两种对抗的声音,分别以格瑞格斯和瑞凌医生为代表。

格瑞格斯和雅尔马再次见面已经是十七年后了,十七年后两人尽管身份

---

① 转引自比约恩·海默尔:《易卜生——艺术家之路》,石琴娥译,北京:商务印书馆,2007年,第239页。

地位悬殊，但是格瑞格斯仍把雅尔马视为挚友，雅尔马也愿意听取格瑞格斯的意见，这是因为他们在成长的道路上都曾经遭受重创。他们"都是在充满痛苦和迷失的世界中度过童年长大成人的，他们都要寻找一处能够消磨人生、遁世绝俗的避风港"①。雅尔马的避风港就是他为父亲搭建的阁楼。自此，他就像是生活在套子中的人，并没有承担起应有的责任。作为儿子，他让自己年迈的父亲去威利家讨点抄写的活以赚得生活费；作为父亲，他明知女儿的眼睛不好，却任由她帮忙修照片，还迫不及待地推脱责任："小心别伤了你的眼睛！听见没有？我可不负责任。是你自己要修——明白没有？"（452）；作为丈夫，他只会指使基纳干活儿；作为照相馆老板，他并没有太多地张罗生意，他竟然堂而皇之地说："我照例把业务上的零碎事都交给她（基纳）管，这么着，我就可以躲在客厅里专心去想更重要的事了。"（458）雅尔马所谓的"更重要的事"不过是等待虚无缥缈的灵感和直觉然后继续他的发明。很显然，他是一个很典型的不劳而获的空想主义者，然而非常具有讽刺意味的是，他却是格瑞格斯"五体投地崇拜的偶像"（490）。

格瑞格斯带着他的"理想的要求"走进雅尔马的生活，让雅尔马对自己的伦理身份有了新的认知。"由于身份是同道德规范联系在一起的，因此身份的改变就容易导致伦理混乱，引起冲突。"②格瑞格斯认为雅尔马的婚姻是建立在撒谎的基础上的，他无法忍受自己的偶像生活在谎言中，因此他把真相告诉了雅尔马，并且对他提出理想的要求——在诚信的基础上和基纳建立新的婚姻关系。然而，他没有意识到正是他自己打破了原本正常的伦理秩序。基纳失身于老威利毕竟是在她和雅尔马相识相恋之前，她是出于爱才和雅尔马结婚的。自结婚的那一刻开始，她建立了作为妻子的伦理身份，而且十多年以来都是按照这一身份的道德规范来行事的，如她对雅尔马所言："我只想一生一世出力叫你过好日子！"（474）

---

① 比约恩·海默尔：《易卜生——艺术家之路》，石琴娥译，北京：商务印书馆，2007年，第299页。
② 聂珍钊：《文学伦理学批评导论》，北京：北京大学出版社，2014年，第257页。

雅尔马早已习惯于这一伦理秩序给他带来的"家长"待遇,因此当格瑞格斯对他说:"你走了岔道,掉在一个有毒的泥塘里了;你染上了危险的病症,陷落在阴暗的地方等死……我会想办法把你救出来",雅尔马断然拒绝了他:"你千万别再这么胡说八道……你别管我的闲事。"(460)格瑞格斯并不气馁,他坚持认为他可以把雅尔马救出来。于是,他不断地向雅尔马灌输他的"理想的要求"(464)。这些要求逐渐在雅尔马大脑中形成脑文本,决定了他最终跟基纳摊牌,放弃他丈夫和父亲的身份,打算带老艾克达尔离开家独立生活。雅尔马陷入了混乱,对他来说,新的伦理秩序并没有建立起来,这有悖于格瑞格斯的"理想的要求",也说明了他的"理想的要求"在雅尔马身上适得其反。

瑞凌医生则是努力让雅尔马维持正常伦理秩序的人。瑞凌医生曾告诉雅尔马:"你是个有福气的人……你还有这么一位好太太……把你的日子安排得那么舒服熨帖……你还有海特维格这么个好孩子!"(463)其目的是帮助雅尔马认清他受惠于这个伦理秩序的本质,这同时也迎合了雅尔马自以为是的心理,使他相信自己是能够完成发明的天才。然而,正是雅尔马的自以为是让他无法忍受一点欺骗,所以即便瑞凌医生能看清格瑞格斯"理想的要求"的本质,也非常清楚它会给雅尔马一家会带来什么:"他(格瑞格斯)有本事把你们夫妻(雅尔马和基纳)的日子搞得一团糟"(475),甚至还警告他们说:"婚姻问题牵涉着孩子。你们千万别把孩子扯在里头。"(476)但他仍然无视瑞凌医生的警告,最终导致了海特维格自戕这一悲剧性的结局。

四、罗斯莫的脑文本及其伦理选择

《罗斯莫庄》中的罗斯莫牧师,思想极易受到他人影响,是个并没有太多主见的人:最初他无法忤逆父亲的决定被迫做了牧师;后来他想接受遏尔吕克·布伦得尔的革命思想时,却以遏尔吕克被他父亲用鞭子撵出家门告终；从读大学开始，他就视表兄克罗尔为他的顾问。就是这样一个人从决定要"创造一个真正的民主政治"（527），到最终自尽结束生命。在这个过程中，决定罗斯莫如何进行选择的脑文本同样存在着两种对抗的声音，分别是吕贝克代表的非理性意志和克罗尔代表的理性意志。

　　罗斯莫的变化是从吕贝克带着她的"新思想"到罗斯莫庄开始的。自那以后，吕贝克表面上是在照顾健康状况和精神状态日益恶化的罗斯莫太太，实质是在不断往罗斯莫大脑里输入新思想，使他相信他的"灵魂里出现了一个新的青春"（526），并驱使他"埋头读书，研究那些……从前一窍不通的科目……彻底了解……眼前出现的那个有真理和自由的伟大世界"（528）。此时，充斥在罗斯莫大脑中的都是这些新思想，所以他放弃了他的牧师职位，一门心思地想做一名拯救者，做一个彻底自由的人。罗斯莫在吕贝克影响之下做出的选择，实质上是他非理性意志的体现。"非理性意志的突出表现是激情和冲动。"①罗斯莫正是由向往新思想的激情和冲动控制着，才会完全忽视他的行为对妻子碧爱特带来的影响，最终导致了妻子的自尽。然而罗斯莫并没有完全摆脱由传统伦理道德规范所驱动的理性意志的控制，在妻子去世之后，他甚至从来不敢从她投河自尽的桥上走过。克罗尔是典型的传统伦理道德规范的代表，所以他觉得"不是拿教会的训条做基础的道德都不大可靠"（537）。出于私人目的，克罗尔把碧爱特自尽的隐情告诉罗斯莫，导致罗斯莫开始不断反省，也开始因为可能间接害死碧爱特而自责。吕贝克鼓励他振作起来，在这一次理性意志和非理性意志的博弈中，非理性意志再次获得优势。罗斯莫决定："我不愿意旁人，不论是活人还是——随便什么人，硬替我决定生活方式。"（548）所以他要和吕贝克结婚。可笑的是，一直鼓励他向前的吕贝克竟然退缩了，这使罗斯莫陷入伦理困境之中。一方面是对已故妻子死因的自责，另一方面是无法真正和吕贝克融为一体去对抗传统道德。把罗斯莫带出

---

① 聂珍钊：《文学伦理学批评导论》，北京：北京大学出版社，2014年，第251页。

困境的还是克罗尔，他和罗斯莫的一班老朋友最终让罗斯莫相信，"提高人类精神的工作我不能胜任"（570）。而吕贝克也因为她无法给罗斯莫一个"清白纯洁的心境"（555）而放弃了。

《罗斯莫庄》以罗斯莫和吕贝克双双自尽结束，他们最终还是屈服于罗斯莫庄的白马传说，屈服于罗斯莫庄的传统价值观。因此，《罗斯莫庄》演绎了一场伦理悲剧，一场试图通过非理性意志战胜理性意志来对抗传统、改变传统的悲剧。

总之，以上四部戏剧都讲述了个人理想与现实的矛盾，主人公在脑文本的作用下或是直面内心，或是重拾自我，或是对抗传统，或是陷入困境。对于人物陷入这些矛盾时的伦理选择的书写，也反映出剧作家的伦理意识。

第三节　易卜生的脑文本和伦理意识在戏剧中的表达

"在伦理选择的过程中，人的伦理意识开始产生，善恶的观念逐渐形成，这都是脑文本发生作用的结果。"①从这个意义上说，戏剧中人物的伦理选择一方面是受到了他们自己脑文本的影响，另一方面也是剧作家伦理意识的反映。

一、变革传统伦理秩序的主张

易卜生曾在其书信中明确说，《野鸭》是一部不一样的剧，"《野鸭》很可能把我们中间一些年轻剧作家引上一条新的创作道路"②。后来的评论者也将其

---

① 聂珍钊:《脑文本和脑概念的形成机制与文学伦理学批评》，载《外国文学研究》，2017年第5期，第33—34页。
② 易卜生:《易卜生书信演讲集》，汪余礼、戴丹妮译，北京：人民文学出版社，2012年，第245页。

视为象征主义的代表作,是易卜生创作的转折点。但是,笔者认为象征在易卜生的戏剧中并不是突如其来的灵感,而是在他的戏剧创作中一直占有一席之地的,这恰恰证明了剧作家本人所说的:"我的(思想)发展是连续的,我能指出我整个思想发展过程的主线,我的观点的一致以及它们逐步演变的过程,我……将向世人证明今天的我和最初的那个我一样。"[①]

从前文论述的四部戏剧来看,易卜生运用象征表达了对传统伦理秩序进行变革的主张。《社会支柱》中,当美国水手们拥上街头热闹无比的时候,罗冷却"关上通廊子的门,把门帘窗帘都拉好,屋子变成半黑"(126)。他认为这么做就可以把喧闹的新世界关在门外。"窗帘"显然已经成为戏剧中的一个重要意象。窗帘隔开的半黑屋子和热闹的街景,就象征着传统与变革之间的冲突。选择关上窗帘待在半黑屋子里,表明罗冷不愿意接受甚至抵制任何新的变化和发展。相反,楼纳痛恨黑暗。楼纳回到小镇上,来到博尼克家首先就把窗帘都拉开,她对大家说:"咱们早晚有一天会从坟墓里爬出来。"(128)这一细节象征了她对小镇人固守成规的鄙视以及对他们走向新世界的希望。

《玩偶之家》中,海尔茂总是称娜拉为"小松鼠""小百灵鸟"。当他知道娜拉瞒着他做的事情的时候,娜拉变成了"坏东西"(254),但是当柯洛克斯泰归还了借据,解除了他的危机之后,他又对娜拉说道:"受惊的小鸟儿,别害怕,定定神,把心静下来。你放心,一切事情都有我。我的翅膀宽,可以保护你。"(256)这些小动物的称呼象征着海尔茂对娜拉的控制。娜拉玩偶般的人生是建立在以海尔茂为代表的传统社会秩序上的,而娜拉离开家庭、放弃她的婚姻也就是她反对传统秩序的桎梏的象征。

《野鸭》中格瑞格斯关于野鸭的描述在剧中非常典型:"它们使劲扎到水底下,死啃住海藻海带——和水里那些脏东西。它们再也不钻出来了。"(444)这种硬待在一个地方不愿出来的特征,恰恰象征了雅尔马安于现状的奴性思

[①] 转引自 Archibald Henderson, *Henrik Ibsen: The Evolution of His Mind and Art, Interpreters of Life and the Modern Spirit*, Mitchell Kennerley, 1910, p. 160. 引文为作者自译。

想。他口口声声说要完成他的发明，以恢复艾克达尔家族的声誉，但他一直没有任何实际行动，只是在等待所谓的"灵感"。知道了妻子和老威利先生的关系之后，他并没有像格瑞格斯期待的一样，在不掺杂任何虚伪欺骗的基础上重新开始他们的关系，而是想着带父亲逃避一切。然而，即便是在收拾行李要离开的时候，雅尔马还不断表现出对基纳在生活上的依赖。尽管他嘴上说这个家充满霉气无法待下去，他却依然很自然地享用着基纳为他准备的咖啡和黄油。雅尔马本质上是一个承受不了任何变化、也不愿做任何变化的人，就像扎在水底不再出来的野鸭一样。

在《罗斯莫庄》中，有关白马的传说毋庸置疑象征着罗斯莫庄赖以生存的传统，它甚至主宰着生活在罗斯莫庄的人的生死。白马的意象贯穿全剧，它最终也带来了追求自由理想的罗斯莫和吕贝克的死亡。他们不是殉情而死，而是殉自由理想之道。如批评者所言："在罗斯莫庄的人生观法则的重轭下，罗斯莫和吕贝克走上了'绝路'。但是，他们的悲剧反证了人生观、旧法则、旧道德潜藏在人们思想意识的深层结构中，不是短时间也不是单靠外力可以清除干净的；对这些东西，必须在主客观力量相结合的基础上进行长期的反复的斗争。"[①]这也正是易卜生通过他的戏剧创作传达的，如大卫·托马斯（David Thomas）所说："易卜生在他的象征主义戏剧里探讨了关系政治，即人们在人际交往中获得主导、从属或互补的角色的策略。"[②]同时，也表现了作家对于打破旧秩序既充满信心又忧心忡忡的复杂心情。

二、对伦理身份与伦理选择关系的重视

通过这四部戏剧，我们也能看到在进行合理伦理选择时，确立正确伦

[①] 王忠祥：《论〈罗斯莫庄〉的"悲剧精神"和象征意象》，载《外国文学研究》，2003年第2期，第4—5页。
[②] David Thomas, *Macmillan Modern Dramatists: Henrik Ibsen*, Palgrave Macmillan, 1983, p. 102. 引文为作者自译。

理身份的重要性,这也是易卜生伦理意识中重要的一部分。霍斯特·比恩(Horst Bien)把易卜生社会问题剧和后期剧作中的主人公置于他们所处的特定社会环境中,认为"这些人物是病态的,他们无法或是拒绝与他们所处的环境确立积极有意义的关系"①。从文学伦理学批评的视角来解读,则是他们无法积极地、顺利地确认合理的伦理身份,以至于无法做出正确的伦理选择,从而导致悲剧的发生。

《社会支柱》中的卡斯滕沉溺于"社会支柱"身份带给他的声誉和利益,无法正视自己错误的过去,不愿正视说谎者的身份,企图利用"社会支柱"的身份为自己创造更大的利益。但是,他在楼纳的帮助下最终积极面对过去,在公众注视之下承认了说谎者的身份,做出了正确的伦理选择,从而避免了社会悲剧的发生,并以自我利益的牺牲保证了民众的利益。

《玩偶之家》中的海尔茂经过多年努力好不容易升到了经理的职位,这对他来说是一个非常重要的身份,可以给他带来名誉和经济利益。当他知道大学同学、和他有过交情的柯洛克斯泰是他的下属的时候,他并不愿意确认作为朋友的身份。于是,他想以柯洛克斯泰有欺骗行为的不光彩的过去为由开除他。但是,当娜拉一再央求他不要这么做的时候,海尔茂终于说出了要开除他的真实理由:"他(柯洛克斯泰)随便乱叫我的小名,不管旁边有人没有人。他最爱跟我套亲热,托伐长托伐短的叫个没有完!"(227)他觉得被叫小名是对他经理身份的侮辱。此外,他甚至还可能担心经理身份被夺去,因为柯洛克斯泰很自信地跟娜拉说:"用不了一年工夫,我就是经理离不开的一个好帮手。那时候合资股份银行真正的经理是尼尔·柯洛克斯泰,不是托伐·海尔茂。"(236)很显然,论实力海尔茂比不过柯洛克斯泰,毕竟他花了很多年才好不容易升到经理这个位置,所以他自然不愿有任何因素危及他的地位。正是由于自私虚伪的海尔茂拒绝确认朋友的身份,最终导致了他和娜拉的矛

---

① 转引自 David Thomas, *Macmillan Modern Dramatists: Henrik Ibsen*, Palgrave Macmillan, 1983, p. 164. 引文为作者自译。

盾爆发。

《野鸭》中雅尔马虽然可能不是海格维特的血缘父亲，但毕竟养育了她十四年，所以从伦理意义上说雅尔马就是海格维特的父亲。和基纳一起生活十五年也证明了法律承认的丈夫的身份。但是面对格瑞格斯向他吐露的实情，他竟然想着尽快逃离这两重身份，没有做出正确的伦理选择，这导致了悲剧性的结果，即海格维特为了维护父亲的身份而自戕。

《罗斯莫庄》中，罗斯莫拒绝牧师的身份，拒绝罗斯莫庄赋予他的责任和义务，而一味地追求他理想中的自由，甚至想确认作为吕贝克丈夫的身份。然而，吕贝克却出乎意料地拒绝做他的妻子。主动拒绝牧师身份和丈夫身份的被拒绝，让罗斯莫成为一个没有明确伦理身份的人，也就注定了他的悲剧结局。

三、对个体自由与社会发展关系的思考

这四部戏剧是易卜生创作的现实主义转折之后的几部代表作品，从内容来看，它们经历了从社会问题转向家庭问题、从群体转向个人以及从外部世界转向内心世界的过程。这些转变看似是一个从大到小的过程，实际上它们表现了易卜生对于社会发展的伦理秩序的诉求和关于个体自由的主张。

一方面，社会发展的基础是个人，如果个人实现不了自己的自由和理想，又何谈社会的发展。因此，易卜生尤其关注个人的发展，实现自我是他戏剧作品一贯的主题。《社会支柱》中，卡斯滕最初企图在牺牲自我的基础上实现社会的发展，他的错误选择差点导致儿子的丧命。最后他放弃原本不属于自己的社会地位，选择真诚地面对世人。戏剧结尾处卡斯滕呼吁的"自由"和"真理"，是"易卜生在他后期的戏剧创作中再三呼吁的，是毫不犹豫承认事实和毫不退缩面对现实的真理，以及从有问题的社会的错误思想中解放出来

的自由"①。这个看似突兀的结局事实上与易卜生的主张是一致的，卡斯滕最终保存了自己的人格，实现了对精神自由的追求，成就了个人的成长。《野鸭》是对卡斯滕呼吁的呼应："无论它通过如何复杂的自审、辩驳形式表现多重思想意义，如能拨开浪漫的、象征的迷雾，就不难见出其针砭黑暗现实社会的功能：始终不渝地追求生活真理和人性自由。"②《罗斯莫庄》中罗斯莫和吕贝克也在努力追求"自由"和"真理"，他们追求理想和现实的统一，以达到实现自我的目的。但是，最终他们却发现自己在理想追求的道路上有致命的缺陷：吕贝克认识到自己不是一个"纯洁的人"；罗斯莫意识到自己并不能摆脱传统的束缚。于是他们上演了一出"追求自我"的悲剧。正如易卜生在其书信中所说："我写的每一首诗、每一个剧本，都旨在实现我自己的精神解放与心灵净化——因为没有一个人可以逃脱他所属的社会的责任与罪过。"③实现个人精神解放和心灵净化最终是为了社会的净化和解放。

另一方面，易卜生关注的个人不仅具有特殊性，而且还具有代表普遍人类的一般性。以《玩偶之家》为例，有批评者就指出："从《玩偶之家》深层意蕴看，该剧表达的是'人'的觉醒和人性解放的问题；换言之，娜拉不仅代表妇女，更代表生存于西方传统文化中的整体的'人'。"④于是，娜拉的那句"我一定要弄清楚，究竟是社会正确，还是我正确"（260）也就具有了普遍性，任何社会中的个人首先应保证自我正确的、健康的发展。概而言之，《社会支柱》《玩偶之家》《野鸭》和《罗斯莫庄》在内容上的转变实际上是易卜生认识到了从特殊到一般的哲学规律的表现，表达了良好的社会发展必须遵循从个人到家庭再到社会逐步健康发展的伦理秩序这一诉求，用阿奇博得·

---

① Archibald Henderson, *Henrik Ibsen: The Evolution of His Mind and Art, Interpreters of Life and the Modern Spirit*, Mitchell Kennerley, 1910, p. 207. 引文为作者自译。
② 王忠祥："前言"，易卜生：《潘家洵译易卜生戏剧》，潘家洵译，北京：人民文学出版社，2015年，第6页。
③ 易卜生：《易卜生书信演讲集》，汪余礼、戴丹妮译，北京：人民文学出版社，2012年，第190页。
④ 蒋承勇：《仅仅是妇女解放问题吗？——〈玩偶之家〉及"易卜生主义"考辨》，载《外国文学》2018年第2期，第5页。

亨德森的话说就是:"易卜生通过给现实画肖像画追求的是个人道德的重生,然后才是间接地追求社会的重生。"①

如果没有脑文本,人难以产生伦理意识,无法形成善恶观念,因而也就无法和动物区分开来。"文学蕴含的一系列道德范例、榜样和说教,只有转换成脑文本后才能形成观念和思想,发挥褒扬或劝喻、鼓励或批评、赞扬或警示的作用,从而实现教诲目的。"②对于读者,阅读文学可以借助文学中人物的伦理选择及伦理表达形成自己的脑文本,换一种说法,文学是我们的脑文本的源泉。正如萧伯纳评价易卜生所言:"我们从易卜生那儿学到的……简而言之,就是对生活的启迪。"③易卜生的每一部戏剧都经历了从早期的初稿到最终定稿的过程,通过比较《社会支柱》等四部戏剧的不同稿本,分析戏剧人物的脑文本在伦理选择中的作用,我们不仅可以洞悉易卜生创作戏剧的自我选择过程,而且可以揭示戏剧的道德教诲本质。

---

① Archibald Henderson, *Henrik Ibsen: The Evolution of His Mind and Art, Interpreters of Life and the Modern Spirit*, Mitchell Kennerley, 1910, p. 238. 引文为作者自译。
② 聂珍钊:《脑文本和脑概念的形成机制与文学伦理学批评》,载《外国文学研究》,2017年第5期,第34页。
③ 转引自 Archibald Henderson, *Henrik Ibsen: The Evolution of His Mind and Art, Interpreters of Life and the Modern Spirit*, Mitchell Kennerley, 1910, p. 168. 引文为作者自译。

第十五章 | 隐喻脑文本的建构机制：以《寻羊冒险记》为例

第一节 解喻与隐喻脑文本的建构

在日本作家村上春树（Haruki Murakami，1949— ，以下略称"村上"）创作的小说中，1982年发表的《寻羊冒险记》（『羊をめぐる冒険』）一直占有非常重要的位置。它既是村上"青春三部曲"①的压轴之作，同时也是村上成为职业作家后发表的第一部作品②。在这部小说中，村上不仅注重使用"用混沌的语言替换混沌的现实"的隐喻修辞手法③，而且还将其发展成为自身创作的一大文体特色。对此，评论界有人认为，这"不过是语言游戏罢了"④，但大多数学者并不赞同这种看法，认为村上通过独具特色的隐喻建构了"与（日本）自然主义所提出的、小说之所以成为小说的特征相区别的""崭新的小说语言"⑤

---

① 指村上春树最初创作的三部长篇小说，分别是《且听风吟》（1979）、《1973年的弹子球》（1980）、《寻羊冒险记》（1982）。
② 参见村上春樹：《村上春樹全作品1979～1989②》，東京：講談社，1990—1991年，第Ⅱ—Ⅷ页。
③ 村上春树曾表示，他"力图实现的是尽可能搜集中立的语言，把它们巧妙地组合在一起，然后写出能够让阅读的人的想象尽可能膨胀的文章"，为此有必要"将某种混沌性置换成另外一种混沌性"。参见松川美紀枝：《現代における比喩の構造とその効果—村上春樹『海辺のカフカ』における直喩表現に着目して—》，載《尾道大学日本文学論叢》，2006年第2期，第125页。本章外文引文均出自笔者拙译。
④ 澤田真紀：《村上春樹の比喩表現の研究》，載《日本文学》，2003年第1期，第67页。
⑤ 芳川泰久、西脇雅彦：《村上春樹読める比喩事典 = Murakami Haruki's figurative expressions: a guidebook with citations and comments》，東京：ミネルヴァ書房，2013年，第ii页。

体系。通过创造性地使用隐喻修辞手段，他成功实现了对上一代小说家"否定现实混沌性""追求唯一现实"[①]等文学主张的变革。由此可以认为，隐喻在支撑村上小说文体结构和伦理结构方面都起着至关重要的作用。

一、"羊"的多种隐喻

《寻羊冒险记》主要讲述主人公"我"受右翼巨头"先生"的秘书的委托寻找一只背部带有星纹的羊的故事。作为《寻羊冒险记》中最为重要的隐喻，"羊"是理解小说隐喻意义和伦理内涵的关键。考察国内外现有研究后可以发现，关于"羊"之隐喻的解读主要有以下几种观点：1. 它隐喻企图征服世界的蒙古式权力意志[②]；2. 它隐喻近代西欧文化以及导致近代日本逐渐欧化的意志[③]；3. 它隐喻近代日本自身[④]；4. 它隐喻20世纪六七十年代日本的一些观念和思想（如全共斗时代的革命理念等）[⑤]；5. 它隐喻日本这个国家生存和对外扩张的原动力[⑥]。不难看出，作为隐喻本体的"羊"拥有多种不同的喻体[⑦]和丰富的可阐释空间，其多义性和模糊性依靠"用混沌的语言替换混沌的现实"的写作方法得以实现。更为重要的是，村上引入"羊"但不明确"羊"的真实意图并非强调"羊"的某一具体隐喻意义，而是强调其多义性和模糊性本身，强调通过"羊"建构"隐喻脑文本"（metaphoric brain text）。

[①] 参见松川美纪枝：《现代における比喩の構造とその効果—村上春樹『海辺のカフカ』における直喩表現に着目して—》，载《尾道大学日本文学論叢》，2006年第2期，第125页。
[②] 参见加藤典洋等：《群像日本の作家26 村上春樹》，東京：小学館，1997年，第163—165页。
[③] 参见関井光男：《村上春樹論<羊>はどこへ消えたか（中上健次と村上春樹——都市と反都市<特集>)》，载《國文學：解釈と教材の研究》，1985年第3期，第120—125页。
[④] 参见今井清人：《村上春樹—OFFの感覚—》，東京：国研出版，1990年，第165—202页。
[⑤] 参见遠藤伸治：《村上春樹試論—主体性のサバイバル—》，载《近代文学試論》，1989年第1期，第53—67页。
[⑥] 参见柴田勝二：《受動的な冒険：『羊をめぐる冒険』と〈漱石〉の影》，载《東京外国語大学論集》，2007年第2期，第161—141页。
[⑦] 在隐喻研究理论中，关于"喻体"和"本体"有着不同的术语表达，比如"载体"（vehicle）和"话题"（tenor）、"主项"（primary subject）和"次项"（subsidiary subject）等，但其所指基本一致。

隐喻脑文本是在解喻活动（阅读）和施喻活动（创作）中建构的脑文本（brain text），它既是"羊"这一核心隐喻内涵的伦理表达，也是对后现代日本社会的伦理思考。脑文本是一种特殊的生物形态，是人类在发明书写符号以及纸张之前储存信息的文本形式，是人的大脑以记忆形式保存的对于世界客观事物的感知、认知、理解和思考。① 人们对客观事物感知并认知得到的结果，先是以脑概念的形式储存在大脑中的。脑概念从功能上可划分为两种类型：能指脑概念和所指脑概念。"能指脑概念是用来指称任何事物和任何概念的概念，所指脑概念是用来指称特定事物或特定概念的概念。"② 在脑文本的结构里，当"羊"被用来特指某一事物或概念，比如指生活在日本北海道或其他特定地区的羊或其他家畜时，它是所指脑概念；但当它作为一种隐喻，被用来指同羊没有直接关联的某种非羊的动物或其他事物时，就是能指脑概念。"能指脑概念和所指脑概念相互组合，构成思维。"③ 思维的结果得到思想，思想储存在大脑中形成脑文本。④ 解喻活动同思维活动类似，同样是运用能指脑概念与所指脑概念获得意义的过程，但通过解喻活动获得的意义是隐喻意义，隐喻意义是解喻的结果，它在人的大脑中存储下来，形成隐喻脑文本。换言之，解喻活动就是一个对喻体进行解构和重构继而获得隐喻脑文本的过程。

二、喻体的解构与重构

解喻是运用能指脑概念与所指脑概念在特定伦理语境中对喻体的解构与重构，不同隐喻意义的产生由受喻者所选伦理语境决定。这里的伦理语境可

---

① 参见聂珍钊：《文学伦理学批评：口头文学与脑文本》，载《外国文学研究》，2013年第6期，第8—15页。
② 聂珍钊：《脑文本和脑概念的形成机制与文学伦理学批评》，载《外国文学研究》，2017年第5期，第32页。
③ 同上篇，第33页。
④ 参见聂珍钊：《脑文本和脑概念的形成机制与文学伦理学批评》，载《外国文学研究》，2017年第5期，第33页。

第十五章 | 隐喻脑文本的建构机制：以《寻羊冒险记》为例

以是文本内部的伦理语境，也可以是文本外部施喻者所处或经历过的伦理语境，又或者是文本外部受喻者所处或有意设置的伦理语境。例如，主张"羊"隐喻"蒙古式权力意志"的观点是在13世纪元朝两次派兵攻打日本的伦理语境中得出的（文本内部伦理语境）；主张"羊"隐喻"全共斗时代的革命理念"的观点是在20世纪六七十年代日本学潮运动风起云涌的伦理语境中得出的（施喻者经历过的伦理语境）；主张"羊"隐喻"西欧近代文化力量"的观点是在室町幕府后期西方文化传入并影响日本的伦理语境中得出的（受喻者有意设定的伦理语境），等等。诚然，在隐喻学研究中，通常把不同解构与重构归因于受喻者（读者）个体所拥有的不同经验与先例，所掌握的不同思维模式及逻辑法则，以及大脑发育程度等。然而，凡此种种，无不基于的是个体受喻者对喻体进行解构与重构的个案研究，从而无法对拥有不同经验与先例、不同思维模式与逻辑法则，以及大脑发育程度不同的人进行相同解构与重构继而得出相同隐喻意义的案例做出解释。对此，文学伦理学批评依据脑文本理论给予解释：不同受喻者之所以可能对喻体进行相同解构与重构继而得出相同隐喻意义，并非源于他们拥有相同的经验与先例、思维模式与逻辑法则，以及大脑发育程度相同，而是因为他们共有某一特定伦理语境。

解喻的过程就是建构隐喻脑文本的过程。受喻者对预设伦理语境的选择由受喻者既有脑文本决定，其结果是得到隐喻脑文本。自出生起，人的大脑就开始根据某种伦理规则不断地对能指脑概念和所指脑概念进行组合，以建构脑文本。在解喻活动中，受喻者拥有怎样的脑文本就会对预设伦理语境做出怎样的选择，而且这种选择并不是唯一的或恒定不变的。认知语言学认为，"隐喻的实质是通过一物（喻体，例如B）以理解和经验另一物（本体，例如A）"，B基本在A的范畴里，"是A事物的概念里的一个表象，亦即A概念的内涵或外延里的一个事物"[①]，所以能充当理解A的另一物B是有条件的，

[①] 徐盛桓：《隐喻本体和喻体的相似——分形论视域下隐喻研究之二》，载《当代修辞学》，2020年第2期，第21页。

是受限制的①。文学伦理学批评同样承认B的有限性，但认为B的有限性并非源于"B基本在A的范畴"内，而是源于受喻者脑文本在某一时间范围内的相对有限性。伴随受喻者不断获得新的脑概念，其脑文本也会随之发生变化。所以，倘若不局限于某一特定受喻者或受喻者特定时期脑文本的话，那么B可以接近无限。进一步说，通过解喻活动获得脑文本与通过其他方式有所不同，它可以通过更换受喻者的方式，或者伴随着同一受喻者脑文本的不断变化，来预设用于解喻的不同伦理语境，从而获得可能接近无限多的隐喻意义，即隐喻脑文本。

解喻的价值在于通过隐喻脑文本的建构及转换②发挥教诲作用。20世纪80年代乔治·莱考夫（George Lakoff）提出的隐喻认知理论揭示了隐喻是认知工具的本质。③在脑文本认知框架里，隐喻是认知的方法，但并非以认知为最终目的。在解喻活动中，认知是通过解喻进行的，脑文本是通过解喻得到的认知的结果。具体说来，当经过自然选择获得人的形式之后，人类面临的最大问题是如何通过伦理选择获得人的本质，而脑文本决定人的生活方式和道德行为，决定人的存在，决定人的本质，因此倘若想要获得人的本质就必须建构如何做人的脑文本。就解喻活动而言，人的大脑通过认知将获取的信息抽象化、概念化，形成用以进行解喻活动的脑概念，继而通过预设伦理语境将脑概念配对、组合，生成隐喻意义，即新的脑文本。这种脑文本就是隐喻脑文本，它是对既有脑文本的更新，即补充、修正或替换。因为隐喻脑文本不仅是以记忆形式保存在人脑中的解喻的结果，而且还是一种决定人的思想和行为的既定程序④，所以新生成的隐喻脑文本就具有了指导实践的功能。也

---

① 参见徐盛桓：《隐喻本体和喻体的相似——分形论视域下隐喻研究之二》，载《当代修辞学》，2020年第2期，第11—23页。
② 脑文本可转换为书写文本或声音。参见聂珍钊：《文学伦理学批评：口头文学与脑文本》，载《外国文学研究》，2013年第6期，第8—15页。
③ 参见乔治·莱考夫、马克·约翰逊：《我们赖以生存的隐喻》，何文忠译，杭州：浙江大学出版社，2015年，第4—6页。
④ 参见聂珍钊：《脑文本和脑概念的形成机制与文学伦理学批评》，载《外国文学研究》，2017年第5期，第26—34页。

就是说，在隐喻脑文本的建构及转换过程中，作为文学修辞手段的隐喻可以通过解喻的认知过程发挥文学的教诲作用。

第二节　施喻与隐喻脑文本的建构

在解喻活动中，受喻者运用能指脑概念与所指脑概念，在特定伦理语境中对喻体进行解构与重构以获得隐喻意义，隐喻意义作为解喻的结果，在人的大脑中存储下来形成隐喻脑文本。简言之，解喻的过程就是建构隐喻脑文本的过程，其目的是获得用以指导实践的脑文本。那么，施喻者（作家）进行施喻活动的伦理机制及目的又是怎样的呢？

一、表达隐喻脑文本的过程

施喻是施喻者借助语言或文字等表达隐喻脑文本的过程，表达的结果是得到隐喻。文学伦理学批评认为，作家通过感知、认识和理解的思维过程，按照文学的伦理规则，对保存在大脑中不同的脑文本和脑概念进行重新组合，编辑加工成新的脑文本即文学脑文本，并以记忆文本的形式存储在大脑中[①]，继而通过语言或文字等方式表达出来，这一过程就是文学的创作过程。在关于文学文本来源的问题上，村上所说的"大脑记忆"实际上就是指存储在人脑中的脑文本。他认为，创作就如同从大脑的"抽屉"中提取"记忆"：

> 总之在我们的——至少是我的——大脑中有那样的一些橱柜。一个个抽屉里面塞满了作为信息的记忆。有大的抽屉，也有小的抽

[①] 参见聂珍钊：《脑文本和脑概念的形成机制与文学伦理学批评》，载《外国文学研究》，2017年第5期，第26—34页。

屉。其中还有带着暗兜的抽屉。我在写小说的时候，根据需要打开这些抽屉，从中取出材料，将其用于故事的一部分。①

"好的隐喻"作为一种创作"工具"②是表达自身脑文本的一种"更具色彩的"③方式。从根源上说，隐喻来源于施喻者的脑文本或脑概念，是施喻者将既有脑文本或脑概念按照隐喻伦理④重新组合、编辑和加工成隐喻脑文本之后，借助语言或文字等工具以艺术化形式表达出来的结果。但是，施喻并非作家表达脑文本的唯一方法。由于"构成文学文本的所有文字都是从文学脑文本而来"，因此包括隐喻在内的文学作品中人物的内心独白、意识流、心理描写，以及双关、不完全叙述、省略等⑤无不与文学脑文本建构密切相关⑥，只不过隐喻表达的是隐喻脑文本，意识流表达的是意识流脑文本罢了，但它们都属于文学脑文本范畴，都来源于作者既有脑文本或脑概念。

施喻活动的有效性依靠的是施喻者脑文本向受喻者脑文本的有效转化。它的表现形式是：施喻者既有脑文本（或脑概念）A→施喻者隐喻脑文本 A′→隐喻→受喻者隐喻脑文本 A″+受喻者既有脑文本 B→受喻者新的脑文本 B′。具体说来，施喻者依据既有脑文本（或脑概念）A 按照隐喻伦理生成隐喻脑文本 A′，再借助语言或文字等将其表达出来生成隐喻，受喻者进行解喻以获得隐喻脑文本 A″，受喻者的隐喻脑文本 A″ 与受喻者既有脑文本 B 相结合，最终生成受喻者新的脑文本 B′，即（A″+B）。值得注意的是，由于隐喻的一部分意义隐含于隐喻之中，即使施喻者力图通过施喻活动向受喻者传递

---

① 村上春樹：《職業としての小説家》，東京：スイッチ·パブリッシング，2015 年，第 117 页。
② 村上春樹：『夢を見るために毎朝僕は目覚めるのです：村上春樹インタビュー集 1997-2009』，東京：文藝春秋，2010 年，第 210 页。
③ 同上书，第 181 页。
④ 即被多数人习惯地认同为隐喻的某些特征。
⑤ 参见聂珍钊、王永：《文学伦理学批评与脑文本：聂珍钊与王永的学术对话》，载《外国文学》，2019 年第 4 期，第 173 页。
⑥ 参见聂珍钊、王永：《文学伦理学批评与脑文本：聂珍钊与王永的学术对话》，载《外国文学》，2019 年第 4 期，第 166—175 页。

脑文本，囿于隐喻意义由受喻者所选伦理语境决定，有可能发生受喻者无法完全获取施喻者脑文本，或者获取的脑文本与施喻者试图提供的脑文本存在偏差等情况，即 A″小于 A 或 A″偏离 A。例如，误读就属于此类现象。然而，由于受喻者进行解喻活动的根本目的在于获取用以指导思想和行为的正确的脑文本，而非完美地还原施喻者脑文本，因此只要这一目的得以实现，就不能以 A″小于 A′或 A″偏离 A′为由判断施喻活动无效。换言之，施喻活动的有效性，不以受喻者所能接收到的施喻者脑文本 A″是否等同于施喻者隐喻脑文本 A′为判断基准，而以受喻者能否通过解喻活动获得正确的脑文本以促进自身理性成长为最终标准。

二、施喻活动的基本原则

为保证施喻活动的有效性，施喻者进行施喻活动时需遵循的基本原则和根本目的是向受喻者传递正确的脑文本，即正确指导"思想和行为的既定程序"[①]。纵然施喻者难以实现自身既有脑文本被受喻者准确无误地接受，但由于文学的基本功能是教诲功能[②]，而隐喻作为一种修辞手段应为文学的教诲功能服务，这就要求施喻者在进行施喻活动时能够坚持一项基本原则，即通过合理设置隐喻向受喻者传递正确的脑文本。在回顾创作经历时，村上表达了相似的观点：

> 我不知道，我写的这样一些、从某种意义上说是非常随意和私人性质的文章——与其说是一种信息，不如说是个人思维程序更为合适——究竟能对读者起到多大用处。但哪怕只有那一点点，能够对现实有所作用的话，我将深感欣慰。[③]

---

① 聂珍钊：《脑文本和脑概念的形成机制与文学伦理学批评》，载《外国文学研究》，2017 年第 5 期，第 33 页。
② 参见聂珍钊：《文学伦理学批评导论》，北京：北京大学出版社，2014 年，第 14 页。
③ 村上春树：《職業としての小説家》，東京：スイッチ・パブリッシング，2015 年，第 313 页。

他强调,一直以来他力图向读者传递的"与其说是一种信息,不如说是个人思维程序更为合适"。显然,这里的"思维程序"与"作为人思想和行为既定程序"的脑文本存在一致伦理内涵。同时,向受喻者传递正确的脑文本,也是施喻者进行施喻活动的根本目的所在。正确的脑文本可能指向的是正确的伦理选择,由此施喻活动就具有了指导现实的功用。村上对文学创作为现实所用的伦理主张表示赞同,他认为"虽然从某种意义上说文学是无力的……但至少从文学中不会衍生出战争、虐杀和偏见。相反,还在不厌其烦地积攒着与之抗衡的什么"①。正是出于这样的伦理意图,在持续四十余年的文学创作中,村上不断尝试着叙事手法和叙事策略的创新②。在《寻羊冒险记》中,他通过设置隐喻将一只多义的"羊"打造成脑文本的载体,希冀由此生成"与之抗衡的什么"。然而,村上明确表示自己并"不清楚那只羊到底有何意义"③,但在被问到"费这般周折究竟意义在何"时,他又吐露"那其中确实还是模模糊糊地有些什么的"④。那么,村上"费这般周折"地引入"羊"但又不明确"羊",继而安排主人公"我"踏上"寻羊"的冒险旅程,究竟是为了建构怎样的脑文本?其真实伦理旨归何在?

第三节 隐喻主体脑文本的伦理机制

在脑文本认知框架里,解喻、施喻活动与隐喻脑文本建构密切相关,均表现出鲜明的伦理特性。一方面,作为解喻活动主体的受喻者运用能指脑概念与所指脑概念,在特定伦理语境中对喻体进行解构与重构,从而获得用以

---

① 村上春樹:《村上春樹雜文集》,東京:新潮社,2011年,第28页。
② 如双线叙事(《世界尽头与冷酷仙境》《天黑以后》)、三线叙事(《IQ84》)、互文(《海边的卡夫卡》)、象征(《没有色彩的多崎作》)等,它们之间亦有交叉。
③ 转引自杰·鲁宾:《洗耳倾听:村上春树的世界》,冯涛译,南京:南京大学出版社,2012年,第77页。
④ 村上春樹:《村上春樹雜文集》,東京:新潮社,2011年,第27页。

指导思想和行为的隐喻脑文本；另一方面，作为施喻活动主体的施喻者将既有脑文本或脑概念按照隐喻伦理重新组合、编辑和加工生成隐喻脑文本，通过文学文本影响受喻者思想和行为，从而实现文学的教诲功能。换言之，解喻和施喻的过程实际就是隐喻主体建构各自隐喻脑文本的过程。在《寻羊冒险记》中，村上通过设置"羊"这一隐喻和"寻羊"的故事情节，从受喻者与施喻者的角度揭示了隐喻主体建构脑文本的伦理机制及基本原则，即建构一种具备开放性且符合理性的脑文本。

一、开放性脑文本

所谓开放性脑文本，是指能够使受喻者对喻体进行尽可能多的解构与重构的脑文本。与之相对的是封闭性脑文本，主要指那些将能指脑概念局限地对应于某一特定的所指脑概念的脑文本。在接受采访时，村上不无担心地谈道：

> 冷战时代，那时是东西方两种体制之间的对抗。而现如今，我感觉已经变成了一种类似于同属异种间的对抗。这到底是怎样一种对抗呢？是一种 open（开放）体制与 close（封闭）体制间的对抗。比如奥姆真理教就是完全封闭的一种体制，而其外部的社会则是开放性体制。[①]

封闭性体制只能提供封闭的"故事"即封闭性脑文本，它们"简单、直接、明快且有力"，似乎"在那里一切问题都可迎刃而解"。[②] 在封闭性脑文本的作用下，接收方只能获得某一固定的、单一的、简单的脑文本，所以即使

[①] 村上春樹：《夢を見るために毎朝僕は目覚めるのです：村上春樹インタビュー集 1997-2009》，東京：文藝春秋，2010 年，第 127 頁。
[②] 村上春樹：《村上春樹雑文集》，東京：新潮社，2011 年，第 27 頁。

不去考虑多元现实世界中的诸多制约、条件、矛盾等，也可获得明确的答案。不可否认，在某些情况下，"封闭性体制能够非常有效地发挥作用"，而开放性体制却"包含着诸多矛盾"及"机能不全的地方"。[①]

毋庸置疑，封闭性脑文本的有效性依靠封闭性得以成立，因此在其作用下形成的只能是一种单一的思维模式或行为方式，这显然是不适用于日趋多元化的外部世界的，其结果便是招致"惨烈的后果"[②]，如1995年日本地铁沙林毒气事件。实际上，早在此类事件发生十几年前，村上就敏锐地捕捉到了这一时代病症，于是放弃了"青春三部曲"前两部中对于封闭性自我的关注，转而将目光投向更为广阔的社会与历史空间，以整个日本近现代发展史为素材建构隐喻脑文本，并通过"羊"之隐喻表达出来。他大胆地只模糊点出"羊"的某些特征，比如它企图"彻底改变人和人世"[③]，它将构筑一个"百分之百的无政府观念王国"（329），它能够将"所有的对立都在那里融为一体"（329）等，但不给予相对明确意义限定，试图通过这种叙事策略引导读者在"寻羊"即寻找隐喻意义的过程中，建构一种具有开放性的脑文本。伴随着解喻活动次数的增多以及隐喻脑文本体量的增大，人的思维可能趋向于具有隐喻性，即形成一种多元的而非单一的思维方式，以适应伦理取向日趋多元化的后现代社会。

二、符合理性的脑文本

所谓符合理性的脑文本，是指能够使人始终为理性意志所控制，并在其作用下做出符合理性的伦理选择的脑文本。就解喻、施喻活动而言，一方面，

[①] 村上春樹：《夢を見るために毎朝僕は目覚めるのです：村上春樹インタビュー集1997-2009》，東京：文藝春秋，2010年，第127頁。
[②] 村上春樹：《村上春樹雜文集》，東京：新潮社，2011年，第26頁。
[③] 村上春樹：《寻羊冒险记》，林少华译，上海：上海译文出版社，2007年，第218页。后文出自同一著作的引文，将随文标出引文出处页码，不再另注。

这要求施喻者依据理性建构隐喻脑文本，并通过设置隐喻的方式表达出来；另一方面，还要求受喻者在坚守既有脑文本的前提下合理预设伦理语境，依据理性选择、吸收外来脑文本[①]，从而使自身脑文本更加符合理性。

在《寻羊冒险记》中，涉及脑文本建构的有三个人物——"羊博士""先生""鼠"。由于被一只"想彻底改变人和人世"（218）的"羊"侵入体内，他们不得不在既有脑文本与外来脑文本，即"人脑"与"羊脑"之间做出非此即彼的选择。那么，"羊脑"是符合理性的脑文本吗？或者说"羊脑"优于"人脑"吗？小说中的"羊"如同一只可以"吞掉一切的壶"（328），它通过提供"意志的原型"（139）的方式发挥作用，能够赋予宿主无限的力量、权力和财富。它缓解了第二位宿主"先生"的脑疾，还使他从一个平庸的右翼分子一跃成为右翼首领，建立起一个足以控制整个国家的强大地下王国。然而，在其控制之下"先生"所采取的手段却是非理性的——通过在"中国兴风作浪"（69）获得巨额财富；通过买通美军逃避军事法庭审判；通过收买政党和广告业操控国家政治与经济。显然，控制着"先生"的"羊"是一只非理性的"羊"，只能为宿主提供非理性的"羊脑"，即非理性的脑文本。然而，面对这样一只模糊的"羊"，并不是所有人都能够通过预设不同伦理语境，认识到它的非理性。就如同小说中的"羊博士""先生"和"鼠"，他们对"羊"产生了不同理解，并在"羊脑"与"人脑"之间做出了不同的伦理选择。

"羊"的第一位宿主是"羊博士"，但对于"羊"进入体内一事"羊博士"毫无察觉，因此未能做出任何选择。但是，未能做出选择也是一种选择。从根本上说，它是由于选择主体在做出选择之前未选择让自己储备足够的伦理意识导致的。其实，"羊博士"代表了对既有脑文本及自我本质缺乏主动保护意识的一类人，他们往往是在被"羊"利用完之后才意识到"本来该早些意识到才是"（219）。

[①] 参见任洁：《脑文本与"我"之存在及选择：村上春树〈世界尽头与冷酷仙境〉新论》，载《文学跨学科研究》，2017年第3期，第47—63页。

"羊"的第二位宿主是"先生"。为追逐权力与财富，他选择放弃既有脑文本，全盘接受外来脑文本。纵然被"羊"选为宿主并非出于"先生"本意，但在知晓"羊"进入体内之后，他也未采取任何措施以反抗"羊"的控制，反而是欣然接受了"羊"赋予的非理性的"羊脑"，实施了一系列非理性行动。

"羊"的第三位宿主是"鼠"。"鼠"既没有像"羊博士"一样被利用完之后才发现真相，也没有像"先生"一样欣然接受"羊"赋予的非理性的"羊脑"，而是以积极反抗的姿态杀死了非理性的"羊"，以维护"人脑"。但是，他所采取的方式却是极富悲剧性的：趁"羊"在体内睡熟后上吊自杀。"鼠"通过"杀羊"的行为做出了正确的伦理选择，但也因此失去了生命，表现出一种对于既有脑文本的悲剧性坚守和对于非理性脑文本的坚决拒斥。然而，人经过伦理选择从野蛮和蒙昧中走出来，这一过程本身就是悲剧性的，所以"鼠"的伦理选择是正确的，也是必然的。

纵观整部小说，村上不仅将隐喻作为一种修辞方法应用于小说的文体创新，而且还将其作为一种思维方法渗透进小说的伦理内涵。依凭"羊"之隐喻的独特叙事魅力，表达以开放性物语对抗封闭性物语的伦理诉求；借由主人公的寻"羊"之旅，开启对于多元价值取向下作家创作之道和人之生存之道的伦理探索。在理解小说的过程中，脑文本概念可以发挥重要的启发作用，它既揭示了隐喻中所隐蔽的伦理特性，揭示了解喻活动和施喻活动以及隐喻主体建构脑文本的伦理机制及基本原则，还揭示了隐喻为文学教诲功能服务的伦理本质。乔治·莱考夫在《我们赖以生存的隐喻》一书中指出，隐喻是从一个具体的概念域向一个抽象的概念域的系统映射，因此，隐喻是思维问题，不是语言问题。[1]我们有理由相信，隐喻是一个思维问题，但更是一个有关脑文本的问题，一个有关伦理选择的问题。

---

[1] See George Lakoff & Mark Johnson, *Metaphors We Live By*, Chicago University Press, 1980, pp. 206-207.

第十六章 | 莉莲·海尔曼处女作《儿童时光》的脑文本分析

第一节 脑文本与作家创作意图

20世纪30年代美国涌现出众多才华横溢的剧作家，其中犹太裔女性剧作家莉莲·海尔曼（Lillian Hellman，1905—1984）是这一时期备受瞩目的新星。其处女作和成名作《儿童时光》[①] 因涉及女同性恋禁忌题材在百老汇引发轰动。同时，《儿》剧鲜明的"惩恶扬善"价值取向和戏剧冲突，也引发众多剧评人给该剧贴上了"情节剧"（melodrama）标签，称其艺术价值不高。海尔曼则多次强调女同性恋话题并非该剧主题，尽管如此，《儿》剧在收获了舞台剧商演成功的同时，也遭遇诸多波折。其后，海尔曼亲自将该剧改编为电影搬上银幕，并以异性三角恋情节替代原剧中的同性恋情节。但在海尔曼看来，这一情节改编，尽管或多或少源自外界压力，却并未破坏该剧的整体结构和主题效果。显而易见，海尔曼试图引导观众聚焦同性恋情节以外的戏剧元素和冲突，从而力图摆脱"情节剧"和"同性恋"主题等负面标签。读者的"标签化"与作者的"去标签化"增加了该剧的可读性，提升了对作者创作意图和书写策略的研究价值。在此背景下，文学伦理学批评中的"脑文本"理论为解读海尔曼在历史改写和经典仿拟过程中的创作意图提供了有效的切入视角。

---

① *The Children's Hour*（1934），以下简称《儿》。

一、莉莲·海尔曼戏剧书写

作为20世纪30年代"美国戏剧文艺复兴"时期涌现的百老汇创作新秀，海尔曼堪称这一时期屈指可数的女性剧作家之一。犹太裔族裔作家背景、特立独行的情感经历以及由其回忆录真实性引发的20世纪美国文坛最具轰动效应的争议和官司，[1] 使海尔曼被冠以"政治女斗士"和"谎言大师"等备受争议的头衔。在我国文学评论界，海尔曼作为非少数族裔女性剧作家，处于男性作家主流权威话语和少数族裔女性作家边缘话语之间的夹缝，其作品在国内没有获得足够的引介和研究。2012年美国哥伦比亚大学历史系教授爱丽斯·凯瑟勒-哈里斯（Alice Kessler-Harris）出版了海尔曼传记 *A Difficult Woman: The Challenging Life and Times of Lillian Hellman* 一书，作为美国文学界多部海尔曼传记中的最新力作，从史学研究的角度，评述这位美国20世纪戏剧文坛上的犹太裔女性剧作家，试图为海尔曼研究提供更可靠的史实支撑。哈里斯在传记中称海尔曼"谙熟如何通过回忆录叙述精湛的故事，并且特别擅用逼真细节编写关于自己的故事"[2]。

作为年轻作家的处女作，《儿》的创作深受美国硬汉派侦探小说家达希尔·哈米特（Dashiell Hammett）的启发。哈米特与海尔曼维系了30余年的伴侣关系，在戏剧创作中对海尔曼影响深远。《儿》取材于苏格兰著名律师和庭审研究专家威廉·拉夫黑德（William Roughead）1930年出版的《坏伙伴》（*Bad Companion*）一书中对1811年一桩诉讼案的记载。女子寄宿学校创建人玛丽安·伍兹（Marianne Woods）和简·皮尔（Jane Pirie）于1802年相识，1809年携手创办了一所女子寄宿学校。1810年11月，当学校运作逐步趋于稳定之时，在校学生两天内纷纷退学，而率先退学的就是当地名流贵妇海

---

[1] 美国女作家玛丽·麦卡锡（Mary McCarthy）因在一次电视访谈节目中批评海尔曼的作品不诚实而被海尔曼于1980年以"名誉受损"起诉，从而开启旷日持久的论战。
[2] Alice Kessler-Harris, *A Difficult Woman: The Challenging Life and Times of Lillian Hellman*, Bloomsbury Press, 2012, p. 331.

伦·卡明·戈登（Dame Helen Cumming Gordon）的两个孙女，简·卡明（Jane Cumming）和玛格丽特·邓巴（Margaret Dunbar）。事件的缘由随即浮出水面。退学学生的家长纷纷接到戈登夫人措辞简练但语气严厉的建议信，信中称出于某种严肃而不便详述的原因，她建议家长或监护人遵照她的做法，即刻安排孩子们退学。这个"不便详述"的原因正是简·卡明向祖母"透露"的一个骇人听闻的秘密，而这个秘密也成为随后诉讼案件的核心。

　　海尔曼将苏格兰案件移植于20世纪的美国新英格兰小镇。尽管从历史案件到舞台剧目，历经了百余年的变迁，但在20世纪30年代的美国，道德律法和社会舆论对于女同性恋话题依然讳莫如深。《儿》剧围绕两位女教师玛莎·多比（Martha Dobie）和卡伦·莱特（Karen Wright）展开。二人携手打拼多年，创办了以两人姓氏共同命名的女子寄宿学校。莱特与青年医生约瑟夫·卡丁（Joseph Cardin）相爱并立下婚约，而多比对两人的订婚表现出不安与烦躁。学校一位家境富足的刁蛮女生玛丽·蒂尔福德（Mary Tilford）由于不堪校规束缚，在女孩间蓄意散布两位教师有同性恋行为，并以此说服祖母艾米尼亚·蒂尔福德（Amelia Tilford）安排她退学，进而导致学校倒闭，引发诉讼官司。《儿》剧在历史案件基础上，增加了更具戏剧张力的情节。面对令人窒息的流言和谩骂，莱特在卡丁的协助下，试图揭穿多比的阴谋。然而就在真相即将大白于天下的时候，女教师多比向莱特表白了自己羞于启齿却无法克制的爱慕之情，随即饮弹身亡。戏剧以蒂尔福德夫人的愧疚和莱特的宽容拉上了帷幕。

二、《儿童时光》的创作意图与脑文本

　　对作家创作意图的探讨并非一个新的研究命题，作者主体意识在创作过程中的"在场"性一直备受文学批评家关注。作者的创作是意图的投注过程，而作者意图本身是一个复杂的综合体，它可能是确定的，也可能是不确定的；可

能是清晰的，也可能是模糊的；可能是有意识的，也可能是无意识的。我们很难判定作者的表意实践在多大程度上实现了自己的意图。但毫无疑问的是，即便是"以意识流技巧见长的作家的作品中，人物看似杂乱无章的意识呈现也是作家有意识地精心策划的结果"①。笔者曾围绕《儿》剧对19世纪初苏格兰诉讼案件的改写，以及对《威尼斯商人》②中情节和人物的拟摹展开过相关论述，并析出该剧中女同性恋主题由案件主线变为戏剧辅线的脉络，从而凸显了《儿》剧正义与仁慈面临的伦理困境。③本章则旨在运用文学伦理学批评中关于"脑文本"的相关理论，解析海尔曼在历史改写和经典仿拟过程中的创作意图。所谓脑文本是指"大脑在感知、认知和理解的基础上对客观事物或抽象事物进行处理得到的结果"，并将这个结果在大脑中存储所形成的文本。④作家作为社会个体，对其社会历史境遇感知而生成的"脑文本"，不一定都能上升到理性的、可以言说的层面，但不能据此否认或阻止这种感知经过折射的、感性的甚至隐性的形态进入作家的意识，从而催生创作的动机。任何创作动机都具有其历史必然性，既受作者之前文学实践的局限，也受作者历史社会境遇的制约。苏格兰诉讼案件和莎士比亚戏剧都无疑是海尔曼构思《儿》剧的重要"源文本"，也就是文学伦理学批评所指的"脑文本"的雏形。

　　海尔曼凭借《儿》剧的商业成功，一举跻身百老汇，时年仅二十六岁。海尔曼本人也曾被质疑有同性恋倾向，虽然不足以成为解释她用这个诉讼案作为处女作蓝本的依据，但不可否认的是，女同性恋主题是海尔曼"脑文本"中的要素之一。⑤而对20世纪30年代百老汇禁忌话题的大胆触碰，既是

---

① 袁渊：《试论作者意图与阐释标准》，载《社会科学战线》，2017年第2期，第158页。
② The Merchant of Venice，以下简称为《威》。
③ 关于《儿》剧对诉讼案的改写和对《威》剧的拟仿，参见张欣：《〈儿童时光〉的历史改写与经典戏仿》，载《外国语文》，2016年第5期，第19—24页。
④ 聂珍钊：《脑文本和脑概念的形成机制与文学伦理学批评》，载《外国文学研究》，2017年第5期，第30页。
⑤ 在其戏剧和回忆录中均有涉及女性友谊和爱欲的内容，最为突出的形象是回忆录《旧画翻新》(Pentimento)中女性挚友朱莉娅的抗争和惨死的结局。《儿》剧中涉及的女性友谊、爱欲与最终的放逐都与《旧画翻新》形成了强烈的互文。此外，美国20世纪30年代大萧条时期，职业女性独立的经济地位也极易与同性恋身份勾连在一起。

海尔曼在哈米特指导下的冒险之举,也是其得以充分展示叙事才能的明智之举。纵观《儿》剧,以禁忌话题为噱头,触之以蜻蜓点水之力,借其回归主流价值,以叙事隐性进程展现"受害者施暴"的伦理主题。"受害者施暴"这一重要的"脑文本"要素则来自莎剧经典的启发。《儿》剧对《威》剧的映射始于剧首,为全剧打下基调。开场阅读第一幕中回荡的《威》剧中鲍西娅(Portia)关于"正义""怜悯"与"仁慈"的法庭陈词,饱含玄机。与此相呼应的是寄宿学校里孩童间的欺凌嘲笑,使一种潜藏的人性之"恶"在这间女子寄宿学校里悄然蔓延,与不断被重复的"正义""怜悯"与"仁慈"形成了极大的戏剧反差和舞台张力。苏格兰诉讼案和《威》剧两个"源文本"的契合点成为海尔曼将"脑文本"转化成戏剧书写文本的重要切入点,同时也是体现作家创作伦理意识的重要支点,而对"源文本"的重要改变则成为作家创作伦理意识的集中显现,颇具研究价值。

第二节 《儿童时光》中的脑文本要素

如前文所述,《儿》剧的创作以苏格兰律师兼庭审专家拉夫黑德于1930年记载的1811年"女同性恋"诉讼案件为原型,同时该剧也借鉴了莎士比亚《威》剧中的要素,这表明无论是苏格兰的诉讼案件还是《威》剧皆是海尔曼创作《儿》剧的"源文本"。苏格兰诉讼案件所牵涉的"女同性恋"议题,《威》剧暗含的"同性爱欲"与它们共同指涉的"恐同症",以及《威》剧传达的"受害者施暴"与"对离经叛道者的惩戒"的伦理主题皆成为海尔曼创作《儿》剧的脑文本要素。深入分析与探讨上述脑文本要素以及海尔曼对两个"源文本"的改写,有助于深入理解《儿》剧反映的社会伦理困境以及作家的创作意图与伦理意识。

一、"恐同症"的社会隐喻

对比苏格兰诉讼案、《威》剧和《儿》剧,同性恋禁忌话题成为三者第一个聚合点。回顾苏格兰诉讼案缘起,我们一眼即可识别《儿》与其的同源性。案件源于一个名叫简·卡明的十六岁的混血少女,其父乔治·卡明在任职东印度公司期间经一名印度妇女产下简,其后病逝于印度。简在印度随母亲生活到八岁后被送回英国由祖母海伦·卡明·戈登抚养。当地名流贵妇戈登夫人将简·卡明送入由玛丽安·伍兹和简·皮尔创办的爱丁堡女子寄宿学校。简·卡明对两位女教师"亲密行为"的检举致使学校倒闭,进而使得两位女教师成为诽谤诉讼的原告。然而,和《儿》剧聚焦寄宿学校内的冲突相异的是,该历史事件的核心是由此诉讼所引发的律法伦理两难。"伦理两难由两个道德命题构成,如果选择者对它们各自单独地做出道德判断,每一个选择都是正确的,并且每一种选择都符合普遍道德原则。但是,一旦选择者在二者之间做出一项选择,就会导致另一项违背伦理。"[①] 对于19世纪初的苏格兰法庭,无论是判决女教师行为不检罪,还是判处少女简·卡明及其监护人诽谤罪,都势必颠覆当时社会对女性爱欲的社会规约和既定范式,进而违背道德伦常。女教师败诉将迫使法庭直面两位中产阶级知识女性的同性爱恋及性行为;而教师胜诉,则意味着少女简·卡明杜撰了骇人听闻的女同性恋细节,这更是社会伦理无法接受的事实。一个十六岁的少女如何得以编绘如此细致的女性间亲密行为?这个问题无疑给法庭带来了不安。"恐同症"弥漫的社会心理和律法焦虑跃于同性恋话题之上,成为这场历史事件的核心冲突。法庭最终选择将少女简·卡明的印度出身和八年的印度儿童时光作为判决的"合理依据",认定印度非婚母亲的养育和印度文化的浸润是少女简·卡明习得这些女性间"性陋习"的源泉,由此判定八年的印度生活使简·卡明沾染了"蛮族"的性

---

① 聂珍钊:《文学伦理学批评导论》,北京:北京大学出版社,2014年,第262页。

观念，以至于她无意识地将这种"蛮族"司空见惯的行为，投射在白人女教师身上。换言之，少女简·卡明的东方文化身份在整个案件中被赋予了重要的意义，成为法庭最终摆脱伦理困境最便捷的"替罪工具"，使这场诉讼案成为一个异族少女的谎言闹剧，从而使社会伦理秩序得以维系。

细心的读者不难发现，海尔曼笔下的刁蛮白人富家女玛丽·蒂尔福德被祛除原诉讼案中所谓的"异族蛮性"，同时其性幻想的源头也由"异族蛮性"改编为寄宿学校秘密传阅的同性恋小说①。同时，海尔曼将两位女教师分离处理，加入了女教师莱特与青年医生卡丁相爱并立下婚约的情节，将莱特的同性恋"嫌疑"排除，强化了其异性恋身份；于是，同性恋魔咒落在了另一位女教师多比身上。由此我们发现，海尔曼上述一系列人物改写凸显了蒂尔福德以同性恋罪名诽谤、报复两位老师的恶意动机，消解了历史案件中悬而未决的重要案情，明确了蒂尔福德所指控的女教师同性恋行为纯属捏造。一系列的改写似乎使《儿》剧的案情较历史案件更趋于明晰：一个邪恶的富家小姐诬陷两位勤劳打拼的女教师，造成不可逆转的恶果。然而《儿》剧保留了原诉讼案中一个重要的细节，即恶女蒂尔福德的结局被悬置。与原案件中的印度少女简·卡明一样，《儿》中的矛头最终指向少女蒂尔福德，而多比在案件焦灼期顿生的同性恋自悟进而萌生的同性恋自恶和自残，不仅使她替代原诉讼案中的简·卡明成为全剧突破伦理困境的"替罪工具"，也进一步加强了社会和个体"恐同症"的艺术表现力。随着女性经济与思想独立性的不断加强，女同性恋由一种道德禁忌逐渐演变成为一种对父权制度产生巨大威胁的社会符号。对女同性恋的妖魔化是父权社会对异己恐慌的集中表现，而女同性恋的自恶自残则是这种"恐同症"的极端表达。

《威》剧中威尼斯基督徒商人安东尼奥（Antonio）由于巴萨尼奥（Bassanio）而心生莫名哀愁和焦躁，并不惜以生命为代价赢得巴萨尼奥的心之所属，使这

---

① 《莫班小姐》(*Mademoiselle de Maupin: A Romance of Love and Passion* by Gautier Theophile, 1835)。

种同性恋情隐匿于一磅肉的法律纷争和宗教对峙中。安东尼奥对巴萨尼奥的"忠诚"常被视为神圣友谊的典范，足以让安东尼奥获得道德高尚的标签。然而这种"忠诚"已经远远超出了文艺复兴时期男性友谊的限度，潜藏着一种"同性爱欲"的成分。安东尼奥主动与其憎恶的犹太人交易，迫不得已违反契约后的妥协，一方面可以视为他对隐匿的同性爱欲的表达，另一方面也成为他对自己基督徒身份和同性爱欲无以调和矛盾身份的自我放逐。《威》剧中的"恐同症"并不像苏格兰诉讼案中那样以对社会禁忌的律法打压来呈现，也不像《儿》剧中那样以同性恋的自我惩罚和绝望自杀来突显，而是以安东尼奥忧郁的绝望和他与鲍西娅无果的抗争为突破口，展现了安东尼奥的妥协和压抑。

由此可见，诉讼案件和两个戏剧文本对同性恋主题共有的场外隐性叙事策略，使同性恋主题止于未然阶段，而使"恐同症"的社会心理跃于前台并成为海尔曼创作《儿》剧最为核心的脑文本要素。同性恋教师多比的告白和自杀情节无疑是《儿》剧的高潮部分。这一情节使这场由谎言引发的悲剧最终成为同性恋的悲剧，更是离经叛道者的悲剧。莱特对多比的告白和求死始终保持冷酷和缄默，这一戏剧处理除了进一步加强其异性恋身份外，更重要的是凸显其对同性恋的憎恶。对两位女教师性取向的分离处理，以及两人命运结局的天壤之别，使同性恋多比的死，与异性恋莱特的生，形成了极强的艺术张力。这样的结局使《儿》剧在 20 世纪 30 年代的美国戏剧舞台上触碰女同性恋禁忌的同时却未越雷池半步，不仅仅规避了社会禁忌，还更有效地凸显了异性恋社会对异己群体的恐惧、排斥与规训。玛丽·提图斯（Mary Titus）指出，海尔曼"作为闯入由男性主宰的戏剧界的独立女性剧作家，其性别身份无疑挑战了传统父权社会伦理对女性身份的界定。特立独行而雄心勃勃常被视为有悖于女性气质的禀赋，从而势必与同样有悖常理的女同性恋联系在一起"[①]。不难发现，海尔曼通过加强剧中对"恐同症"社会伦理环境

[①] Mary Titus, "Murdering the Lesbian: Lillian Hellman's *The Children's Hour*," *Tulsa Studies in Women's Literature*, Vol. 10, No. 2, 1991, p. 217.

的描绘和增设同性恋者"消声"的戏剧处理，使自己的异性恋身份得以正名，也使其脑文本中的"恐同症"焦虑得到了有效的宣泄和治愈。海尔曼与莱特一样，在历经了同性爱恋的洗礼后强化了自身异性恋的社会身份。

二、"受害者施暴"的伦理隐喻

苏格兰诉讼案、《威》剧和《儿》剧的第二个重要交汇点则是"善"与"恶"的对峙。无论事实真相如何，1811年诉讼案终以"蛮族少女"简·卡明的恶意诽谤作为维护司法公正和维系社会伦理秩序的最佳途径。据拉夫黑德记载，自少女简·卡明在其祖母的应诉中当庭描述两位女教师"不当行为"之后，她就从法庭案宗中完全消失，[①]作为"恶"的源头被终结。从显性叙事视角来看，《儿》剧中的善恶对峙主题尤为突出，剧情常被概括为善良女教师遭受邪恶女学生恶意中伤，最终导致事业与人生双重毁灭的悲情戏。道德批判的矛头自然而然指向了悲剧的始作俑者恶女蒂尔福德，而女教师的受害者形象也得到了普遍的怜悯。《威》剧从表层叙事看无疑也是一部邪恶势力试图向正义者进行残害却最终自食其果的喜剧。犹太放贷者夏洛克（Shylock）的贪婪残忍与基督徒安东尼奥的无私仁慈形成了鲜明的善恶对比。而"割肉契约"引发了激烈的矛盾冲突，最终使基督徒以正义者的身份获得了道德圆满的结局。

然而，《威》剧作为16世纪欧洲人文主义代表之作，喜剧氛围中却饱含

[①] 此后直至20世纪80年代，莉莲·费得曼（Lillian Faderman）用略带调侃的推断为这段历史留白填补了空白："事发之后，祖母戈登夫人用一笔尚可度日的遗产打发了成年后的简·卡明，使她在没有关爱、举目无亲中度过了余生。"（参见：Lillian Faderman, *Scotch Verdict: Miss Pirie and Miss Woods V. Dame Cumming Gordon*, Columbia University Press, 1993, p. 291.）但读者似乎对这样一种推测并不满意。弗朗西丝·辛格（Frances Singh）通过细致查阅1841年苏格兰人口普查信息，搜集到了宝贵的信息。如她所述，简·卡明的命运似乎没有人们预想的那么惨淡，她获得了家族的合法继承权，从而拥有了足够的财力逃脱案件是非之地，与一位名叫威廉·塔洛克（William Tulloch）的牧师结婚并成为三个孩子的母亲。（参见：Frances Singh, "Recovering Jane," *Note and Queries*, Vol. 58, Issue 1, 2011.）

了悲剧的气氛。《威》剧中安东尼奥和夏洛克的矛盾交织着宗教信仰和经济利益两条线索。在反犹主义者看来，富有的犹太人就是国家的吸血鬼。从5世纪末开始，犹太人被禁止拥有土地。犹太人在各个生产领域不断遭受排挤，"犹太人不是因为放高利贷而遭受人们的憎恨，实则是因为遭受憎恨才走上放高利贷的路"[1]。夏洛克的无情贪婪和疯狂敛财，与他所遭受的盲目而无目的的反犹主义仇恨形成了互为因果的犹太商人命运的两个支点。梁实秋曾从基督教对犹太民族的压迫入手，为孤独平凡而有血有肉的夏洛克辩护。这种对夏洛克的同情成为一股《威》剧研究的中坚力量。当复仇机会来临之时，夏洛克如猛兽般凶狠。由夏洛克带来的喜剧效果和悲剧结局，使我们确信莎士比亚没有把他描绘成一个恶魔，而是把他勾勒成一个活生生的人，一个贪婪而真实的人，一个宗教迫害的受害者。他的反击则是犹太受害者与基督教施害者的互换。

菲利普·阿马托（Philip Armato）认为《儿》剧摹拟了《威》剧中受害者与施害者互换的情节格局，这一发现为理解《儿》剧提供了全新的视角。《儿》剧中两位女教师对待学生蒂尔福德的态度一直是被评论者忽略的细节。无论对于学生还是一同创业的莫塔女士（Ms. Mortar），两位女教师都是严苛而挑剔的。开场的冲突源于蒂尔福德厌学逃课却谎称为莫塔女士采摘野花而耽误了课程，莱特毫不留情地拆穿了蒂尔福德的谎言并当即予以重罚。海尔曼不遗余力地详尽描述了莱特对蒂尔福德的惩戒手段。莱特不仅取消了蒂尔福德两周的自由活动，还禁止她参与学校举行的骑马、曲棍球和赛艇等活动；不仅限制她的活动范围，还处罚她与自己的"仇敌"同屋。这一切对于一个十四岁的孩子，无疑被视作一种"迫害"，一种必须偿还的"暴行"。由此，一场"以牙还牙，以眼还眼"的复仇瞬间酝酿。同在第一幕中，多比对姨妈莫塔女士的驱赶，进一步渲染了女子寄宿学校里令人窒息的严厉惩戒之风，

---

[1] Dennis Prager, *Why the Jews?: The Reason for Anti-Semitism*, Simon & Schuster, 1983, p. 75.

第十六章 | 莉莲·海尔曼处女作《儿童时光》的脑文本分析

也为紧随其后的复仇埋下了伏笔。

《儿》剧的第一幕中，老师与学生之间、雇主与雇员之间形成了强与弱的对峙。遭受不公待遇的受害者瞬间成为睚眦必报的复仇者，使居高临下的施害者遭受致命的还击。复仇者穷凶极恶，给予施害者的报复往往变本加厉，令人猝不及防，因为那是一种长期屈辱积淀的仇恨爆发。夏洛克胁迫安东尼奥履行"一磅肉"契约和蒂尔福德对女教师的同性恋指控都是这种受辱者的致命还击。蒂尔福德的指控让莱特和多比也尝到了遭受唾弃和屈辱的滋味。故事在受害者和施害者角色互换中向前推进。《儿》剧第一幕和第二幕的冲突相互映射，加害者成为复仇的受害者，海尔曼的创作意图由此可见一斑。当遭受反击时，莱特喊道："我们可不是纸偶人，任人揉捏，我们是活生生的人啊！他们不经意地毁掉的可是我们的人生啊！"[1] 这一疾呼凸显了这所充满苛责和惩戒的女子寄宿学校中在所难免的复仇与灾难。这种被称作"受害者/施害者综合征的人际关系模态再现了安东尼奥和夏洛克的人物关系"[2]。

在"一磅肉"契约的违约和惩戒中，夏洛克将犹太人的"恶"演绎到极致，而这种"恶"并非利益驱使，而是仇恨所致。16世纪欧洲资本主义商品经济的兴起和海外贸易的繁荣，使安东尼奥不仅在资本博弈上取得绝对优势，更在道德伦理上占据了上风。代表基督教势力和新兴商业资本的安东尼奥对犹太高利贷放贷人夏洛克嗤之以鼻，并通过不取利钱的方式挤压夏洛克的放贷生意，宗教上的边缘化和商场上的久居下风使夏洛克积怨已久。原本作为夏洛克向基督徒妥协而免息借贷的"一磅肉"契约又因为夏洛克女儿与基督徒的私奔而演变成决一死战的对峙。"一磅肉"合约折射出威尼斯律法的伦理悖论，法与理背道而驰，正义与仁慈陷入伦理困境。放高利贷的行为合法却遭到主流社会唾弃，"一磅肉"被贴上价码进入契约合乎律法，却无疑默许了

---

[1] Lillian Hellman, *Six Plays*, Random House, 1960, p. 48.
[2] Philip Armato, "'Good and Evil' in Lillian Hellman's *The Children's Hour*," *Educational Theatre Journal*, Vol. 25, No. 4, 1973, p. 444.

潜在的谋杀行为，有悖道德。"一磅肉"的博弈实际上是 16 世纪文艺复兴时期威尼斯律法面临的正义与仁慈的伦理两难。而犹太放贷人夏洛克"顺理成章地成为了威尼斯恶法的替罪羊"①，掩盖了威尼斯的法律危机。种种对于犹太人荒诞的道德想象使犹太人的"残忍贪婪"成为威尼斯律法悖论的遮羞布。正因如此，夏洛克"受害者施暴"的伦理身份在剧末博得了观众的怜悯，以致威尼斯基督徒的大获全胜未获一致喝彩。

这种"受害者施暴"的复仇情节具有典型的弱者抗法的特性，受害者在遭受冤屈万般无奈之际，终以自身毁灭来实施报复。从《儿》剧中的细微描述中我们不难发现，恶女蒂尔福德的错误与女教师莱特的惩戒是严重失衡的。作为一个孩童和学生，蒂尔福德在遭受过度惩戒时产生了被迫害的屈辱和仇恨，复仇势在必行。蒂尔福德的倔强粗暴和致命谎言再现了夏洛克式的残暴无情与复仇阴谋。试想倘若安东尼奥最终付出了"一磅肉"赔偿，作为犹太异族的夏洛克必会遭到威尼斯主流社会更残暴的排挤；与此相似的是，少女蒂尔福德即便最终通过同性恋指控实施了报复，作为被同性恋"污秽"沾染的少女，其结局也一定不是美满的。

那么，"受害者施暴"作为一种脑文本模态是如何成为海尔曼创作的动因的呢？《儿》剧作为海尔曼的第一部戏剧，是海尔曼文学创作起步受挫阶段深受小说家哈米特鼓励和启发后的产物。该剧的主题选取和改写实践深深映射了年轻女剧作家童年经历的印记。在各类访谈中，海尔曼多次提及她在新奥尔良和纽约之间频繁辗转的童年生活，以及在姑妈开设的寄宿公寓中缺乏隐私的少女时代。② 孤独迷茫、频遭否定和桀骜不驯的童年经历为海尔曼进入戏剧创作领域绘制了"弱者暴力抗法"的儿童心理脑文本和极度渴望被接纳与被认可的创作欲望脑文本。这种另类而顽劣的少女成长经历也高度契合了

---

① 冯伟：《〈威尼斯商人〉中的法律与权力哲学》，载《国外文学》，2013 年第 1 期，第 127 页。
② Bryer R. Jackson, *Conversations with Lillian Hellman*, University Press of Mississippi, 1986, pp. 165-178.

《儿》剧中蒂尔福德的形象。海尔曼对其"屈辱"和"顽恶"的描述正是童年记忆脑文本的聚合再现。

三、对离经叛道者的惩戒

诚如文学伦理学批评所论,任何一部文学作品都无一例外地承载着作者的伦理诉求与教诲功能,只是存在强度差异而已。作为力图打入百老汇的处女作,《儿》剧借助敏感的同性恋禁忌话题,传递的是对离经叛道者施以惩戒的伦理教诲。海尔曼在其创作之初就有意识实践了戏剧教诲的理念,而《儿》剧和《威》剧在戏剧冲突和人物设置上的高度匹配,使这种教诲功能得到了有效的实现。

《威》剧中安东尼奥和夏洛克的矛盾冲突是显而易见的,然而两人却在"精神层面上血肉相连,同属于基督教世界的异端,两者互为精神层面上孤独的孪生兄弟"[①]。《儿》剧中开场即陷入神秘忧郁和烦躁之中的多比再现了安东尼奥式的忧伤,疯狂复仇的少女蒂尔福德承袭了夏洛克式的邪恶,而寄宿学校中掌控着权力的莱特则再现了法庭上鲍西娅的权威。在诉讼案双方的戏剧表层冲突之下,另一场隐蔽的较量也在同时进行,这就是同性恋多比与异性恋介入者卡丁的竞争,恰如《威》剧中安东尼奥和鲍西娅的竞争。安东尼奥最终在鲍西娅的"巧舌如簧"之下战胜了对手夏洛克,然而对性命的保全却使他在与鲍西娅争夺巴萨尼奥的角逐中败下阵来。多比的同性爱恋表白则在莱特决绝的异性恋回应中遭遇了同样失败的境遇,多比最终以生命的代价退出了这场角逐。

"对离经叛道者的惩戒"最终成为海尔曼创作脑文本的落脚点。蒂尔福德恶意的中伤唤醒了多比的自我意识,多比对自己的同性情欲感到羞愧和恐惧,

---

① 徐振:《孤独的双生子——〈威尼斯商人〉中安东尼奥和夏洛克的镜像关系》,载《国外文学》,2014年第1期,第123页。

加之莱特冷静而残酷的回应进一步加剧了多比的自我否定。一声石破天惊的枪声结束了多比的生命，清除了同性恋带来的无序与困扰，使恐慌的异性恋社会恢复了原有的秩序和平静。多比的自杀是异性恋社会对同性恋的"消声"，也是异性恋制度下形成的同性恋自我鄙弃和放逐，更是海尔曼对离经叛道者实施惩戒的脑文本再现。海尔曼不仅通过莱特的异性恋身份强化了自身的异性恋取向，更通过莱特对多比的冷酷和莱特对同性恋的排斥，进一步阐明了自身的伦理取向。多比的死成为孤独的离经叛道者悲壮的自我放逐和牺牲。被放逐的女同性恋多比和被悬置的恶女蒂尔福德成为《儿》剧中遭受惩戒的"离经叛道者"。结局中将同性恋情欲的自省者多比与同性恋揭秘者蒂尔福德的并置处理启发了人们对该剧主旨新的思考。多比和蒂尔福德共有的离经叛道之举和两者的镜像关系映射了夏洛克和安东尼奥的边缘化境遇。《儿》剧剧末，莱特和蒂尔福德夫人达成了和解，并不无同情地说道："蒂尔福德带给我的噩梦终将过去，而带给你的伤害却永无止境。她伤害了我们俩，但相比之下，对你的伤害恐怕更深"[1]，结语意味深长。莱特将自己与蒂尔福德夫人并置在受害者的位置上，却将饮弹身亡的多比排除在外，这无疑是莱特对这场纷争做出的宣判。莱特的异性恋身份获得了捍卫，正如巴萨尼奥和鲍西娅的异性恋婚姻最终获得了圆满一般。而多比和蒂尔福德成为这场悲剧的施害者和理应遭到惩戒的离经叛道者，正如被迫皈依基督教的夏洛克和被迫遏制同性情欲的安东尼奥。

借助文学伦理学批评的方法，从脑文本缘起的视角对海尔曼处女作《儿》剧的重读给予了读者新的认识。海尔曼的童年成长经历、其女作家的职业经历以及力图在百老汇立足的迫切需求合力构建了女性剧作家创作的脑文本要素。童年时期的边缘化境遇引发了海尔曼对弱势受害者的敏感共情，被质疑的同性恋身份激发了海尔曼公开正名的需求，而试图在 20 世纪 30 年代视女

---

[1] Lillian Hellman, *Six Plays*, Random House, 1960, p. 77.

性作家为"逆性而为"的美国剧坛开辟一席之地的强烈愿望使这部处女作坚守主流价值,最终给予离经叛道者规训和惩戒。一个尘封的诉讼案和一部莎士比亚经典剧的人物原型则为海尔曼处女作脑文本谱系提供了得以呈现的载体。海尔曼通过对离经叛道者的惩戒,使其异性恋身份获得正名和强化,使其脑文本中的"恐同症"焦虑得到了有效的宣泄和治愈;而对于受害者施暴的隐喻描绘,不仅是对其"屈辱"和"顽恶"的童年记忆脑文本的聚合再现,更是对弱势受害者敏感共情的脑文本再现。

第十七章 | 脑文本与伦理选择：以《她过去的爱情》为例

第一节 嫉妒的历时研究与伦理阐释

自第一部小说《伦敦郊区》(*Metroland*, 1980) 问世以来，英国当代作家朱利安·巴恩斯 (Julian Barnes, 1946—) 始终关注爱情、记忆、历史、死亡、衰老以及婚姻等个人生存的话题，以睿智和冷静的笔触揭示自我与他人之间的复杂关系。作为其中的一条主线，爱情这一看似"老生常谈"的话题在巴恩斯建构的不同故事世界中焕发新彩，并成为作者省视自我，叩问存在的载体。在《10½章世界史》(*A History of the World in 10½ Chapters*, 1989) 的《插曲》中，巴恩斯这种持有怀疑主义态度的作者赋予了爱情挽救历史的重任，使其成为人类最后的"方舟"，并与小说中书信体《逆流而上》的爱情故事形成了互为表里的张力。对于爱情的信仰体现了巴式浓厚的人文主义关怀，亦是他的执着之处：爱未必能拯救整个世界，但漂泊于茫茫宇宙中的自我确能于此寻觅救赎之道，在绝望中寻求希望。在短篇小说集《脉搏》(*Pulse*, 2011) 中，巴恩斯同样将困境中爱的呢喃表现得淋漓尽致。正如我们的脉搏一般，爱情在艰难与无望中依然与我们同生共息。在《生命的层级》(*Levels of Life*, 2013) 中，巴恩斯对于爱情的冥思更为沉重和深刻。他将妻子离世这一个人且简单的事件置于非凡的语境下，使其成为哀悼、死亡以及爱情等普遍经验。在看似悲观且哀伤的基调下，巴恩斯实则赋予了爱情新的意蕴：死亡并不能阻隔和终结爱情，相反爱情会在终结中得到升华，以哀悼等形式找到救赎的途径。在此，爱情被打上了责任和道德的烙印："爱也许不能将我们引向我们设想或希望的地方，但无论结果如何，它总是对严肃性和真理的呼唤。若是没有这样一种道德的影响，那么爱就只不过是一种夸张了的娱乐形式。"①

值得一提的是，在巴恩斯第二部小说《她过去的爱情》(*Before She Met Me*, 1982)中，爱情的基调似乎更为黑暗和讽刺。巴恩斯在采访中承认道："（这一部）小说着实是一部关于不愉快的性体验、嫉妒以及痴迷的令人不快的作品……我认为这是我最有趣的一部小说，尽管书中的幽默非常黯淡且通常不太愉快。"②《她过去的爱情》充满了浓厚的巴恩斯风格，描绘了日常生活中最普通不过的情绪，聚焦于"爱情的病症"——嫉妒。中年男子历史学家格雷厄姆在经历 15 年失败的婚姻后爱上了年轻貌美的演员安。然而当他终于与前妻芭芭拉离婚，如愿与现任妻子安开启甜蜜美好的新篇章时，却在前妻的刻意安排下观看了安曾经出演的爱情电影，从此陷入了嫉妒的漩涡，不能自已。他对年轻貌美与情感丰富的安疑神疑鬼，反复观看安曾经参演的电影，找寻她背叛的证据，并在好友杰克的小说中找到了安与杰克出轨的蛛丝马迹，一遍遍地幻想二者私通的画面。格雷厄姆脑中的猜忌、质疑和幻想在巴恩斯黑色幽默的笔下纤毫毕现，并在结局中得以爆发。在刺杀杰克后，他最终自杀解脱。相较于巴恩斯其他作品，《她过去的爱情》的叙述显得更为直接，更侧重精神和心理的刻画。虽然延续了第一部作品关于嫉妒这一主题的探讨，但巴恩斯在这部作品中对于这一主题显然更加野心勃勃，满是戏谑和狡猾的腔调，将受困于庸常生活的情感困境和道德悲剧放大至无以复加的地步，进而掰碎至读者面前。

---

① Julian Barnes, *Levels of Life*, Vintage Books, 2013, p. 82.
② Amanda Smith, "Julian Barnes," *Publishers Weekly*, Vol. 236, No. 8, 1989, p. 74.

尽管《她过去的爱情》在评论界并未得到过多关注，但大部分批评者们都指出并探讨了小说中对于"嫉妒"这一主题的刻画。大卫·蒙特罗斯（David Montrose）、彼得·查尔兹（Peter Childs）等评论者一针见血地指出，巴氏笔下的嫉妒是在性解放时代下催生出的病症[1]，换言之，这一部书是巴恩斯对于20世纪60年代挑战传统性观念和性道德运动的反思。法国学者弗雷德里克·莫内龙（Frédéric Monneyron）以及马克·米灵顿与艾莉森·辛克莱（Mark I. Millington and Alison S. Sinclair）则分别从精神分析视角和性别视角探讨小说中的嫉妒机制。莫内龙认为格雷厄姆的嫉妒来源于婴儿期，基于对母亲的理想化，父亲对于母亲欲望的抗拒以及随之而来的阉割威胁而产生。[2]因而，格雷厄姆的嫉妒病症符合了弗洛伊德的范式。事实上，小说中确实充满了作者巴恩斯对于弗洛伊德精神分析的思索。在格雷厄姆自身对于嫉妒的分析以及与杰克类似患者和治疗师般的对话中，巴恩斯展示了对于精神分析理论的思考和戏谑。与莫内龙的解读相呼应，米灵顿与辛克莱认为，安较为丰富的情感经验使其成为一个"母亲式"的形象，从而使格雷厄姆对自我的控制感出现问题。格雷厄姆最终的暴力行为反映了父权制社会并不能解决男性的问题，却试图控制或否认这些问题。[3]上述学者对于嫉妒这一主题的分析无不显示巴恩斯笔下的嫉妒，更像是作者观察生活和人性的一种独特的视角。作家把观察者格雷厄姆置于嫉妒的精神状态中，把他脑海荧光屏上不断闪现的画面、场景转化为语言及行动，将人物嫉妒的精神状态和精神表现描摹得淋漓尽致且充满荒诞感。就此而言，格雷厄姆的感情活动是强烈甚至偏激的，却具有复杂的情感内容、心理内容、文化内容以及伦理思想内容。小说书写的是嫉妒，但却不仅仅止于嫉妒。从文学伦理学批评视角来看，小说中的嫉

---

[1] See David Montrose, "Julian Barnes," in Daniel L. Kirkpatrick (ed.), *Contemporary Novelists*, 4th ed., St James Press, 1986, p. 69. Peter Childs, *Julian Barnes*, Manchester University Press, 2011, p. 34.

[2] See Vanessa Guignery, *The Fiction of Julian Barnes: A Reader's Guide to Essential Criticism*, Palgrave Macmillan, 2006, p. 23.

[3] See Mark I. Millington & Alison S. Sinclair, "The Honourable Cuckold: Models of Masculine Defence," *Comparative Literature Studies*, Vol. 29, No.1, 1992, p. 15.

妒主题是作者探索头脑的伦理功能的载体。巴恩斯通过描写嫉妒状态下格雷厄姆有关背叛和愤怒的脑文本的形成和演绎，以及在此基础上做出的伦理选择，展现了思维和情感过程中斯芬克斯因子与脑文本之间相互影响的关系，从而引导读者形成正确道德行为的脑文本，实现文学的道德教诲功能，表现了小说家的伦理立场和人文关怀。

一、嫉妒的历时研究

"嫉妒"（jealousy）作为人类普遍的情感体验，并非个人能得以轻易消磨，正如社会学家赫尔穆特·舍克（Helmut Schoeck）所言："一个人要借助于自身取得的个人思想上的成熟来战胜本身的嫉妒，这并不是每一个人都做得到的。"[①] 与其他情感类似，它生成于不同个体以及个体与社会的交互作用。无论是在亲密关系抑或人际关系，它鲜明地存在且为人熟知，却似乎不可言说。事实上，嫉妒不仅仅涉及爱情。社会中的任何人际关系都有可能为其提供温床。在现有关于嫉妒的研究中，大部分学者都将研究锁定为亲密关系中的情感，即爱情嫉妒。因而对于亲密关系中的另一方因出轨引起的挫败感、羞耻感、痛苦和愤怒等情感体验，以及被背叛后一方被置于与第三者竞争的情绪反应，正是我们探讨嫉妒的起点。走进嫉妒的历史，我们不难发现嫉妒与其他情绪、情感一样具有"多样性""跨时代性"和"跨文化性"。在《嫉妒：一桩不可告人的心事》一书中，法国著名历史学家、人类学家茱莉娅·西萨试图书写关于嫉妒的历史，更确切地说是关于这一情绪的历史观，探讨在世界文学历史长河中嫉妒如何从被尊崇到被遮掩再至被正视的问题。

在古希腊时代，人们还未找到专用词表达"嫉妒"，彼时人们对于嫉妒的认知是关于情欲的愤怒。西萨以古希腊悲剧作家欧里庇得斯的悲剧《美狄亚》

---

① 赫尔穆特·舍克：《嫉妒与社会》，王祖望、张田英译，北京：社会科学文献出版社，1999年，第7—8页。

中的美狄亚这一悲剧人物为例进行阐释。作为妒妇的鼻祖，美狄亚经历了丈夫的背叛以及在众人面前对她的羞辱，最终为报复丈夫，在杀死丈夫的情妇后不惜杀害自己的孩子。美狄亚的嫉妒是由情欲之爱所引发的。她所表现出的愤怒将她引向毁灭。然而她对于这份愤怒却并未有一丝羞耻的痕迹。相反，作为受害者，她是无辜的，其痛苦是合情合理的。西萨指出，对于古人来说，"嫉妒是对忘恩负义的抗争，是唤醒关系里相互性的手段，也是对尊严的确认"[1]。就此而言，美狄亚的嫉妒是以她的女性荣耀和胜利之名合理化并英雄化的。然而正如美狄亚这一人物形象在不同作家笔下千差万别，哲学家们对于愤怒这一情绪的观点也莫衷一是。

在哲学家亚里士多德眼里，愤怒的情绪是合理的情绪甚至可以说是高贵的激情。他将愤怒定义为：我们或我们的朋友受到不公正的轻慢所导致的情感伤害或者报复的愿望或冲动。因而报复的行为看似冲动，但事实上愤怒者的内心必然经历了"一连串复杂、悲剧性的思考和自我问答过程"[2]。有鉴于此，亚里士多德学派邀请我们在情绪理智、平衡的前提下享受情绪。他强调了愤怒在伦理层面的合法性。但是斯多葛学派却与之意见相左。他们认为人类应该迫使自身拒绝对痛苦或愉快的认同，进而使这些扰乱消失。我们可以看到，在这场对于嫉妒研究的文化历史图表中，哲学伦理思想产生断裂，学术争论也随之而起。关于嫉妒的理论不断被更新。较之于斯多葛学派对于情绪的压制，皮埃尔·高乃依（Pierre Corneille）成功令观众理解甚至同情嫉妒引发的义愤。他混合了亚里士多德和斯多葛学派的概念，试图另辟蹊径。[3] 但巴洛克时期的道德家却强调，情欲的嫉妒揭示了人们想成为中心的意识，正是因为人们过强的自尊心以及虚荣心，嫉妒才会导致我们犯罪。当伦理标准

---

[1] 茱莉娅·西萨：《嫉妒：一桩不可告人的心事》，郑园园译，北京：生活书店出版有限公司，2018年，第16页。
[2] 同上书，第3页。
[3] 关于皮埃尔·高乃依等的论点，参见茱莉娅·西萨：《嫉妒：一桩不可告人的心事》，郑园园译，北京：生活书店出版有限公司，2018年，第57—69页。

开始发生变化后，尽管作为个体的现代人为欲望和欢愉正名，但唯有嫉妒始终成为被抨击的对象。在启蒙运动中，人们对于资产阶级的仇恨更是让嫉妒成为众矢之的。此时，由情欲带来的愤怒明面上从嫉妒的定义中隐藏，取而代之的是羞耻感，即嫉妒是在承认他人优越性的同时承认自我的自卑感。

与哲学批判相对应的则是心理学领域对于嫉妒的探讨。作为精神分析领域嫉妒研究的鼻祖，弗洛伊德从俄狄浦斯情结入手，探究儿子与父亲以及手足之间的嫉妒。与悲伤类似，在弗洛伊德看来，正常的嫉妒并不需要精神分析过多的干预和处理。那么何为正常的嫉妒？弗洛伊德将嫉妒划分至三个层次：第一层次为竞争的嫉妒，这是正常的嫉妒；第二层次则为我们不忠的冲动在伴侣身上的投射作用，这一种嫉妒可以是杜撰的；第三层则来自我们被压抑的同性恋倾向。后两个层次的投射以及妄想是病理性的，需要精神分析的干预和治疗。[①]但似乎"正常"的嫉妒并未引起精神分析家的注意。英国精神分析家梅兰妮·克莱因（Melanie Klein）认为嫉妒产生于更早的婴儿时期，并对人的伦理产生重要的影响。但在其看来，所有形式的嫉妒皆比起本身所表现出的反应更具病理性。[②]在精神分析领域中，关于嫉妒的探讨更着眼于个体如何产生嫉妒以及嫉妒在自我与他人之间的作用，无论是哪一种情绪反应都是锁定在个体心理在面对嫉妒时候的心理状态和所做出的选择。就此而言，精神分析可以帮助我们更好地理解嫉妒所蕴含的伦理意义。

二、嫉妒的伦理意义与阐释

翻阅嫉妒的历史卷轴，我们不难发现，无论是在哲学领域还是精神分析

[①] See Sigmund Freud, "Some Neurotic Mechanisms in Jealousy, Paranoia and Homesxuality," *The Standard Edition of the Complete Psychological Works of Sigmund Freud. Volume XVIII (1920-1922): Beyond the Pleasure Principle, Group Psychology and Other Works*, The Hogarth Press and the Institute of Psychoanalysis, 1955, pp. 221-232.

[②] 参见梅兰妮·克莱因（Melanie Klein）：《嫉羡和感恩：梅兰妮·克莱因后期著作选》，姚峰、李新雨译，北京：中国轻工业出版社，2014年，第232页。

领域，人们对于嫉妒的理解和认知有着深刻的伦理性，并随着伦理关系和社会内容的变化而不断演进。对于嫉妒伦理意义的探寻，文学则是最好的载体和表现艺术。嫉妒作为文学作品中的主题古已有之，大部分作品具有以下三个特点：一是作品中所表现的嫉妒的导火索或者这一类情感体验的支点往往是微不足道、细小且平常的。例如在莎士比亚的《奥赛罗》中，苔丝狄蒙娜丢失的绣花手帕是嫉妒的导火索；在托尔斯泰的《克莱采奏鸣曲》中，钢琴与乐曲成了嫉妒的诱因；在《她过去的爱情》中，安曾经主演的电影成为嫉妒感情的落脚点。二是由此支点所引发嫉妒的情感活动却是强烈、亢奋甚至偏激的，都具有复杂的情感、社会、伦理思想内容等。奥赛罗燃起了怀疑和嫉妒的火焰，他的嫉妒情感中蕴含了他轻信他人的弱点以及宁为玉碎、不为瓦全的忠贞爱情观，同时也反映了彼时人文主义理想与资本主义原始积累社会背景下的剧烈、冷酷的冲突。托尔斯泰笔下贵族地主的嫉妒之情则反映了对上流社会虚伪的道德伦理谴责和抨击。在《她过去的爱情》中，格雷厄姆的嫉妒之火则更多时候是"认知的饥渴或贪婪"，深陷于想象的猜忌或妄想的漩涡中。三是情感状态的亢奋和强烈往往会伴随情感者一系列的伦理选择，继而引出激烈甚至极端的行为。奥赛罗承受着灵与肉的双重痛苦，饱受选择之痛苦。最终为了捍卫纯洁的爱情和自身的高贵名声，因为嫉妒而失控的奥赛罗杀害了自己心爱的妻子。但在真相大白后，奥赛罗同样为了维护自身刚正不阿的形象，选择殉情自杀。奥赛罗做出的伦理选择反映出了其错位的家庭伦理诉求。在《她过去的爱情》中，格雷厄姆深陷于"当大脑成为自身敌人"的困境中，在真实与虚构、理性主义与理想主义、自然情感与理性情感之间，他不得不做出一系列的伦理选择。

就此而言，在解读文学作品中嫉妒这一母题时，文学伦理学批评成为我们分析嫉妒的一大利器。在文学伦理学的批评体系中，文学中的精神或心理分析基于"脑文本"这一概念，它"以人的大脑为载体，是一种特殊的生物形态。人们对客观事物的感知和认知，先是以脑概念的形式在大脑中存储，然后借助脑概念进行思维,从而获取思维的结果:思想。思想是大脑在感知、认知和理解的基础上对客观事物或抽象事物进行处理得到的结果,这个结果只要在大脑中存储,就形成脑文本"①。作为文学伦理学批评的重要概念,脑文本"给我们提供了深入分析精神的可能。从认识论角度看,只要有精神存在,就一定有精神存在的形式,只要有精神存在的形式,就可以对精神进行分析。精神的存在是以脑文本为前提的,没有脑文本,就不可能有对精神的认知。对心理的分析也同样如此。人的心理活动也是以脑文本为载体的,没有脑文本,心理活动就不可能存在。因此,无论精神分析还是心理分析,都要转移到对脑文本的分析上来"②。

有鉴于此,格雷厄姆的心理活动是以脑文本为载体,并以此决定了他的意识、思维、判断、选择、行动、情感、伦理和道德等。因而我们可以看到在解读或阐释格雷厄姆的嫉妒时,对其脑文本的解构和分析是必不可少的。格雷厄姆的大脑根据不同的伦理规则不断对嫉妒、出轨、愤怒等一系列情感体验和感知的脑文本进行组合和修改,在相应的作用下使其意志和情感发生一系列的变化。同时,格雷厄姆身上斯芬克斯因子的不同组合和变化也导致了不同的意志表现,进而影响脑概念的组成和变化,最终影响了脑文本的生成和演绎。形成的脑文本也将影响格雷厄姆身上斯芬克斯因子的组合和变化,并决定了他的伦理选择。"在伦理选择的过程中,人的伦理意识开始产生,善恶的观念逐渐形成,这都是脑文本发生作用的结果。"③此外,在作家与读者层面上,作家在将对于嫉妒的感知、认知、理解和思考的脑文本解码成文学脑文本的过程中做出了一系列的伦理选择;读者则通过阅读文本从中获取相应的脑文本,并从而完成自己的伦理选择。这一系列脑文本的转化也完成了文

---

① 聂珍钊:《脑文本和脑概念的形成机制与文学伦理学批评》,载《外国文学研究》,2017年第5期,第30页。
② 同上篇,第33页。
③ 同上篇,第33—34页。

学的教诲功能，使得嫉妒这一系列情感体验通过文学的载体实现了其艺术化和伦理化。

第二节　格雷厄姆的脑文本与伦理选择

一、鳄鱼的口鼻和三个脑袋

在回答为何选择嫉妒作为小说的主题时，巴恩斯的答案颇具兴味。他认为作为小说的主题，嫉妒因为其"戏剧性"而具有"小说般"的吸引力，它通常是"非理性的、不公平的、无穷尽的、痴迷的且恐怖的。（嫉妒作用时）埋藏在我们深处的原始力量打破了我们所谓成年时期的表面，就像池塘里鳄鱼的口鼻"①。那么巴恩斯口中的"原始力量"以及"鳄鱼"又代表了什么呢？在小说引语中，巴恩斯便给出了答案，他援引了保罗·麦克莱恩在《神经与精神疾病杂志》中关于"三个脑袋"的论断：

> 人类发现自己身处这样的境地：自然本质上赋予他三个脑袋，尽管它们结构迥异，但必须共同运作、相互交流。最老的那个脑袋基本上是爬行动物型的，第二个遗传于低等哺乳动物，第三个是晚期哺乳动物的进化，正是它……才使人成为独特的人。当我们以寓言的方式讲述这些脑中之脑的时候，不妨想象精神病医生叫病人躺在长榻上时，他是要他伸开四肢躺在马和鳄鱼旁。②

---

① Shusha Guppy, "Julian Barnes: The Art of Fiction CLXV," In Vanessa Guignery & Ryan Roberts (eds.), *Conversations with Julian Barnes*, University Press of Mississippi, 2009, p. 79.
② 朱利安·巴恩斯："引语"，《地过去的爱情》，郭国良译，上海：文汇出版社，2018年。后文出自同一著作的引文，将随文标出引文出处页码，不再另注。

麦克莱恩论述中"三个脑袋"的存在以及共同运作和交流事实上与斯芬克斯因子中人性因子和兽性因子的不同组合与变化有异曲同工之处。文学伦理学批评认为，人类在经过生物性选择之后还需要再经历第二次选择，即伦理选择，方能获得人的形式。由此可见，从"第一个脑袋"到"第二个脑袋"，人经历了生物性选择，奠定了人类向更高阶段进化的基础；从"第二个脑袋"到"第三个脑袋"，人类经历伦理选择，从而真正使自身与动物区分开，成为真正理性的人。而在此过程中，人类还保留一部分的动物本能，即兽性因子，也就是巴恩斯和麦克莱恩口中的"马与鳄鱼"。巴恩斯在解释为何引用"三个脑袋"的论断时强调道："（此论断）契合小说的主题……这是一个文明的人，发现马与鳄鱼并未消失。正因为这种持续的爬行动物的头脑，事情便从乐观走向了完全的悲剧。"[1]人性因子与兽性因子并存于人类中这一特点是由斯芬克斯因子所决定的。当人性因子能够控制兽性因子时，人方能成为伦理之人；但当文明的人发现兽性因子，即"马与鳄鱼"，不受人性因子的控制和约束时，那么人便会受到非理性意志的驱使，导致自然情感的泛滥，做出错误的伦理选择，从而造成"事情的悲剧"。人类区别于动物的伦理意识在于大脑中存储的各种不同"脑文本"。这些脑文本受制于意志，并反作用于意志。作为人所独有的特征，斯芬克斯因子中人性因子和兽性因子的变化和冲突，不仅与情感和意志的变化紧密相连，以此为表现形式，同时也影响着人的思维活动，进而影响人的伦理意识和伦理选择。由此可见，巴恩斯对于嫉妒这一主题的兴趣在于情感作用时大脑的运作，即嫉妒作用下，格雷厄姆生成相应的脑文本，使得两种因子在他身上此消彼长和相互抑制，并通过两种意志（理性意志和非理性意志）和两种情感（自然情感和道德情感）之间的博弈体现。意志和情感的伦理冲突又影响了脑文本的生成和演绎，从而影响了他的伦理选择。

---

[1] Rudolf Freiburg & Jan Schnitker (eds.), *"Do You Consider Yourself Postmodern Author?" Interviews with Contemporary English Writers*, LIT Verlag, 1999, p. 55.

纵观小说关于格雷厄姆两次婚姻以及伴侣的描述，我们不难看出，格雷厄姆对于婚姻和情感充满了不可协调的矛盾。在与前妻芭芭拉第一场维持十五年的婚姻中，他承认对于芭芭拉的感情。但是芭芭拉理智近乎冷漠的性情让他在婚姻中丧失了激情和爱情，甚至对于他们的女儿爱丽丝，格雷厄姆坦言"爱丽丝从未激起他心中更深沉的爱怜"（6）。但是他却强调自己的忠诚，认为婚姻中的不忠是错误的，解释道在女学生的"勾引"下自己仍然理性并未越轨。然而讽刺的是，当真正的诱惑出现时，格雷厄姆口中的错误便成了情理之中的事。在遇到热情似火的安后，格雷厄姆体验到了身体和情感功能的复苏。他感觉自己的身体，包括大脑再次焕发活力，身上每一个细胞都感受到了喜怒哀乐。换言之，在第一段婚姻中，格雷厄姆的情感和身体是麻木的，无法感受到婚姻和生活带来的乐趣，而这也成为他与安私通"合理化"的理由。在这段婚外情中，安从一开始便知晓格雷厄姆已婚的身份。起初她对于与已婚男子的私通感到苦恼和愧疚，但显然这种情绪并未持续很久。在确认对格雷厄姆的感情后，安认为芭芭拉与他的婚姻已然变质。倘若说出轨需要有人承担错误的责任，那么这显而易见是男方的责任，因为如果男人有原则，坚定与爱人携手并肩，那么他们的感情又怎会生变。在婚外情持续六个月后，两人决定告知芭芭拉。两人认为与其在承受负罪感的怀疑期后被迫承认，还不如先发制人，主动坦白，这相对能减轻芭芭拉的痛苦。在此，我们可以看到私通者格雷厄姆和安并非没有负罪感，他们深知出轨与不忠破坏了社会认同的伦理秩序，更违背了公认的伦理准则。但格雷厄姆却不断以爱情和快乐的借口背离自己作为丈夫和父亲的伦理责任和义务。"伦理身份是道德行为及道德规范的前提，并对道德行为主体产生约束。"[①]在过去的婚姻生活中，尽管遭受了情感的痛苦与折磨，在理性意志的正确引导与约束下，格雷厄姆的行为尚且符合大学教师和丈夫的伦理身份与责任。然而随着婚外情

---

① 聂珍钊：《文学伦理学批评导论》，北京：北京大学出版社，2014年，第264页。

的升温,格雷厄姆领略到了快乐之道迷津般的享受,他的道德情感也渐渐向自然情感转化,最终放弃其内心的道德法则。在向芭芭拉坦白出轨的事实时,格雷厄姆的反应丝毫看不出一丝愧疚与心虚,取而代之的是对家庭的嫌弃以及如何成功摆脱芭芭拉母女的心机。在此,我们可以看到在本能的作用下从格雷厄姆身上流淌出的原始欲望。尽管在与芭芭拉交往初期中他的情欲炽热,迸发出强烈的爱意,但他不断强调与安的感情超越了情欲,使他远离了生活中的恐惧和猜忌。然而随着故事的发展,我们却不断见证其斯芬克斯因子的变化。

在经历了第一次麻木且丧失主动权的婚姻后,格雷厄姆享受着人生中第一段性自由时期,而此时他对于婚姻以及爱情的幻想实则已凌驾于现实。正如本章第一节中所述,在《她过去的爱情》中,嫉妒情感的导火索或是支点是细小、微不足道的。在芭芭拉的精心安排下,格雷厄姆与女儿进入电影院观看安曾参演的电影《欣喜若狂》。在格雷厄姆看来,这一部电影充满艳俗的色彩和荒唐的情节。当看到自己的现任妻子出现在银幕时,他的反应更多的是新鲜与好奇。但在与女儿讨论该电影时,爱丽丝却毫不掩饰对于安的鄙夷和诋毁:

"这不是部好电影,对吗,爸爸?"
"嗯,我觉得不是。"他又顿了顿。然后他犹犹豫豫地追问了一句:"你觉得安怎么样?"但同时感觉女儿是在等他问这个问题。
"我觉得她是垃圾。"爱丽丝恶狠狠地答道。格雷厄姆这才发现自己搞错了,女儿是像妈妈的。"她简直就是个……是个骚货!"
像往常一样,听到女儿用这样的新词汇,格雷厄姆不动声色。
"她只是在表演。"但他的口气听上去更像是安抚而不是说理。
"是吗?那我觉得她演得实在是太好、太逼真了。"(31)

在电影《欣喜若狂》中,安饰演的是一位卖弄风情的女人,或用其话而言"婊子"（36）。格雷厄姆在看到银幕上的安时，他便已经知道芭芭拉与女儿的诡计。对于他的背叛，芭芭拉看似冷静收敛，但格雷厄姆知道她并不会轻易让自己享受甜蜜的婚姻。因而在讨论电影的时候，作为与前妻同一战营的女儿，她定会像芭芭拉一样对安进行诋毁和污蔑。不难理解，爱丽丝和芭芭拉在看到电影中和现实中的安时，厌恶的情感驱使她们将银幕上的形象视为现实中的安。在她们看来，安就是一位不安分守己的"荡妇"，勾引已婚男子，破坏幸福家庭。但对于格雷厄姆而言，他一开始便意识到安仅仅是在表演，因而他的反应更多的是好奇和戏谑。但当他认识到前妻和女儿的处心积虑以及对安的诋毁时，他似乎也变得不再那么自信。因此"她只是在表演"这一句陈述事实的话对于格雷厄姆来说已经不再是内心理智情感的发声，更多是安抚之言。在此我们可以看到格雷厄姆脑文本中矛盾的内容：一方面他意识到安只是在表演，并未真正与演员厮混。同时电影发生在过去。早在安遇到格雷厄姆的前几个月，她便退出演艺圈。因此这与当下他们的情感关系并无多大联系。同时芭芭拉和女儿的用意显而易见。因而她们对于安的评价并不可信。但另一方面，他又似乎控制不住自己的情感，电影中的情节以及安的过去让他渐渐产生了怀疑和猜忌，忍不住问安拍摄电影的感觉以及电影中她的"意大利情人"。然而安的坦率回答并未平息格雷厄姆脑中不断滋长的情绪。

格雷厄姆在随后一个礼拜中重看了三遍《欣喜若狂》，甚至为了电影而影响了工作。在格雷厄姆一遍遍观看安与银幕上的"意大利情人"调情的画面后，我们不妨一窥他的脑文本。在格雷厄姆看来，电影这一导火索让他对安的过去产生了过度的好奇和幻想。纵使他知道安过去的男友，但如今他控制不住想象安与前男友们是否像电影中一般有过肌肤之亲。这种揣测和想象让他觉得安是在偷情并且背叛了他。对于自己的这种情感，格雷厄姆认识到其不合理性。然而他却无法控制这种情绪的蔓延。格雷厄姆对于安过往情史的执着慢慢演变成了对于找寻安与"意大利情人"厮混证据的热忱。他以历史学家的"实证"精神试图为自己的嫉妒心找寻佐证。当他发现无法目睹妻子与其他男演员在电影里私通时，他甚至认为这代表了妻子虽然在银幕前保持贞洁，但在私下里与男演员通奸。在此我们可以看到现实与电影的混淆以及对于安私通的妄想和嫉妒之情占据了格雷厄姆大部分的脑文本。随着这一负面文本的不断积累和发酵，格雷厄姆更难控制自身脑文本中的兽性因子。他的大脑中不断浮现着复仇的画面：

> 他将巴克溺死在满是果汁朗姆酒的池子里：巴克衰竭的肺里鼓出来的最后一个泡泡在布满口水的泳池表面消失得无影无踪……不过，最精彩的复仇在最后面……格雷厄姆环顾四周，把推土机挂上后挡，然后驾着它慢慢轧过毫无生命气息的尸体，他要碾碎他的骨头，要把他的血肉碾得像酥饼一样薄。（110—112）

在这个复仇梦中，格雷厄姆俨然成了一个凶残的杀人凶手。无论是杀人的手法抑或折磨尸体的手段都宣泄了格雷厄姆内心积累的愤怒和妒火。尽管他不断强调这是在梦中，但格雷厄姆却丝毫不为自己萌生杀人念头而感到惶恐以及不安。他将自己臆想谋杀"情夫"的方法只当作漫无边际的幻想。此时格雷厄姆的兽性因子并未得到有效的约束，并逐渐控制其人性因子，侵蚀他正常的心智和情感。尽管未确定巴克或者皮特与安是否真正私通，格雷厄姆却仍然无法控制其自然情感，任由其谋杀的念头泛滥。

然而，彼时格雷厄姆脑文本指导下的道德情感并未完全转化为自然情感，人性因子与兽性因子也一直处于博弈的状态，并体现在他的思忖和与杰克的"谈话治疗"中。在感受到嫉妒的情绪肆意膨胀时，格雷厄姆提出了关于嫉妒的一系列问题：第一，"为什么嫉妒会产生——不仅是他，还有芸芸众生？它是怎么产生的？"（155）；第二，"出于某些原因嫉妒是必须存在的，但它为什么还影响着过去？为什么似乎是它主导着情绪？"（156）；第三，"为什么因回顾而产生的嫉妒仍在当今存在，仍在 20 世纪的最后 25 年存在呢？"（157）第四，"为什么这种令人嫌弃的、鄙夷的嫉妒仍挥之不去、纠缠不已？"（157）格雷厄姆嫉妒的导火索仅仅是安的电影和一些杂志图像。但这些影像刺激使他打开了潘多拉的魔盒，最终释放了所有的邪恶。格雷厄姆试图为自己的情绪和失控找寻逻辑，希望理性化情绪。作为一位历史学讲师，他理应善于选择和诠释信息来源，更能分辨过去与现在的差别。然而他现在所遭受的由情绪带来的苦难恰恰证明作为一名历史学家，他对于安的历史建构是主观甚至虚构的。为了找寻安不忠的证据，重建她的过去，格雷厄姆对于一切蛛丝马迹不做任何理性的甄别：从安参演的电影、与其搭档的男性演员的评论、电影到实证考察她所去的地方、拍摄的照片、广告、外国硬币和火柴盒等。随着格雷厄姆头脑中这些影像信息的积累，他的大脑开始运行。安和各类男演员在银幕上的调情，拍摄的各类照片等信息促进了格雷厄姆大脑中一系列关于安出轨的脑概念的形成。在他对于婚姻和爱情的伦理规则理解下，大脑不断对这些脑概念进行组合和修改，并在斯芬克斯因子组合和变化的影响下逐渐形成了安背叛的脑文本。但显然格雷厄姆也意识到自己出现了爱情的"病症"，并为此苦恼不已。因此，在自身无法找寻答案后，他试图咨询好友杰克。

二、大脑和情绪的奴隶

在整部小说中，格雷厄姆与杰克类似"患者"与"治疗师"的谈话出现了若干次。在格雷厄姆看来，杰克能充当"治疗师"角色的原因不仅在于他在男女或婚姻关系上的经验比格雷厄姆更为丰富，更懂得如何应对这些爱情中的症候，而且小说家的职业使他能从混沌中提炼些许秩序。事实上，杰克确实提出了格雷厄姆遭受苦难的原因：

> 我不知道有什么能阻止你想去看那些电影。我是说，那是在你脑子里的东西，对吧？（94）
>
> 从你现在的情况来看，它们确实在闹腾。因为那一批，即第二批，它们才控制我们的情绪，迫使我们踢狗杀人，上别人的老婆，投票给托利党。（95）

杰克关于脑子的论断可谓与麦克莱恩"三个脑袋"的论述不谋而合，在杰克看来，格雷厄姆之所以如此执着于安的过去，妒火攻心，是因为他无法控制自己脑子中的"第二批"，即兽性因子，导致格雷厄姆形成了一系列安背叛和出轨的脑概念，并受制于他的非理性意志和自然情感。那如何去控制这些情绪呢？杰克提出了一系列的建议，包括度假、出轨以及自慰等。但格雷厄姆只实践了自慰并且毫无疗效。在此，我们不妨分析一下杰克作为"治疗师"的伦理身份。作为格雷厄姆和安的介绍人以及共同好友，杰克与安曾有过一段短暂的恋爱关系，甚至在安主动找他聊格雷厄姆的情况时，他仍表现出对安的爱慕和留恋。那么在面对格雷厄姆与安的婚姻以及格雷厄姆的情感咨询时，杰克是否也存在嫉妒心呢？从杰克在妻子苏以及安面前表露对于格雷厄姆咨询的态度不难看出，他享受着"治疗师"的身份，将格雷厄姆视为弱者，戏谑地称他为"小奥赛罗"。但与格雷厄姆不同，杰克对于自己的嫉妒心似乎拿捏得当。他享受于生活在理性主义与理想主义矛盾之间，将自己的满足和平和的心态凌驾于其他情绪之上。因此，即使他依旧留恋安，对格雷厄姆有着竞争者的心态，他并未臣服于嫉妒之下并形成相应的脑文本，也未让兽性因子得以控制。

但正是杰克这种玩世不恭、操控情绪和大脑的性格让格雷厄姆产生了怀疑。在格雷厄姆看来，虽然他并未是世界上最忠诚的情人，背叛了芭芭拉，但是那是由于对自由、爱情和快乐的追寻所造成的，正是因为他的专一和忠诚才有了现在火急火燎的多愁善感。而杰克似乎对于爱情和婚姻并未忠诚。

在探讨大脑对于情绪控制的话题时,格雷厄姆不经意间地问出了关键的问题:"但是你会上,就像你说的,别人的老婆……你说这是脑子中没发育好的那部分会让你做的一件事情。所以,你一定被控制做过这种事情。"(97)格雷厄姆的试探显然遭到了杰克的否定,但猜忌和怀疑的种子早已播下。对于格雷厄姆而言,如果说他"脑子中没发育好的那部分"控制他的嫉妒和愤怒,那么杰克必然也会受到那部分控制干出出轨这一类事。因此,在派对上看到安与杰克的互动、亲吻后,格雷厄姆的愤怒和嫉妒之火喷涌而出。他试图从杰克小说的文本信息中找寻他们奸情的线索。相较于格雷厄姆历史教师的职业,作为小说家的杰克本应是虚构的行家里手。但讽刺的是他的文牍工作更像是历史编纂。他对于现实的依赖远远超过了该有的想象力。就此而言,格雷厄姆更符合小说家的特质。但他却混淆了真实和虚构。他试图在杰克小说中找寻"胸部""胸罩"以及其他敏感身体部位的字眼,最终在杰克的政治-性爱主题的小说《冲出黑暗》中找到了杰克和安私通的文本证据:安痣的部位、吸烟的习惯、胸部的描述、做爱的习惯等。通过这些文本证据,格雷厄姆"理性分析"并最终得出了结论:"杰克和安的奸情开始于1971年,他刚认识安的时候,他和安结婚后,这两人还一直维持着关系。"(210)从怀疑、认证再到最后的确认,格雷厄姆的脑中已经储存了关于安出轨私通的一系列文本,即使这些信息荒诞无稽,并不具可信度,但他已经预设了结论,即安和杰克已经背叛了他。有鉴于此,格雷厄姆身上的嫉妒等一系列情感体验不仅仅是情欲的愤怒或自尊心使然,更深层次的原因在于他不再将自己的幻想或恐惧与现实区别。换言之,作为第一段婚姻中的背叛者,格雷厄姆将自己曾经的不忠投射于安身上。这种恐惧对方出轨背叛的心理在对于变迁事物想象力的助力下不断滋长发酵,进而使他混淆了过去与现在、现实与梦境。

此外,格雷厄姆关于安出轨的脑文本形成后,影响了斯芬克斯因子的组合和变化。最终,在理性意志和非理性意志博弈的过程中,格雷厄姆的人性因子逐渐失去了对兽性因子的有效控制。格雷厄姆把刀刺向了杰克。在杰克恢复神智并试图做出反抗时，他不断朝着杰克心脏和生殖器中间的位置刺扎。在刺杀完成后，格雷厄姆冷静地清理了现场，并舒舒服服地喝着杰克泡的咖啡。尽管格雷厄姆曾幻想过谋杀情夫的画面，但那时候的非理性意志显然被理性意志所压制。然而在友情和爱情的"双重背叛"刺激下，嫉妒所产生的自然情感驱动他做出刺杀杰克的伦理选择。这一伦理选择是其脑文本形成和演绎的结果：他在面对一系列安私通出轨的"证据"刺激下，形成了关于愤怒、嫉妒、自卑、复仇等概念，尽管在脑文本的修正过程中，他也经历了理性意志和非理性意志的斗争，兽性因子和人性因子的博弈以及自然情感和道德情感的转换，但负面的脑文本最终指导了他的行动，并将幻想的谋杀付诸实施。在结局中，格雷厄姆将安捆绑，避免与她进行眼神交流。他感到自己的脑袋空空如也，毫无念想。在自杀前，他对自己说："最重要的一点是不要让这一切看起来像一部电影：那将会是最大的讽刺，这是他完全不能接受的。不要大幕线，不要情节剧。"（236—237）在此，我们可以看到在做出伦理选择后，格雷厄姆被压抑甚至是缺失的理性意志在慢慢苏醒。他渐渐意识到他的悲剧在于，当他认为自己能控制情绪，成为脑子的主人时，大脑已经在利用这些负面的脑文本使其成为他的敌人。他无法控制兽性因子，害怕直面自己的自然情感，从而只能深陷其中，以自以为是的逻辑和理性成为大脑和情绪的奴隶。

第三节　巴恩斯的伦理意识

一、"修道士"与"野兽"的"联结"

在世界文学中，以嫉妒为主题的小说可谓汗牛充栋，到了21世纪巴恩斯的笔下，这一主题显然有了独具特色的巴氏色彩并带有浓厚的伦理含义。《她过去的爱情》是一个跟经典文本以及理论具有高度互文性的伦理性文本。巴恩斯的语言戏谑幽默，且时不时喜欢织一张互文的网，将嫉妒与其诠释方法所并置，继而对人性各层面进行拓展和深挖，并通过讲述嫉妒的故事给读者带来道德警示和伦理启迪。

在描述格雷厄姆的脑文本的形成和演绎，以及两种情感和因子的博弈时，我们分析道，巴恩斯试图展现理性和非理性自我之间的斗争以及由本能、情感和理智三者关系失控所引发的道德悲剧。这一主题与福斯特（E. M. Forster）《霍华德庄园》（*Howards End*，1910）中关于"唯有联结"的主题有着意味深长的关联性。在《霍华德庄园》中，玛格丽特在与伦纳德的交往中，知道了亨利不光彩的过去，然而她选择了原谅并接受其求婚。玛格丽特将婚姻这一"联结"的使命视为对亨利的救赎："它将我们生活中的平淡与激情联结起来。如果没有这种联结，我们都是无意义的碎片，要么当修道士，要么当野兽，就像两个从未联结起来的圆弧"①，玛格丽特不断强调将看不见的与看得见的"联结"，将生活中的"诗性"与"散文"所联结。事实上，这种"联结"正是弥合理念世界和现实之间不可逾越的鸿沟所做的努力，也是玛格丽特通过婚姻在理想主义与理性主义之间的调和。相较于玛格丽特的原谅和协调，格雷厄姆执着于安"不光彩"的过去，深陷于理想主义与理性主义的鸿沟之中，也因此无法联结"修道士"和"野兽"两个圆弧。如果说"联结"的思想是寄托了福斯特希冀以文化提升物质文明，弥补工业文明所带来的不和谐和矛盾之处，体现了其人文主义的社会理想，那么在巴恩斯笔下，"联结"则展现了他通过隐匿在亲密关系中的嫉妒母题对头脑的伦理功能和斯芬克斯因子展开的探讨。如果没有了"联结"，那么我们只能走向"修道士"或"野兽"两个极端。但显然人性因子和兽性因子是不可分的，只有两者结合，才能构成完整的人格。小说中最后一章的标题"马和鳄鱼"正是对麦克莱恩的

---

① E. M. Forster, *Howards End*, Penguin, 2000, p.159.

论断以及"野兽"的回应。当格雷厄姆拿起刺刀刺向杰克时,他做出了伦理选择,并在这过程中任凭兽性因子的驱使,尽力追求自然情感的发泄,在罪恶中越陷越深,头脑于是丧失了理性,成为格雷厄姆的敌人。

二、《她过去的爱情》的伦理启迪

格雷厄姆关于安出轨和背叛的脑文本来源于他对"事物、对世界的感知、认知和理解"[①]。就格雷厄姆所处的生活环境和社会背景而言,彼时的英国正处于社会大变革时期,以披头士为代表的摇滚乐大面积走红,因过多性爱描写而被禁30年的小说《查泰莱夫人的情人》也已经解禁,"反叛"席卷了英国。在"性革命"中,拥有了至高无上的性声称要通过普通人的性解放颠覆整个蔑视人性的社会。这一场运动所造成文化和社会心理层面的冲击不亚于这个世纪中出现的任何一次重大的社会动荡。诞生于此背景,《她过去的爱情》却是一部反思"性革命"的小说,在采访中,巴恩斯坦言:

> 在某种程度上而言,它是一本反60年代的书。……维多利亚女王仍然当权,披头士乐队接踵而至,突然间,每个人都开始和其他人睡觉,并通过此得到许多的治愈。正如许多人所看到的那样,这是英国性史的粗略计划。而我只想说,它并不是那样的;永恒不变的是人类的心灵和激情。至于谁与谁做了什么事,这只是一个表面的变化。[②]

不难看出,《她过去的爱情》刻画的正是在性解放时代下催生的病症,即嫉妒。在巴恩斯看来,真正且永恒的解放不仅仅需要打破禁欲观,它更需要

[①] 聂珍钊:《文学伦理学批评:口头文学与脑文本》,载《外国文学研究》,2013年第6期,第11页。
[②] Patrick McGrath, "Julian Barnes," In Vanessa Guignery & Ryan Roberts (eds.), *Conversations with Julian Barnes*, University Press of Mississippi, 2009, p.11.

打破内外双重枷锁，继而使人性达到情感与欲望统一，上升至伦理自律的高度，并最终获得高度完善以及觉悟的人性。小说中格雷厄姆的伦理选择不仅受到了其脑文本的影响，同时也反映了巴恩斯的伦理意识。巴恩斯通过"回忆性嫉妒"的荒诞讲述了一场由兽性因子控制下导致的悲剧。在此，他通过描绘格雷厄姆陷入的情绪困境，并以此将嫉妒作为探讨人性的突破口，赋予了其深刻的社会意义、哲理意义和伦理意义。读者感知的不仅仅是爱情中的占有与愤怒，更多的是在格雷厄姆脑文本影响下，理性意志和非理性意志之间的伦理冲突及其带来的伦理启迪。

正如巴氏其他著作一样，《她过去的爱情》是智性的，它关注的是我们人性中最根本的东西，并将情感与人性进行剖析和分解，钩沉人性曲折幽微。巴恩斯的通达与聪慧在于他并不陷入虚无和绝望。人性是伦理选择的结果。尽管我们无法将人性协调至完全理性的位置去规避痛苦和弱点，但正是这些缺陷促使我们找寻救赎的出路。从文学伦理学批评的视角而言，文学的根本目的"在于为人类提供从伦理角度认识社会和生活的道德范例，为人类的物质生活和精神生活提供道德指引，为人类的自我完善提供道德经验"[①]。就此而言，通过书写嫉妒，巴恩斯揭示了伦理道德之于人类生活的规范和指引作用。

---

① 聂珍钊：《文学伦理学批评：基本理论与术语》，载《外国文学研究》，2010年第1期，第17页。

附 录

附录一

文学伦理学批评：脑文本的定义、形态与价值——聂珍钊访谈录

张连桥
（广州大学人文学院教授）

摘要：在中外学者的共同努力下，文学伦理学批评已取得了丰硕的成果，成为21世纪以来中国文论研究"走出去"最为活跃、影响最大的中国学派之一。文学伦理学批评的理论建构与批评实践旨在让充满中国元素、中国特色、中国实践的原创理论体系走向世界，积极助推中国文论"走出去"，增强中国学术在国际上的话语权。为此，广州大学教授张连桥采访了文学伦理学批评理论的创建者聂珍钊教授，就文学伦理学批评的重要术语脑文本及其相关问题展开讨论，重点探讨了脑文本的定义、机制、转换、作用和价值等方面的内容。

正文

张连桥（以下简称张）：聂老师好，感谢您抽出宝贵时间，接受我的采访。21世纪以来，您所倡导的文学伦理学批评在中外学者共同努力下已经成功"走出去"，可以说已经成为讲述中国新故事、展示中国新形象的一个范例。文学伦理学批评作为具有中国元素、中国特色、中国实践的原创批评理论不仅能够走在世界前沿，而且还能够引领世界学术话语，这是广大中外学者共同努力的结果。要感谢您对文学伦理学批评理论与方法做出的贡献，感

谢您的引领作用。有关文学伦理学批评的理论，近年来您又有新发展，这就是您提出并论证的"脑文本"。今天，我想就有关脑文本的一系列重要问题专门请教您，希望您能够为我们解答疑惑。首先，能否请老师谈谈什么是"脑文本"的问题吗？

聂珍钊（以下简称聂）：连桥，很高兴同你一起讨论文学伦理学批评的有关问题。首先谈什么是脑文本。从定义上来说，脑文本是人的大脑用记忆的方法存储的对事物感知、认知、理解和思考的结果。人的大脑将思维的结果存储在大脑中，就得到脑文本。脑文本是一种由生物活性物质构成的文本形式，是一种特殊的生物形态。脑文本是由脑概念组成的。脑概念从来源上说可以分为两类，一类是物象概念，一类是抽象概念。物象概念是关于客观存在的概念，是有关具体事物的概念，或者是有关具体事物图像的概念，但其性质是抽象的。抽象概念不同于物象概念，它不是来自客观世界，也不是来自具体事物，而是来自抽象事物或抽象概念，是从概念对概念的认知中得到的新概念。[①]

脑文本是人对事物感知、认知、理解和思维得到的结果。这里需要注意几个关键词：感知、认知、理解和思维。概念是认知过程中对具体事物的抽象，是思维的工具。我们运用脑概念进行思维，就可得到脑文本。脑概念的形成要经过一个复杂的过程，首先是感知。感知是对事物的初级认识，是一种感觉，即感觉到某种事物的存在，这种感觉没有明确的意义。其次是认知，认知是对感知的认识，获得意义，进而形成脑概念。再次是理解，理解是对认知的理解，理解的过程就是思维，是在认知的基础上通过思维对脑概念的理解，思维借助脑概念理解认知，其结果产生脑文本。因此，脑文本在感知、认知、理解和思维的过程中通过脑概念组合而成。

[①] 参见聂珍钊：《文学伦理学批评导论》，北京：北京大学出版社，2014年，第17—18页；聂珍钊：《脑文本和脑概念的形成机制与文学伦理学批评》，载《外国文学研究》，2017年第5期，第26—34页。

借用索绪尔的概念，脑文本是一种"所指"，脑概念是一种"能指"，不同的脑概念组合在一起就能表达特定的内容，或者特定的意义，这种脑概念的组合，就是脑文本。脑文本是由脑概念构成的。脑概念只是一种材料，属于能指。能指是任意的，可以用来指称任何事物或概念，指称的对象不同，其意义也不相同。但是所指不是任意的，它有特定的指称对象，表达特定的意义。把任意的脑概念组合在一起形成一个指称特定事物或概念的文本，这个文本就是脑文本。当脑概念用于特指某一对象时，脑概念就转变为所指了，所指的脑概念也可以称之为脑文本。

同计算机的运行程序类似，脑文本是通过人的大脑发挥作用的运用程序。人体类似于一台计算机，人的大脑类似CPU，相当于电脑的中央处理器，所有的脑文本，等同于在处理器中进行运行并发挥作用的运行程序。把脑文本同计算机的运行程序进行比较，就容易理解脑文本。脑文本类似于运用程序，在一定的语言环境中运行，不同语言的脑文本需要在不同的语言环境中运行。例如，中文的脑文本在中文的语言环境中运行，英文的脑文本在英文的语言环境中运行。离开了与之相适应的语言环境，脑文本则无法运行，也就不能发挥作用了。当然，随着翻译技术的发展，一种脑文本在不同的语言环境中的兼容性会越来越好，一种脑文本在不同的语言环境中运行将成为可能。不过，目前这种兼容性可能还做不到。人的大脑就是一台生物计算机，脑文本的运行类似于计算机程序的运行。大脑的活动就是计算机程序的运行，或者说，计算机的运行方式模仿了人类大脑的运行方式。因此，脑文本的运行机制可以用计算机的理论进行解释。

张：把脑文本和计算机进行比较容易理解脑文本。看来的确如此：人的大脑类似于电脑的中央处理器，语言类似于操作系统，脑文本类似于运用程序。具体来说，请问一个人的脑文本是怎么形成的呢？获取脑文本的主要途径是什么呢？

聂：我刚才说过，脑文本实际上类似于计算机程序。在实际运用中，如果计算机需要完成某项任务，就要把程序输进去，通过程序的运行从而完成某项工作。脑文本同样如此。人的大脑活动类似于计算机程序的运行，是脑文本发挥作用的表现，或者说是脑文本组合、变化和形成的过程。这个过程实际上是脑文本的编辑过程。人的思想、选择和行为都是由存储在人的大脑中的脑文本决定的。

脑文本既可以从书写文本即通过书写而形成的文本中来，也可以从思维中来。任何书写文本，都可以转换成脑文本，变成对人发挥作用的程序或指令。例如一个工作计划，它需要通过人的视觉器官的扫描后再经由视觉神经的传输才能进入人的大脑，然后才能实现对这个工作计划的理解。对工作计划的理解形成思维的过程，思维的结果形成脑文本，即一种程序或指令，存储在人的大脑中。脑文本通过记忆在人的大脑中储存。人的思考和行为，包括人的道德修养在内，都是作为程序或指令存储在大脑中的脑文本发挥作用的结果。

脑文本是理性认知的产物，既是人认知世界的结果，也是人理解世界的收获。脑文本从人的意识、思维和理解中产生，同时又决定人的意识、思维和行动。脑文本是一种指令，决定我们做出何种选择。我们的言谈举止、选择、思维等都是由脑文本决定的。一个人大脑中如果没有储存脑文本，大脑就是一片空白，人就没有思想，没有规则，没有伦理。只有在人的大脑中不断储存各种不同的脑文本，一个人才会有各种不同的选择，才能成熟起来变成一个有理性的人，生活也才会变得丰富多彩。

在目前条件下，脑文本是在学习和教导中形成的，学习和教导是为了做人（learning and teaching to be human）。由于学习和教导的不同，一个人所获取的脑文本也不同。随着学习和教导的增加，一个人的脑文本会变得越来越丰富。学习的主要方法是阅读。一个人读书读得多，每一本书都会在阅读中转变成许多个不同的文本存储在大脑中，成为生活中如何选择的指南。除了文学作品外，脑文本也可产生于人的生活经验。文学作品和生活经验二者都是脑文本的重要来源。什么样的生活经验，会形成什么样的脑文本，存储在大脑中为我们的选择提供借鉴和参考。我们的意识、思维和行为都是由脑文本决定的。为什么我们要做一件事而不做另一件事，这都是我们通过脑文本做出的选择。如果没有脑文本，我们就不会有思想，不会有选择。可以说，人的存在也是由脑文本决定的。没有脑文本，我们意识不到人的存在，没有脑文本，人就只有形式而没有内容，只有人形而无人性。人们经常说人的存在是由意识形态决定的，但什么是意识形态？从脑文本角度思考，意识就可以具体为脑文本。这样，就容易理解脑文本了。

同时，通过学习，一个人把书写文本中的知识转化成脑文本存储在大脑里。一个人是否聪明，知识是否渊博，都是由脑文本决定的。例如儿童教育，其实就是如何让儿童获得所需要的脑文本。脑文本是不能遗传的，只能通过口述的方式传播。脑文本的载体是大脑，大脑是人的身体中的一部分，如果人死亡了，脑文本就随之消失了。人就像一本书，脑文本的内容都在这本书里，人死亡了，书也就随之消失。孩子出生之时以及在经过后天学习之前，大脑都是一片空白，需要后天的学习以获取脑文本。人的智慧不是天生的，而是后天学习以及接受教导的结果，人的智慧与人的大脑中储存的脑文本数量、脑文本内容息息相关。

一般来说，所有的孩子出生后其聪明程度并没有本质的区别（先天智障除外），当然可能会有一点量化差异，这类似电脑型号的差别，如有的电脑硬件配置高一些，其处理程序的速度快一些，功能强一些。但孩子成长过程中拥有智慧的程度，其区别在于孩子如何有效和高效地获得脑文本。所以有关儿童教育问题，一是要有供儿童学习的优秀文本，二是要有儿童获取脑文本的方法。从计算机的角度说，脑文本即程序软件，刚出生的孩子相当于一部仅有硬件的电脑，但是如果没有装上软件，这部电脑就是"裸机"，不具备任何功能。因此就要不停地给电脑里安装软件，就是给孩子输入脑文本。输入了语言的脑文本，孩子就学会了说话；输入了情感的脑文本，孩子就懂得了喜怒哀乐；输入了有益道德的脑文本，孩子就学会了做人。

张：那就是说，我们一生中的所见所闻、所感所想都可能会形成脑文本。那么，一个人又是通过什么方法存储和提取脑文本的呢？

聂：脑文本通过记忆的方法在人的大脑中存储与提取的。记忆不是脑文本，它只是在大脑中存储和提取脑文本的方法。脑文本怎样在人的大脑中存储并怎样从大脑中提取出来？需要借助记忆的方法。同时，记忆是人的大脑的基本功能，因此记忆也是人的大脑所具有的存储和提取信息的能力。从对世界的感知开始到整个思维过程，从脑概念的形成到脑文本的产生，都离不开记忆。作为方法，记忆是我们认知、思考和存储知识的工具，主要功能是存储脑文本和提取脑文本。记忆对于大脑信息的处理操作就是对输入信息进行编码、存储和提取。每天都有各种各样的脑文本存储在人的大脑中，大脑借助脑概念组合脑文本或对脑文本进行编辑，因此脑文本处于不断变化的活动状态。正是由于各种各样的脑文本在人的大脑中运行，人们才能感受到自己的存在。

在认知的过程中，记忆由存储和提取两部分构成的。记忆的首要功能是存储信息，其次是提取信息。在二者的关系中，存储是信息的输入，提取是信息的输出。只有把信息存储进去才能提取出来，因此存储信息是提取信息的前提。但是，存储信息和提取信息的方法是不同的。存储是通过理解的方法输入，提取是通过回忆的方法输出。因此，记忆不是从感知开始，也不是从认知开始，而是从理解开始。

记忆同脑文本的关系非常密切，就记忆来说，无论是存储还是提取，其对象只能是脑文本或者是组成脑文本的脑概念。作为记忆来说，它只能存储或提取在感知和认知基础上形成的脑概念或脑文本。脑概念及脑文本是记忆存储或提取的对象。脑文本是由脑概念构成的，记忆的对象分为两种：脑概念和脑文本。这就是说，当人的感知和认知没有形成脑概念或脑文本，记忆则不能发挥作用。只有当脑概念形成了，记忆才能发挥作用。

如上所述，记忆是存储和提取知识的方法。借助记忆，我们通过感知获取的知识作为物象概念或抽象概念存储在大脑中，物象概念和抽象概念也可以通过思维组合在一起，形成脑文本存储下来。无论是脑概念还是脑文本，它们都是信息的载体。信息不能直接存储在人的大脑中，只有当信息变成脑概念或脑文本后，才能被存储，所以，脑文本不仅是信息的载体，也是信息的结晶。因此要获取信息，必须从脑文本中获取，这种获取就是记忆的提取。

张：您对记忆与脑文本之间关系的解释让我们能更清楚地理解记忆。记忆是保存和提取脑概念或脑文本方法，这种定义不仅有助于我们理解记忆，也有助于我们理解脑义本。您在以前发表的论文中，强调口头文学是对某种文学文本的口头复述，口头复述的过程就是对脑文本的回忆、复制和转述。那么，口头文学是不是一种脑文本呢？

聂：就口头文学来说，当某些脑文本通过人的发音器官即口头表达出来并借助口耳相传，它们就是所谓的口头文学。当某些脑文本借助书写符号记录下来，它们就是所谓的书面文学。从性质上说，口头文学是以脑文本形式存在的，口头文学同样也有文本。就文学存在的形态说，口头文学的口头只是文学表达的方式而不是文学本身。因此，口头文学指的只是某种文学用口头表达出来，或者通过口头表达的某种文学。那么，口头表达的文学（文学文本）在哪里？在人的大脑里，就是大脑中存储的脑文本。如果没有脑文本，口头表达无法进行的。我们对口头文学的理解实际上是一种误解，即把文学的口头表达方式当成了文学本身。[①]

许多文学理论家认为，西方文学的传统源于口头文学，文学始于口头文学。学者们认为中国义学也同样如此。在这种理解中，口头文学的口头表达方式变成了文学本体，即通过口头表达的没有文本的文学，但是却忘记进一步追问，没有文本的文学是一种什么文学？口头表达的没有文本的文学在哪

---

① 参见聂珍钊：《文学伦理学批评：口头文学与脑文本》，载《外国文学研究》，2013第6期，第8—15页。

里？如果进一步追问下去，就会发现口头文学本身并不是文学，只有通过口头表达的某种文学才是文学。口头文学是就文学的表达方式而言的，表示有一种文学被用口头的方法讲述出来，这种文学就是文学脑文本。文学被口头讲述出来，就是用发音器官用发音的方法表达出来，这种表达在性质上是文学脑文本的声音形态，即从文学脑文本转换而来的语言。脑文本的声音形态可以借助书写符号即文字记录下来，变成书写文本。属于文学性质的脑文本被书写下来，我们就有了书面文学。脑文本是原始的文学文本。没有脑文本就不会出现语言，既不会出现文字，也不会产生书面文学。语言和文字都需要从脑文本转换而来，即使现在的电子文本，它同样也是从脑文本转化而来。没有脑文本，也不会有电子文本。

张：您的意思，先有脑文本，然后再有用各种物质载体所记录下来的书写文本，以及后来的电子文本。那在远古时代，在符号和文字出现以前呢？脑文本就存在了吗？

聂：是的。在脑文本、书写文本与电子文本这三种基本形态中，脑文本是最原始的文本形态，同时也是最基本的文本形态。在文字、符号被创造出来之前，也就是书写文本和电子文本出现以前，脑文本已经存在。从文学的起源上说，神话、民间史诗、传说故事、历史叙事等这些最初通过口头流传的所谓口头文学，它们最初都是作为脑文本存在的。脑文本的出现与文字或者书写符号没有直接的关系。在文字出现之前脑文本已经存在的事实，表明脑文本是独立存在的。存储在大脑中的脑文本最初只能借助口头表达的方法传播。后来为了表达或记录脑文本，才有文字或书写符号的出现。而文字和书写符号的出现，才有了再现脑文本和将脑文本转换成书写文本的方法。后来有了电子技术，脑文本也可以借助电子设备转化为电子文本。在脑文本和书写、电子文本的关系中，脑文本是最早的源文本。所有的文本都来自脑文本。在不同的文本关系中，先是有了脑文本，然后才有了记录或存储脑文本的书写文本和电子文本。同时，借助视觉器官和电子设备，书写文本和电子文本也可以逆转换成脑文本存储在大脑中。

在纸质的文本出现之前，所谓的口头文学为什么能够流传？是因为头脑中有这个口头文学的脑文本的存在。通过口耳相传的方式，人类可以表达、复制和口述脑文本。例如一个游吟诗人讲述荷马的故事，听这个故事的听者记住了，就将这个故事存储在大脑中，于是这个听者就有了一个从讲述者而来的关于荷马史诗的脑文本。这个脑文本通过人们口耳相传复制。在书写文本和电子文本出现之前，脑文本只能通过口耳相传的方式复制和传播。

张：您前面说到，在文字和书写符号出现以前，人们主要靠视觉和听觉获取信息，加工它们，把它们转换为脑文本并存储在大脑里。比如口头文学是靠口头表达的，其中要借助声音传播。声音在脑文本的形成过程中是怎样发挥作用的呢？声音是符号吗？

聂：关于"声音符号"的问题，很值得讨论。一般而言，学术界所说的声音符号，意为声音本身就是一种符号，指的是声音作为符号的存在。我们从概念的角度认真思考声音符号的意义。"声音符号"把发出的声音本身作为符号理解是不科学的。由于我们讲话的声音是通过人的发音器官发出的声波，而声波是看不见的，因此声波即我们平常所说的声音不是符号，而是一种信号，即声音本身不能成为符号。那么，什么是声音符号？声音符号应该是代表声音的符号，例如代表汉字读音的符号。现代汉字中的"日"和"月"，尽管它们都有太阳和月亮的象征意义，但在现代汉字中的主要功能已经演变成了代表这两个汉字的发音，因此它们是声音符号。最典型的声音符号是五线谱（musical notation）。五线谱是目前世界上通用的一种记谱方法，它通过在五根等距离的平行横线上标以不同的音符及其他记号来记载音乐，属于运用最广泛的乐谱之一，也是最典型的表达声音的符号。除了五线谱外，现代汉字、日本的片假名、印欧语系中的拼音字母等，都属于声音符号。声音符号是用来表示声音的符号。

符号是就视觉形象而言的，属于视觉概念，而声音是看不见的，只能由人的听觉器官接收，因此声音不属于符号的范畴。一个人通过发音器官发出的声波本身不是符号，但是可以用符号来表示发出的声音。说出的话同样不是符号，但是可以用表示声音的符号记录它们。有人认为我们发出的声音属于符号的范畴，把发出的声音本身作为声音符号理解，并在此基础上把语言定义为符号系统，这显然混淆了声音与符号之间的关系。无论是声音还是表示声音的符号，都要经过复杂的过程才能形成脑概念和脑文本。但是，发音器官发出的声音和视觉器官通过扫描得到的声音符号，它们转变成脑概念和脑文本的机制是不同的。在声音和声音符号的关系中，表达声音的符号实际上已经经过了从声音到脑概念的转化过程，是脑概念的符号化。

声音本身是一种看不见的声波，一种振动，它借助空气传到我们的听觉器官即耳朵，耳朵通过听觉神经将感知到的振动传到大脑皮质的听觉中枢。大脑通过对传到听觉中枢的各种声波进行处理，就可以获得有关某种声波的定义，声波在这时候就形成与之相对应的脑概念。例如，我们看到天空中出现一道闪电，接着传来一阵雷声，雷声实际上是天空中云层放电产生的振动。这个雷电的振动借助空气传到我们的耳朵，我们的耳朵捕捉到这个振动的信号，经过听觉神经将其传到大脑中的听觉中枢，大脑将听觉中枢中的振动同视觉中看见的雷电联系起来，于是得到了雷声的脑概念，存储在大脑中作为脑概念储存起来。以后只要雷声的振动传到听觉中枢，大脑就会把这种振动同存储在大脑中的各种脑概念进行比对，最后同雷声的定义联系起来，得到看不见的闪电产生振动的定义，即表示雷声这个脑概念的声音符号。有关雷声的脑概念是在不同的语言环境中形成的，因此不同语言环境中的脑概念是不一样的，表示它们的声音符号也不相同。例如，中国人在中文语言环境中得到的有关闪电引起的振动的脑概念是雷声，而英国人在英文语言环境中得到有关闪电引起振动的脑概念是"thunder"。尽管是同一种事物，由于语言环境的不同，作为表示它们的声音符号也各不相同。

声音必须经过脑概念或脑文本的转换才能被理解。例如我们的眼睛看见闪电，耳朵听见雷声，如果不把它们转换成脑概念，是不能理解它们的。不仅是雷声，所有的声音，包括说话在内，只有声波传到大脑转换成脑概念之后才能理解它们。比如讲话，一句话发出的是一连串不同的振动，即不同的振动频率，当听觉器官接收到讲话的不同频率并将其传到大脑后就可以得到与频率相对应的脑文本，这时候我们才能理解讲话。因此，对讲话的理解不是在声波层面上而是在脑文本层面上理解的。脑文本的概念非常重要，我们所有的认知、理解、意识、思想和行为等都离不开脑文本。脑概念组合成脑文本，因此是理解脑文本的前提。无论是脑文本还是脑概念，都能借助书写工具将其转换成书写文本，或是借助电子设备将其转换成电子文本。因此，脑文本的声音形态是语言，脑文本的符号形态是文本。

张：经过您的阐释，我意识到了脑文本是非常重要的一个概念和术语。每个人的成长经历不同、教育背景不同，就意味着每个人头脑中的对脑文本的储存、转换和提取过程也是千差万别。那么，脑文本的储存、转换和提取过程与每个人的伦理选择之间有什么关系呢？

聂：我们为什么会做出选择？为什么这样选择或那样选择？为什么会以这种理由或那种理由去选择？尤其是我们为什么会站在道德的角度做出选择？这都是脑文本发挥作用的结果。如果大脑中没有脑文本，我们既不会选择也不知道如何选择。由于脑文本的原因，我们才有了思想，有了情感，才有了道德，才知道伦理，才有了选择的要求，才有了选择的标准和规则。如果没有脑文本，人就没有理性，没有道德，不会从本能中解放出来，也无法进入伦理选择的过程中而成为有道德的人。

我们所有的思想和行为都是由脑文本决定的。脑文本既是我们产生意识、思想和情感的动力，也是我们怎样选择的指引。我们完成自然选择后就获得人的形式，但是要在伦理选择中获得人的本质。整个伦理选择的过程就是如何做人的过程。如何做人是由一个个选择构成的，如我们要不要学习？要不要阅读？要不要工作？要不要做课题研究？这些都是由脑文本决定的。现实中既有好人也有坏人，既有善良的人也有邪恶的人。因此，脑文本既有好坏之分，也有善恶之别。脑文本一般都是从文学作品的阅读中获得的，好的文学作品可以提供优秀的脑文本。但是文学作品并非只描写优秀的生活范例，也会真实地描写各种生活现象，既描写善良的人，也描写邪恶的人，既叙述高尚的事，也叙述卑劣的事。因此，这就需要批评家的批评，以帮助读者做出正确的选择，选择善良的人和高尚的事并把它们转换成脑文本存储在大脑中，作为自己效仿的榜样，用于进行伦理选择。这也是文学伦理学批评的任务及其价值所在。

在阅读文学作品的过程中，一个人会把整个阅读过程中阅读过的文本转换成脑文本，存储在大脑中，因此一个人除了需要对文学作品进行选择外，还要对存储在大脑中的脑文本进行选择。例如一位读者面临一个留下工作还是外出旅行的选择时，他阅读过的一部小说描写的同样是一个人如何在留下工作还是请假外出旅行之间进行选择的故事，这部作品可能会为读者的选择提供借鉴，读者阅读小说后在自己的头脑中形成了留下来工作和外出旅行两个脑文本，两个文本都发挥着引导读者作出选择的作用，大脑会在这两个脑文本中进行选择。选择需要思考，思考的结果得出一个新的用于引导自己做出选择的脑文本。在这两个脑文本之间进行选择的过程就是思维的过程，思维的结果是获得一个新的思想，思想在大脑中存储下来即得到新的脑文本：我留下工作。因此，留下来工作是由留下来工作的脑文本决定的。

没有脑文本就没有思想，没有选择，没有行动。例如刚刚诞生的婴儿，大脑还没有发育成熟，各个感官还不能发挥正常作用，脑文本还没有形成，这时候的婴儿是不能做出选择的。随着婴儿的长大和年龄的增长，婴儿通过学习和教导在自己的大脑中存储了大量的脑文本，情感变得越来越丰富，思想变得越来越复杂，选择也就变得越来越艰难。因此，我们需要通过文学的阅读为逐渐成长的孩子提供如何选择的脑文本，告诉他们应该如何选择。正是在学习与教诲的过程中，孩子学会了如何进行正确的伦理选择而健康成长。①

张：这就是说，我们每个人时时刻刻都处在自我选择的过程中，都在不断地进行选择。我们每个人做出的任何决定、任何行动，都是由脑文本主导的，或者说是大脑对脑文本进行组合、删改和编辑的结果。可以说，没有脑文本，一个人就没有思想，就没有选择或都不能做出选择，是这样吧？

聂：是这样的。可以这样认为，伦理选择是一个从思考、判断到选择的过程。我们每时每刻都在经历伦理选择的思考，都在对各种选择的价值进行判断，寻找选择或者不选择的理由。有关伦理选择的思考是通过大脑对不同脑文本进行组合及编辑实现的。例如，一个人接收到的电子邮件是一个下午临时召开会议的通知，这个通知就会在大脑中存储下来，成为选择下午参加会议的脑文本。但是在接收到电子邮件之前，这个人已经有了同朋友下午去西湖游玩的约会，而这个约会也形成脑文本存储在大脑里。这个人下午是出席会议还是同朋友去西湖游玩，两个不同的脑文本都有充分的理由促其做出选择。如何选择，大脑会对这两个脑文本进行重新组合和编辑。例如，这个人可以在召开会议的脑文本中增加请假以及支持请假理由的脑文本或脑概念。尽管如此，这个人仍然无法做出缺席会议的选择。同时，这个人也会对游览西湖的脑文本进行编辑，例如增加取消、推迟等脑文本和脑概念，以解决出席同一时间会议的冲突。在对两个脑文本进行重新编辑后，出现了参加会议和取消游览西湖两个脑文本，并最终选择了下午出席会议的选择。出席会议最终是由脑文本决定的。有了脑文本，才会有选择。没有脑文本，是不能做出选择的。

不仅我们的行为与行动是通过脑文本进行选择的，而且我们书写的文本也是通过脑文本进行选择的结果。例如论文的写作或文学创作。论文写作就是阐述某种有价值的思想，而思想产生的过程就是脑文本形成的过程。当我

---

① 参见聂珍钊：《文学伦理学批评：伦理选择与斯芬克斯因子》，载《外国文学研究》，2011年第6期，第1—13页。

们有了一些脑概念并获得了一些脑文本以后，我们会为达到某个目的而对它们进行增补、修改、融合、编辑，并最终得到一个新的脑文本，这个脑文本就是论文脑文本或学术脑文本。脑文本在大脑中运行的过程实际上是一个选择的过程。一个人的思想和行为是由脑文本决定的。一个人有什么样的脑文本决定一个人有什么样的思想、行为和境界，而这都是选择的结果。

张：一个人的思想和行为是由脑文本决定的，什么样的脑文本决定什么样的思想、行为和境界，这一点容易理解。但是我想到了另外两个概念，即语言和文字。如果讨论脑文本，是不是也要涉及语言同文字的关系呢？即脑文本和语言与文字有什么样的关系？

聂：脑文本是认识领域中的一个重要概念，它主要用于解释认知的发生机制。就人的认知而言，语言和文字是脑文本形成与传播的两种基本工具。借助发音器官和书写工具，我们可以把脑文本转换成语言或文字。通过发音器官和书写工具，我们也可以把语言和文字转换成脑文本。因此在大多数情况下，语言和文字是脑文本形成和传播过程中不可缺少的工具。

语言是借助声音表达脑文本产生的结果，是脑文本的声音形态，而文字是借助象征符号或书写符号表达脑文本的结果，是脑文本的符号形态。无论是语言或文字，它们都是表达脑文本的基本工具，也是脑文本得以传播的工具。在现代社会里，由于我们具有讲述和书写的能力，我们不仅可以借助语言把脑文本讲述出来，也可以借助文字把脑文本书写下来。如果没有语言和文字，脑文本的产生、传播和交流是不可能的。

张：根据您的阐释，从"脑文本"的定义和形态来看，无论是文字出现以前还是出现以后，脑文本都始终存在，每个人头脑中都有大量的脑文本存在。那么阅读和朗读呢？如何理解脑文本与阅读和朗读的关系？

聂：阅读和朗读文学作品是读者理解文学作品的方法。阅读是就视觉器官说的，即用眼睛扫描而实现对文学作品感知的过程。阅读是通过人的视觉器官完成的对文学作品的感知，是理解文学作品的初级阶段。朗读是就发音器官说的，因此它在认知的方法上与阅读不同。朗读不是感知的方法而是认识的方法，也是表达脑文本的方法。借助发音器官把脑文本转换为声音形态即为朗读。朗读是一种方法，朗读的结果产生语言。

无论阅读还是朗读，都同脑文本密切相关。在文学作品的认知过程中，阅读是对文学作品的感知，是理解文学作品的初级阶段。通过阅读，我们能够感觉到文学作品的存在，感觉到构成文学作品的各种不同的书写符号。从认知的角度说，眼睛只能感觉到书写符号但不能理解它们，因此眼睛感觉到的书写符号需要借助视觉神经传送至人的大脑进行处理，才能实现对书写符号的认知和理解，然后将理解的结果作为脑文本存储在大脑里。从中可以看出，阅读的目的是将书写符号转换成脑文本存储在大脑中。

朗读同阅读的不同首先在于朗读的对象不同。阅读的对象是文学作品，而朗读的对象表面上看是对文学作品的朗读，但实际上是对脑文本的朗读。在对文学作品的认知过程中，一般情况下阅读和朗读是同时发生的。为了朗读，首先通过阅读将文学作品的书写符号转换成脑文本，然后借助发音器官将阅读得到的脑文本转换成声音形态，实现对文学作品的朗读。由此可见，朗读不是对文学作品的直接朗读，而是首先通过阅读将文学作品转换成脑文本，然后才能把脑文本转换成声音形态实现对脑文本的朗读。一般情况下，不经由视觉器官的阅读，文学作品的朗读是不能产生的。

但是，没有阅读也可以产生朗读。朗读不一定要同阅读同时发生，而可以在阅读之后发生。由于通过阅读产生的脑文本可以预先存储在大脑里，所以没有阅读发生也可以产生朗读，不过这种朗读应该称为背诵。朗读与背诵的区别在于，朗读是借助阅读实现的，背诵是借助回忆实现的。朗读和背诵都产生同样的结果，即语言。

关于阅读同朗读的关系，还可以通过举例说明，例如朗读某一首诗，首先是我们的视觉器官眼睛扫描这首诗，通过眼睛的扫描将书写符号或印刷符号传到大脑，再经由大脑的处理把这些符号转变成脑文本，存储在大脑里。

这个过程是阅读诗歌的过程，主要是借助视觉器官眼睛实现的。但这不是朗读。只有在阅读中形成脑文本以后，才可以借助发音器官实现对脑文本的朗读。因此对这首诗的朗读是对脑文本的朗读，是阅读之后才发生的朗读。

张：我们的阅读和朗读都是经过对脑文本的提取与储存实现的，那么文学创作呢？

聂：关于文学的创作是怎样发生的，它产生的机制是什么，文学理论到目前为止并没有给出令人信服的解释。目前我们有关文学创作的解释，主要是把文学创作看成一种意识形态领域话语系统的艺术生产活动，一般分为三个环节：富有主体性的材料储备、艺术发现和创作动机。至于文学究竟是怎样创作出来的，仍然语焉不详。文学伦理学批评从脑文本角度思考和解释文学创作，认为任何作家创作任何文学作品，都是按照某种我们认同的文学样式对脑文本进行修改、加工、增删、组合等方法编辑而成的。如果我们按照约定俗成的文学样式如诗歌的形式对脑文本进行编辑，则得到诗歌；如按照小说的形式编辑脑文本，则得到小说；如按照戏剧的形式编辑脑文本，则得到戏剧。所有的文学创作活动，都是通过对脑文本的编辑实现的。文学创作的过程就是作家对脑文本进行编辑处理的过程。由于我们每个人每时每刻都有脑文本产生，因此每个人都有着对脑文本的编辑而成为作家的可能。

以诗人创作诗歌为例。由于诗人头脑中储存有大量从感知而来的脑概念，诗人只要按照诗人理解的诗歌形式把这些脑概念组合起来，进行增补、删改、加工、组合等编辑过程，就产生了诗歌文本。将这个诗歌文本用书写符号写在载体上，就是书写文本。写作学术论文同样如此。学术论文也是作者对脑文本进行加工处理的结果，没有对脑文本的加工和编辑过程，我们写不出论文。按照论文的规范对脑文本进行加工之后，就能得到论文的书写文本。

张：我们学习文学，其价值就在于为我们提供用于教诲的脑文本。那么，脑文本产生的过程和文学的产生过程有何关联呢？

聂：人的脑文本从何而来？先是感知，然后是认知，在认知的基础上理解，理解的同时进行思维，思维的结果产生思想，把思想存储在大脑中，脑文本就这样产生了。人类需要接受教育，并在阅读和接受教诲中获取脑文本，脑文本是和教育紧密联系在一起的。我们接受教育就是为了获取脑文本，大脑中存储的脑文本越多，我们的知识就越丰富，人就变得越聪明，就能解决更多的问题。我们在现实生活遇到的各种各样的难题，文学作品中都会有类似的范例描写，为我们解决这些难题提供了借鉴。

就来源来说，文学作品是脑文本最重要的资源之一。文学的功能是教诲，文学的价值是伦理价值，而文学的伦理价值是通过教诲功能体现的。教诲功能的实现需要工具，工具就是义学。文学是对读者进行教诲的工具，尽管我们以前批判文学工具论，但实际上文学作为工具是客观存在的，是不可否认的。①

张：作家只要通过生活的体验和大量的阅读，就可以在认知过程中产生大量的脑文本，进而以某种被认同的文学形式创作出文学作品。在新的条件下，文学的产生环境已经发生了变化，是否文学观念也要发生变化？

聂：的确如此。在新的条件下，由于文学的现实已经发生了变化，因此文学的观念也正在发生变化。说到文学，就会产生什么是文学的问题。随着科学技术的发展和各类数据库的出现，文学从内容到形式一直在发生变化。文学文本的电子化已经成为常态，文学的书写文本越来越多地被电子文本取代，其结果是通过书籍阅读文学文本的读者越来越少，通过便携式电脑、手机、阅读器等电子终端设备阅读文学文本的人越来越多。尤其是智能手机的出现，几乎把通信、信息、查询、阅读等生活中所需要的功能都集成在手机里了。现在通过手机或者电子终端阅读义学已经成为最主要的阅读方式。文学存在、传播和阅读的方式发生了巨大的变化，这是大势所趋。信息化和电

---

① 参见聂珍钊：《文学伦理学批评：论文学的基本功能与核心价值》，载《外国文学研究》，2014年第4期，第10—13页；聂珍钊：《文学伦理学批评：新的文学批评选择》，载《哲学与文化》（中国台湾），2015年第4期，第5—19页。

子化必将导致文学存在形式的革命，这也是没有悬念的。传统的文学样式、存在方式和阅读方式面临着极大的挑战，通过手机阅读的巨大读者群体表明，传统的文学定义以及样式将不能不随着科技时代的前进而改变。

在 21 世纪初，希利斯·米勒已经提出文学是否死亡了的问题。20 多年过去了，文学不仅没有死亡，而且似乎还看不到即将死亡的迹象。从人类及人类社会对文学的需要看，文学是不会死亡的。但是有一点，即文学样式的变化是必然的。或者应该换一种说法，文学不会死亡，但是文学的存在形式必将发生变化。过去的文学样式可能死亡，新的文学样式会随之产生，文学将在变化中新生。现有的传统的文学样式及其存在样式必然发生改变，这也必然带来文学观念的改变，包括什么是文学的问题在内。自五四新文化运动以来，我们的文学观念已经发生了巨大变化。在五四之前，我们的文学观念是 literature，几乎所有的文献材料都包括在文学的范畴之内。五四之后，在西方理论的影响下，我们的文学观念发生了变化，文学仅指诗歌、小说和戏剧三大类。

现在随着互联网的普及，阅读方式已经不同于传统的阅读，例如，通过智能手机阅读已经成为当下最主要的阅读方式，不仅手执纸质书籍阅读的传统方式正在被电子文本阅读所取代，而且在海量的电子文本资源库中，文学电子文本的主导地位已经让位于其他类型的电子文本。我们面临的现实是，文学除了在学校的课堂中还能保持其地位外，在课堂之外，人们对其他形式的信息的关注已经大大地超过了对传统文学的关注，即使在大学文学专业学习的学生，对传统文学抱有阅读兴趣的人也在减少。那些阅读文学的人，许多也是迫于课堂考试的要求。阅读文学的人数在减少，尤其是在海量的信息面前，人们的时间、精力有限，已经很难有时间去阅读那些鸿篇巨制的文学作品，也很少有时间去剧院观看戏剧演出和电影。因此，以不同类型的多媒体形式出现的故事、传说、对话、段子等大行其道，在某种意义上它们逐渐在取代传统中的主流文学，或者比主流文学更受欢迎。这并不是说读者不再喜欢传统文学，而是说由于时间和精力有限以及需要获取的信息太多，传统文学已经不适合现在的阅读了。这种文学的现状，必然导致传统的文学观念变化。在不远的将来，我们必须接受的一个现实是文学的改变导致了文学理论的改变，以往认为的文学将会消失，新的文学样式将会出现。

张：文学存在的样式发生了变化，文学观念也必然发生变化，但是不管怎样，我们需要阅读文学。第二十四届世界哲学大会于2018年8月在北京召开，会议的主题就是"学以成人"。大会分会"哲学与文学"把文学伦理学批评作为"聂珍钊的道德哲学"列入了示范议题，引发广泛关注。从此次哲学大会"学以成人"的立场看，您认为我们阅读文学的目的是什么呢？

聂：2018年在北京举行的第二十四届世界哲学大会的主题"学以成人"，可以用来解释为什么要阅读文学的问题。大会的"哲学与文学"分会把文学伦理学批评作为"道德哲学"列入示范议题，我认为就是对文学伦理价值的强调。阅读文学就是学习文学，是为了做人。在理解文学的伦理价值上，我们可以对哲学大会的会议主题"学以成人"略作修改，修改为"教诲和学习以成人"（teaching and learning to be human）。怎样成人？关键在于人需要有正确的思想。人的思想就是从认知而来的已存储在大脑中的脑文本。

我们阅读文学的目的是获得高尚的道德思想，然后把思想作为脑文本存储下来，指导我们做人。文学是我们获取如何做人的思想的重要来源。孩子上小学学习，或者上中学学习，甚至上大学学习，都有期待性的目的，这种期待就是接受正面教育，获取如何做人的脑文本，做一个符合社会伦理规范的人。例如《三国演义》《水浒传》《西游记》《红楼梦》等名著，都能为我们提供如何做好人的脑文本。但是，文学作品中既有我们学习和效仿的人和事，同时也有我们需要引以为戒的人和事。我们怎样才能正确理解文学，学习正面的榜样？这就需要解读文学作品。如何正确阅读和理解文学作品，从中获取教诲？这是文学伦理学批评的任务。

张：由于每个人的人生体验或阅读积累不同，"脑文本"的储存、加工、编辑和提取的过程与结果各不相同,从而决定了人是各种各样的人,决定了生活的丰富多彩。由此看来,我们阅读文学作品,重要的是如何做出正确的选择,从中吸取好的营养并将其转化成脑文本,从而做一个好人。谢谢聂老师接受我的访谈。

聂:不客气,谢谢!

附录二

文学伦理学批评：从伦理选择到科学选择的理论思考——聂珍钊教授访谈

刘红卫
（中南财经政法大学外国语学院教授）

摘要："伦理选择"是文学伦理学批评的核心概念和理论基石。聂珍钊教授在访谈中主要就"伦理选择"的价值意义及批评实践做了详细的阐述。文学伦理学批评认为人类文明发展进程包括自然选择、伦理选择及科学选择三个阶段。自然选择解决了人的形式问题。伦理选择解决了人的本质问题。伦理选择的方法是伦理教诲。伦理选择结束点就在人类的第三个选择阶段，也就是科学选择阶段。在整个文学伦理学批评理论体系中，"伦理选择"是哲学基础，蕴含着丰富的哲学精义。同时在批评实践中，"伦理选择"又被作为一个重要的概念和术语在使用，具有一个概念两种内涵的特点。从伦理选择的角度看，动物界没有伦理选择。伦理选择阶段，人类的繁衍是一个伦理的自然选择。在伦理选择下生产出来的克隆人仍然是伦理的产物，属于半科学选择。伦理选择既是主观的也是客观的，因此在某种意义上说，伦理选择是不自由的选择。

正文

刘红卫（以下简称刘）：聂老师好！非常高兴您接受我的专访。2004年您在江西南昌会议上首次提出具有原创性的"文学伦理学批评"，至今已有20

余年了。作为一种原创批评理论，文学伦理学批评已引起国内外学者的高度关注，许多学者纷纷加入"国际文学伦理学批评研究会"，共同展开对大家关心问题的研究，推动了文学伦理学批评的国际传播。文学伦理学批评是一种系统的批评理论，其基础理论"伦理选择"是西方达尔文"自然选择"的发展。文学伦理学批评被国内外学者广泛用于文学作品的解读与阐释，是研究文学的一种有效理论和方法。您能否谈一谈"伦理选择"这一基本理论是如何产生与形成的？

聂珍钊（以下简称聂）：文学伦理学批评把整个人类的文明发展分为三个选择阶段：自然选择、伦理选择和科学选择。自然选择是达尔文提出的关于生物进化机理的学说。自然选择（natural selection）指生物在生存斗争中适者生存、不适者被淘汰的现象。在《物种起源》中，达尔文指出现存的各种生物都是经过自然选择进化而来，是生存竞争中优胜劣汰的结果。自然选择理论以充分的科学事实为根据，百余年来经受住了时间的考验，在学术界产生了深远的影响。就人而言，从类人猿到人的整个过程是一个自然选择的过程。但是，自然选择是怎么样进行的？达尔文对此做出了解释，认为这个过程是通过进化（evolution）进行的，所以自然选择也是进化的结果。自然选择和进化紧密联系在一起，没有进化就没有自然选择。进化指的是整个生物界的进化。但是，我们从文学伦理学批评角度讨论自然选择和进化，是以能够产生人为前提的进化，而其他生物的进化被排除在外。

在自然选择阶段，人的进化是指自然选择阶段人的形式的进化，因此进化既是时间积累的过程，也是时间积累的结果。这就是说，类人猿并不知道自己将来会变成什么模样，也没有想到要把自己变成什么模样，他只是在那儿被动地等待着。在等待的漫长时间中，进化开始发生作用。进化带来的变化是细小的，不易察觉的，但是这种漫长的细小变化使进化中的生物能够逐步适应进化带来的结果。进化的最后形式不是预定的，而是在进化中自然选择的。人目前的形式如五官的分布，手脚的分工，发音器官的完善等，都不是预先确定的，而是在漫长的进化中自然选择的结果。所以就人的自然选择来说，进化是一个生物学术语，主要用来说明我们人体的变化过程。我们人的形式从猿到人的发展，既是进化的过程，也是自然选择的过程。

刘：聂老师，说到这儿我想打断您的话插问一下，我们人的自然选择过程完成之后，其他动物，如在形式上接近我们人的狒狒、猩猩等，是否还可以继续经过进化的过程完成人的形式的选择？也就是说，再经过一千年，一万年，十万年或更长的时间，狒狒或猩猩或者某种其他动物能否进化出我们人的形式？

聂：从进化的逻辑说，这种可能性还是存在的，但从遗传学理论说，这种可能性是不现实的。导致生物适应性改变的生物变异、遗传和自然选择的作用只适用于特定的生物，例如导致类人猿完成人的形式的自然选择只适用于类人猿而不适用于其他物种。这就是说，当类人猿进化出人的形式之后，能够进化出人的形式的类人猿也就永远消失了，因而能够进化出人的形式的物种也就不存在了。其他物种也会发生进化，但是不可能进化出人的形式了。例如在外形上已经接近我们人的狒狒和猩猩，在长时间的进化过程中，也有可能在某个时间上能够进化出某种新形式，但是不能进化成人的形式。我们目前无法断定或否定它们在某一天能够进化出什么样的外形，但是它们的进化是不会停止的。那些在形式上完全不同于人的物种，它们进化为人的形式的可能性是不存在的。在文学作品中，如中国或外国的神话故事、鬼怪故事以及童话故事中，描写过变成人形的其他生物。例如中国古典小说《聊斋志异》中的故事《娇娜》《莲香》《红玉》，民间传说故事《白蛇传》等，女主人公都是从狐狸或白蛇变化而来。在文学的描述中，它们获得人的形式的过程同人猿获得人的形式的过程有类似之处，也同样需要经过类似进化的长时间修炼过程。其他动物通过修炼的过程能够进化为人，这只能出现在文学作品的文学想象中，在现实中是不会出现的。不过我们可以肯定的是，人猿这一物种因为已经进化为人而永远消失了。即使有人说其他某些物种也存在进化为人的可能性，但这种可能性类似于我们推测外太空存在某种生命的可能性一样，是微乎其微的。

类人猿是唯一能够通过进化获得人的形式的物种，任何其他动物都不可能再进化出人的形式。当某种物种通过进化获得新的物种形式之后，则意味着这个物种的进化已经完成，自然选择过程已经结束，这个物种已经从世界上永远消失。由于达尔文的自然选择不适用于人类社会而只适用于自然界物种的解释，所以当类人猿进化出人的形式之后，自然选择就不能继续用于解释新出现的人这个物种。人的出现是生物进化的最高标志，它不仅表明类人猿已经进化为人，发生了质的变化，同时也表明其他物种也像人一样是在自然选择中进化出来的新物种。或者说，包括人在内的所有物种，都是新出现的物种，都是自然选择的结果。

刘：我理解聂老师的意思了。人是在进化过程中自然选择的新物种，以人为标志，实际上所有的物种都是通过进化而来的新物种，都是自然选择的结果。人的出现标志着自然选择过程的结束和结果，新出现的人类也就代表着一个新的文明过程。您前面提到人类文明要经历自然选择是第一个阶段，请您继续讲讲第二个阶段伦理选择吧。

聂：好的。由于自然选择不能用来解释人，因此它也不能用于人这个新物种出现后的其他物种。

自然选择完成之后，我们人类社会是怎样向前发展的？到目前为止，众多科学家、哲学家、伦理学家、社会学家都进行了大量研究，但是并没有解决这个问题。有人曾经以达尔文的进化理论为基础，认为自然选择之后我们人类还要继续进化，提出社会进化论、道德进化论、社会向善论等观点，用来解释达尔文自然选择之后我们人类文明的发展。但是，这些努力并没有解决问题。由于无法解释人类在达尔文自然选择之后的发展过程，目前学界还没有一种大家认可的科学总结或者科学描述。

自然选择之后，新出现的文明阶段是伦理选择阶段，它是属于新出现的人类必须经历的文明阶段。自然选择是形式的选择，物种的选择；伦理选择是本质的选择，做人的选择。类人猿进化出人的形式之后，随着人这个新的物种的出现，类人猿这个物种消失了，自然选择也就结束了。新出现的人不再需要自然选择，因此伦理选择也就随之出现了。在伦理选择的过程中，由于人是一个斯芬克斯因子的存在以及身上存在兽性因子和人性因子两种因子，因此人始终处于做兽还是做人的两种选择中。兽性因子转化成自然意志在人身上发生作用，是推动人做兽的力量。人性因子转化成理性意志在人身上发生作用，是引导人做人的力量。兽性因子是进化成人之前的动物性残留，是人身上本能的一部分，因此做兽既是人的本能反应，也是人的自然倾向。尽管兽性因子是人身上的原始动力，但它只是从属因子，而人性因子是主导因子，能够抑制和约束兽性因子。当兽性因子得到抑制和约束时，人就会做出正确的伦理选择，人性就会出现。兽性因子得不到约束，人就会做出错误的伦理选择，兽性就会出现。所以在伦理选择阶段，最重要的就是人如何用人性因子约束兽性因子，选择做人而不是做兽。

在伦理选择阶段，就人的形式而言，虽然还存在一些类似进化的变化，如胚胎的发育、婴儿的成长、身高的变化、外形的改变、器官功能的调整、环境的适应性等，但这些人体机能和功能的变化不属于人体的进化，而属于人体的改进（modification）。同自然选择阶段的进化相比，伦理选择阶段改进的特点同进化是不相同的。自然选择阶段的进化是完全被动的，而伦理选择中人体类似于进化的生物性改进则是主动的。一般而论，进化是就物种而言的，它主要通过遗传变异导致种群遗传性状的变化，进而出现新的物种，例如人就是通过进化而出现的新物种。而改进是就个体而言的，它主要通过人工干预导致生物个体的适应性改进，进而出现新的特点，如人体对某些特殊要求的适应就是改进的结果。进化不是主观意志的体现，不是人工干预的结果，而是被动的自然选择的结果。改进是一种主动的适应性改变，它不是被动地等待改进的出现，而是人工主动干预的结果，是主观意志的体现。例如，体操运动员所具有的某些特殊技能，按照某种标准进行的人体塑造，服用某种营养物质促进大脑的发育，利用科学技术对人体外形的改造等，都属于人的自我改进。

在当代社会，随着科学技术的飞速发展，科学技术越来越多地被用于我们身体的改进，如孕妇怀孕期间有意识地吃某些食物以促进胎儿的发育，婴儿出生后通过哺育方式的改变促进婴儿的健康，当代社会通过注射卡介苗、脊髓灰质炎疫苗、麻疹疫苗、鼠疫疫苗等疫苗让孩子的机体获得对某些病菌和疾病的免疫能力、人体器官移植技术和生殖技术的普遍运用等，对人体的改进已经不是进化所能比拟的了。改进为科学选择的出现积累了经验，也为科学选择的出现奠定了基础。科学技术的飞速发展，势必加快伦理选择的进程，迎接科学选择早日来临。

刘：聂老师，您讲了进化是自然选择的方法，那么伦理选择的方法是什么呢？

聂：自然选择的方法是进化，伦理选择的方法是教诲。自然选择是被动的，一切物种都在漫长的时间中被动地经历进化。伦理选择不是所有物种的选择而只是人类的选择。自然选择是形式的选择，人长成什么模样都不是由自己决定的，而是自然选择的结果。伦理选择是内容的选择、本质的选择。用什么样的规范要求自己，按照什么标准塑造自己，做什么样的人，都不是通过自然选择决定，而是由伦理选择决定的。伦理选择就是按照某种社会要求和道德规范进行选择，或者自己的选择需要符合特定的伦理环境和语境。要做到这一点就需要教诲。教诲就是教与学的结果。从婴儿诞生到幼儿成长，再到青年成人，都离不开教诲。

伦理选择的目标是解决做人的问题。如何做人是一个道德问题，这不是能够通过进化解决的问题，而是要通过教诲才能解决的问题。进化是被动的选择，教诲是主动的选择。教诲包括两个方面，首先是教，然后是学。教是学的前提，学是教的结果。通过教导和学习从中获得教诲，学会做人，这是教诲的目的，也是伦理选择的过程。简而言之，伦理选择通过教诲的方法让人变成符合道德规范的人，变成好人。刚刚诞生的婴儿只是形式的人，或者说婴儿只是一个斯芬克斯因子的存在。由于伦理意识还没有出现，婴儿是由兽性因子主导的。随着婴儿成长为幼儿，婴儿的认知能力得到加强，伦理意识产生，在父母的教导和环境的影响下有了人的概念，进而能够对自己进行人的身份确认。幼儿关于人的身份的自我确认是非常重要的，正是人的身份的确认，幼儿才能进入伦理选择的过程。但是幼儿的自我身份确认以及随后的伦理选择，都是教诲（教与学）的结果。没有教诲，幼儿的伦理意识难以产生，也不能进行正确的伦理选择。婴儿从诞生开始就存在做人和做兽两种可能性，即可能变成好人，也可能变成坏人；可能变成一个有道德的人，也可能变成一个没有道德的人。只有通过教诲，才能做到选择做人而不做兽。

"学以成人"（learning to be human）是在北京举行的第二十四届世界哲学大会的主题。这是一个非常好的哲学主题。"学以成人"就是学习做好一个人，做一个有道德的人（to be a moral human）。"learning to be human"是非常重要的。实际上，"learning to be human"，就是"teaching and learning to be human"。"teaching and learning"（教与学）就是教诲，就是教人如何做人。教是学的前提，学是教的结果。教即教人如何学习，学即学其所教。例如，幼小的儿童缺乏学习的能力，如果缺少了教导，儿童则无法学习。当然，教也是一种学习的方法。不仅儿童需要教导，即使儿童长大成人，上了大学，参加了工作，甚至当了老师或者走上了领导岗位，也同样不能缺少教导和学习。伦理选择强调教诲的方法就是强调 teaching and learning 的方法，目的是做出正确的伦理选择，是为了做人，为了做一个道德高尚的人。

刘：在伦理选择过程中，只有通过教与学才能做好伦理选择和成为一个有高尚道德的人。那么，对人进行教诲的工具是什么呢？

聂：对人进行教诲的工具是文学作品。在伦理选择阶段，文学作品的主要价值就在于能够对我们进行正确的伦理选择提供帮助。文学的功能是教诲，因而文学作品能够作为工具用于教诲，这也是文学伦理学批评的基本观点。上课要有课本，书写要有笔墨，教诲同样需要工具。文学作品作为工具用于教诲，有一些人可能会报以反对的态度。尤其是那些反对文学工具论的人，他们会坚持所谓的文学主体论而反对把文学作品用作教诲的工具。但是，如果我们客观地、历史地进行反思，厘清文学和文学作品的概念，我们会认识到文学作品的确就是教诲的工具，事实上历来如此。

自有文学以来，文学作品就被用来对人进行教诲。从中国最早的卜辞开始，再到后来的春秋战国时期的诸子百家、秦汉文学、唐宋诗歌、元明戏曲直到现当代文学，无不坚持文以载道的思想。这说明自古以来，中国都重视文学的教诲作用以及将文学作品用于教诲。但也有人反对这一点，认为没有文学也可以进行教诲，甚至以幼儿为例说明教育并非需要文学。这些人认为，在学会识字之前，幼儿不具备学习的能力，因而对幼儿进行教育可以不需要文学。在学会识字之前，幼儿的确不具备学习文学的能力，但这并不影响幼儿接受文学教育。对没有学习能力的幼儿进行教育，幼儿的父母是主要的教育者。父母对幼儿进行教育的最普遍方式是讲故事，尤其是讲童话故事。可以说，幼儿是在听着童话故事的过程中获得学习能力的。在幼儿能够识字之后，幼儿就开始自己读童话故事。通过听故事和读故事，幼儿长成了少年、青年，开始明辨是非，有了思想，有了道德。这说明，孩子的成长是同文学教育紧密相连的。没有文学，就没有孩子的成长。

没有文学的教诲，孩子不能长大成人。在英国作家吉卜林的《丛林之书》中，那个名叫莫格里的小孩在狼群中生活了九年，没有听人朗读或讲述过文学，也没有阅读文学的能力，更没有接受人类的教诲，其结果是他变得越来越像狼。这说明了教诲的重要性，说明没有教诲孩子不能成人。所以，童话在教育孩子方面发挥了至关重要的作用。孩子的伦理意识从何而来？主要是父母灌输的，是从父母讲述文学和幼儿学习文学中来。例如大灰狼、小白兔、狼外婆等这些儿童终生难忘的文学形象，就是儿童的道德源泉。没有儿童文学，儿童就无法顺利成长。这说明，文学作为教诲的工具是不可缺少的。

刘：在小孩子能听懂故事之前，事实上，他们的父母通过哼唱摇篮曲已经开始教导了。因为摇篮曲特有的韵律实际上也是一种伦理表达，能够使婴儿的身心健康得到发展。

聂：完全正确。其实，摇篮曲就是文学文本的一种表达形式。摇篮曲的吟唱是按照一定的曲调歌唱摇篮曲的歌词，而歌词就是文学的文本形式。这里有一个关于文学的定义问题。我们目前关于文学的定义，如文学是关于语言的艺术、文学是一种意识形态或审美意识形态等，都难以用来准确定义文学，需要思考和重新定义。目前有关文学的定义不仅含混不清，而且定义的对象主要针对诗歌、小说和戏剧三大文学类型。就文学（literature）的本义说，它并非专指诗歌、小说和戏剧（poem, novel, drama）。literature 指的是所有文学形式，实际上包括所有的文字材料在内。所有的文献和文字资料，只要是以文字表现的东西，都属于文学的范畴。后来文学从哲学、历史和科学中分离出来，逐渐用来专指诗歌、小说和戏剧的类型。在当今的文学理论著作中，除了三大文学类型之外，其他在传统上被当作文学的形式如戏曲、歌词，包括歌曲在内，是鲜有提及的。现有的文学定义难以准确定义文学。仅就文学的诗歌类型说，摇篮曲的歌词应该属于诗歌，既然属于诗歌，摇篮曲就属于文学的范畴。从这个意义上说，在婴儿的认知能力还没有成熟之前，婴儿的父母给孩子唱摇篮曲就是给婴儿进行文学教育。

刘：摇篮曲应该属于口头文学，是吧？

聂：是不是口头文学，这要看怎样定义文学。似乎目前从约定俗成的文学观念去理解摇篮曲，还不能把摇篮曲包括在文学中。在大多数情况下，摇篮曲放在艺术类别中。在文学教科书里，基本上没有提及摇篮曲。但是，从摇篮曲的表达形式看，它属于传统上所谓的口头文学。摇篮曲是通过口头歌唱并经口耳相传，这一特点同古老的史诗如荷马史诗相似。既然荷马史诗被看成口头文学，摇篮曲也有理由被看成口头文学。

口头文学是就文学的表达方式说的，并不是就文学的定义说的。例如，文学文本用书写符号书写下来，就是书面文学，文学文本通过数字或电子保存下来，就变成了数字文学或电子文学。这种表述不是对文学的定义，只是对文学表达方式的描述。但无论用什么方式表达文学，都必须有文学预先存在这个前提。如果没有文学的存在，就不可能有书面文学、电子文学，当然也不可能有口头文学。那么这种预先存在的文学是什么呢？是文学脑文本。

文学脑文本是所有文学的根本、本源，所有我们能够感受到的文学形式，都是文学脑文本的外在形式。即使是书面文学，如果要用口头表达出来，首先也要将书面文学转换成脑文本，然后才能将书面文学的脑文本用口头表达出来。摇篮曲的脑文本如果用口头表达出来就是口头文学，如果用文字表达出来就是书面文学，如果用数字存储在电脑中就是数字文学。摇篮曲的功能主要是唤醒婴儿的伦理意识，为婴儿成长为幼儿后进行伦理选择创造条件。

刘：作为文学伦理学批评的一个重要术语，"伦理选择"已经成为一个高频词，被广泛用于文学作品的批评实践中。2012年"国际文学伦理学批评研究会"的成立，标志着"文学伦理学批评"走向国际，得到国外学术界的积极响应，同时也表明"文学伦理学批评"的创立及发展顺应了中国学术"走出去"的大方向。在对外学术交流过程中，准确传译"伦理选择"一词无疑会更有利于中西方文学伦理学批评之间的交流和对话。目前，对"伦理选择"的英语翻译有"ethical selection"和"ethical choice"两种译法，您认为哪种翻译最能准确或接近此术语的本意？

聂：这两种翻译都正确，因为"伦理选择"本身就是两个术语，两个概念。"伦理选择"对应的英文是两个：ethical selection 和 ethical choice。ethical selection 和 ethical choice 是两个概念，二者是不一样的。"伦理选择"（ethical selection）是对达尔文进化理论的发展，因此它同"自然选择"（natural selection）相对应，指称人类通过进化完成人的形式的自然选择之后所必须经历的人的本质的选择过程。"自然选择"是一个漫长的过程，它通过进化的办法完成了从类人猿到人的形式的改变，其结果是导致人这个新的物种的出现。"自然选择"是人的形式的选择。当人获得了人的形式之后，还必须经历一个道德完善的选择过程，这就是伦理选择（ethical selection）。伦理选择（ethical selection）指的是整个选择过程，是人的本质的选择。这个过程既是个人的选择，也是整个物种即整个人类的选择。但是，"伦理选择"的整个过程是由一个个具体的选择构成的，而一个个具体的选择就是 ethical choice（伦理选择）。因此，ethical selection 是整个过程的选择，是集合概念，而 ethical choice 是整个选择过程中的个别的选择，是非集合概念。无数个 ethical choices 构成 ethical selection，但是 ethical selection 是单数的选择，却不能构成复数的 ethical choices。由于在中文表达中无法找到完全与 ethical selection 和 ethical choice 相匹配的词，因此只好用"伦理选择"同一个术语分别表达英文中的两个术语 ethical selection 和 ethical choice。在中文中，"伦理选择"是一词两意，分别对应不同的英文术语。因此，我们在用中文表达伦理选择时，需要注意把 ethical selection 和 ethical choice 区别开来。

当然，我也考虑过中文用"伦理教化"指称 ethical selection，用"伦理选择"指称 ethical choice，以避免中文"伦理选择"一词两义可能造成的含混。但是，考虑到 ethical selection 是同 natural selection 相对应的，用中文"伦理教化"表达 ethical selection 似乎也不完美，所以最后还是用"伦理选择"分别表示 ethical selection 和 ethical choice 两个概念。

为了避免一词两义可能导致的含混，我们在用"伦理选择"表示 ethical selection 时，可以解释其为"伦理教化"。当然，如果学术界的朋友认为"伦理教化"的术语可以取代"伦理选择"（ethical selection），我也会赞成大家的意见，逐渐用"伦理教化"（ethical selection）取代中文"伦理选择"的术语。无论伦理选择还是伦理教化，它们都是集合术语，用以表达人类的整个选择过程，而 ethical choice（伦理选择）是非集合术语，用以表达人类整个选择过程中的一个个具体的选择。但无论如何，ethical selection 可以用伦理选择和伦理教化这两个词表达，但是伦理选择已经使用了相当长的时间，究竟是用"伦理选择"还是用"伦理教化"表达 ethical selection，我们也可以把这个问题留给学术界去解决吧。

当然，我现在考虑在中文表述中用"自我选择"这个术语指称 ethical choice。这样做有几个方面的理由，一是可以从根本上避免在中文表述上的混乱。尽管一词多义是中文词汇的特点，但是作为一个批评术语，避免混乱是正确理解术语的前提。二是"自我选择"在词义上基本上可以取代 ethical choice，这不仅因为 ethical choice 的本义就是自我伦理选择，而且同英文相比更能突出选择的主体性。三是"自我选择"可以同表示 ethical choice 的中文术语伦理选择通用，一些已经习惯于用伦理选择表达 ethical choice 的人可以继续使用伦理选择的术语，这不会影响学术的交流和理解。在逐渐习惯"自我选择"以后，学界就会自觉地选用这个术语取代表达 ethical choice 的伦理选择。所以，"自我选择"的使用有一个水到渠成的过程。

刘：您以前多次讲过，"伦理选择"是一词两义，分别指称 ethical selection 和 ethical choice。ethical selection 是文学伦理学批评体系中的基本理论，用来解释人在完成自然选择之后必须经历的教化过程。这一点是十分清楚的。但是在解释具体的文学作品时，主要还是分析具体的伦理选择（ethical choice），通过具体的伦理选择的分析去看整个伦理选择的过程。所以，在批评文学作品时也需要特别注意对具体的伦理选择的分析，是这样吗？

聂：是这样的。上面已经讲过，ethical selection 和 ethical choice 是两个定义不同的概念，区别开来非常重要。整个 ethical selection 是在教诲即教与学的过程中完成的，是人必须经历的一个教化过程。通过教化或者伦理选择，人在道德上逐渐完善，从而完成人的整个教化过程。整个教化过程是由一个个伦理选择（ethical choices）组成的。我们的行为、思想、情感、道德等，都是由一个个 choices 来体现的。人的 ethical choices 就是人的存在，我们存在于 ethical choices 之中。我们生活在伦理选择之中，我们每时每刻都在进行伦理选择，一直到死去。人的出生是伦理选择的结果，人的死去也是伦理选择的结果。

文学作品是以人为主要描写对象，因此描写的是我们从出生到死去这个过程中的一个个伦理选择，并通过这些具体的选择描写人的生活，描写人的教化过程。因此，小说这种文学体裁就似乎变成了描写人生传记的作品。以叙事性作品为例，欧洲文学如荷马史诗、塞万提斯的《堂吉诃德》、拉伯雷的《巨人传》、菲尔丁的《汤姆·琼斯》、狄更斯的《大卫·科波菲尔》等，中国文学如四大古典小说《水浒传》《三国演义》《西游记》《红楼梦》等，无不是描写人物生活中的一系列选择，描写他们选择的过程、选择的结果以及他们的选择给自己的人生带来的影响。文学作品无论是记叙人物的行为，还是描写人物的心理和情感，也都是通过描写他们的伦理选择实现的。

由于文学作品记叙和描写人一生中所经历的一个个选择，这就决定了对文学作品的分析和批评应该以 ethical choices 为内容。离开了对人物伦理选择的分析，就无法对人物性格、心理、情感、精神进行分析。无论心理还是精神，情感还是道德，都是选择的结果。心理变化和精神状态都是在选择过程中产生的。对人物的性格、情感、心理、精神、道德等的分析与批评，就是对人物伦理选择的分析和批评。因此，我们对文学的批评研究，就需要从传统上对性格、心理和精神的分析转移到对伦理选择的分析上去，通过伦理选择的分析而理解人的心理和精神状态、理解人的情感以及道德，从中获取教诲。

例如以下对莎士比亚的《哈姆雷特》的分析。哈姆雷特在德国威登堡大学念书，获知父亲的死讯后回国奔丧。他从父亲的鬼魂那儿知道了父亲被克劳狄斯毒死的真相，决心为父亲复仇，最后在同雷欧提斯的比剑中中毒死去。整个过程是一个伦理选择（ethical selection）过程。但是，整个过程是由一个个具体的选择构成的，无数个选择构成了哈姆雷特的生活，构成了他的整个人生。从德国回到丹麦回以后，他面临的是如何为父亲复仇的选择问题。

父亲的鬼魂嘱咐哈姆雷特复仇，哈姆雷特也当着父亲鬼魂的面发誓复仇。但是，哈姆雷特在复仇的过程中发现问题变得越来越复杂了，复杂性就在于他要复仇的对象是他母亲的丈夫，自己的继父。从伦理身份上说，他是克劳狄斯的继子，同克劳狄斯的关系是父子关系。哈姆雷特自身也认可并承认这种父子关系。在他同克劳狄斯的对话中，他们相互之间都是以父子相称的。哈姆雷特的伦理身份给他的复仇造成了障碍。如果哈姆雷特去复仇杀死了克劳狄斯，就等于杀死了自己的父亲，而这将使他违犯弑父的伦理禁忌。弑父、弑君、弑母都是被严格禁止的伦理犯罪。杀死克劳狄斯不仅是弑父，而且是弑君。因此，哈姆雷特的复仇面临着弑父和弑君的两大伦理禁忌。哈姆雷特一方面发誓为父复仇，另一方面又不能违犯伦理禁忌，他如何选择就成了他最大的难题。对于哈姆雷特来说，他一直思考的是如何选择的问题，思考他究竟是应该复仇还是放弃复仇的问题，实际上，哈姆雷特面临的是伦理两难，因为作为死去父亲的儿子，他有为父复仇的强大理由。作为杀人凶手克劳狄斯的继子，他也有放弃复仇的强大理由。哈姆雷特面临一个伦理两难的选择，他需要做出选择，但是他又很难做出选择。正是在这样一个艰难的选择过程中，哈姆雷特从心底里发出那句震撼人心的诘问：To be, or not to be, that is the question。这是哈姆雷特的选择，也是他选择的结果。他的母亲乔特鲁德也包括在这个选择之中。在哈姆雷特的复仇意识里，他的母亲是杀人帮凶，尽管父亲的鬼魂劝说哈姆雷特不要杀死自己的母亲而让她遭受天谴，但是哈姆雷特内心里要杀母复仇的意志仍然是十分强烈的。后来哈姆雷特导演的那出戏中戏，表面上看是针对克劳狄斯的，但实际上是针对他母亲的，是为了试探他的母亲是否真的与他父亲的死有关。因此，对哈姆雷特的一个个伦理选择进行分析，我们可以看出 to be, or not to be, that is the question 并非哈姆雷特表达对生死的看法，而是表达自己在复仇问题上究竟应该如何选择的思考和追问，即他应该复仇，还是放弃复仇？复仇是正确的，还是错误的？复仇是符合伦理的，还是违犯道德的？这就是哈姆雷特面临的需要他解决的问题。通过对哈姆雷特一系列伦理选择的分析，我们发现了哈姆雷特悲剧的根源就在于他无法解决的伦理选择问题，在于他必须做出选择但又无法做出选择的两难处境。哈姆雷特的选择我们感同身受，这让我们加深了对这个人物的理解。

刘：所以说，在进行文学批评时，对伦理选择的分析过程就是对文学作品的理解和批评的过程，一定要注意区分 ethical selection 和 ethical choice。

聂：伦理选择阶段仍处在发展的过程中。这是一个漫长的过程，我们一代人又一代人都要经历 ethical selection 这个过程。但是就我们个人而言，我们的生活又是由一个个具体的伦理选择构成的。因此，通过对一个个具体的伦理选择的分析，才可以理解人生的选择过程，才能从中得到教诲和启发。

刘：聂老师，您讲到伦理选择是用来解释人类自然选择（natural selection）完成后人类所经历的文明阶段，讲到人是自然选择的结果。您讲到自然选择已经结束，但是又提到婴儿是自然选择的结果。那么，婴儿的诞生是自然选择还是伦理选择的结果呢？

聂：从表面上看，婴儿的出生似乎是自然选择的复现，即通过孕育婴儿的过程把 natural selection 重新演示一遍。如果仅仅就婴儿在母亲腹中从孕育到出生的过程说，它同自然选择类似。但是，自然选择是人的形式的选择，婴儿的出生不是形式的选择，而是人类繁衍的选择，其性质是伦理选择。即使在某种意义上说，婴儿从受孕到胚胎的成型、成熟和诞生是一种自然选择，这种自然选择也是以伦理选择为前提的。婴儿父母的恋爱、结婚、组成家庭等都是一个个伦理选择（ethical choices），婴儿是这些伦理选择中产生的一个类似自然选择的结果。但这个自然选择的前提是伦理选择。没有父母的伦理选择，就不会有婴儿这个自然选择的结果。尽管十月怀胎，瓜熟蒂落，但是婴儿出生仍然不同于达尔文的自然选择。实际上，自然选择完成之后已经不存在了。那些貌似自然选择的选择都是伦理选择的结果。例如婴儿的孕育过程似乎是一种自然选择，但前提是父母的婚姻，而父母的婚姻是一种伦理选择，因此孕育的婴儿也仍然是伦理选择的结果。如果说婴儿的诞生是一种自然选择的话，那么这种选择也是伦理的自然选择，即伦理选择下出现的自然选择，其实质仍然是伦理选择。

刘：那么通过高科技手段孕育的婴儿，比如说试管婴儿，是一种伦理的自然选择吗？它与自然出生的婴儿有什么区别？

聂：试管育婴同自然生育在性质上完全一样。母亲通过受孕形成胚胎，胚胎在子宫中发育，然后诞生婴儿，或者胚胎首先在试管中培育，然后放置在母亲子宫中发育，成熟后婴儿诞生，这两种情形在性质上没有区别，只是最初受孕的方法有所不同。无论是试管婴儿还是自然受孕的婴儿，他们都是伦理选择的结果，还不属于科学选择。

刘：那么，文学作品中描写的运用生殖技术对人类生命进行再造的克隆人属于科学选择吗？

聂：克隆人不同于试管婴儿也不同于现在仍处于伦理选择的人类。克隆人和试管婴儿性质不同。克隆人是科学选择（scientific choice）的结果，但不是科学选择（scientific selection）阶段的科学选择（scientific choice）。克隆人完全是科学发展的结果，是科学创造的新人类或者新物种。试管婴儿也是科学时代的产物，是一种科学选择，但它不是新物种而是新技术的产物，其孕育过程是通过有别于传统方法的新技术实现的，因此试管婴儿只是伦理意义上的科学选择，同 scientific selection 没有联系。通过科学研究并借助技术将一个细胞培育成人，这是了不起的科学成就，也同传统上人的繁衍方法有了根本不同。尽管克隆人也是一种伦理条件下的科学选择，或者说是一种类似于试管婴儿的以伦理条件为前提的科学选择，这种选择只是科学选择（scientific selection）的一部分，但是这最终将导致科学选择取代伦理选择。与之相比，试管婴儿只是伦理选择的一部分，与科学选择（scientific selection）没有联系。

科学选择通过基因工程不仅可以改变人的细胞特性，甚至改变人的基因结构，如人的外形、肤色、性格以及认知能力等都可以得到改变。这一切都会在科学人身上表现出来，但是克隆人不是真正的科学人，克隆人的产生方法也不是完全的科学选择，因为导致克隆人产生的科学技术是在伦理环境中选择的结果而不是在科学选择（scientific selection）环境中进行的。但是，克隆人或科学人取代伦理人（伦理选择阶段的人）和科学选择（scientific selection）取代伦理选择是可以预期的。这种预期的实现有两条路径。一条途径是人类自然生殖愿望的减弱、生育能力的降低以及伦理观念的改变导致克隆人逐渐取代自然人即伦理人，另一条是基因技术的发展及运用而逐渐导致的伦理人的伦理性质的改变。科学选择（scientific selection）的最大障碍来自伦理选择。目前包括克隆人在内的所有科学选择（scientific choice）都是伦理选择中的选择，即使出于纯粹的科学目的，克隆人的研究也严格受到医院伦理委员会或科学伦理委员会的管制，并不是随心所欲进行的。

刘：您认为伦理选择（ethical selection）的结束点在哪里？什么时候人类才进入科学选择（scientific selection）呢？

聂："伦理选择"的结束点在哪里？目前这还是一个不可预测的问题。但是可以肯定的是，伦理选择不会选择在某个点上结束。同自然选择一样，伦理选择的结束是一个动态过程。我认为有五个方面的因素将导致伦理选择的结束：一是人类高度道德化；二是科学标准取代伦理道德；三是人的自然繁殖力大幅下降；四是克隆人在伦理上被接受；五是克隆人转变科学人而开始取代伦理人。

在伦理选择阶段，人通过教诲将逐渐改变传统上以伦理为基础的道德观念，如婚姻观念、家庭观念、生育观念等，现有伦理道德观念尤其是婚姻观念和生育观念逐渐被新的以科学为基础的思想观念所取代。科学技术快速发展，科学的力量远远超出了人的想象，它不仅改变了世界，而且还改变了思想，人类的伦理道德观念最终被科学标准所取代。科学技术导致人的生存时间大幅延长而人力的需求大幅减少，人类生育愿望和生育能力越来越弱，人类已经不再关注孕育孩子的过程，没有生育能力的人或者不愿生育的人越来越多。由于伦理道德观念逐渐被科学标准所取代，通过基因技术繁殖的人被接受并且大量出现。同人相比，通过基因技术改造的克隆人不仅拥有人前所未有的智力、能力和生存力，而且还能够根据科学的需要随时改进自己以使之更符合科学。克隆人由于借助基因技术拥有了前所未有的优势，因此变成了科学人。由于科学人是符合科学的、健康的和长寿的，而伦理人的寿命是有限的，因此科学人越来越多，伦理人越来越少并最终完全被科学人所取代。当伦理人开始被科学人取代的时候，就是科学选择阶段开始的时候，当最后一个伦理人消失的时候，就是人类伦理选择阶段结束的时候。

如同类人猿属于自然选择的阶段、文明人属于伦理选择的阶段一样，科学人属于科学选择阶段。人类通过进化，完成了自然选择，有了我们现在的人形。人类的外形是自然选择的结果，同其他经过进化而来的动物的外形不一样，人的形式最符合人对自然界的要求，是最符合自然的形式，因此自然选择是人的形式的选择。经过自然选择，人的形式被固定下来，不再发生改变了，因此伦理选择阶段的人不是解决自己的形式问题，而是解决怎样做人的本质问题。科学选择阶段是属于科学人的阶段。在这个阶段，不是用伦理道德要求人和评价人，而是用科学标准要求人和评价人。人的形式是由科学决定的。即使人的外形，也会根据科学的标准进行改造。因此，科学选择阶段人的形式是怎样的，现在还不得而知。但是有一点可以预见，科学选择时代的人是可以根据科学标准随时改进或改变自己的形式的，科学人的形式只会更科学。

关于什么时间进入科学选择阶段的问题，现在还无法回答，因为还存在另一种可能，即伦理选择没有终点。科学技术的发展远远超过了我们的想象，也许在科学技术高度发展的某个阶段，伦理选择同科学选择合而为一，伦理选择阶段的人发展成为伦理选择阶段的科学人，而不是科学选择阶段的科学人。未来是否如此，我们不得而知。

刘：目前我们谈到的这个科学选择，我的理解是，通过科学技术进行的一种选择，它不同于通过进化选择人的外形，也不同于通过教诲选择人的伦理本质。克隆人尽管有人一样的外形，但从伦理意义上来讲，它还不是一个真正的人，还必须经过伦理选择，才能够成为一个真正的人。

聂：不能完全这样理解。在科学选择阶段，人的定义可能同现在不同。你刚才理解的仍然是伦理选择阶段对人的理解，或者从伦理选择阶段理解科学选择阶段的人，你应该站在科学选择立场上理解科学选择阶段的科学人。

在科学选择阶段，人的定义肯定同我们伦理选择阶段人的定义是不同的。在伦理选择阶段，伦理与道德性质是人的最本质特征，而在科学选择阶段，伦理道德消失了，不存在了。伦理选择阶段是从伦理和道德方面思考人，定义人。以克隆人为例，尽管克隆人的形式同我们现在的人一样，但由于克隆人的产生有违我们的伦理，因此才会出现克隆人是人还是非人的问题，才会制定法律禁止对人进行克隆。事实上，我们现在还不能解决克隆人的身份问题，我们现在还不能对克隆人的身份进行确认，因而也就无法确认克隆人是人还是非人。克隆人身份不能确认的根本原因，主要在于我们现在还处于伦理选择阶段，还无法超越伦理和道德去认识克隆人。从这个伦理选择的立场说，我们目前还无法摆脱伦理选择的历史局限性，因此我们还只能把克隆人看成现阶段的一种伦理选择（ethical choice）。

科学选择阶段科学人的出现是同伦理选择阶段伦理人的减少相联系的。由于伦理选择阶段人的生育能力的大幅降低、婚姻和家庭观念的改变，通过正常婚恋而自然生育的人越来越少，未来的人口来源问题必须借助科学才能得到解决，因此克隆人伦理上的障碍就会消除并被伦理社会接受，克隆人数量会越来越多。到了伦理选择阶段后期，克隆人成了人口的主要来源，克隆人在整个人口中的比例大大提高，最后必然出现现在谁也没有预见到而且也不会承认的一个科学现实，那就是所有的人都来自质量远远高于我们现在这种人的克隆人。

当所有的人都是克隆人的时候，伦理选择阶段结束了，科学选择阶段开始了。同我们在伦理阶段讨论的克隆人不同，科学选择阶段的克隆人是科学人。克隆人是对人的复制，因此克隆人是科学人的初级阶段。科学人不是对人的复制，而是对人的 DNA 的改造、重组、重造，因此科学人是一种有别于人的新物种。科学人不仅保留了人所有的符合科学的优良基因，而且还会按照科学标准改造基因，让科学人变得更健康，更长寿，更有智慧。科学人比我们现在的人更高级。可以这样认为，科学选择阶段是从克隆人逐渐优化并最终转变为科学人的结果。

从技术上说，通过科学技术得到的克隆人不是永生的，克隆人不仅会复制我们的优点，而且会复制我们的缺点，甚至可能在克隆的过程中产生新的缺点。克隆人同我们一样，同样会经历生老病死的过程。新的科学技术会不断催生新一代的克隆人，直至科学人出现。科学人是按照标准制造出来的，科学人身上没有克隆人身上存在的缺点如疾病、死亡等。克隆人身上所有的缺点都会通过科学技术得到改正。克隆人到了科学人这一代，已经远远超出了我们的想象。今天许多问题是我们无法回答的。例如，科学人仍然是克隆的吗？科学人还会保留我们现在的形式吗？科学人会变形吗？科学人有情感吗？科学人会死亡吗？所有这些问题，都超出了我们今天的想象而无法回答。但是我们会预见到，科学人不仅是科学的结晶，而且也会促进科学，会不断地通过科学技术改变自己，完善自己。

自然选择的方法是进化，伦理选择的方法是教诲，科学选择的方法是技术。通过科学选择，克隆人变成了科学人。科学人是什么人恐怕现在还无法定义。例如，科学人可以制造各种人体器官，可以像计算机一样根据需要对自己的器官进行更换和升级，也可以根据科学标准对人体进行组装。科学人的学习方法也会改变。各种知识不需要通过学习获得，可以通过预装和复制获取任何知识。所有科学人的智慧都是不相上下的。"科学的人"的主要区别不在外形，而在于型号、标准和产地。当然，科学人也会有代际的区别。

刘：到了那个时候，人类是不是就进入了一个"后人类时代"？在这个

"后人类时代",随着生物技术革命(如克隆人技术)对人类未来的影响越来越大,以及信息技术在人工智能领域的快速发展(如 AlphaGo),人类必将迎接"科学选择"的到来,那么科学人有什么标准吗?

聂:"后人类时代"不是"科学人时代",也不是科学选择时代。不管是"前人类时代"还是"后人类时代",都还是人的时代,生活在这两个时代的人都是人。但是在科学选择时代,传统上的人已经不存在了,存在的人都是科学人。科学人同我们现在的人性质已经不同,它们不属于后人类时代,因为后人类时代已经消失了,所以不会有"后人类"。

在科学选择阶段,人的外形和本质都是由科学而不是由伦理决定的,由科学决定科学人是否符合科学、是否符合标准。因此,科学选择阶段如果说有什么规则的话,那就是标准。不同的科学人有不同的标准,以满足不同的科学人的需要。例如,有些科学人是专门从事体育比赛的,如跳高运动员、篮球运动员,他们的身高可能达到两米甚至超过两米。有些人是专门从事管道修理的,身体太高了爬不进管道,因此他们的身高可能只有20厘米或30厘米。有些科学人的听觉可能很灵敏,有些科学人的视觉可能很敏锐。所以这些不同或差异,都是由不同的标准决定的。

伦理选择阶段的价值判断标准是伦理,科学选择阶段的价值判断标准是技术。因此,科学选择阶段的科学人没有伦理选择而只有标准选择,即选择什么样的技术标准来满足不同需要。例如前面提到的人的身高,在伦理选择阶段普遍认同一米七的基本身高标准,但这个标准是一种伦理标准而不是科学标准。

即使我们现在称之为科学标准的标准也是伦理标准,科学标准必须符合伦理。例如现阶段生命的价值标准、生存标准等,都是伦理标准而非科学标准。一个人因为某种疾病或者遭受灾祸只能依靠生命维持系统维持生命的存在,按照生命的价值标准看已经没有生存价值,但是伦理不允许这个人死去,还会对他进行人道救治,通过技术手段让他能够呼吸,血液能够流动,心脏能够跳动，以便把这种没有尊严和意义的生命维持下去，直到人的各种器官完全失去作用为止。即使少数国家法律允许的安乐死，也是由伦理决定的而不是由科学决定的。但是在科学选择阶段完全不同。当科学人因为某种原因无法满足某种技术标准时，科学人就失去了价值，变成了废品，将可能送入科学人废品处理工厂销毁。但这在伦理选择阶段是不可想象的。

刘：聂老师，您讲述了人类文明发展需要经历的三种选择，自然选择已经完成了，伦理选择是最重要的一种选择，正处于进行过程中，而科学选择还没有开始，是这样吧？

聂：是的，科学选择现在还没有开始，我们也没有进入科学选择阶段。我们现在正在经历伦理选择的过程。当然，现在科学技术的飞速发展，为我们进入科学选择创造了条件。例如基因技术的发展导致克隆技术的出现，只要我们放弃了伦理的约束，就可以克隆出一个形式同我们完全一样的克隆人。科学选择一定是以克隆人的出现和存在为开始的。当克隆人能够成批量地产生和存在并发挥的作用越来越大的时候，科学选择就开始了。

刘：您认为人类文明发展进程包括自然选择、伦理选择及科学选择三个阶段的观点，被认为是"对人类文明进化逻辑的精辟概括"。既然人类的选择有自然选择和伦理选择之分，那么动物进化之后，是不是也需要伦理选择？

聂：动物伦理现在已经成为西方研究的热门话题，尤其是在生态批评兴起之后，在一些生态保护主义者看来，动物和人一样也有人的伦理，有人的道德。这种观点被许多人认可和接受，甚至一些人还找出许多例子，证明动物也有同我们人类一样的道德行为，如母爱、友情、忠贞、悲伤、痛苦等。

从文学伦理学批评的观点来看，动物界存在的这些所谓的伦理，同我们人类的伦理有着本质不同。我们不能把人的伦理和动物界类似于人的伦理等同起来。伦理选择是自然选择之后人类所经历的选择阶段，因此伦理选择是人类的选择，动物界是没有伦理选择的，只有人类才有伦理选择。

人的伦理选择是有前提的。伦理选择指的是类人猿在通过自然选择获得人的形式之后所经历的选择。动物经过自然选择但是没有获得人的形式，尽管它的选择出现在人的伦理选择阶段，动物的选择也不属于伦理选择。动物类似人类的伦理选择也同样不是伦理选择。比如说鸳鸯等一些动物雌雄之间的忠贞，尽管表现形式上同人的道德类似，但本质上并不是人类的伦理选择。那我们怎么理解和解释类似于我们人类道德行为的动物表现？我认为这些类似人类伦理选择的行为表现，可以称之为伦理表现、伦理行为，但不属于伦理选择。这种行为的主体是动物，伦理选择主体是人，人的伦理选择主要通过教导和学习的方式进行，目的是做一个有道德的人。动物类似于我们人的伦理选择的那些伦理行为，更多是通过直觉和模仿产生的。动物界也有类似人类的学习和教导，比如说小鸟学习飞翔，就需要小鸟向妈妈学习，需要妈妈的训练。但这些都是模仿、示范，都不具有人类的伦理性质。

刘：也就是说，这些行为不是 teaching 而是 training，需要不断反复的训练，才可能掌握一些生存的本领。因此，动物的类似于人的伦理行为在本质上是不同于人的伦理选择的，是这样吧？

聂：完全正确。正因为如此，动物行为不具有伦理性质。动物界不存在人的伦理，伦理是专门就人说的，道德也是如此。我们讨论动物界的伦理，讨论动物身上存在的某种道德，那是我们对这种动物的褒奖，对动物的正面的评价，不是说动物真的就有了人的道德。

动物界的确存在类似人类社会的道德表现和伦理行为，但它们同人类的伦理和道德有着本质的不同。它们构成动物界的秩序，是动物群体存在的必要条件，也是动物界的生存法则，目的在于动物的生存和种族的繁衍。例如我们在《动物世界》中看到介绍鼬鼠生活的纪录片，就会发现鼬鼠家族同人的家族有高度相似性。为了整个种族的生存和繁衍，鼬鼠有明确的分工，有抚养幼崽的，有站岗放哨的。遇到危险，放哨的鼬鼠并不是自己首先逃跑而是通知它的族群逃避。鼬鼠首领不是自己逃跑而是率先战斗，保护自己的种族。鼬鼠首领尽管身上伤痕累累，但是遇到危险冲锋陷阵，总是在其他鼬鼠前面战斗。也有鼬鼠严重受伤死去，它们的牺牲也能获得其他鼬鼠的哀悼。整个鼬鼠群体的高度集体主义精神，使得鼬鼠的种族得到保护，能够繁衍下去而在生存竞争中不至于消亡。尽管鼬鼠种群有着类似于我们人类种族的伦理特征，但它们在性质上同人的伦理有着本质的区别，不能同人的伦理相提并论。

讨论伦理问题，我们需要将人类社会和动物的世界区别开来。我们可以用人类社会的一些规则和术语如伦理、道德、忠诚、友谊等解释动物界的一些行为，但是不能把动物的某些行为等同于我们人类社会的伦理道德。尽管同我们人类的伦理道德有表面上的类似，但性质却不一样，需要区别开来。不过，动物界的伦理规律对于人类社会完善自己的道德体系有借鉴作用。动物界没有规则和伦理也无法长久存在下去，人类社会更是如此。

刘：那么怎么理解童话作品里动物的拟人化表述呢？这些童话里的动物是不是跟人一样，也有伦理选择呢？

聂：童话是一种专门供儿童阅读的文学形式，其中的动物形象主要是为了儿童的教导和学习，是为了儿童能够通过教诲而成人。在伦理选择的过程中，幼儿时期儿童的伦理意识还没有出现或者刚刚出现，儿童首先面临的问题是自己作为人存在的身份确认。在儿童的意识中，他们还不能把人同动物完全区别开来，还没有形成人的观念。儿童由于伦理意识不强，最初还不具备把自己和其他动物区别开来的能力，还无法把自己同其他动物区别开来。在儿童最初的意识中，人同动物是一样的。因此，童话就要通过动物的故事来催生和培育儿童的伦理意识。

儿童是通过童话故事得到启示，从而把自己和其他动物区别开来。通过童话故事的阅读或者讲述，儿童开始产生人的概念，认识到自己同动物之间的区别：我是人，它是动物。童话最初的作用在于引导儿童从动物的世界进入人的社会。儿童有了人的概念，才会有伦理意识。动物没有人的概念，所以它会有类似人的伦理的规则，但是没有人的伦理意识。儿童最初没有人的概念，因此思想和表现无异于动物。由于有了动物故事作参照，儿童终于有了人的概念，有了好坏善恶的认知，能够把自己同动物区别开来。人的概念是善恶观念的前提，也是伦理选择的前提。

童话的功能就是通过拟人化的动物故事引导孩子认识自己是人，然后给人下定义，从人的视角把自己同动物区别开来，进而思考自己为什么同其他动物是不一样的，从而进入伦理选择的进程中。由于童话故事中的动物是在人的伦理环境中表现的，因此童话中的动物并非现实中的动物，而是以动物面貌出现的人，因此童话中的动物像人一样要经历伦理选择，并使儿童在伦理选择的过程中得到教诲，进而引导儿童进入伦理选择的进程。

刘：文学伦理学批评从伦理的立场分析、解读和阐释文学作品。在目前国内的文学批评实践中，"伦理选择"已经成为一个高频词，被广泛运用于文学作品的批评研究。但同时我们也注意到，这个术语在实际运用过程当中存在着被泛化或者是被误用的现象。那么，我们应该怎样理解伦理选择的运用呢？

聂：伦理选择的运用属于文学伦理学批评术语的运用问题。你刚才也说到有各种各样的使用，有各种各样的理解，并不一致。那么有没有一种规范的运用呢？第一，不可能有规范的运用。第二，我们也不必要去追求一种规范的运用。

伦理选择是我们每个人都要经历的人生过程，而这个过程又是由一个个具体的选择组成的。文学作品只要写人叙事，就必然要写伦理选择和分析伦理选择。我们以前说要分析生活，分析人物，分析事件。生活是什么？生活是由一个一个的选择构成的，因此分析生活就是分析生活中的选择。人物分析同样如此。对人物的分析是对人物做出的选择进行分析。人物的性格、心理、情感等都存在于人物的伦理选择中，所以分析人物就是分析人物是如何选择、选择的整个过程、选择的结果以及给我们带来的启发。分析事件也是一样的。一个事件实质上就是一个选择，是由选择构成的，因此分析事件就是对人物的选择造成的事件进行分析。

　　无论人物、生活还是事件，都是由复杂而多种多样的选择构成的，因此这决定了伦理选择分析的复杂性和多样性，决定了不可能有统一的分析标准，也决定了伦理选择分析不能强求一致。在分析过程中，任何一种分析只能是对某种选择或某部分选择的分析，都不可能是全面的分析。但是，只要在伦理选择的分析中能够得到某种新认识、某种教诲，这种分析都是有价值的。

　　刘：伦理选择批评的具体运用，主要是指对文学作品中具体文学现象和文学人物的伦理选择进行分析。但作为文学创作的主体，作家在创作过程中身处错综复杂的现实世界，是否也同样面临着"伦理选择"问题？

　　聂：你提出的这个问题非常重要，涉及文学研究的对象问题，涉及文学创作的主体和客体问题。就文学研究而言，研究的对象是文学作品还是创作文学作品的作家，这是需要区别开来的。我们可能研究一个作品，也可能研究作家，而作品和作家是有本质区别的。如果研究的对象是文学，那就是指的具体的文学文本，而作家是不包括在内的。如果研究对象是作家，那么作家不能等同于文学作品。但是，无论研究作家还是研究作品，其目的只有一个：研究文学作品。在作品和作家的研究中，研究作家的目的并不在于作家本身，而在于更好地研究作品、理解作品。研究作家是怎么创作作品的，写作什么素材，表达什么思想，使用什么手法，创作过程是怎样的，所有这些研究都是为研究作品服务的。作家创作作品同样也要经历伦理选择的过程。作家究竟写什么，怎样从复杂的生活中选择创作的素材，表达什么思想、情感，达到什么目的，都要经历选择的过程。作家创作文学作品也是一个伦理选择的过程，文学作品是作家伦理选择的结果。因此，研究文学作品同样也要对作家进行伦理选择分析。

　　刘：传记文学现在似乎是一般性提法，它同传记有区别吗？我们应该如何看待作家研究呢？

　　聂：关于传记文学，首先要区别虚构的传记文学作品和真实的人物传记，虚构的传记文学和作为历史的传记是两个概念。如果是关于人物的传记作品，那它就不是虚构的文学作品，而要归类在历史中。历史研究是历史的方法。包括创作时间，创作思想，作家经历，等等，都要去考察是否符合史实，是真实的还是虚构杜撰的。但是，文学作品本身就是虚构的，对它是不是真实的追寻是没必要的，所以有些人就文学作品某一个细节，去追问作家写的是真的还是假的，是没有必要的，毕竟它是文学作品，文学作品本身就不是真实的，是虚构的，有真实的影子的存在，但它不是真实的事件，是作为一个虚构来描写。

那么，对作家的研究是不是就不必要、不重要呢？并不是这样。研究作家和研究文学作品都是为了正确地理解和解释文学作品以及认识文学作品的伦理价值，因此研究作家只是研究文学作品的一种方法。至于有关作家的创作动机同文学作品的价值及评价问题，这个需要辩证地看。例如，作家创作的目的可能出于娱乐消遣，如意大利作家乔万尼·薄伽丘创作的《十日谈》。1348年，意大利佛罗伦萨瘟疫流行，10名男女在乡村一所别墅里避难。他们终日游玩欢宴，每人每天讲一个故事，共住了10天，讲了100个故事。当时讲述这些故事是为了消遣度日，但是后来在读者的阅读中却表现出巨大的伦理价值，如批判天主教会，赞美爱情的美好，谴责禁欲主义，鞭挞封建贵族的堕落和腐败等。当然，也有作者创作文学作品时有强烈的伦理动机，如屈原创作楚辞，曹雪芹创作《红楼梦》，但丁创作《神曲》，托尔斯泰创作《安娜·卡列尼娜》等，都出于表达自己某种思想的动机。尽管如此，我们在阅读和批评中发现的文学价值仍然同作者的动机是不一样的。这说明，作家的创作意图可能导致某个文学作品的产生，但是并不完全决定这个作品的价值。

在大多数情况下，文学作品产生之后，文学作品的价值并不是由作家的创作动机以及创作过程决定的。世界上有大量经典作品，我们并不知道作者创作这些作品的动机，也不知道这些作品是怎样创作出来的，但是这并不影响我们对经典作品的研究与评价。例如莎士比亚的戏剧与诗歌，我们并不知道莎士比亚的戏剧是怎样创造出来的,他的创作出于什么动机,也不知道莎士比亚的生平,但是这并不影响我们对莎士比亚戏剧和诗歌的阅读、欣赏、研究和评价,不影响莎士比亚的创作成为文学经典。

刘:所以说对作家的创作观或者写作背景的了解,最终还是要指向对他的作品的理解。那么,读者在文学接受过程当中,审美和批评有区别吗?

聂:这个就涉及读者、作品和作者三者之间的关系,是三个不同的范畴,但是这三个不同范畴的共同的焦点是对文学作品进行评价。读者对文学作品的阅读,不改变文学作品本身,只是涉及对文学作品的理解。读者阅读文学作品属于审美,是属于对文学作品的欣赏。阅读作品就是对文学审美的过程,但文学审美不同于文学批评。专业的读者指的是文学批评家。从文学的审美说,批评家对文学作品的阅读同普通读者的阅读是一样的,但是批评家对文学作品的阅读不会只停留在审美的层面,而要上升到批评层面。批评家要从专业角度理解和评价作品,他们的批评不能带个人偏见,不能由自己的好恶所左右。文学作品是一个客观存在,尽管普通读者和批评家的伦理倾向、伦理立场能够导致对作品的不同感受、理解和评价,但不会改变文学作品本身性质。文学作品形成后就会固定下来,不管怎样阅读和评价,它都是一个客观存在,不会改变。但是读者和批评家的阅读感受、理解和批评会因为自己的主观因素及方法而发生变化。

刘:到目前为止,学界对什么是文学一直存在争议,有不同的理解和看法,也有不同的文学定义。那您是怎样理解文学定义的?

聂:你前面提到的许多问题,都是和文学的定义联系在一起的。在文学伦理学批评中,要思考很多文学的基本理论问题,文学的定义实际上是文学的一个基本理论问题。

我们前面已经谈到过文学的定义问题。literature 和诗歌、小说、戏剧不同,传统上 literature 指的是所有的文献,并非专门某一个文学类别。我们现在有关文学的定义有两个方面认识。一个是文学的本体。文学指的是诗歌、小说、戏剧？还是把所有的文字文献的东西都包括在文学里？另一个是关于文学的本质。我们现在的教科书里，关于文学的本质有两种表述："文学是语言的艺术"以及"文学是一种意识形态"。这是从形式和内容两个方面对文学进行的定义。但是这两个定义是否科学？是否能够用来定义文学？这是需要加以讨论和思考。

把文学定义为"语言的艺术"，显然不合适。语言不同于文字。以文字为载体的诗歌、小说等文学作品，它们是语言的艺术还是文字的艺术，这是需要讨论的问题。国际交往的外交对话可以称之为语言的艺术，能不能称之为文学？似乎不能。我们朗读诗歌或小说是一种语言艺术，这种朗读能否称之为文学？似乎也不能。朗读是对文学作品的朗读，朗读本身不是文学。朗读是朗读的文学作品，就是说先有一种文学存在，然后才能朗读。这说明朗读文学的语言同文学本身是两回事，是不同的。这说明"文学是语言的艺术"这个定义不科学。另外，"文学是一种意识形态"的定义也不科学。所谓意识形态就是指人的一种思想，英语表达就是 ideology。文学能不能和思想等同起来？例如我今天读了一本小说，能不能说我读了一个 ideology？今天我购买了一本小说，能不能说我购买了一个 ideology？今天我从图书馆借回一本小说，能否说借回来一个 ideology？肯定不行。那么这就说明 ideology 和文学作品是不一样的，有区别的，说明文学和 ideology 有关，但 ideology 肯定不是文学，因此也不能用它来定义文学。

那文学是什么呢？文学肯定还是买回来或借回来的一本书。这就是文学文本。只有文学文本才是真实的文学。ideology 是我们阅读文学之后获得的思想，这是对文学的一种理解，一种认知，一种感受，或者说是理解、认知和感受文学的结果。文学和文学的观念是不同的两回事，所以把文学定义为 ideology 是不可取的。

那么文学是什么？怎么给文学下定义？由于文学的性质是伦理的，因此文学的定义应该是一个 ethical definition，就是从伦理的角度定义文学。我以前对文学有过定义,就是文学是一定历史阶段的产物。比如在五四之前,中国对文学的观念是文史哲不分家,除了古典诗歌、古典小说之外,儒家经典都属于文学的范畴。因此,五四之前文学的定义指的是所有文字资料,历史的、哲学的、文学的,都统统视为文学。后来在西方文学理论的影响之下,尤其是到了现当代,文学的概念进一步细化,逐步演变为以诗歌、小说为主体的文学观念。历史、哲学等从文学中剥离出去,变成了独立的学科和文类。所以,脱离了文学的伦理环境和伦理语境,我们要找一个能够适合不同历史阶段的文学定义,是不可能的。

关于文学的定义,我认为一定要放在不同的伦理环境与伦理语境之中去定义。文学观念是在整个历史过程中不断演变发展的。不同的历史时期有不同的文学定义。每个历史时期都有某个时期的文学定义和文学,而且每个时期的文学定义都在发生改变。所以,我们对文学的定义,要在特定的历史环境、伦理环境和伦理语境中去确定,而要找一个大家都共同接受的贯穿古今的文学定义是难以做到的。

刘:您认为达尔文的生物进化论回答了"何以成人"的问题,解释的是人的形式问题。您提出来的伦理选择则回答了"如何做人"的问题,认为人类通过进化获得人的形式之后,还要通过伦理教诲才能做人。伦理选择解释的是人的本质问题,人的本质又是伦理选择的结果。西方存在主义哲学家萨特反对人是上帝创造的说法,提出"存在先于本质"的观点,认为人最初只是作为一种单纯的主观性存在,进而提出"自由选择"的概念,表示"人的本质"纯粹是个人凭着自己的意志自由选择的结果。您怎么看待萨特的自由选择?

聂:萨特的存在主义哲学在我国风行一时,影响很大。从20世纪80年代开始,我们国内就有人开始研究他,一直到现在仍然还有不少人感兴趣。研究萨特主要集中在对他的"存在先于本质""自由选择"等存在主义核心问题上。

"存在先于本质"和"自由选择"是萨特存在主义哲学的核心。不仅哲学界在讨论，而且文学界也在讨论。但是，我始终有一个感觉，"存在先于本质"以及"自由选择"的问题，萨特似乎自己也没有完全弄清楚，也没有一个明确的定义。在缺少明确定义的前提下，我们却将之当作一个有明确定义的概念或话语，或者一种哲学进行讨论，是不可能达到目的。我的看法是，萨特的存在主义哲学、"存在先于本质"和"自由选择"，是没有明确定义的表述或者术语，因此我们要真正理解它们是困难的。不过，这些没有定义的术语可以供我们思考，可以带给我们启示。

例如，"存在先于本质"中的"存在"指什么？"本质"又指什么？萨特自己恐怕也不是完全清楚的。他有一些说法，但是模棱两可。也有学者包括萨特自己，把存在理解为具体的人的存在，但也有人把存在理解为观念或意识的存在。这是两种截然不同的观点。还有"自由选择"中"自由"是什么？"选择"是什么？"责任"是什么？他也没讲清楚。所以，我们对萨特的研究实际上是以我们的主观理解为前提的，或者从他哲学著作或者文学作品中寻找有关注解。因此，我们对萨特存在主义哲学的理解和解释不一定就是萨特的哲学，萨特本人也可能不是我们理解那样的。到目前为止，尽管有大量的研究，但没有看到一种研究有一个准确的定义，或者大家都能够认可的解释。所以关于萨特的存在主义哲学的理解本身就是一个问题。

萨特的存在主义并非一个完整的哲学思想体系。"存在先于本质""自由选择"等哲学概念是重要的，但它们还难以形成存在主义哲学的话语体系，也难以构成完整的哲学体系。我们完全可以通过萨特提出的哲学概念讨论他的存在主义，但没有必要一定要把它们看成系统的哲学体系。我们如果把它们看成萨特的思想观念，也许能让我们更容易理解他的存在主义。

刘：萨特的"自由选择"以及他的一些哲学观点，事实上就存在着一些自相矛盾和一些不能定义的问题。相对而言，文学伦理学批评的概念要清晰明确很多。

聂：表面上看，"自由选择"和"伦理选择"有很多相似的地方。其实，文学伦理学批评和它是不一样的。"自由选择"首先是指每一个人都拥有选择的自由。但是，一旦选择，人就不自由了，所以人生是痛苦的。痛苦主要来自责任，一个人要为自己的选择负责任，如果不为自己的选择负责任，那也得承担不负责任的后果。"伦理选择"与"自由选择"不同。伦理选择指的是每个人都生活在伦理选择之中，每时每刻都要进行伦理选择，一个人只要生命存在，他就不能不进行伦理选择。伦理选择也有责任，每个人都要对自己的选择负责。由于要为自己的选择负责，因此一个人必须对自己的选择做出选择。例如哈姆雷特对复仇的选择，由于他要对自己的选择负责，所以他才需要思考，需要追问，需要犹豫。这就是哈姆雷特选择的过程，选择的意义。

伦理选择同自由选择不同。首先，选择的主体不一样。"伦理选择"的主体是人，这一点是非常明确的。那么，"自由选择"的主体是什么？萨特没有界定，也不清楚。其次，"伦理选择"所说的选择也是明确的，指的是人从出生到死亡的整个生活过程，这个选择过程是由一个个具体的伦理选择构成的。那萨特的"自由选择"指的是一个过程还是一个具体的选择，这一点我们也是不清楚的。再次，"伦理选择"的目的也不同于"自由选择"。"伦理选择"的目的是通过伦理选择而做人（to be human），或者说选择做一个道德人。"伦理选择"目的是要通过一个一个的选择，使自己不断地被道德化，变成一个符合一定历史时期道德规范的人。所以，"伦理选择"不是"自由选择"，也不是自由的选择。实际上，任何一个人的选择都是有前提的，都不是自由的选择。任何选择都是某种伦理规范之下做出的，并不是完全自由或是随心所欲地作出选择。"自由选择"的目的是什么？我们也不清楚。实际上，萨特的自由选择是要摆脱一切束缚，以便使自己变成一个彻底的自由人。但是这个自由是指的什么自由，实际上他并没解释清楚。但是，文学伦理学批评对自由的理解是不一样的。在文学伦理学批评看来，只要人进入伦理选择之中，人就不是自由的。一个人只要想做人，他同样也不是自由的。

2018 年在北京举行第二十四届世界哲学大会，其中的哲学与文学分会把文学伦理批评作为"伦理哲学"（ethical philosophy）进行讨论。伦理哲学就是伦理选择的哲学。在伦理选择过程中，人不是自由选择，是规范选择，人的任何一个选择都必须符合某种规范。这个规范在我们今天看来，可能是符合道德的，也可能是不符合道德。但是，当我们进行选择的时候，我们必定要有一个标准，一种规范，不能自由地选择。只有在自然选择阶段，选择才是自由的。但自然选择和伦理道德没有关系，那种自由选择是一种生物性选择，是在人的本能的驱使之下做出的选择。那种选择不是伦理选择，是真正的自由选择。因此，伦理选择不是自由选择。

刘：所以说，萨特"自由选择"中的"自由"并不是绝对的"自由"，而伦理选择更是一种不自由的选择，但是无论自由选择还是哲学选择，都是文学理论研究的基础。

聂：是这样。存在主义的"自由选择"在本质上仍然是一种主观选择。但是，伦理选择既是主观的选择也是客观的选择，其主观的选择往往也是在客观的道德标准及规范之下进行的选择。由于它不是完全主观的选择，所以就不可能是自由的选择。因此，在某种意义上说，伦理选择就是不自由选择。

伦理选择是文学伦理学批评的核心理论，也是文学伦理学批评的哲学基础。第二十四届世界哲学大会把文学伦理学批评作为 ethical philosophy 的议题进行讨论，说明伦理选择的哲学特性。文学伦理学批评既是一种文学批评方法，也是一种哲学观念。这也说明，我们今天在讨论文学的时候，必须从跨学科的角度，把文学同哲学、历史、政治、经济等各个研究领域结合起来，才能真正把文学的研究推向深入。

刘：您提出的文学伦理学批评的跨学科思考，无疑会进一步加深和拓宽对文学伦理学批评的研究。谢谢您！

附录三

文学伦理学批评与脑文本：聂珍钊与王永的学术对话

聂珍钊[①]　王　永
（浙江大学外国语学院教授）

摘要：脑文本是文学伦理学批评基本理论中一个非常重要的概念，脑文本问题涉及文学、哲学、心理学等前沿研究领域。本文中，聂珍钊同王永就文学伦理学批评与脑文本的以下相关问题展开讨论：（1）脑文本与文学创作；（2）脑文本在大脑中的存在方式；（3）语言与文字；（4）语言同脑文本的关系；（5）脑文本与文学脑文本；（6）脑文本的研究对象；（7）脑文本与文学伦理学批评的关系；（8）脑文本到文学文本的转换机制。这种讨论有助于加深对脑文本的理解，开拓解决问题的新途径，进一步拓宽脑文本和文学伦理学批评的研究视野。

正文

1. 脑文本与文学创作

王永（以下简称"王"）：您在文学伦理学批评的相关论著中突出强调了脑文本与口头文学的密切关系，我觉得很有道理。对文学创作而言，早期口耳相传的口头文学，以讲述者的脑文本为其储存形式，口头表达为其传播方

[①] 聂珍钊现为广东外语外贸大学教授。

式；而时至今日，作家们创作的文学作品，则以文字为其储存形式，作品的传播通过读者阅读或聆听完成。可以说，口头文学作品与书面形式的文学作品来源于两种不同性质的脑文本。口头文学的脑文本是成形的文学作品，口头文学的作者与接受者（听者）是一种直接的关系；而对于书面的文学作品，脑文本是一个中间环节，只有经过文字书写下来，成为文学书籍后才算完成文学创作，作者与接受者（读者）之间是一种间接的关系。正因如此，研究脑文本对于现在的文学作品分析更为重要，可以揭示作者如何由脑概念到脑文本到最终作品产出的过程和机制。

聂珍钊（以下简称"聂"）：你说得对。早期口耳相传的所谓口头文学在形态和性质上不同于书面文学。从形态上说，保存在讲述者大脑中的脑文本是口头文学的文本形式，口头讲述是口头文学的表现方法。通过口头表达，保存在讲述者大脑中的脑文本才得以传播，流传下来。书写符号产生之后，文学作品有了新的保存和表现方法。文学作品的产生，有了两种形态，一是作家创作文学文本，二是作家书写文学文本。作家创作文学文本的结果产生文学脑文本，作家书写文学文本产生书面文学。创作文学作品是在大脑中进行的，是对脑文本及脑概念进行编辑的过程。作家在大脑中以脑文本和脑概念为材料，按照文学的伦理规则对保存在大脑中不同的脑文本和脑概念进行重新组合，编辑加工成新的文本，即文学脑文本，这就是文学的创作。文学创作是一个过程，准确地说，是在大脑中对脑文本和脑概念进行组合及编辑，然后形成新的文学脑文本保存在大脑中。

书写文学不是文学创作，而是表现文学的方法，即将保存在大脑中的文学脑文本表现出来的一种方法。书写文本的方法是把脑文本转换成书写符号，然后书写在纸张等载体上，从而使文学创作产生的新文学脑文本得以表现和保存。你说得对，"口头文学的脑文本是成形的文学作品"，是文学脑文本或者保存在大脑中的文学作品。但是，就书写文学作品而言，脑文本不是中间环节而是书写对象，也不是脑文本经过书写转变成文学书籍后才算完成文学创作。实际上，文学脑文本一旦产生，文学创作也就完成。脑文本不是中间环节而是文学创作的结果。文学脑文本通过书写的方法转变成文学书籍不是文学创作的完成，而是表现文学脑文本的完成，或者说文学书写（书写脑文本）的完成。因此，口头文学的脑文本和书面文学的书写文本是两种不同性质的文本。

2. 脑文本在大脑中的存在方式

王：您指出："即使在书写符号出现之前，文学的流传也是以文本为前提的，同样是文本的流传。"[①] 这是脑文本之所以存在的重要依据。不过这里涉及一个问题，对现代作家而言，如您所言，脑文本的表达方式是文字。那么，在书写符号没有出现之前，脑文本的表达方式是什么？另外，我们的祖辈有不少是文盲，当他们跟我们讲西游、话三国的时候，储存在他们大脑中的脑文本不可能是文字的形式，因为他们并不识字。

是否可以认为，书写符号出现之前口头文学的表达，以及书写符号出现之后文盲讲述故事，都是通过语言实现的对脑文本的表达，而语言的意义则是由音和义相结合产生的。口头文学通过口耳相传得以延续和记载，以这种途径得以传播的文学，是由于文学传播者和接受者之间的口语表达能够相互理解，而接受者又在语义理解的基础上通过语音方式传播给下一位接受者。文盲讲故事的机制同样如此。而现今的作家，他们表达脑文本的方式确实是语言，对此我赞同您的观点。不过需要补充说明的是，对于某个具体的作家而言，表达脑文本的语言不是抽象的，而是具体的语言。其具体性首先表现为语种，以作家的母语为其载体，如中国作家是中文，英国作家是英文，俄罗斯作家是俄文；其次，文学创作过程中，表达脑文本的语言是音（作者创作过程中是在大脑里面说话的，因此脑文本需要用声音表达）、义（作者说话的声音一定跟他想要表达的脑概念的义结合在一起）、形（某种书写符号或确

---

① 聂珍钊：《文学伦理学批评：口头文学与脑文本》，载《外国文学研究》，2013年第6期，第11页。

定的文字）组合在一起，构成一个具有作家本人创作特征的个性化语言系统。

聂：无论现代作家还是古典作家的文学创作，都是在脑文本的基础上进行的，都是按照一定的文学样式对脑文本进行编辑和加工的结果。只有经过这种编辑和加工，脑文本才能转变成文学脑文本。文学脑文本保存在人的大脑里，读者无法阅读保存在别人大脑里的文学脑文本。如何把文学脑文本表达出来？自从书写符号创作出来，所有的作家都是用文字表达保存在大脑里的脑文本。而在书写符号创造出来之前，游吟诗人则使用语言讲述已经保存在自己大脑里的文学脑文本。由于承载脑文本信息的书写符号没有出现，阅读文本的读者在这里变成了听者。听者借助听觉器官接受表达文学脑文本的语言，然后重新把语言还原为文学脑文本并保存在听者的大脑里，从而使文学脑文本得以流传。与之相比，从文学脑文本转化而来的书写文本则以书籍的形式存在和流传。但是，读者仍然要借助听觉器官或视觉器官将书籍转换成文学脑文本，才能实现对书写文本的理解。

3. 语言与文字

聂：你在这里提出了一个十分重要的概念"语言"。什么是语言？可以说，现在的中外语言学界有关语言的定义是含混不清的，而语言概念的含混则影响到对语言本身的学术讨论，因为所有关于语言的讨论都不能缺少被定义的语言这个前提。在文学伦理学批评体系里，语言是就发音器官而言的。语言是通过人的发音器官表达的脑文本，是脑文本经过人的发音器官转化而成的声音形态。由于一般性声音不具有特定意义，因此声音不等同于语言。只有脑文本具有特定的意义，脑文本转化为声音之后声音才具有意义，才能成为语言。语言有一个基本的前提，即语言是借助人的发音器官形成的。没有发音器官，则没有语言。例如，书籍中表达故事的书写符号在借助人的发音器官转换成声音之前，它们是文字或表达意义的所指符号，但是一旦借助人的发音器官将书写符号转换成声音，这个从书写符号转换而来的声音就是语言。脑文本同样如此。脑文本只有借助人的发音器官转换成声音形态才能称之为语言,在被转换成声音之前只能称之为脑文本。但是,语言有别于文字。作家表达脑文本有两种基本方法,一种是讲述,一种是书写。前者通过声音讲述,讲述的结果产生语言;后者通过书写符号书写,书写的结果产生文字。语言通过听觉器官接受,文字通过视觉器官阅读。无论讲述还是书写,它们都是表达脑文本的基本方法,而语言和文字,都是从脑文本转换而来。

尽管脑文本不是语言,但是由于脑文本是从语言转换而来,或者能够转换成声音,因此脑文本除了在性质上不同于语言之外,在结构上具有语言的特征。也正因如此,脑文本才能转换成语言。从某种意义上说,脑文本是语言的意识形态。

王:从您的专著以及上述阐释来看,您在文学伦理学批评体系中将"语言"同发音器官紧密相连,认为"语言是通过人的发音器官表达的脑文本,是脑文本经过人的发音器官转化而成的声音形态",作家"讲述的结果产生语言;……书写的结果产生文字"。这样就把语言和文字截然分开了,对此我不太赞同。语言和文字虽然不是一回事,但不是平行的两条线,而是你中有我,我中有你的关系。

一是语言的内涵非常丰富,无法用一个简单的定义囊括所有的内容;二是语言有广义和狭义之分。如广义的文学涉及文学的本质,是理论的研究对象。正如您的文学伦理学批评,是一种理论,研究文学的本质问题——文学的教诲功能;一旦涉及具体作品,就是狭义的文学范畴——文学作品,可以运用文学伦理学批评的理论来分析具体的文学作品。具有教诲功能的广义上的"文学",同体现伦理观的具体作品的狭义"文学",是两个不同的概念。语言更是如此,广义的语言通常指人类语言,但现在被无限扩大到任何同人类情感表达和人际交流有关的领域,如视觉语言、音乐语言、交通语言等。狭义的语言通常指某个国家的通用语言如汉语、英语、法语、俄语等。在狭义的语言范围内,又分为静态的语言和动态的言语两套系统。静态的语言系统指的是某种语言是一个由音素、音节、词、词组、句子等单位构成的一套潜在的能指系统。当这套系统的某些单位被运用后，就转为动态的言语系统，发挥所指的功能。无论哪套系统，都有两种表现方式：语音的和文字的（静态系统）；口头的和书面的（动态系统）。

聂：语言和文字是两个性质不同的概念，也有各自独立的理论体系和独特的表现特征，而且从发生学的意义上说它们也有各自不同的起源。语言和文字之间的关系不是"你中有我，我中有你的关系"，而是语言和文字可以相互转换的关系，即语言可以转换成文字，文字可以转换成语言。当然，这涉及语言和文字如何定义的问题。按照文学伦理学批评的观点，语言由脑文本转换而来，语言概念的前提是声音，没有声音则无语言。文字虽然也是由脑文本转换而来，但是文字概念的前提是符号，是通过书写符号体现的，没有书写符号则无文字。语言是通过口头表达的，文字是通过书写工具书写的。因此，语言可以借助书写符号转化为文字，文字可以借助声音转化为语言。但是，由于语言和文字都是独立的表达脑文本的方法，因此文字中没有语言，语言中没有文字。

你关于广义的语言和狭义的语言的解释是有说服力的，但是这种说服力是以现有语言学理论中的语言概念为基础的。如果换一个角度看待现有语言学中的语言概念，我们会发现现有的语言学概念存在一些需要厘清的基本问题。目前把语言的概念分为广义和狭义两种概念，必然导致语言概念定义的含混。当我们讨论语言的概念时，如果没有事先声明，怎样确认讨论的是广义的语言还是狭义的语言？或者说，当我们讨论语言概念时，是否必须首先声明讨论的是广义的或是狭义的语言？

由于分为广义和狭义两种，广义的语言概念被无限扩大，出现了你所提到的"视觉语言、音乐语言、交通语言"，还有计算机语言、动物语言等。语言是人类所独具的进行自我表达的一种能力，它独有的特征是通过人的发音器官发出表达特定意义的声波，其目的是用于信息传播和交流。因此语言的前提是人，是人的发音器官。没有人和人的发音器官，则没有语言。

你提到的所谓广义的语言都同人的发音器官无关。例如，视觉语言的前提是视觉即眼睛，所谓的视觉语言是符号而不是声音形态，因此不能成为语言。音乐语言应该是视觉语言的一种，指的是表达声音和意义的音乐符号，如乐谱，而乐谱是通过视觉认知和理解的，因此也不属于语言。交通语言如信号灯、指挥交通的手势、表示交通规则的符号等，也同样与声音无关，不属于语言。

其他的所谓语言如计算机语言（computer language），指的是用于人与计算机之间通信的方法。计算机语言是人与计算机之间传递信息的媒介。为了使电子计算机进行各种工作，就需要有一套用以编写计算机程序的数字、字符和语法规则，由这些字符和语法规则组成计算机各种指令，这就是所谓的计算机语言，而这种语言也同样不是人的语言。动物语言也是如此。动物语言的主体是动物而不是人，尽管动物也用发音器官进行信息交流，但动物的不同叫声是不能称之为语言的。

广义的语言概念混淆了语言的主体和特征，不仅不能帮助我们理解人的语言这个特有概念，而且必然导致语言概念定义的不确定性。"狭义的语言通常指某个国家的通用语言如汉语、英语、法语、俄语等"这种表述也不太准确，因为汉语、英语、法语、俄语是特定的概念，虽然同语言相关但并不是语言的概念，是不能同语言概念画等号的。你还说："在狭义的语言范围内，又分为静态的语言和动态的言语两套系统。静态的语言系统指的是某种语言是一个由音素、音节、词、词组、句子等单位构成的一套潜在的能指系统。"我知道这是目前语言学通行的观点。狭义语言学把语言分解成语音、语法、语义三个部分，把具体的语言分为语音、语法、词汇三个层次。还有你说的"在狭义的语言范围内，又分为静态的语言和动态的言语两套系统"以及两种表现方式，但这都不是语言概念本身，而是对语言概念的定义或解释。从这种定义和解释可以看出，我们讨论语言的概念，首先应该把语言学以及语言学的下属概念如语言、文字、语音、语法等概念区别开来。

王：另外，您的专著在解释语言和文字的不同时，用"水汽"与"冰"举例说明。[①]认为当水蒸气变成冰时，性质就发生了变化，我觉得好像不太恰当。因为水蒸气是水的气态形式，冰是水的固态形式，但其化学式都是 H_2O，均包含氢和氧两种元素，因此，其性质是一样的，只是形态不同罢了。

聂：你的解释非常有趣，但是水与冰和水蒸气不仅形态不同而且性质也不同。这里涉及内在性质同外在形式的关系问题。内在性质的外在表现是形式，因此外在的形式是由内在的性质决定的，什么样的性质决定什么样的形式。以水为例，当水的温度降低到零度以下，水的性质则发生变化，这种性质的变化由其外在形式固态冰表现出来。当水的温度达到沸点，水的性质同样发生变化并以水蒸气的外在形式表现出来。因此，无论是冰还是水蒸气，它们都是水的性质发生变化产生的结果。

你用科学的方法解释水、冰和水蒸气的概念也是发人深思的。你说水、冰和水蒸气"化学式都是 H_2O"，企图用科学的方法证明水、冰和水蒸气的"性质是一样的"，这种探索创新精神值得鼓励和学习。对于人文科学的研究，运用科学的方法是十分必要的。但是，你可能把事物的构成同事物性质混为一谈了。水、冰和水蒸气的化学成分是 H_2O，但它们只是水、冰和水蒸气的化学成分而不是性质。在不同的条件下，相同的化学成分会发生性质改变并以不同的形式体现出来，而水、冰、水蒸气都是化学成分 H_2O 在不同条件下性质发生改变形成的。

例如鸡蛋和鸡。在不同的温度条件下，鸡蛋的性质发生变化，温度适宜，经过一定的时间，鸡蛋可以变成小鸡。尽管小鸡是从鸡蛋孵化而来，而其性质已不是鸡蛋，因为鸡同鸡蛋是性质不同的两种事物。

同理，尽管口头讲述的语言和书写的文字都是脑文本的外在表现形式，但它们在性质是上不同的。

[①] 参见聂珍钊：《文学伦理学批评导论》，北京：北京大学出版社，2014年，第280页。

王：但水蒸气与冰的关系恰好给了我启发，来说明脑文本的讲述与书写。我认为从本质上讲，无论是口头文学还是书面文学，创作者在大脑中加工而成的脑文本都是文学脑文本，其本质是相同的，只是表现形式不同罢了。就好比某个词语的口头表达与书面表达，无论是用声音说出来的还是用文字写下来的，都是同一个词语。

聂：你说："从本质上讲，无论是口头文学还是书面文学，创作者在大脑中加工而成的脑文本都是文学脑文本，其本质是相同的，只是表现形式不同罢了。"我完全同意你的看法。无论口头文学还是书面文学，它们都有文学的共同特征，因此它们的本质是一样的，都是文学的本质。但是，口头文学和书面文学的性质是不同的。它们之间的不同在于表现形式不同，口头文学是通过语言表达的，书面文学是通过文字表达的。

4. 语言同脑文本的关系

王：关于语言同脑文本的关系，我们可以提出一个假设：作家的脑文本体现为由作家本人根据创作需要选择的词语及其句法形式构成的语言系统；同时，绝大部分作家的脑文本是线性形式（我们日常使用的连贯的语言）的语言系统，也有小部分作家的脑文本是一种综合形式的语言系统，如视觉诗同时综合了视觉形象要素，因此，这种脑文本未必是连贯的。

聂：关于语言和脑文本之间的关系的问题，你在这里提出来一个非常重要的理论问题。但是在讨论它们之间的关系之前，首先应该明确脑文本与语言和文字的关系问题。无论语言还是文字，它们都是表达意义的工具。例如欧洲有关特洛伊战争的故事，中国有关开天辟地的故事，都可以通过语言或文字这两种工具表达。工具本身没有意义，它们的意义通过表达某种内容显现出来，而某种内容就是某个脑文本。

如果语言从脑文本而来，语言则是脑文本的声音形态；如果脑文本从语言而来，脑文本则是语言的意识形态。作家的文学创作是在作家大脑中对脑文本进行加工、修改、组合的编辑过程，对脑文本进行编辑的结果产生文学脑文本。这里需要指出，由于语言在形成的过程中产生了一系列加工、修改、组合和编辑的语言规则，因此脑文本在形成的过程中所依据的同样是语言的规则。同时，由于文字在形成句子以及文本的过程中也产生了文字规则，因此脑文本在形成的过程中也会遵守文字的规则。从中可以看出，当语言和文字产生之后，脑文本实际上受到语言和文字规则的制约。

由于语言和文字规则的制约，脑文本不能通过语言或文字完整地表达出来。以省略、比喻、隐喻等为例，当文学文本中的表达打断叙述逻辑而运用省略时，被省略的部分仍然存在于脑文本中。沉默也是如此。文学文本中的沉默省略了大量的叙述，但是沉默之中的脑文本是仍然存在的。沉默并非没有内容表达，而是对要表达的内容表示沉默。

它是以脑文本的方式存在的。事实上，以脑文本方式存在的文学不仅通过口头表达流传下来，而且还借助书写符号完成了从口头文学到书写文学的文本化过程。

5. 脑文本与文学脑文本

王：您的回复中出现了"脑文本"和"文学脑文本"两个术语。从您的思路看，似乎可以把文学创作过程归结为以下几个步骤：（1）作家"按照一定的文学样式"对脑概念和脑文本进行编辑加工；（2）在大脑中产生文学脑文本；（3）作家把大脑中的文学脑文本书写下来，成为书面文学。

如果我这个理解符合您的原意，就可以由此推导出两点：（1）口头文学的脑文本和书面文学的脑文本是性质相同的脑文本，都是大脑中经过对脑文本和脑概念的编辑加工后形成的文学脑文本，只是前者以口述为其表现方式，后者以文字为其表现方式；（2）既然"作家创作文学文本的结果产生文学脑文本，……创作文学作品是在大脑中进行的，是对脑文本及脑概念进行编辑和加工的过程"，那么，作家大脑中的脑文本和文学脑文本应该是两种不同的文本。是否可以把作家大脑中的脑文本理解为他本人依据自己的伦理观对前人的文学作品经过吸收接受后而形成的文本？一种文化和文学记忆？如果这种理解成立，则可以通过文学脑文本深入探究脑文本，研究作家之间的相互影响，包括外国作家对中国作家的影响。

聂：你说得对，是这样的。脑文本有不同的类型，如哲学脑文本、历史脑文本、文学脑文本。你归纳的文学脑文本的两个特点，是对文学脑文本产生的过程的总结，对于理解文学脑文本非常有用。就文学而言，无论口头文学还是书面文学，都是对文学脑文本的不同表达。这种不同表达指的是表达方法的不同，而文学脑文本是相同的。对于同一个文学脑文本，可以通过口头讲述（语言）表达，也可以通过书写符号（文字）表达。

语言和文字是表达文学脑文本的两种主要方法，除此之外，还可以通过手势（所谓的哑语）、触觉（如通过手的触摸感知的盲文）等，这也是表达脑文本的方法。随着电子技术的发展，借助键盘等输入设备把文学脑文本转换为数字符号，已经成为表达文学脑文本的主要方法之一。

脑文本指的是表达特定意义的存储在大脑中的所有文本。无论是文学脑文本、哲学脑文本还是历史脑文本，它们只是形式上不同，其性质都是一样的，都是脑文本。文学脑文本是就脑文本的形式或样式说的，是对脑文本的分类。你提到的"是否可以把作家大脑中的脑文本理解为他本人依据自己的伦理观对前人的文学作品经过吸收接受后而形成的文本"是一个有关脑文本和文学脑文本研究的重要理论问题，也是一个十分复杂的理论问题，还需要深入研究。

作家大脑中的脑文本是普通的脑文本，它可能是文学的，也可能是哲学的或历史的，但是作家大脑中的文学脑文本则是作家所有脑文本中的一个类型，也是区别于哲学、历史或其他脑文本的文学类型。作家大脑中的文学脑文本是怎样形成的，则是一个十分复杂的理论问题。你把文学脑文本理解为作家"本人依据自己的伦理观对前人的文学作品经过吸收接受后而形成的文本"，已经找到了文学脑文本如何形成的正确入口。作家创作文学是因为已经存在有被认为是某种样式的文学，它们有习惯上被认同为文学的某些特征，这种习惯认同即为伦理。作家只要根据这种伦理将大脑中多种多样的脑文本和脑概念组织起来，经过加工和编辑，使之符合大家认同的文学伦理，即可得到文学脑文本。

你提到的"文学记忆"是一个非常重要的观点。作家在创作文学之前不仅已经接受和认同存在的文学样式，而且还把已经存在的文学样式转换成脑文本存储在作家的大脑中，成为作家大脑中的文学脑文本样式或文学脑文本范本。这就是你说的"文学记忆"。作家只要按照自己大脑中的文学脑文本范本对脑文本和脑概念进行组合、加工和编辑，使之与范本相符，就产生自己创作的文学脑文本。因此，你说"可以通过文学脑文本深入探究脑文本，研究作家之间的相互影响，包括外国作家对中国作家的影响"，无疑是研究文学创作及文学作品的重要方法。

6. 脑文本的研究对象

王：您认为脑文本分析主要应针对文本本身，即文学作品中人物的内心独白、意识流、心理描写，以及隐喻、双关、不完全叙述、省略等。①

我觉得它们依然同作者的脑文本有关，是作家脑文本的特殊表现形式。上述表现形式可以分为三种不同的类型：内心独白、意识流及心理描写采用了直接表达方式，他们的形和义是统一的（A=A）；隐喻和双关有显性的表达，但作者真正的脑文本隐含在显性表达的背后，他们的形和义是分离的（A ≠ A, A=B）；不完全叙述和省略，作家的脑文本仅得到部分体现（A=A+B）。

由此可见，书面作品无论采用哪种表达方式，均为作家脑文本的不同体现。也就是说，脑文本可以被视为作者要表达的真实内容，在书面作品中，通过客观描述、直接表达、视觉形象等手段表现出来。

因此，脑文本的研究对象应该以作家创作过程中的脑文本为重点。

---

① 参见杜娟：《从脑文本谈起——聂珍钊教授谈文学伦理学批评理论》，载《英美文学研究论丛》，2018年第1期，第5页。

聂：你把脑文本的表现形式分为三种不同的类型很有创意，对作家在文学创作中形成的脑文本同书写文本关系的强调能够加深对脑文本的理解。关于脑文本的研究对象，在目前可能的条件下，仍然是作家书写下来的文学文本。分析书写文本，重点是对文学文本中的人物进行分析。文学作品中人物的内心独白、意识流、心理活动，以及描写人物的表达与修辞如隐喻、双关、省略等，都是把人物同脑文本连接起来进行分析的途径。由于构成文学文本的所有文字都是从文学脑文本而来，而文学脑文本是作家创作的结果，因此正如你所说，文学作品中人物的内心独白、意识流、心理描写，以及隐喻、双关、不完全叙述、省略等依然同作者的脑文本有关。

的确如此。脑文本中那些最隐秘的深藏于意识之中的内心活动、意识及心理变化，借助书写符号出现在书写文本中，成为可以直接阅读的东西，即你所说的直接表达。通过脑文本的转换，文字不仅是直接表达意识和心理活动的媒介，也是阅读、理解意识和心理活动的符号。你用显性表达把隐喻和双关同内心独白、意识流和心理描写区别开来，有助于理解隐喻和双关的特点。在脑文本的表达中，隐喻中隐含的部分，双关中暗含的意义并没有直接表达出来，但是能够借助语言和文字的规则间接理解它们。至于不完全叙述和省略，尽管只有部分脑文本转换成书写符号，但是没有转换成书写符号的部分仍然以脑文本的形态存在，因此没有表达和省略的部分仍然可以在脑文本中找到。

在对文学作品进行分析时，心理活动、情感变化、精神活动等，与其说是通过书写符号书写的，不如说是通过脑文本表现的。

但是，正如你所说，虽然文学文本是从作家创作的脑文本而来，但是目前我们还没有办法直接对深藏于大脑中的脑文本进行分析。即使分析作家创作过程中的脑文本，也仍然是以书写下来的脑文本为研究对象的。如果作家创作出来并保存在大脑中的脑文本没有书写下来，没有转换成文字形成书面的文学文本，就难以进行分析。而事实上，作家在把脑文本转换成书写文本时，并非把脑文本完整地书写下来，这就为在书写文本基础上分析脑文本留下了空间。

7. 脑文本与文学伦理学批评的关系

王：在您的理论构架中，脑文本是文学伦理学批评的组成部分，并且指出，脑文本理论试图说明文学的教诲功能是在脑文本层面进行的，离开脑文本就无法实现教诲功能。我认为，这里有必要区分作家的脑文本和读者的脑文本。正如您在论文中所言，"文学教诲功能的实现是通过文学的脑文本转换实现的"[①]，这就需要考察文学文本的接受问题。也就是说，文学作品教诲功能的实现是一个由作家产出到读者接受的过程。先由作家的脑文本（脑文本A）转化为文学作品（作者的伦理表达），继而由读者所接受或拒绝；在接受的情况下，形成读者的脑文本（脑文本B），从而实现其教诲功能，达到潜移默化的目的。

所以，在我看来，脑文本不应只是文学伦理学批评的组成部分，而是可以并行不悖的两种理论。文学伦理学批评理论揭示文学最本质的教诲功能；脑文本理论揭示文学创作的机制以及读者的接受过程，或许也可以用来分析作品中人物的心理活动等有文字或无文字显示，但同人的思维有关的片段。

聂：有关脑文本对于文学教诲功能的意义，你的理解完全正确。离开了脑文本，文学的教诲功能则无法实现。你说得对，文学作品的教诲功能是在脑文本的产生和接受过程中实现的。只有读者在阅读文学作品的过程中形成脑文本并把脑文本保存在自己的大脑中，文学作品的教诲功能才有可能实现，文学才能对读者产生潜移默化的作用。

你认为脑文本不只是文学伦理学批评的组成部分，而是并行不悖的两种理论。显然你是从理论的高度认识和理解脑文本，无疑对深入研究脑文本有重要推动作用。在你看来，文学伦理学批评理论揭示文学的本质并开发文学

---

① 聂珍钊：《脑文本和脑概念的形成机制与文学伦理学批评》，载《外国文学研究》，2017年第5期，第33页。

的教诲功能,脑文本理论揭示文学创作和读者接受的机制。这种区分是十分重要的,它不仅有助于加深对二者不同特点的理解,也有利于二者的融会贯通和建立完整的文学伦理学批评理论体系。

8.脑文本到文学文本的转换机制

王:结合您的论述,从作家脑文本的形成到文学文本的产生大致可以假设为如下过程(表1):(这里不涉及读者接受的脑文本)

表1 文学文本生成过程

序号	阶段	主要内容
1	脑概念	创作主旨、创作理念(同作家的世界观、人生观、生活经历等相关)
2	脑文本	以个性化的语言系统为载体的原初文本(该语言系统中的词汇、句法、语义等层面均体现出作家本人的风格特征)
3	文学文本	完整的文学作品,具有教诲功能

聂:这张表有助于厘清从脑概念到脑文本再到书写文本的过程,因此也有助于对脑文本的理解。脑概念有明确的定义,但在组合成脑文本之前,它的作用是任意的。脑文本是通过脑概念组合而成的,它的形成受到语言和文字规则的制约,表达明确的意义。作家按照文学的范式对脑文本进行加工和编辑处理,可以得到文学脑文本。文学文本从文学脑文本转换而来,是作家书写文学脑文本得到的结果。文学作品是脑文本的客观载体。文学脑文本只有经过书写变成书写文本即文学作品以后,才能被读者阅读,才能发挥教诲作用。文学的伦理价值,也要通过阅读文学作品才能显现出来。

附录四

从脑文本谈起——聂珍钊教授谈文学伦理学批评理论

杜娟

(华中师范大学文学院教授)

摘要：中秋夜，难得约到聂珍钊教授进行了长达两小时的访谈。聂教授在访谈中主要就文学伦理学批评的基本理论和核心问题做了细致的阐述。文学伦理学批评在坚持跨学科的比较研究的同时，强调对文学本体（即文学文本）的研究。脑文本的提出主要是要回答文学起源和文学定义的问题。回顾自己的研究心路，聂教授觉得他提出文学伦理学批评主要受到达尔文进化论中自然选择的影响，但其核心理论伦理选择又是对达尔文学说的发展和超越。聂教授认为道德教诲是文学的唯一功能，美离开善也就不成其美，美育的根本目的仍是说教。文学伦理学批评是一种研究方法论，目的就在于挖掘文学文本的教诲价值，从而指导读者做出正确的伦理判断和伦理选择。

正文

杜娟（以下简称"杜"）：聂老师，我知道您近些年又对文学伦理学批评做了一些新的思考，比如提出了脑文本[①]这一新的文学术语，很多人觉得这

[①] 参见聂珍钊：《文学伦理学批评：口头文学与脑文本》，载《外国文学研究》，2013年第6期，第8—15页。

一概念很新奇。您能谈谈这个概念和我们通常所说的文学文本有何联系和区别吗？

聂珍钊（以下简称"聂"）：在之前的研究里，关于文学的起源问题是没有彻底解决的。不论是中国还是西方，都认为文学是从口头文学而来。西方坚持口头文学的传统，认为口头文学是文学的源头。中国同样坚持文学源于口头文学的观点，所以在大学教科书里，往往讲授西方文学课程首先从希腊神话开始，讲授中国文学课程从上古神话（如《山海经》）开始。这种观点可能需要重新思考。一个关键问题是"口头文学"的定义。何谓口头文学？口头文学指的是一种本体文学还是通过口头讲述或流传的文学？一般而论，口头文学没有文本，因此是没有本体存在的，它是经由口头流传的文学，即有一种文学经由口头讲述而流传。这就产生了一个问题，即口头文学强调的是经由口头讲述而得以流传的文学还是强调文学的口头讲述？如果强调的是前者，那么口头讲述的文学是什么？在哪里？因为首先需要有一种文学，然后才能被讲述和流传。如果强调的是后者，那么口头讲述只是文学的表现和流传方式，而文学的表现和流传方式不能称之为文学。如此看来，口头文学还需要从定义上予以厘清。经由口头讲述而流传的文学指的只是文学表现和传播方式的分类，而不是像书面文学那样存在的文学类型。如此思考，口头文学可以看成作为文学的表达和传播方式存在的，而不是作为一种本体文学存在的。这里又引发出一个问题。如果口头文学指的是一种经由口头表达而流传的文学，那么必然有一种先于口头表达而存在的文学。口头表达只是文学流传的方式，如果没有文学的先前存在，口头是不能表达的。现在需要追问，这种先在的文学是什么样的文学？在哪里？根据文学伦理学批评的观点，这种先在的文学就是作为脑文本存在的文学，它存在于人的大脑里。由于有一种文学以脑文本的形式存在，所以经由口头讲述才能把脑文本作为文学表达出来，形成所谓的口头表达的文学。从这个意义上说，口头文学同样是有其文本的，不过它的形式是脑文本。现在课堂上往往把后世作家整理成的希腊神话、荷马史诗、《山海经》以及有关的神话故事，看成口头文学或者口头文学的文本，可能忽视了当口头表达的文学一旦用书写符号书写下来就变成了书面文学，已经不属于口头文学的范畴了。有文字记载的荷马史诗和《山海经》等神话故事，都是以文本的形式出现的，实际上不能作为没有文本存在的口头文学的证据。《山海经》的成书年代也晚于儒家经典，也不能作为中国文学的源头。所以，我们如果讨论文学的定义、起源以及流传，不能忽视作为文学存在的载体即文本问题。如果讨论口头文学，也不能忽视经由口头讲述的文学的载体——脑文本。换一种说法，只要是作为文学存在的，必然有其文本。口头文学也不能例外，但它的文本是脑文本。

杜：就是说，脑文本也是属于文学文本范畴的。

聂：对。这里既涉及一个文学的起源问题，也涉及文学的定义问题。就什么是文学而言，书面文学的定义我们是清楚的，但是通过口耳相传的一些作品，我们将其称为口头文学，这就带来了一个定义上的混乱。前面已经说过，口头文学指的是口头讲述的文学，那么引发的问题是，口头讲述的文学是否就是口头文学？比如，我们把托尔斯泰的《安娜·卡列尼娜》《复活》这些小说的文本记在心里，然后用口头讲述一遍，算不算口头文学？再如，莎士比亚的《哈姆雷特》的戏剧文本，我们在舞台上把记下来的戏剧文本讲述一遍，这个讲述是不是口头文学？这里讨论的是对有文本的文学的讲述。我们再把时间往前推移，在文字或书写符号产生之前，口头流传的文学和有文本的文学的区别在哪里？书面文学出现之后，我们讲述的是出现的文本。书面文学出现之前，我们讲述的文学是什么？我认为，书面文学出现之前我们讲述的是脑文本文学，讲述的是所谓的口头文学的脑文本。没有这个脑文本，口头文学则无故事可讲。

杜：如果说大脑中存在的文本就是脑文本，那作家在创作的时候所设想的草稿是不是也可以说是脑文本呢？

聂：脑文本同作家的创作密切相关。作家在创作过程中的思考和最后的书写往往存在差异，有时甚至有很大的区别。作家创作之前要在头脑中准备创作素材并对素材进行加工和组织，变成某种文学样式。我们以前把这种准备称为打腹稿，腹稿其实就是脑文本。作家的创作离不开脑文本，这个是毫无疑问的。作家创作小说、诗歌或者戏剧，都需要经过脑文本的创作过程。作家先要在大脑中对要创作的文学进行构思，对不同创作素材进行选择、加工，按照某种样式组合，形成存储在大脑中的文学文本，然后才能通过口头讲述或是书写等方式把脑文本转换成纸文本或电子文本，形成最后的文学文本。从创作的过程看，文学作品的创作是通过脑文本实现的。脑文本是文学作品产生的基础，是它的前提。作家最后写作出来的文学作品只是作家按照一定的伦理规则对脑文本进行加工和组合的结果。

杜：如此说来，研究文学是否要研究脑文本？

聂：我们先谈文学研究。文学研究的对象是什么？是文学文本。关于文学的研究对象问题，有人以研究作家为对象，也有人以研究作家和创作的关系为对象，这些研究都属于文学研究，但不一定是研究文学。文学指的是什么？文学指的就是文学作品。文学作品的存在形式是文本。我们研究文学，就是研究文学文本。研究文学同文学研究是不同的，它们共同的目的都是研究文学。例如，研究作家以及作家和文学创作的关系等，其目的是更好地研究文学文本。但是，无论是研究作家还是研究作品，都离不开脑文本的研究。例如，作家的创作过程以及创作的心路历程需要在脑文本的层面上进行分析。作品中人物的心理活动和精神分析也是通过脑文本展开的。只要分析心理和精神，就需要对脑文本进行分析。文学作品（如小说）中的心理描写、意识流，戏剧中的内心独白，诗歌中的抒情等，都需要通过脑文本进行分析。

杜：研究文学文本是重要的，但是研究作家也能够帮助我们更好地理解作品的内涵，对不对？

聂：你说得对。虽然作家本身不是文学，不能作为文学对象被研究，但是对作家的研究是文学研究中不可缺少的一部分，对于理解、分析作家创作的文学作品十分重要。比如，西方文学研究中的作家评传研究和作家传记研究，都是对作家的研究。研究作家不是研究文学的目的，而是为了更好地研究文学文本。研究作家和研究文学文本并不是一回事，因此作家研究不可以代替对文学的研究。但是，无论研究文学文本还是研究作家，都有一个如何进行研究（即研究方法）的问题。

杜：我们能不能说，您的这个研究是一种内部研究？很多人认为文学伦理学批评是文学和伦理学这两个区域的一种跨界研究，但实际上您还是在研究文学内部的一些伦理现象、伦理规则、伦理冲突。您好像一直是比较强调这种内部的研究，对不对？

聂：是的。尽管文学伦理学批评是一种比较的研究、一种跨学科的研究，但学科性质是明显的，它研究的对象是文学。当然作为一种研究方法，它也可以用来研究与之相关的学科，研究文学以外的问题。但就研究文学而言，文本内部存在的一系列问题，如你提到的伦理现象、规则、冲突等，都是重要的。但是就文本的内部研究而言，重要的是要研究人物的伦理选择问题，即人物在某种身份影响下如何进行选择、选择的过程、选择的结果以及选择对于我们的价值等。其中也包括对作家的伦理批评研究，如对作家如何在作家、人物、读者、评论者等不同身份中进行选择、转换并创作作品的研究。这种研究有益于对文学文本的研究。

杜：我发现，您是从文学本体出发讨论文学伦理学批评的，是从人类起源的立场用文明发展的历史眼光看待问题。我一直很感兴趣的是，在您的求学和研究过程中，哪种西方文学理论或批评方法对您的影响最为深刻，这些理论和方法和您创立文学伦理学批评有关吗？

聂：如果说我受到西方理论的影响的话，最主要的影响来自达尔文和他的进化论。文学伦理学批评的创立同达尔文的进化理论及自然选择密切相关。达尔文的进化论对于我理解文学、认识世界和进行哲学思考非常重要。我很喜欢《物种起源》（*The Origins of Species*）这本书，从整体上它讲整个生物的产生，但最为重要的是它科学地解释了人的起源，即人是通过进化自然选择的结果。达尔文的自然选择，是后来我提出的伦理选择的基础。当然，西方一些思想家（如布斯、德里达、阿德诺、阿甘本、马乔瑞·帕洛夫、克罗德·劳森等）也影响了我。

杜：您能从文学伦理学批评的角度再谈谈人的起源问题吗？

聂：好的。人从何而来？西方以前从宗教的角度解释人的起源，认为人是万能的上帝创造的。但是从科学的角度来看，上帝创造的这个观点肯定不成立，既然如此，人是怎样产生的呢？达尔文之前没有任何人予以科学的解释。只有达尔文通过大量科学研究，用证据解释了所有的物种都是进化而来的，人同样如此，是从类人猿进化而来的。但类人猿和我们现在的猴子、猩猩是有区别的。我曾跟学生开玩笑说，动物园的猴子再过一万年，一百万年，一千万年，就要进化成同我们一样的人。实际上并非如此。原因是什么？前提有错误，即类人猿和猴子或猩猩是不同的物种。猴子或猩猩虽然同人有亲缘关系，但在种上和类人猿不同。进化必须在一个种的序列中进行。只有类人猿才能变成人，而猴子和猩猩因为种的不同，因此它们永远也无法进化为人。由于类人猿已经在形式上进化成了人，因此类人猿作为一个物种已经完成了进化而消亡了，认为猴子通过进化还可以变成人的误区在于混淆了种和属的区别。

杜：您在自然选择的基础上提出了伦理选择，那么伦理选择是不是通过进化进行的？

聂：伦理选择不是通过进化进行的，而是通过教诲进行的。猿变成人是通过进化完成的，这是自然选择的结果。进化不需要人干预，是被动的，是时间范畴内的进化，只要经过时间的积累，类人猿都可以变成人。后来人出现了，类人猿作为一个物种也因为完成了人的进化而消失了。自然选择是对人的形式的选择，如人的直立行走、五官的分布等。所有这些变化都是自然选择的结果，但是人获得人的形式之后又是怎样变成文明人的呢？怎样变成有道德的人呢？这是通过伦理选择实现的。自然选择的方法是进化，伦理选择的方法就是教诲。最明显的例子就是儿童。婴儿的出生可以看成自然选择的结果。婴儿刚生下来时只是有了人的形式，在本质上和其他的动物没有什么区别。没有教诲，儿童不能进行伦理选择。儿童的成长都是教诲的结果。如果把一个孩子放入狼群中生活，由于没有教诲，这个孩子不仅无法变成人，相反还会变成狼孩。这说明伦理选择是不能离开教诲的。

杜：但狼群中也有一种淳朴的道德感，比如狼也会照顾幼小的同类，保护族群，这些不是道德感吗？

聂：这是对概念的误读。动物界有类似于人的伦理和道德，但这种道德和人的道德是不一样的，和人的伦理也有性质的不同，不能把动物的伦理和人的伦理混为一谈。狼的道德行为在很大程度上可能产生于本能，而人的道德却是在教诲中产生的。

杜：但有些人的道德意识是和动物界比较接近的，比如您研究《老人与海》时谈过丛林法则[①]。有些人的处事原则就是丛林法则，这个该怎么看呢？

聂：丛林法则指的是动物界弱肉强食的自然现象。从猿进化为人后，人性因子产生，但兽性因子也同时存在。人性因子表现为道德，兽性因子表现为自然意志。如果人身上的人性因子不能很好地控制兽性因子，人身上的自然意志就会发挥作用，丛林法则就会成为处事伦理。丛林法则是动物界的伦理，它不应也不能成为人的道德。

杜：从古至今有很多以动物为主角的作品，比如《伊索寓言》《动物农场》，当然它们是拟人化的，是人类社会的缩影。但这是不是也说明动物界的道德与人类有比较大的相通性呢？

聂：表面相似，但本质不同。童话中也有以动物为主角的文学作品。儿童文学中的动物形象从表面上看似乎可以作为人的形象来理解，但这些动物

[①] 参见聂珍钊：《〈老人与海〉与丛林法则》，载《外国文学评论》，2009年第3期，第80—89页。

形象的伦理价值是有所不同的。可以把《海的女儿》作为分析伦理价值的例子。海的女儿是海中的鱼，她想做人，首先要通过自然选择获得人的形式，再通过伦理选择获得人的本质。为了做人，她忍受巨大痛苦，以失去说话能力为代价喝下魔药，得到了双腿。这是小人鱼经历的自然选择，获得了人的形式。后来，她为了王子的幸福选择了牺牲。这是她做人的伦理选择。从这个童话里，可以看出人怎样经历从自然选择到伦理选择的过程，从而使孩子从中学到做人的道理。从表面上看动物世界的道德同人类社会的道德有相通性，但实际上是相似性。通过动物道德故事，可以学到做人的道理。

杜：您往往强调从人的起源和文学的起源讨论、理解和认识文学，您是基于什么考虑呢？

聂：这个问题与文学伦理学批评的理论建构相关。整个人类文明的发展必须经过三个选择：自然选择、伦理选择、科学选择。自然选择解决我们人的形式问题，使人有人的形式；伦理选择解决人的本质问题，使人能够成为道德的人；科学选择解决科学时代人的完善问题，通过科学技术使人的形式和本质完美地结合起来，并使伦理的人变成科学的人、技术的人。自然选择是通过进化实现的；伦理选择是通过教诲实现的；科学选择是通过技术实现的。我们现在正在经历伦理选择的过程。到目前为止，所有的一切都是伦理选择。一个人的一生都处在伦理选择过程中，一个人每时每刻都在进行伦理选择，甚至一个人的死亡也是伦理选择的结果。不过，随着基因技术和生殖技术的进步，我们已经开始迈进了科学选择的门槛。

杜：这个观点您还是比较超前的，科学选择也是人的选择，那这个科学选择是否同基因技术（如克隆）有关？

聂：科学选择的目的是通过技术手段使伦理的人变成科学的人。自然选择阶段的人是自然人，伦理选择阶段的人是伦理人，将来的科学选择是要把人变成科学的人。而克隆作为一种具有革命性的技术，很有可能就是科学选择的方法。某些科学家认为，未来的克隆人将是同我们人类一样的人，可能将最终取代自然人。这也许就是不可避免的科学选择,无论我们反对还是赞成。

杜:那么,科学人还有没有伦理道德?有没有伦理道德的问题呢?

聂:在科学人时代,可能有维持科学人和科学人世界秩序的类似于我们现在伦理道德的各种规则或者标准,但是我们现在的伦理观念、道德意识在科学选择过程中或科学选择完成后会有全新的改变。例如,丛林法则适用于自然选择,但是却不适用于伦理选择;道德教诲适用于伦理选择,但不会适用于科学选择。因此,科学选择可能除了科学和技术,根本不需要伦理和道德。举例来说,科学选择时代的人都将是从工厂里一批一批制造出来的,需要什么类型的人就生产什么类型的人。由于人是在工厂里生产出来的,因此所有的科学人的区别就只是型号、功能、编号、产地的区别。科学选择的时代同今天相比,人和人类将有根本性改变,许多是我们现在无法预测的,没有办法具体想象。

杜:您的这些说法比科幻小说更科幻。很多人担心科技的进步会带来人的退化,最后我们人被科技所主宰,您好像不赞成这种观点是吧?

聂:是的。我不赞成这种观点,但是我能理解所有这些人的担忧。不过,这种担忧是杞人忧天,毫无用处。这种担忧是以我们的存在为前提的担忧,是我们处于伦理选择阶段的担忧。这种担心阻挡不了,也改变不了科学选择的进程。如果进入了科学选择阶段,从克隆工厂中制造出来的科学人越来越多,我们这些伦理阶段的人可能不断死亡和消失。我们的伦理环境决定了我们不可能消除担忧。但随着科学技术的飞速发展,也许随着伦理人的死亡和消失,随着科学人的大量出现,我们的担心也是为时不长的,50年?100年?确实,我们现在对未来的科学选择时代的担忧是不必要的。

杜:如果是那样的话,人的个性不就丧失了吗?

聂:人的个性是站在我们今天伦理选择的立场讲的,个性是人的伦理特征。在科学选择时代,人的个性将逐渐被科学人的科学性所取代。如果还有什么个性的话,那就是还存在不同的科学人的制造年代、型号、编号和维修记录。

杜:英籍日裔作家石黑一雄的《别丢下我》描写了一个克隆人的村落。克隆人的唯一功能就是器官捐赠,经过几次捐赠之后克隆人就被废弃了。

聂:石黑一雄是从伦理选择的立场写克隆人的,但克隆人生产出来是用于器官捐赠。石黑一雄描写的克隆人不是科学选择时代的克隆人,他们还不是科学人,也不能主宰自己。在科学选择时代,整个世界上都是克隆的科学人,科学人也有办法治疗各种疾病,根本不需要克隆人做器官捐赠。因此,石黑一雄的科幻小说是伦理选择时代的科幻小说,并未进入科学选择时代。因此,他的科幻小说在某种意义上说是伦理科幻小说。

杜:有的人认为文学伦理学批评过于强调教诲价值了,您认为是这样吗?

聂:不是过于强调文学的教诲价值,而是应该强调教诲价值。文学的道德教诲就是文学的道德说教。现在的问题是:一、应不应该强调道德说教;二、怎样进行道德说教。孩子的成长可以证明道德说教的必要性,所有的孩子都是在道德说教下成长起来的,即使孩子成年之后,也仍然需要道德说教。道德说教是伦理选择的方法。伦理选择是人一生要经历的过程,因此道德说教也是终身的。从人的成长来说,如果不经过道德说教,人不能成长为人。由于道德说教是对人自由意志的束缚,是对人身上兽性因子的抑制,往往会遭到人的本能的抗拒,因此说教需要文学做工具,即通过文学进行道德说教,从而让人容易接受道德说教。文学伦理学批评就是研究文学进行道德说教的方法。

杜:您反复论证过文学的功能是教诲,也说过教诲的主要形式是文学。但是难道文学所有的价值都是教诲价值吗?所有的文学都是在进行道德说教吗?有些文学作品,似乎没有什么道德说教,或者说道德说教是不那么明显的。

聂：你能不能举出一两个例子来说明没有道德说教的文学作品呢？

杜：比如《诗经》中的第一首诗《关雎》篇，大家都认为是一首关于青年男子追求美丽女子的爱情诗，是一首描写纯真爱情的和道德说教无关的情诗，难道不是吗？它有道德说教吗？

聂：《关雎》篇是一首描写美好爱情的诗，但本质上并非完全是一首情诗，而是对谈情说爱的青年男女进行道德说教的诗。只要仔细读一读这首诗的文本，就可以发现，全诗强调的中心主题，就是青年男女的恋爱应该如何进行伦理选择：窈窕淑女，君子好逑。全诗无论用多么美好的艺术手法描写爱情，其目的都是教导男子娶妻要娶有贤德的淑女。全诗采用重复的手法，我记得一连用了四个"淑女"，以强调为妻的贤德的重要。当然，诗中也强调了有贤德的淑女也应该选择品德高尚的君子做丈夫。你能说这首诗不是在进行道德说教吗？一些青年男女谈情说爱，这种道德说教对他们如何择偶可能是很有用处的。

杜：我完全同意您关于《关雎》的解说。但是难道就没有与道德说教无关的纯美的诗吗？比如骆宾王的《咏鹅》，这应该是一首与道德教诲没有关系的诗，您怎么看这首诗呢？

聂：那我先问个问题：为什么第一句是三个"鹅"字呢？

杜：有人认为这首诗是五言古诗，所以格律不标准。第一句话主要是表达孩子看到鹅的开心，所以用三个"鹅"字模拟鹅的叫声。

聂：首先，这三个"鹅"字就涉及一个伦理表达的问题。骆宾王主要是写五言绝句的诗人，《咏鹅》应该是一首五言绝句。但是本应五个字的第一句为什么只有三个字呢？这里就有伦理表达的问题了。骆宾王看到的肯定不是一只鹅，而是一群鹅，所以三个鹅字说明至少有三只。但究竟有几只，骆宾王没有回答这个问题，因为这是一种伦理表达，不需要回答。是什么伦理表达？就是习惯性用语"三五成群"。在中文的习惯性表达里，一群鹅从数量上说要么是三只，要么是五只。所以，第一句用三个鹅字表达一群鹅，三个鹅字是对五只鹅的伦理提示，让我们意识到伦理表达的重要。其次是道德内容。尽管这是一个七岁孩子写的诗，但是蕴含着明显的道德说教内容，即第二行诗"曲项向天歌"。从内容上看，这行诗表达了一个七岁少年一心向上、冲天而起的远大志向。所以"曲项向天歌"是说一个少年也应该有远大的志向。这首诗同马拉美的《天鹅》有异曲同工之妙。马拉美在《天鹅》这首诗中，描写了被冰冻在湖水中的白色飞鸟想飞出冰湖的志向，描写了天鹅对它一心向往的天地的渴望。这首诗用象征的方法告诉我们一个道理，一个人即使处于逆境，也不能放弃理想和志向。

杜：说到伦理表达的问题，我想起来，您的批评理论，比如斯芬克斯因子等，都比较强调人的理性的价值，但对于20世纪的现代派作品来说，由于它们受到非理性主义文化思潮的影响，分析他们的教诲价值好像就有些困难。它们更多表现出对冰冷的理性主义的怀疑，把非理性的感受作为人存在的本质。这些作品也是伦理表达吗？对这些作品我们该如何进行伦理分析，或者它们的教诲价值在哪里呢？

聂：这也是一些人质疑文学伦理学批评的地方，认为文学伦理学批评确实管用，但主要适用于研究古典文学作品，也有人认为文学伦理学批评的方法主要适合研究小说和戏剧这类叙事性作品。但事实并非如此。文学伦理学批评同样适合分析现代派作品。对非理性的强调是现代派文学的一大特点，尤其是荒诞派戏剧。荒诞就是非理性。用文学伦理学批评去分析这些作品，就是要说明理性的重要性。人的伦理选择要通过理性才能选择，有理性才能对事物有正确的判断。因为有理性，现代社会才有秩序，文明才能向前发展，人才有道德。非理性对人的直觉、本能、自由的突出和强调导致社会和人陷入伦理混乱之中，导致人和社会都不能做出正确的选择，或造成伦理两难或导致错误选择的产生。例如，有些荒诞派戏剧人物就有伦理身份问题，《秃头歌女》中人物的身份困惑、混乱、错位等都是非理性导致的。伦理身份和伦理选择这些文学伦理学批评的核心术语都能用于现代派文学的分析。

杜：您曾就文学的起源和性质提出：伦理是文学的基本属性；文学的基本功能是道德教诲，但道德说教是文学的唯一功能吗？有人坚持认为，审美也是文学的功能，甚至是文学的主要功能。

聂：道德教诲是文学的唯一功能，也只有道德教诲才能概括文学的功能。这里需要注意的是，功能和作用是两个不同的术语：功能是本质的作用、基本的作用。或者说，功能指多种作用中某种重要的核心作用，而在核心作用之外的某些作用，则被排除在功能之外。但是作用指的是所有可能的用途。例如，文学作品的基本功能是教诲的功能，这也是它的基本作用。文学还有许多其他作用，如审美的作用或美育的作用、教育的作用、学习的作用、认知的作用等，但这些属于一般作用，不是基本的作用，因此它们不是功能。文学的作用很多，如文学作品还可作为出售的商品，作为赠送的礼品，文学书籍毁坏了可以用于废纸再生，文学书籍可以用于装饰等，但这些都是作用而非功能。不过，恐怕大家的争议还是在于文学与审美的关系，即有人认为审美不仅是文学的本质特征，而且是文学的基本功能。这里需要首先对审美进行定义的分析。审美无论作动词还是名词理解，指的都是人的主观心理判断力或审美判断力。审美的存在有两个前提，即在审美主体和审美客体中存在。审美是在主体和客体之间产生的。审美的主体只能是人，是文学作品的读者、文学作品的批评家，而文学作品则只是审美客体。在审美的主客体关系中，文学作品只能用于审美的客体，审美只能在读者和批评家阅读作品的过程中产生。文学作品不进入阅读的过程，也就没有审美产生。或者说，不进入审美过程，文学也无所谓美或不美。美是审美的结果，因此美是主观的。由于审美是在阅读作品过程中产生的，是作为审美主体的读者或批评家的一种心理判断，因此它同文学作品没有直接的关系，同读者或批评家则有直接关系。从审美的定义和审美同读者的关系看，审美同作品不是从属关系，审美所以就不可能是文学的功能。其次，审美也是批评文学的一种方法。通过审美可以对文学进行价值判断，或者说发现文学的美。文学伦理学批评认为，文学的美仍然是伦理的美。美在性质上是主观的而非客观的，因此对美的主观判断是以伦理标准为依据的。美或不美，既不是由主观决定的，也不是由客观决定的，而是由伦理决定的。例如，俗话说"子不嫌母丑"和"情人眼里出西施"，表述的就是美的伦理本质。

杜：也就是说，美离开善也就不是真正的美了。您的说法很有启发性，谢谢您。

附录五

术　语

一、术语表

1. 语言（Language）
2. 语言符号（Linguistic sign）
3. 符号（Symbol）
4. 文字（Character）
5. 书写符号（Symbols in writing）
6. 能指（Signifier）
7. 所指（Signified）
8. 言语（Speech）
9. 语言获得装置（Language acquisition device）
10. 感知（Sensation）
11. 感觉（Feeling）
12. 传感器（Transducer/Sensor）
13. 外感受器（Exteroceptor）
14. 内感受器（Interoceptor）
15. 编码（Encoding）
16. 解码（Decoding）

17. 认知（Cognition）

18. 知觉（Perception）

19. 意识（Consciousness）

20. 客观意识（Objective consciousness）

21. 主观意识（Subjective consciousness）

22. 神经元（Neuron）

23. 神经冲动（Nerve impulse）

24. 感觉中枢（Sensory center）

25. 人工神经网络（Artificial neural network）

26. 低级语言（Infant language）

27. 高级语言（Adult language）

28. 语言生成（Generation of language）

29. 文本（Text）

30. 书写文本（Written text）

31. 电子文本（Electronic text）

32. 数字文本（Digital text）

33. 脑文本（Brain text）

34. 脑概念（Brain concept）

35. 物象概念（Image concept）

36. 抽象概念（Abstract concept）

37. 文学（Literature）

38. 口头文学（Oral literature）

39. 文学作品（Literary work）

40. 文学的定义（Definition of literature）

41. 理论（Theory）

42. 思潮（Trend）

43. 文学理论（Literary theory）

44. 自然选择（Natural selection）

45. 伦理选择（Ethical choice）

46. 科学选择（Scientific selection）

47. 伦理身份（Ethical identity）

48. 斯芬克斯因子（Sphinx factor）

49. 伏羲因子（Fuxi factor）

50. 女娲因子（Nüwa factor）

51. 伏羲女娲因子（Fuxi and Nüwa factor）

52. 兽性因子（Animal factor）

53. 人性因子（Human factor）

54. 人性（Human nature）

55. 人格（Personality）

56. 本能（Instinct）

57. 本性（Instinct）

58. 天性（Natural instinct）

59. 伦理（Ethic）

60. 道德（Morality）

61. 审美（Aesthetic）

62. 审美判断（Aesthetic judgment）

63. 审美价值（Aesthetic value）

二、术语解释

1. 语言（Language）

通俗地说，语言是人的发音器官发出的能够表达意义的声音。当人通过发音器官的运动将脑文本转换成声音后，这种声音就是语言。因此，语言由脑文本转换而来，是脑文本的声音形态。

但是，学术界一直对语言的定义存在不同看法。潘文国教授对19世纪初以来的学术界有关语言定义的观点进行了梳理，整理出多达60余种的不同观点。语言的定义问题未能解决，究其原因，是我们没有把语言同脑文本、文字、文本、符号、声音等相互区别开来。不仅没有区别开来，我们在讨论有关语言问题时甚至把语言同文字、符号、文本等混为一谈，有时语言指文字或符号，有时指文本，而事实上它们是各不同的。

一般认为，由于人类的出现，语言产生了，因此对于我们来说语言是先在的。事实上，语言并非天生的，也非先在的，而是生成的。作为一种声音形态，语言并非一种实体（entity），而只是一种状态。语言在生成之前并不存在，只有保存思想的脑文本的存在，但是脑文本并不是语言。脑文本一旦转换为声音形态，就是语言的生成。脑文本转换为声音形态的过程，即语言的生成过程。因此，语言不是先在的，而是实时生成的。例如，诗歌朗诵者把记忆在头脑中的诗歌通过口头朗诵出来，记忆中的诗歌就转换成了声音形态，这就是语言，或者说是生成的语言。当两个人一起通过口头进行交流，这个交流的过程就是语言生成的过程，交流中使用的能够表达意义的声音即为语言。一位诗人手执预先写好的诗稿进行朗诵，他通过口头表达把书写的诗稿转换成声音形态，这时就从诗人的朗诵中生成了语言，而他手中的诗稿仍然是书写文本。一切符号、文本等都可以通过声音转换成语言。从中可以看出，语言是借助人的发音器官生成的。

语言借助发音器官生成，借助空气等媒介传播。声音既是语言的形式，也是语言的媒介。没有声音和人的发音器官，语言就无法生成，更不能传播。因此，语言是脑文本的声音转换，声音形态和实时生成是语言的两大本质特征。正是语言的这两个本质特征，我们才能认识语言，才能从本质上把莫衷一是的语言定义厘清，才容易把混淆不清的语言、符号、文字、文本等概念区别开来。

　　语言专指人讲的语言，它具有以下基本特征：1. 语言是通过人的发音器官的运动发出的表达某种意义的声音。语言专指人的语言，其他动物也可能有它们的语言，但不包括在人的语言中。2. 语言是脑文本的声音形态，它以空气为媒介，以声波的形式传播。3. 语言不是预先存在的，而是实时生成的，只存在于生成过程中。当我们通过发音器官把脑文本转换成声音时，语言生成了。当转换的过程结束时，语言的生成过程也就结束了。4. 声音是语言的媒介，通过音量、音程、音调以及重音的变化表达不同的意义。因此，语言是约定俗成的声音，也是人和人之间相互交流的方法。

　　2. 语言符号（Linguistic sign）

　　在索绪尔的论述中，语言符号是他在讨论语言学问题时使用的一个专门术语，用来指概念和声音形式结合在一起的词（word）。也可以说，语言符号是有形的，能够通过书写的文字把它们固定在约定俗成的形象里。在索绪尔看来，语言符号从根本上说是心理符号，但不是抽象概念，它们联结起来就构成语言。语言结构的基本单元可以由相对的书写符号（symbols in writing）来表示。如果可以用这种方式理解语言结构的基本单元，字典和语法就可以忠实地代表语言。"语言只存在于大脑之中。"索绪尔用比喻的方法说，语言是声音形式的储存仓库，文字就是声音形式有形的形式。或者说在特定的语言学语境里，索绪尔所说的语言符号就是书写符号。

　　但是，索绪尔在讨论语言符号时又强调语言的声音本质，因此我们可以在索绪尔的解释中发现语言符号概念的矛盾，即声音不能成为符号。符号不同于声音，它是一种有形的象征物，而无形的声音如号声、歌声、乐器发出的声音是不能成为符号的。显然，索绪尔把无形的声音看成符号同他讨论的符号是存在矛盾的。索绪尔似乎自己也知道符号的物质性特点并据此认识到他的声音符号概念的矛盾，因此他才企图用声音的物质性来弥补自己概念的缺陷。根据物理学原理，声音只是一种波，它可以借助空气或某种物质传播，但它本身并不是物质。索绪尔强调声音的物质性似乎可以自圆其说，但是并没有从根本上解决声音符号概念的矛盾性。

3. 符号（Symbol）

在符号学理论中，符号是一个核心概念，其定义和解释经历了漫长的历史演变，不同学者和学派对符号有不同的理解和观点。一般而论，符号是用来指称和代表其他事物的象征物，一个符号包括"用什么来代表"和"代表什么"两方面内容，即符号的形式和内容，在符号学中通常称为"能指"和"所指"。能指是符号的形式或物质载体，是符号的外在表现，如文字、图像、声音等。所指是符号所代表的概念或意义，是符号的内在含义。能指和所指之间的关系是任意的，是人们在长期社会过程中约定俗成的。符号是视觉形象，是可视的，因而具有物质性，如图画、文字、标识等。

关于符号是什么的问题，尽管存在一些争议，但总的来说，学界大多沿用索绪尔和巴特给符号下的定义：1. 符号是能指和所指相联结产生的整体。2. 符号是概念和声音形式的结合。显然，他们的符号概念始终是同声音联系在一起的，即所谓的语言符号。索绪尔的符号指的是由所指和能指构成的整体，而所指和能指又分别代替概念和音响形象。在索绪尔关于什么是符号的解释的基础上，巴特又对符号做了进一步归纳和解释：符号指的是能指和所指形成的整体，也可以看成一个声音和概念的结合。索绪尔和巴特都用能指和所指定义符号，都强调符号是概念和声音形式的结合，但是他们没有把无形的声音同有形的符号区别开来，因此他们关于符号的定义存在矛盾。

4. 文字（Character）

文字即书写符号，指用于书写的表意符号。从功能上看，文字是将脑文本转换成书写文本的工具和媒介。借助文字，脑文本才能转换成书写文本被保存下来，供人阅读，流传后世。因此从根源上说，只是在文字出现以后，无形的语言才能转变成以文字符号表意的文本形式，以语言的声音形式复现的脑文本才能够转变为可视可读的书写文本，人们的语言和思想才能够真正被记录和保存下来，脑文本才能够被记录和保存。

中国最早的文字是出现在公元前14世纪殷商后期的甲骨文，距今已有3600多年的历史。甲骨文是契刻在龟甲或牛骨上的象形符号，具备了象形、指事、会意、形声、转注、假借等造字方法，是中国最早的成系统的文字形式，也是世界上已知的最早的文字体系之一。世界上最早的文字是由苏美尔人创造的楔形文字，距今有6000多年的历史。楔形文字为图像符号，在公元前3200年到公元前3000年之间被少量使用，公元前2600年左右使用量增加，公元前500年左右成为西亚大部分地区通用的商业交往媒介，公元前1世纪前后失传。中国的甲骨文、苏美尔楔形文字、古埃及文和古印度文，都属于象形文字（hieroglyph），由图画文字演化而来。在已知的古老的象形文字中，只有中国的甲骨文经过金文、篆书、隶书、楷书、行书等多种字体形态的发展阶段，演变发展为现代汉字被保存下来。中国的汉字保留了甲骨文的象形传统，属于表意文字系统，也是世界上唯一被保存下来的表意文字系统。

文字的媒介是表意符号，它需要借助书写工具和书写介质才能表现出来。文字出现以后，语言才可以被文字记录并被保存下来。一旦语言被文字记录下来，它就脱离原来的载体大脑和表达工具发音器官，从而转换成新的形式，即书写符号。语言是一种非物质形态，文字是一种物质形态。当语言被文字记录下来以后，无形的语言（语言的形式也可称之为声音形态）就变成了有形的文字。不同的文字组合在一起，就变成了意义复杂的文本，即文字文本。自从有了文字以后，抽象的思想也可以不借助语言而借助文字直接转换成书写文本。书写文本不同于口头语言。书写文本是书写或印刷在物质材料如石板、铜器、龟甲、竹简、木牍、丝绸、纸张等材料上的文字。书写文本是由文字构成的文本，是被保存的语言和思想的物质形态，它可以借助视觉器官辨识和阅读。

5. 书写符号（Symbols in writing）

书写符号指能在书写材料上固定下来的表意符号。书写符号是语言结构的基本单元,因此它也是语言符号。无论是以汉语为代表的象形文字,还是以英文为代表的拼音文字,它们既是书写符号,也是语言符号。

6. 能指(Signifier）

能指和所指是索绪尔在《普通语言学教程》里提出的一对概念。能指指的是语言符号的音响形象,即语言文字的声音、形象,它是语言符号的形式方面。所指则是语言符号所表达的概念,即语言实际传达出来的意义,它是语言符号的内容方面。能指与所指的关系是自由选择的,对于使用它的语言社会来说,又是强制的。这种关系是非自然的,是可以改变的,能指同时既是意义又是形式。在形式方面它是空洞的,在意义方面它又是充实的。

索绪尔认为:"语言符号不是事物和名称之间的连接,而是概念和语音模式之间的连接。"为了厘清语言符号、概念和语音模式之间的关系,他"建议保留符号这个术语以表示整体,但是用所指和能指来分别代替概念和语音模式"。索绪尔用能指和所指的概念能够说明一个作为整体的语言符号内部存在的概念同概念表达之间的内部关系,但是语言学中更为重要的问题,如语言的定义问题,索绪尔并没有真正解决。同索绪尔的定义不同,文学伦理学批评术语中的能指和所指不是用来说明语言学符号的内部关系问题,而是说明认识概念的功能问题。能指脑概念是用来指称任何事物和任何概念的概念,所指脑概念是用来指称特定事物或特定概念的概念。这儿的能指和所指不同于索绪尔在他的语言学理论中使用的概念。

7. 所指(Signified）

见能指。

8. 言语(Speech）

语言与言语是索绪尔语言学理论中的两个核心术语,而这两个术语同我们通常理解的语言是不相同的。索绪尔认为,语言是社会共同体中每个人借助发音器官进行交流而需要共同遵守的约定俗成的规则,同时语言也是表达思想的符号系统。索绪尔认为,语言(language）同言语(speech）密不可分,互为前提。要理解言语就需要理解语言,但是语言的形成需要言语。言语在先,语言在后。语言既是言语的工具,又是言语的产物。索绪尔认为,"语言体系同言语完全不同",它是"一种表达思想的符号系统"。而言语(parole,在英文中译为 speech)是个人意志和智力的表现,指的是个人的语言行为,表达个人的思想。索绪尔多次强调,语言和言语是两个性质不同的术语,认为"语言这个一般性术语不能视为与言语行为等同"。在索绪尔看来,言语是个人说的话,是个人的口头表达,而语言是集体的,是如何理解个人说的话的集体规约。如果没有语言,就不能理解言语。从索绪尔的解释中可以看出,言语与语言相对,指说话人说出来的话。言语有三个特点,一是说话人按照个人意愿组合话语(words),二是说话的人把话语说出来的发音过程,三是言语表达说话人的思想。由此可见,索绪尔使用言语这个术语,指的就是我们通过说话的方式表达思想的过程,或者通过发音器官的运动发出声音以表达思想的过程。

9. 语言获得装置(Language acquisition device)

为了说明语言天赋的观点,乔姆斯基提出"语言获得装置"(language acquisition device,LAD)概念并在此基础上建构了语言装置理论。他认为人类的认知结构中存在一种与生俱来的语言习得装置,人们无须专门教导就能轻易获得语言。儿童出生后能够在短短的几年内掌握复杂的语言,是因为人类的认知结构中存有这种与生俱来的语言习得装置。他认为人类先天具有一种"普遍语法"(Universal Grammar),语言的获得过程就是由普遍语法向个别语法转化的过程。

这个天生装置由两个系统构成,一是由若干范畴和规则构成的普遍语法系统,二是对语言信息的评价系统。LAD 存在于大脑中。儿童像语言学家一样运用评价系统,从他听到的话语中分析、归纳、概括出各种语言的范畴或规则,像给方程式中的未知数赋以具体的数值一样,把它们代入到普遍语法系统中以生成可被理解的句子。这就是转换生成语法的过程,语言如汉语、英语等就这样产生了。

10. 感知（Sensation）

感知指人通过感觉器官对内外界事物的觉察和认识。感知是感觉器官对外部刺激的直接察觉，是感觉的过程，不涉及太多的解释或理解。人的认知是一个过程，需要经过感知、思维和文本化几个阶段。感知属于感性认识，是客观事物直接作用于人的感觉器官（眼、耳、鼻、舌、身体）在大脑中产生的反映形式。感知首先需要借助人的感觉器官获取感觉，然后借助知觉对感觉进行认知处理，实现对感觉的理解。感觉器官是感知的前提条件，只有感觉器官获得了感觉，才能进入知觉，实现对感觉的感知。感知是认知过程的开端，感知是由感觉和知觉构成的。

11. 感觉（Feeling）

感觉是人的感觉器官作用于客观对象产生的结果，是人的感觉器官对外部世界或内部世界的接触性反映。借助感觉器官，人对客观事物的直接把握就是感觉。感觉也是人的感觉器官对外部世界或内部世界的数据采集，因此感觉也是人了解外部世界或内部世界的原始数据，是人的心理活动的基础和前提。感觉从本质上说是一种直觉，它不受理性控制，也不经过逻辑的推理，而是人体感觉器官对相关客观对象的直接反映。

感觉的发生机制是通过人的感觉器官如眼、耳、鼻等进行的。感觉器官也被称为感受器。当人的感觉器官接收到来自客观世界的刺激性信号，就会导致神经兴奋。兴奋以电信号的形式沿着神经纤维传导，进入人的神经中枢。经由人的感觉器官产生的电信号就是神经冲动。电信号转化为神经冲动传送到人的神经中枢，经过人的大脑的处理，就可以实现对所感觉到的对象的认识，形成感知。

人有5种主要感觉器官：视觉、听觉、嗅觉、味觉、触觉。尽管这5种器官各有短长，但它们能够相互弥补，并一起组合成完整的人的感觉系统。借助这五种感觉器官，人就可以获得感觉器官作用于客观对象的原始数据，为人脑的数据分析创造条件。

12. 传感器（Transducer/Sensor）

根据国家标准 GB7665-87 的定义，传感器指的是能感受规定的被测量件并按照一定的规律转换成可用输出信号的器件或装置，通常由敏感元件和转换元件组成。传感器感受到被测量物的信息，并能将感受到的信息，按一定规律变换成为电信号或其他所需形式的信息输出，以满足信息的传输、处理、存储、显示、记录和控制等要求的检测装置。传感器让物体有了触觉、味觉和嗅觉等感官，从功能上说传感器是人类五官的延长。传感器不仅可以帮助我们从科学层面认识人的感官，而且可以取代人的感官功能，甚至超越人的感官功能。在人工智能时代，传感器是体现人的智能不可缺少的工具。

13. 外感受器（Exteroceptor）

外感受器指人的视觉、听觉、嗅觉、味觉、触觉5种主要感觉器官。它们是接收光线、声音、气味、温度、压力等方面信息的器官，例如眼睛，它既是感受光线的人体器官，也是人体最重要的外感受器。光线被眼睛接收后转化成信号并通过视神经传送到人的大脑，就可以获得目力所及的视觉图像。眼睛是人的最重要外感受器，大脑中大约有80%的知识都是通过眼睛获取的。眼睛能辨别不同的颜色和亮度的光线，并将这些信息转变成神经信号，传送给大脑。只有借助眼睛，人才能观察世界，才能识字读书，欣赏风景和艺术，辨识人物。

14. 内感受器（Interoceptor）

内感受器指能获取人体内部产生的感觉的器官。人体的外感受器只能获取人对外部世界的感觉，而有关人体内部如内脏、血管、肌肉、骨骼等内部世界的感觉，则需要通过人体的内感受器获取。分布在内脏和躯体深处的各种人体内部感受器，能够接收机体内部的各种化学和物理性刺激并将其转变为神经冲动，由传入神经传送至相应的感觉中枢，激活某些脑区引起感觉。具有从神经末梢向中枢传导冲动的神经称为传入神经。借助传入神经，感受器获取的信息才能传入神经中枢,经由大脑的初级处理形成感觉。人体的外感受器和内感受器,是人感知外部世界和内部世界的工具。借助外感受器,人可以获取包含外部环境的存在以及环境存在关系在内的外部世界信息和数据。借助内感受器,人可以获取不能通过外感受器获取的包括人体内部生理状态和心理活动在内的人体内部世界的信息和数据。因此,人的外感受器和内感受器,都是人体的感觉器官。通过这些感觉器官,人才能产生感觉,认识世界。

15. 编码（Encoding）

编码是信息从一种形式或格式转换为另一种形式或格式的过程,也称为计算机编程语言的代码,简称编码。用预先规定的方法将文字、数字或其他对象编成数码,或将信息、数据转换成规定的电脉冲信号,这个方法就是编码,也称编码机制。在计算机内部,所有的信息最终都表示为一个二进制的字符串。每一个二进制位（bit）有 0 和 1 两种状态,因此八个二进制位就可以组合出 256 种状态,这被称为一个字节（byte）。也就是说,一个字节一共可以用来表示 256 种不同的状态,每一个状态对应一个符号,就是 256 个符号,从 0000000 到 11111111。编码在生活中的运用广泛,如在互联网信息传输和转换过程中,网页服务器将网页原始代码编码为 HTML 或其他语言,经过网络传输到用户计算机端后解码为可读的网页内容。在电视信号、音频传输、图像处理、数据存储等领域,编码技术一直发挥着重要作用。在人工智能领域,如深度学习、机器学习等算法的实现都需要编写程序代码。在计算机视觉、自然语言处理和机器人技术领域,编码技术也是关键的组成部分。

16. 解码（Decoding）

解码指把数码还原成它所代表的内容或将电脉冲信号、光信号、无线电波等转换成它所代表的信息、数据等的过程,因此解码是受传者将接收到的符号或代码还原为信息的过程,与编码过程相对应。编码和解码的连通过程实质上就是简单的传播过程。在计算机网络中,网络通过通信网将计算机互联以实现资源共享和数据传输。当使用的通信网络信号形式和传输设备的信号形式不一样时，就必须进行信号形式的转换。一般来说，发送方为了实现信息和数据的发送所进行的格式或形式的转换称为编码，接收方为了解读和理解接收到的信息而对接收到的信息进行的格式或形式的转换称为解码。

17. 认知（Cognition）

认知是一个过程，需要经过感知、思维和文本化几个阶段。从感觉到知觉的过程，是人的大脑把感觉到的东西转换成意识、概念、思想和文本的过程，也是人认识客观外部世界和主观内部世界的认知过程。感觉获取的数据是客观的，原始的，没有加工处理的。感觉是人类认识客观世界的初级形式，也是认识客观世界的初级阶段，因此感觉需要同知觉结合在一起，借助知觉实现对感觉的理解。

由于认知过程中感觉无法同知觉分离，因此感觉同知觉结合在一起构成感知，从而实现对外部和内部信息的觉察、感觉、提取、传送、认识、理解和表达等一系列过程，从而为人的认知创造条件。

18. 知觉（Perception）

知觉是指对外部刺激的感觉和解释，侧重于对外界信息的解释和理解的过程。这一过程将来自不同感觉通道的信息（如视觉、听觉、触觉等）整合起来，形成对事物整体的认知和理解。知觉和感觉是密切相关的心理过程，但二者又有所不同。感觉是客观事物直接作用于感觉器官而在大脑中产生的对事物个别属性的反映，而知觉则是在感觉的基础上，对事物的整体属性进行反映的过程。感觉是知觉的基础，没有感觉就没有知觉。但知觉不是感觉的简单相加，而是对感觉信息的整合和解释。

19. 意识（Consciousness）

人的意识同计算机的显示系统类似。计算机控制系统对数据的处理，首先需由数据采集器进行数据采集，然后将数据转换为数字信息提供给计算机的中央处理器进行数据处理，最后由显示终端显示出来。与计算机的处理流程类似，人对认识过程的觉察、辨识和确认就是人的意识。计算机对数据的处理过程通过显示设备觉察、辨识和确认，人脑对数据的处理过程通过意识觉察、辨识和确认。没有显示设备，计算不能完成数据的处理过程；没有意识，人脑不能完成思维的过程。

同计算机系统相比，意识就是认知过程中的显示终端。由于人的意识的存在，人才能完成从感觉到知觉再到思维的认知过程。意识作为认知的显示终端，感觉、知觉、感知、思维、思想以及脑文本等，都能够通过意识进行确认。因此，需要把意识和认知区别开来。意识是对认知的确认，也是认知的结果。

20. 客观意识（Objective consciousness）

意识从来源上说可分为客观意识和主观意识，凡是从感觉而来的意识是客观意识，凡是从思维而来的意识是主观意识。在认知过程中，无论感觉还是思维或者思想，都不能离开意识而存在。认知既是对客观数据的处理，也是对主观数据的处理。

客观意识是对形象思维的认识。意识不同于思维，它是对思维的显现和确认。认知是理解过程，是对感觉的抽象处理，而意识是对认识的觉察和显现，是认知过程中对感觉、知觉、思维及思想的确认。意识类似于计算机的显示终端。借助意识，人的感觉、知觉、思维和思想才能在人的大脑中显现出来。尽管人的感觉、知觉、思维和思想是认知的结果，但都是通过意识显现的。没有意识，就不能觉察感觉和知觉，更不能觉察思维和思想。

21. 主观意识（Subjective consciousness）

主观意识是对逻辑思维的认识。在认知过程中，利用人体感受器获得的有意义的印象被称为感知，对感知的认知通过客观意识实现。但是在认知过程中，感知产生的表象会在中枢神经中进行抽象，形成概念，然后进入思维过程。尤其是以图像形式出现的表象，都要在中枢神经的认知过程转换成概念，然后进入逻辑思维。主观意识就是对以抽象为特征的逻辑思维的认识，是概念在大脑中的显现。

无论是客观意识还是主观意识，其功能都是显现。意识的功能是单一的，就是对认知的觉察和显现。对概念的加工处理是由思维完成的，而不是由意识完成的，意识没有思维的功能，意识只是确认思维的结果。意识没有思维的功能，但是意识可以把思维显示出来，展现思维的全部过程。

22. 神经元（Neuron）

神经元即神经细胞，是神经系统的基本结构和功能单位。细胞体是神经元的主体部分，包含细胞核、细胞膜和细胞质。细胞体具有联络和整合输入信息并传出信息的作用。从细胞体延伸出的部分称为突起，分为树突和轴突两种。树突短而分枝多，直接由细胞体扩张突出，形成树枝状，其作用是接收其他神经元轴突传来的冲动并传给细胞体。轴突长而分枝少，为粗细均匀的细长突起。轴突除分出侧枝外，其末端形成树枝样的神经末梢，分布于某些组织器官内，形成各种神经末梢装置。轴突的主要作用是传导由神经元发生的兴奋冲动，并将冲动传递到另外神经元上或传递到肌肉和腺细胞的效应器上。神经元作为神经系统的基本结构和功能单位，通过其独特的结构和功能特性，在生物体内发挥着不可替代的作用。

23. 神经冲动（Nerve impulse）

神经冲动指沿着神经纤维传导的兴奋或动作电位。神经元在受到足够强度的刺激时，细胞膜电位发生快速、可逆、可传导的电位变化，这种电位变化沿着神经纤维传播，形成动作电位，这个过程就是神经冲动。神经纤维在静息状态时，膜外为正，膜内为负，膜内外电位差为-70毫伏。当神经纤维某部分受刺激而兴奋时，膜外电位降低，膜内电位升高，膜内外电位差减少，称为去极化，去极化继续发展，膜内电位升至+30毫伏，称为反极化。之后膜内电位迅速回降并逐渐恢复至静息水平，称为复极化。去极化和反极化发生的电位变化是动作电位的上升相；反极化至复极化过程是动作电位的下降相。神经冲动是神经元在受到刺激时产生的沿着神经纤维传导的动作电位，它是神经系统实现信息传递的基础。

24. 感觉中枢（Sensory center）

感觉中枢是躯体感觉的最高级中枢，主要位于大脑皮质的中央后回。感觉中枢是中枢神经系统内负责处理和整合来自感觉器官（如眼、耳、鼻、舌、皮肤等）的感觉信息，并形成相应感觉经验的区域。感觉区结构的基本单位是细胞柱，同一柱内的细胞感觉型相同。感觉中枢就是在中枢神经系统中的感觉性神经的部位。中枢神经系统像是一部容量巨大的信息加工器，加工的结果可以出现反射活动、产生感觉或记忆。感觉中枢负责接收来自感觉器官的神经冲动，对这些冲动进行整合和加工，最终形成个体能够感知到的具有不同性质和强度的感觉经验，如痛觉、温觉、触觉等。感觉信息通常通过三级神经元传导至大脑皮质。首先，感受器将刺激的物理化学特性转变为神经冲动；然后，这些冲动通过神经通道传导至脊髓或脑干的相关核团进行初步整合；最后，整合后的信息通过丘脑和内囊投射到大脑皮质的相应感觉中枢。在感觉中枢，刺激信息被进一步加工和整合，形成具有特定性质和强度的感觉经验。这一过程不仅涉及感觉信息的直接处理，还涉及不同感觉中枢之间的相互作用和交叉影响。感觉中枢是中枢神经系统内负责处理和整合感觉信息的重要区域，其正常功能对于个体的感知能力、行为反应和生存适应具有至关重要的作用。

25. 人工神经网络（Artificial neural network）

人工神经网络是一种模拟生物神经网络结构和功能的数学或计算模型，它由大量的人工神经元相互连接而成，能够处理复杂的信息和数据，并通过学习算法进行训练和优化，以实现特定的任务或目标，如分类、回归、聚类、预测等。人工神经网络具有强大的自适应、自组织和自学习能力，能够在处理非线性、模糊和不确定性问题时表现出色，广泛应用于机器学习、深度学习、人工智能等领域。人工神经网络是20世纪80年代以来人工智能领域兴起的研究热点。它从信息处理角度对人脑神经元网络进行抽象，建立某种简单模型，按不同的连接方式组成不同的网络。在工程与学术界也常直接简称为神经网络或类神经网络。神经网络是一种运算模型，由大量的节点（或称神经元）之间相互连接构成。每个节点代表一种特定的输出函数，称为激励函数（activation function）。每两个节点间的连接都代表一个对于通过该连接信号的加权值，称之为权重，这相当于人工神经网络的记忆。网络的输出则依网络的连接方式，权重值和激励函数的不同而不同。人工神经网络特有的非线性适应性信息处理能力，克服了传统人工智能方法对于直觉，如模式、语音识别、非结构化信息处理方面的缺陷，使之在神经专家系统、模式识别、智能控制、组合优化、预测等领域得到成功应用。人工神经网络与其他传统方法相结合，将推动人工智能和信息处理技术不断发展。

26. 低级语言（Infant language）

低级语言即婴儿语言。新生儿的第一声啼哭，就是婴儿低级语言的开始。婴儿语言的生成是由婴儿发音器官的功能决定的。由于新生婴儿刚出生时神经系统还没有发育成熟，发音器官还不具备生成高级语言的功能，因此婴儿出生后出于生存本能只能借助发音器官以啼哭的方式发声，而这正是婴儿低级语言的生成。由于婴儿的啼哭并不是我们现在意义上的语言，也不具有我们现在语言的特征，但啼哭是发音器官的语言功能发挥作用的结果，是婴儿的自我表达和传达的信息，具有语言的价值，因此啼哭是婴儿的低级语言。

婴儿的哭声可以看成未来语言生成的一种训练和模拟，可以看成一种不完全语言，即一种低级语言。在婴儿长成幼儿并掌握我们现在使用的语言之前，婴儿的口头表达包括啼哭在内都属于婴儿所独有的低级语言。低级语言不仅可以解释婴儿的语言习得过程，而且也可以解释整个人类的语言生成过程。

27. 高级语言（Adult language）

高级语言即成人语言，指成人说的话。婴儿的脑文本出现以后，婴儿就能借助已经发育成熟的发音器官将其转换成声音，生成语言。这时婴儿的语言进入高级语言阶段，人类的语言真正出现了。高级语言的发声机制同低级语言（婴儿的哭声）的发声机制并无本质区别，不仅是由音高、音强、音长、音色等要素构成的，而且也有声调和音调的变化。无论是婴儿的低级语言，还是后来因为发音器官发育成熟后生成的高级语言，语言既不是自然选择的结果，也不是通过进化遗传的，而是在伦理选择过程中生成的。即使新生儿以哭声表现出来的低级语言，也是婴儿在无意识中伦理选择的结果，或者是被伦理选择的结果。高级语言的生成，更是伦理选择的结果。

28. 语言生成（Generation of language）

语言生成指脑文本经由人的发音器官实现的声音转换，即当人的发音器官将脑文本转换成声音的时候，人的语言生成了。事实上，语言并非天生的，也非先在的，而是生成的。语言并非一种实体（entity），而只是一种状态。语言在生成之前并不存在。在语言生成之前，我们只有保存思想的脑文本的存在，但是脑文本并不是语言，而是一种文本。不过脑文本一旦转换成声音形态，语言就生成了。脑文本转换成声音形态的过程，就是语言的生成过程。因此，语言不是先在的，而是实时生成的。

29. 文本（Text）

一般而言，文本指固定下来的表达某种意义的书写符号。文本由两部分构成，一是表达某种意义的书写符号，二是承载书写符号的载体。只有当书写符号同载体结合在一起时，才能形成文本。因此，文本可以理解为书写符号同载体的结合体。目前能够见到的中国最早的文本是将文字契刻在龟甲或牛骨上的卜辞。后来发明了供书写用的纸张，书写文本才大量出现并流传下来。所有流传下来的文本，无论是卜辞还是书写在竹简、青铜、绢帛、纸张等载体上的，都属于文学文本。古代埃及人用圣书字刻在石碑、石板或写在纸草纸上的文本，苏美尔人用楔形文字写下的泥版文书等，也属于文学文本。因此，文学的观念是广义的，而仅包括诗歌、小说、戏剧等文类的文学观念是狭义的，不能将之等同于整个文学。文本概念十分复杂，为了方便理解，我们可以按照文本的载体将文本分为脑文本、书写文本和电子文本三种形态。脑文本保存的是认知和记忆，书写文本保存的是文字或书写符号，电子文本存储的是二进制数字代码。所有的感知、认知和理解都是通过脑概念进行的，不同的脑概念组合在一起保存在大脑里，就形成脑文本。一切有意义的声音信号和书写符号，包括抽象的观念或意识形态，都可以借助脑概念组成脑文本保存在大脑里。在三种文本形态里，脑文本是保存思想的方法，书写文本或电子文本是保存脑文本的方法。

30. 书写文本（Written text）

书写文本指的是带有书写符号的文本材料，是目前社会文明条件下最基本的文本形态。除了纸张而外，石版、陶器、金属等任何物质材料，只要能够书写、印刷或镌刻书写符号，都可以成为文本的载体。例如，中国古代以龟甲或骨片为载体镌刻文字，形成了中国最早的甲骨文书写文本。用甲骨文镌刻的卜辞由于带有固定的叙事结构，因而是中国最早的文学文本，也是中国最早的文学。古代埃及发现了一种纸草，可以用来书写文字。在纸草上书写文字形成的纸草文本，也是世界上可知的最早的文本之一。在考古过程中发现的一些刻有文字或符号的陶片或金属器皿，都是古代残存的文本。即使在电子技术在我们的生活中越来越重要的今天，书写文本仍然是最普通、最简洁、最便利和最大众化的文学文本。书写文本的出现是人类思想领域的一次革命，也是叙述学领域和传播学领域的一次革命。自此以后，人类的思想才真正获得解放，人类的文学才真正独立。

31. 电子文本（Electronic text）

人类文明进入科学时代尤其是电子时代和数字时代后，出现了一种新的科学文本形式：电子文本。无论脑文本、书写文本还是电子文本，都是就文本载体的性质而言的。电子文本不同于脑文本和书写文本，它的载体是计算机盘片、固态硬盘、磁盘、光盘等化学磁性物理材料。借助电子设备，字符、图像、动画、音频和视频信号等信息经过电子技术处理，都可以转化为电子文本，存储在电子设备中。

电子文本是科学的产物。计算机数字技术出现以后，一切能够表达意义的信号和符号都可以通过电子元件转化成数字存储。在现代电子技术条件下，一切书写符号和信息都可以进行数字化处理，构成电子文本。电子文本储存的是二进制数字代码，因而电子文本也称为数字文本。在电子时代，任何生物形态的文本如脑文本或物质形态的书写文本等，都可以借助输入设备转换成电子文本，存储在电子设备中。

32. 数字文本（Digital text）

数字文本即电子文本。

33. 脑文本（Brain text）

脑文本指存储在人的大脑中的生物文本。通过感知、认识和理解的思维过程，大脑能够将思维的结果作为记忆文本存储在人的大脑中，形成脑文本。脑文本以人的大脑为载体，是一种特殊的生物形态。人们对客观事物的感知和认知，先是以脑概念的形式在大脑中存储，然后借助脑概念进行思维，从而获取思维的结果：思想。思想是大脑在感知、认知和理解的基础上对客观事物或抽象事物进行处理得到的结果，这个结果只要在大脑中存储，就形成脑文本。因此，脑文本也是以人的大脑为介质存储的思想。就介质而言，脑文本是一种特殊的生物形态，也是文本的第一种形态。在物质文本和电子文本出现之前，人对世界的认知只能以记忆的形式储存在脑文本里。脑文本是一种生物形态的文本，它只能通过口耳相传而不能遗传。除了通过口耳相传进行复制而外，脑文本不能永久保存。因此，除了少量的脑文本后来借助书写文本被保存下来之外，大量的脑文本都随其所有者的死亡而永远消失湮灭了。

从科学的角度说，脑文本是一种维持大脑运行的运用程序，也是让人的大脑发挥作用的指令。人的大脑类似一台生物计算机的中央处理器，脑文本类似计算机的运行软件。同计算机类似，大脑在处理信息的过程中，需要对输入信息进行编码、存储、运算处理、解码。就文学创作说，大脑通过感知认识世界，获取创作素材，这类似于计算机的信息输入；通过认知将创作素材抽象化、概念化，形成脑概念，这类似于计算机的编码；脑概念存于大脑的记忆中类似于计算机的存储；人的大脑对脑概念进行处理的过程就是人的思维过程，按照某种规则将脑概念组合起来进行思考以获取新的意义，这类似于计算机的运算处理；计算机将处理的结果存储在电子介质中得到电子文本，而人的大脑将思维的结果存储在大脑中，就得到脑文本。人的大脑借助人的发声器官产生声波，将脑文本转换成声音，这类似于计算机对处理结果进行解码和信息提取。

脑文本是保存思想的方法，书写文本或电子文本是保存脑文本的方法。没有脑文本，大脑的思维过程及思维的结果不能保存，因而认知也就失去了基础。没有脑文本，书写文本也就失去了前提，没有内容可供书写。更为重要的是，脑文本是人的大脑发挥作用的指令，没有脑文本，就不能思维，就没有思想，就不会产生行为，就没有伦理意识。

34. 脑概念（Brain concept）

脑概念是人在认知过程中对具体事物或抽象事物的逻辑判断，也是在认知过程中对具体事物或抽象事物的理解、认识和总结。脑概念是对单一事物进行抽象的认知结果。人的感受器所接收到的信息，无论是客观或主观、物质或精神、生理或心理方面的信息，都要在认知过程中转换成概念并存储在大脑中，形成脑文本，认知的过程才算完成。在思维过程中，人的大脑需要借助概念才能进行分析、判断、评价。概念是思维的工具，没有概念就不能进行分析、判断和总结，思维活动就无法进行。概念不仅是思维的工具，也是思维的产物。概念只有在大脑中保存下来转变成脑概念，才能在思维中发挥作用，最终形成脑文本。因此，思维使用的概念实际上是脑概念。只有把脑概念作为工具，思维才能进行认知活动，才能产生思想，思想最后以脑文本的形成保存下来。

在思维过程中，能指脑概念和所指脑概念相互组合，产生意义。人的思维过程就是脑概念的组合过程。人的大脑根据某种伦理规则不断对脑概念进行组合和修改，加工和编辑，这就是思维。脑概念的组合形式也在修改和编辑过程中不断发生变化，产生新的意义。不同变化的脑概念组合过程，就是不同的思维过程。思维是对脑概念的理解和运用。人的大脑运用脑概念进行思维，当脑概念的组合过程结束并相对固定下来时，就得到思想，思维过程也随之结束。思想以人脑为载体，保存在大脑里，就得到脑文本。思想是应用脑概念进行思维的结果，思想存在的形式就是保存在大脑中的脑文本，是按照某种伦理规则建构的能够表达明确意义的脑概念组合。脑概念组合过程的完成，意味着人的认知过程的结束，意味着思想的产生和脑文本的形成。

35. 物象概念（Image concept）

物象概念是有关客观存在的概念。通过不同的感官感知世界，我们得到关于物象的表象，然后获得对表象的认识，进而对表象下定义，才能进入认知阶段。例如，一个人的形象进入视域后成为物象，物象被感知则得到这个人的表象，对表象进行认知则得到对这个物象的定义，定义是对物象的抽象。如果这个人经过认知被确认是A，A就是这个人的定义，同时也是这个人的物象概念。概念保存在大脑中，就变成物象的脑概念。

根据概念的来源，客观存在被归类到物象概念中，但概念的性质仍然是抽象的。物象概念的形成要经过感知、认知和理解的过程，也就是从感觉到表象再到定义而实现理解物象的整个过程。在认知过程中，对物象的感知产生表象，表象经过大脑的处理实现对物象的定义，产生概念，实现对物象的理解。

36. 抽象概念（Abstract concept）

抽象概念是物象概念基础上形成的，是关于概念的概念。抽象概念不是从客观世界抽象出来的物象概念，而是通过概念对概念的认知而得到的新概念。抽象概念是从包括物象概念在内的抽象概念中抽象出来的概念。在认知过程中会产生大量的概念，任何认知都是通过概念进行的，没有概念则不能认知。认知既是对客观世界的认知，也是对抽象概念的认识。一旦进入认知的过程，所有的认识实际上都是抽象的。例如，太阳、月亮、夏天、冬天、冰雪、树林等都是从客观世界中抽象出来的概念，所以从来源上说可以归类为物象概念。但是在认知过程中，从太阳和夏天这两个物象概念中可以得到炎热的抽象概念，从冬天和冰雪这两个物象概念中可以得到寒冷的抽象概念。由于炎热和寒冷都是来自概念，所以它们是抽象概念。

就概念说，由于有了物象概念，才会产生抽象概念。有了概念，才有了思维的工具，人的思维才能借助概念进行。

37. 文学（Literature）

文学首先指所有的由书写符号组成的文本，即所有的可供阅读的文本。在现代文学理论出现之前，狭义的文学作品如诗歌、戏剧、小说等没有从文学中分离出来，无论是后来被称为文学的小说、诗歌、戏剧，还是后来被称为哲学、历史或科学的作品，都统称为文学。其次，文学指狭义的文学作品，如诗歌、戏剧、小说等。狭义的文学是西方现代文学理论的产物，也是西方学科分类的产物。最初哲学、历史、科学等都是包含在文学之内的，当它们各自作为一门独立的学问出现之后，就从文学中独立出来，因而文学也就不把它们包括在内了。文学还指文学学科门类。根据国务院学位委员会、教育部 2009 年印发的《学位授予和人才培养学科目录设置与管理办法》的规定，学科门类由国务院学位委员会和教育部共同制定，是国家进行学位授权审核与学科管理、学位授予单位开展学位授予与人才培养工作的基本依据。2011 年 3 月，国务院学位委员会和教育部颁布《学位授予和人才培养学科目录（2011 年）》，规定中国分为哲学、经济学、法学、教育学、文学、历史学、理学、工学、农学、医学、军事学、管理学、艺术学、交叉学科 14 个学科门类，文学是其中的一个门类。作为学科门类，文学包括中国语言文学、外国语言文学及新闻传播学三个一级学科，一级学科下再分二级学科及专业方向。

38. 口头文学（Oral literature）

关于口头文学的定义，学界大多强调口头文学的口传性质，并以此来定义口头文学。一般而言，口头文学指集体创作的通过口耳相传的文学。口头文学没有文本，通过口头演唱或讲述，被看成文学的原始类型。在西方文学传统里，除了史诗，神话、传说、民间故事、哀歌、颂歌、民间戏剧外，甚至谚语和谜语都包括在口头文学类型中。

实际上，口头文学的定义是不能准确定义口头文学的。就分类而言，口头文学指的是通过口头表达的文学。口头是表达的方式，文学是表达的内容。就表达方式而言，口头文学的表达是有前提条件的，那就是首先必须有一种文学的存在，然后才能通过口头表达出来。没有文学的存在，口头是无法表达的。因此，我们可以把口头文学定义为：口头文学是通过口头演唱或讲述的文学。或者换一种解释：口头文学指那种用口头演唱或讲述的方法表达的文学。文学是本体，口头是方法。通过口头表达的方法讲述的文学，就是口头文学。这样定义口头文学实际上是解释文学的表达特征，并不是解释文学的本体。按照这个定义理解文学，口头文学并不是像许多批评家认为的那样是文学的源头，或者是最早的文学。把口头文学理解成最早的文学是不够准确。口头文学不是最早的文学，而只能说文学最早的表达方法是通过口头讲述的，尽管这种推测还不能完全证明，但是在表面上看似乎是这样的。既然口头文学是口头表达的文学，那么就需要追问这种供口头表达的文学是什么？或者说，口头表达之前，必然有一种文学已经存在，否则口头表达方法则无内容表达。如果口头文学是文学的传播方式，它必然有一种供这种方式传播的文学文本。如果没有这个文本，口耳则无法相传，文学也就无法流传后世了。现有的研究证明，口头表达的文学实际上是根据文学文本演唱的，不过这种文本不是我们常见的书写文本而是脑文本，口耳相传的也是脑文本。

脑文本是口头文学的文本，也是游吟诗人讲述或演唱的文本。没有脑文本，口头文学就不能存在，也不能被讲述和演唱，也不能口耳相传。

39. 文学作品（Literary work）

文学作品即狭义的文学。在大多数情况下，文学被理解为文学作品。在中国及西方传统里，文学（literature）等同于文献，指所有的文本材料，如有关哲学、历史、科学的文本，都属于文学范畴。

从词源上看，文学一词来源于拉丁词 littera（文字），意为由文字写成的文本。从起源上看，文学有两个基本前提：文字和文本。文字是意义的载体，文本是文学的形态；文字构成文本，文本构成文学。文字只是一系列表意符号，本身并不是文本，只有当符号组合成一个表达意义的整体时，文本才形成。在组合成文本之前，文字的意义是独立的、单一的、简单的、相互割裂的。但是，由于文字有能指的意义，因此不同的文字可以组合成意义丰富的不同文本。文字一旦组成文本，即成为书写文本，表达的就不是单个文字的意义，而是由文字组成的文本意义。按照传统观念，一旦文本形成，文学即产生了。

现代的文学观念在一定程度上是现代科学分类影响的结果，文学分类越来越细，最后除了诗歌、戏剧和小说而外，其他几乎所有的文本，包括在文学史上举足轻重的散文都不被重视，有时甚至被排除在文学范畴之外。文学最终变成了由诗歌、戏剧和小说构成的文学，文学理论也变成了诗歌、戏剧和小说的理论。但是，无论是从观念还是文学史实来看，现在的文学观念或文学理论只适用于解释当代的文学，甚至只能解释诗歌、小说和戏剧。当代的西方文学理论或者当代的中国文学理论，除了对诗歌、戏剧和小说以及文学史作出有限解释外，并不能对自古以来文学传统中已经确认的文学，如西方和东方的古代史诗、历史、哲学散文、科学著作等文本作出令人满意的解释。当代文学理论不能科学地定义整个文学，也不能从文学史角度对历史中的文学作出科学解释，而只能定义一定历史条件下或语境中的文学。严格说来，当代文学理论主要只是关于诗歌、戏剧和小说的理论，对于整个文学而言，它有明显的局限性。

根据文学伦理学批评的观点，文学作品就是用书写符号即文字书写在某种书写材料上的文本。为了表达伦理并建立行为规范，人类借助文字记载互相帮助和共同协作的事例，阐释人类对伦理关系的理解，最后把生活中容易随遗忘而消失的具有教诲价值的故事和道理转变成由文字组成的文本，从而保存下来，作为人类的生活参考或行为指南。流传下来的这些文本就是最初的文学，而文本流传的过程就是文学产生的过程。文本既是文学的载体，也是文学观念产生的前提。

40. 文学的定义（Definition of literature）

由于文学是在文本基础上形成的一种观念，因此我们可以从以下方面定义文学：

①文学观念产生之前的所有文本。人类有关诗歌、戏剧、小说等文学观念产生之前的所有文字材料，即文本，都属于文学。具有代表性的这类文本，有古代埃及人用圣书字刻在石碑、石板或写在纸草纸上的文本，有苏美尔人用楔形文字写下的泥版文书，有中国人用甲骨文刻下的卜辞等。

② 符合文学观念的所有文字材料。文学文本是文学观念的产物，是文学观念对文字文本确认的结果。诗歌、戏剧、小说等不同类型的文字文本出现以后，我们才在新的历史环境中从观念上对这些特定的文学文本进行确认，并将它们从普遍意义的文学范畴上独立出来，并以它们为对象对文学重新定义。新的文学观念的形成和接受是一个伦理化的过程，是文学文本从观念上进化的结果。有关诗歌、戏剧、小说的文学观念形成以后，符合诗歌、戏剧、小说观念的文字文本才被定义为诗歌、戏剧、小说的文本，而那些新出现的不符合诗歌、戏剧、小说定义的文本，也就不再被看作文学。尽管如此，此前的所有文本，仍然属于文学的范畴。

③ 诗歌、戏剧、小说等虚构和抒情类作品的文本。在现代文学观念中，文学的主体是诗歌、戏剧和小说，而历史和哲学则从文学中分离出去成为独立的学科，不再属于文学的范畴。因此，文学往往也被用来指称诗歌、戏剧、

小说以及其他在文学观念中被认作文学形式的文本。

　　文本在被确认为文学文本之前和被确认为文学文本之后具有不同的性质。文学文本在按照文学观念被确认之后，那些非文学性质的文字文本，即被排除在文学之外。然而在文学文本被确认之前的所有文字文本，则在伦理上（即习惯上）都被看作文学。文本即文字文本，一般指的是书写或印刷在纸张上的文字，但是在纸张发明和广泛应用于写作和印刷的材料之前，所有书写或镌刻在其他介质如龟甲、兽骨、石版、泥版、纸草、竹简、木简、绵帛上的能够表达意义的文字，都属于文字文本。关于这些文字文本的性质，实际上今天并没有完全确定。但是，这些古老的文字文本都带有记事和说理的特征，可以称为记事文本或哲学文本。在后来形成的文学观念中，记事和说理是文学的最重要特征，如荷马史诗。因此，在历史、哲学等文本从文学中分离出去之前，包括最古老的文字文本在内，它们在习惯上都被认为属于文学的范畴，如中国的卜辞和儒学经典。

　　但是，文学观念在不断发生变化，文学最初指的是所有的文字材料，后来文学主要指以诗歌、戏剧和小说为主体的文学作品。随着文学观念的不断扩大，文学在定义上超越了文学作品的定义，发展成为一种学科的观念。因此，现在与文学有关的研究也被纳入文学范畴，如文学理论、文学批评、有关作者与读者的研究等学术著作的文本，它们虽然不同于诗歌、戏剧、小说等文学文本，但是它们仍然属于文学的范畴。我们可以把这看作是广义的文学。而狭义的文学，指的仍然只是诗歌、戏剧、小说等客观存在的文体文本。

　　文学从文字文本到文学文本的演变过程，其动力来源于文学观念。文学现象先于文学观念，但是直到文学观念形成以后，文学文本的文学性质才得以确认，文学的类别才得以区分，文学的阐释才变为可能。这表明，文学不能脱离文学研究。例如，亚里士多德的《诗学》、贺拉斯的《诗艺》、刘协的《文心雕龙》等，无论怎样都不能把它们排斥在文学之外。因此，文学文本指称狭义的文学即诗歌、戏剧、小说等，而文学除了指称文学文本外，还应把研究文学文本的所有文本包括在内。

文学的概念是一个历史的概念，在具体的特定的文学形式出现以及被确认之前，文学定义是一个广义的范畴，一切文字文本都是文学或属于文学范畴，即文献（literature）。例如在古希腊和先秦时代的中国，所有的文本材料都属于文学，也可以说，一切文字的东西都属于文学，即文献。随着科学的发展，文本的形式发生了变化，出现了新的电子文本形式，因此新文学概念开始形成。一旦新的文学概念被接受和确认，又会出现新的文学伦理。总之，文学观念发展和演变的过程同习俗与习惯结合在一起，或者说文学概念是由习俗或习惯即伦理确认的，因此，文学概念实际上是一个伦理概念。

41. 理论（Theory）

简而言之，理论是系统化了的理性认识，是某一领域的知识体系。理论是通过实践推导出来的概念或原理，由成体系的观点、概念和术语组成。理论是解释事物的思想体系，有人认为理论在某种意义上等同于学说，但实际上学说是从理论派生出来的，是理论的具体化，同理论体系还是有区别的。无论是普通理论还是文学理论，从本质上看它们都是理论。总体而言，第一，理论是一个成体系的系统。第二，理论是对现象的抽象概括，有成熟的用于符合逻辑的结论。第三，理论是思维的工具。第四，理论包括方法论，用于分析、认识、解释、理解和评价事物的方法论包含在理论内。

具体而言，理论指的是由观点、概念和术语组合而成的思想体系，也可以指人们关于事物知识的系统理解和论述。理论的组成包括观点、概念和术语三大要素，观点是思想核心，概念是构成思想的工具，术语是概念的载体，推理、判断、归纳、演绎是建构理论的方法。在理论构成三要素中，概念既是思维的工具，也是思想的形式。概念是对事物或现象的抽象概括，由定义构成。定义是对概念的解释和说明。在思想和概念的关系中，概念必须是定义清楚的概念，只有概念清楚，思想才明确。明确的思想经过归纳和演绎形成观点，因此观点是思想的集中体现。

一系列观点有机地组合在一起，形成说明原理和规则的体系，这时候理论就产生了。理论实际上是由一系列成体系的观点构成的，或者说，理论的核心是它的系统观点。

42. 思潮（Trend）

思潮指在一定时期内反映一定群体利益、要求和愿望的思想倾向。思潮是时代的产物，是社会的共同认知，是普遍认同的社会思想。思潮具有以下特征：1. 群体性而非个人性。2. 是思想和观点而非原理。3. 是研究对象而非研究工具。4. 是被解释的而非用于解释的。5. 没有系统的观点和话语。

思潮的概念容易同理论的概念混淆，这可能是我们把不是理论的东西误认为理论的根本原因。由于思潮是在特定的历史时期以及特定的伦理环境、伦理语境中形成的，因此思潮代表着某种社会观念和潮流，不仅提出来一系列带有共同性特点的社会问题，而且能够获得广泛的社会认同。

思潮永远属于特定的时期、特定的环境，尤其属于特定的社会共同体。思潮是有一定生命周期的，只能在一定时期内的环境中存在。如果时间和环境改变了，思潮就会终结和死亡。但是，一种思潮的终结或死亡，往往意味着另一种思潮的诞生或流行，如 19 世纪现实主义被浪漫主义取代、浪漫主义被现代主义取代，等等。

思潮容易被误读为理论，如我们耳熟能详的女性主义批评、生态批评、文化批评、伦理批评等。实际上，它们不是文学批评理论而是文学批评思潮，或者更准确地说，它们是一种政治思潮、社会思潮、历史思潮或文化思潮。这些思潮并没有建构自己的系统的理论体系，也没有自己的独有的科学方法论。

43. 文学理论（Literary theory）

文学理论是关于文学的理论，它是理论分类的结果。具体而言，文学理论是关于文学创作、文学鉴赏和文学批评规律的概括，主要用于文学文本以及与文学相关问题的分析、解释和评价。

文学理论尽管是有关文学学科的理论，但在性质上同其他学科是一样的。就理论而言，理论是系统化了的理性认识，是通过实践推导出来的概念或原理，是由观点、概念和术语组成的知识体系。简而言之，理论是解释事物的思想体系。

文学理论是关于文学的原理与判断标准的学说。无论是文学理论还是理论，它们都是对现象的抽象概括，有成熟的用于符合逻辑的结论。就价值说，理论是思维的工具，因此用于分析、认识、解释、理解和评价事物的方法论也包含在理论内。

文学理论是一个复杂的有内在逻辑的体系，不成体系的和缺少逻辑联系的观点、思想不能称为理论。

44. 自然选择（Natural selection）

自然选择指人从猿到人的形式上的选择。在人类文明发展进程中，人类面临的最大的问题是什么？就是如何把人同兽区别开来以及在人与兽之间作出身份选择。这个问题实际上是随着人类的进化而自然产生的。19世纪中叶达尔文创立的生物进化论学说，用自然选择对整个生物界的发生、发展作出了科学解释。我们从进化论的观点考察人类，可以发现人类文明的出现是人类自我选择的结果。在人类文明的历史长河中，人类已经完成了两次自我选择。从猿到人是人类在进化过程中作出的第一次选择，即自然选择，然而这只是一次生物性选择。这次选择的最大成功就在于人获得了人的形式，即人的外形，如进化出来能够直立行走的腿，能够使用工具的手，科学排列的五官和四肢等，从而使人能够从形式上同兽区别开来。

但是，人类的第一次选择只是从物质形态上解决了人是如何产生的问题，并没有从根本上解决什么是人的问题，即人与其他动物的本质区别问题。那么人在完成自然选择之后是怎样真正把自己同兽区别开来的呢？这是由人类的伦理选择实现的。人类第一次在生物性的意义上完成自然选择之后，还经历了第二次选择即伦理选择。人类社会从自然选择到伦理选择再到科学选择的过程，是人类文明发展的逻辑。人类的自然选择是一种生物性选择，它奠定了人类向更高阶段进化的基础。人的知性是通过自然选择获得的，但是理性，则是通过伦理选择获得的。

人一直在重复着自然选择。婴儿的诞生就是自然选择的结果。初生的婴儿没有伦理意识，没有经过伦理选择，因此婴儿同兽无异。婴儿在成长的过程中，逐步获得了生存的能力，有了伦理意识，于是开始进入伦理选择的阶段。童话的功能就是为儿童提供教诲，帮助儿童完成自然选择转而开始伦理选择。

45. 伦理选择（Ethical choice）

ethical choices 指人或整个人类在 ethical selection 过程中所进行的伦理选择活动。ethical selection 是人通过一系列伦理选择（ethical choice）活动以获取人的道德本质的阶段。在 ethical selection 阶段，人通过伦理选择（ethical choice）把自己从兽中解放出来，人的伦理身份得到确认，人的伦理意识开始出现，善恶观念逐渐形成，人终于获得人的本质，变成道德的人。

在 ethical selection 阶段，书写和语言是人类最重要的选择活动（ethical choice）。当获得人的形式后，人类在生活中学会通过刻画或书写特殊符号表达思想，也学会通过发音器官的运动发出声音（voice）以表达某种符号。后来，符号逐渐演变为与其相对应的书写符号，于是文字出现了。发音器官发出的声音（voice）逐渐演变为与符号相对应的音响（sound），于是形成了通过特定的声音表达符号意义的方法。随着人类智力的不断提高，人类利用从符号演变而来的文字记录自己的生活、经验与思考，形成由符号组成的书写文本（written text），于是文学出现了。人类利用发音器官发出与符号相对应的音响把书写文本转换成声音，于是语言出现了。文学就是由书写符号构成的文学文本。

文学文本的出现是人类伦理选择（ethical selection）过程中取得的重大成就。正是书写符号的发明，无论是经历的还是听说的人类历史才能被书写符号记录下来，转换成文学文本得到保存。后来，听说的历史往往同虚构结合在一起，以建构符合人类要求的历史文本。这种不同于真实历史的虚构在文本记述中得到强化，变成了不同于真实历史的一种文本类型，于是被分离出来而成为文学，即一种以虚构为主要特点的文学文本。文学文本的虚构是一种范例虚构，因此能够为人类进行的伦理选择（ethical choice）提供借鉴和参考，不仅能够发挥教诲的作用，也能为推动伦理选择（ethical selection）的进步提供道德动力。

无数个具体的 ethical choices（伦理选择）构成 ethical selection（伦理选择）过程。所有人的所思所想所为都是通过伦理选择（ethical choice）进行的，都是伦理选择的表现。可以说，没有伦理选择就没有文学，就没有人生，就没有社会。无论个人还是整个人类，都需要通过无数个伦理选择活动才能完成个人的或人类的伦理选择过程。无论生产活动、社会活动，还是情感活动、心理活动、精神活动，都是伦理选择活动。在人生道路上，人始终生活在伦理选择的过程之中，每时每刻都在进行伦理选择活动，通过 ethical choices 体现存在，在伦理选择中走完人生之路，完成人生的整个伦理选择（ethical selection）过程。在文学作品中，无论小说、戏剧还是诗歌，所有的文学作品实际上都是由 choices 构成的。无论是现实中的人物还是文学中的人物，他们每时每刻都在进行选择，他们生活在伦理选择之中，他们的生活就是伦理选择。

伦理选择活动不仅存在于日常生活中，也存在于心理活动中。日常的伦理选择活动是有目标的选择活动，并在日常生活中体现出来，因此心理、情感和精神活动都是在伦理选择中形成的。没有选择就没有心理、情感和精神活动。心理、情感和精神活动是一种心理变化，是伦理选择在心理层面的表现形式。即使在睡梦中，伦理选择活动也没有停止，无论是庄周梦蝶，淳于棼的南柯一梦，还是贾宝玉梦游太虚幻境，都是通过做梦体现的无意识状态中的心理、情感和精神层面的伦理选择活动，是心理、情感或精神的伦理选择活动的无意识显现。因此，只有对伦理选择进行分析，才能分析人物的心理、情感和精神。

在文学作品中，伦理选择往往是同伦理身份结合在一起的。伦理选择既是对伦理身份的解构，也是对伦理身份的建构。因此，伦理选择的分析是对行为、心理、情感、精神选择的分析，伦理身份的分析是对伦理选择中的身份解构和建构的分析。伦理选择的分析需要同身份解构或建构的分析结合在一起，例如在俄国作家陀思妥耶夫斯基的小说《罪与罚》里，拉斯柯尼科夫通过自己的选择解构了自己大学生的身份，建构了杀人犯的身份。他无论犯罪还是悔罪，都是他的伦理选择，都是他通过自己的选择解构自己的身份或建构自己的身份。

46. 科学选择（Scientific selection）

科学选择是人类文明在经历伦理选择之后所经历的一个科学文明阶段。在人类文明发展过程中，自然选择解决了人的形问题，从而使人能够从形式上同兽区别开来，为人获得本质奠定了基础。伦理选择解决了人的本质问题，从而使人能够从本质上同兽区别开来。科学选择分为两个阶段：前科学选择阶段和科学选择阶段。前科学选择阶段指的是伦理选择阶段进入科学选择的阶段。前科学选择阶段不是真正的科学选择阶段，而是从伦理选择阶段到科学选择阶段的进入过程，或者说是伦理选择同科学选择融合在一起的科学选择的初级阶段。科学选择指的是伦理选择结束后的科学选择阶段。前科学选择阶段关注四个方面的内容：一是人如何发展科学和利用科学；二是科学技术同伦理选择的冲突；三是科学如何影响人和改造人；四是科学如何成为人的主宰。科学选择阶段也同样关注四个方面的内容：一是科学人的技术分类；二是科学技术对于科学人的价值；三是科学人与伦理选择传统；四是科学选择的时代规则。

自人类出现以后，人类一直在努力通过科学技术改善自己，使自己能够更好地生存与生活。这种努力包括人对自己身体的改造。例如，斯威夫特小说《格列佛游记》中格列佛的变形、玛丽·雪莱（Mary Shelley）的科幻小说《弗兰肯斯坦》中的科学怪人、歌德在《浮士德》中描写的制造在玻璃瓶中的人造人等，已经通过文学表达了人类对自身进行改造的渴望。在自然选择阶段，人类通过进化完成了对自己的改造，如五官的分布、直立行走、思维和语言能力等。在伦理选择阶段，人类从伦理上把自己同其他动物区别开来，变成了现代的伦理人。现在人类将要经历或者正在经历一个科学选择的阶段，使人变成科学人。

47. 伦理身份（Ethical identity）

人的身份是一个人在社会中存在的标识，并需要承担身份所赋予的责任和义务。伦理身份是伦理选择的前提。从伦理的角度说，怎样的身份决定怎样的选择。无论是政府官员、科学家、医生、军人、警察、法官、工程师、律师、企业家、农民、运动员等，都需要根据自己的身份职责和要求进行选择，并通过自己的伦理选择对自己的身份进行确认，即选择需要符合身份。怎样的选择决定怎样的身份。伦理选择的过程就是身份的建构过程，例如通过某种职业的选择以及自己的努力奋斗而获得某种职位，这就是通过自己的选择建构自己的伦理身份。身份是在选择中建构的，同时身份也可以在选择中被解构。

48. 斯芬克斯因子（Sphinx factor）

斯芬克斯因子来源于有关斯芬克斯的希腊神话，用于解释人在伦理选择过程中善恶并存的现象。由于中国神话中的伏羲和女娲有同斯芬克斯类似的特点，因此斯芬克斯因子也可以称之为伏羲因子、女娲因子或伏羲女娲因子。

斯芬克斯因子来源于古希腊神话中的人面狮身兽。斯芬克斯形象从两个方面阐释了人的本质：一是通过象征强调人在形式上最重要的特点是人头，而人头实际上是人类经过长期进化而出现的理性，它是决定人之所以为人的决定性因素。二是通过狮身象征性地说明人是从兽进化而来，人身上还同时保留着兽的本能。即使人类文明经过伦理选择发展到了今天，人身上仍然带有斯芬克斯的残留，我们将其称之为斯芬克斯因子。斯芬克斯因子实际上是人身上残留的斯芬克斯基因。人身上理性和兽性并存的特点，是由斯芬克斯因子决定的。斯芬克斯因子由人性因子和兽性因子两部分构成，因此它也是人性因子和兽性因子的总称。斯芬克斯因子中的人性因子是高级因子和主导因子，兽性因子是低级因子和从属因子，因此前者能够控制和约束后者，从而使人成为伦理的人。斯芬克斯因子从人同兽的结合点上说明人同兽之间只是一步之遥或一墙之隔。在《俄狄浦斯王》这部常常被人们解读为表现古希腊人命运主题的悲剧中，我们透过命运的面纱看到人类在做人还是做兽之间进行选择的艰难过程。这部悲剧借助斯芬克斯以及它的谜语提出的问题是，人同兽的区别究竟在哪里？俄狄浦斯通过自己的理性解答了斯芬克斯之谜，回答了如何做出正确选择的问题，这就是理性选择的价值。

斯芬克斯因子同弗洛伊德的人格理论表面看有类似之处，但实质上不同。斯芬克斯因子等于人这个本体，这个本体由兽性因子和人性因子组成。斯芬克斯因子的理论基础不是弗洛伊德的人格理论，而是达尔文的自然选择和进化论，是为了解释人而不是解释人格。弗洛伊德用本我、自我和超我解释人的人格，而文学伦理学批评用斯芬克斯因子、兽性因子和人性因子解释人而不是解释人格。弗洛伊德将人格分为本我、自我和超我三个部分，而文学伦理学批评将人看成一个斯芬克斯因子的存在，分为兽性因子和人性因子两个部分。在本我、自我和超我的关系中，弗洛伊德将自我看成本我与超我的调节者，不能解释本我、自我与超我的关系，因为根据弗洛伊德的理论，超我只是人格中的道德部分，它遵循道德原则，但本身不是道德。而在斯芬克斯因子的结构中，人性因子不仅是人的道德部分，而且本身就体现道德。人性因子的作用是引导、约束兽性因子，让人性因子处于主导地位。因此，人有两种性质：天性和人性。尤其要注意的是，现在有许多人将人和人性混为一谈，没有把人同人性区别开来。他们讨论人性的时候，经常讨论人性的丑恶、人性的罪恶、人性的阴暗等，这实际上讨论的是人，因为人性是人的道德性，没有好坏的区别，只有层次的高低。

49. 伏羲因子（Fuxi factor）

即斯芬克斯因子。

50. 女娲因子（Nüwa factor）

即斯芬克斯因子。

51. 伏羲女娲因子（Fuxi and Nüwa factor）

即斯芬克斯因子。

52. 兽性因子（Animal factor）

兽性因子与人性因子相对，指人的动物性本能。兽性因子与人性因子不同。人性因子是后天的，是人类理性逐渐成熟的结果，而兽性因子是先天的，是人与生俱来的，因此兽性因子是人的本能。兽性因子是人的动物性本能的体现，是人在进化过程中的兽性残留。兽性因子属于人身上非人的一部分，并不等同于兽性。动物身上存在的兽性不受理性的控制，是纯粹的兽性，也是兽区别于人的本质特征。兽性因子是人独具的特征，也是人身上与人性因子并存的动物性特征。兽性因子在人身上的存在，不仅说明人从兽进化而来，而且说明人即使脱离野蛮状态之后变成了文明人，身上也还保留有动物的特性。兽性因子的表现形式是自然意志或自由意志。自然意志是动物性本能的表现形式，由于自然意志是自发产生的，因此自然意志也是一种自由意志。人的自然意志或自由意志受到理性意志的制约，使其转变成为理性意志。人同兽的区别，就在于人具有分辨善恶的能力，能够通过人性因子控制人身上的动物性本能，从而使人成为有理性的人。同兽相比人有伦理意识，只有当人的伦理意识出现之后，人才能通过理性意志控制自然意志或自由意志。

53. 人性因子（Human factor）

人性因子即人的伦理意识，其表现形式为理性意志。人性因子由人头体现。人头是人类从猿向人进化过程中生物性选择的结果。人头出现的意义虽然首先是人外形上的生物性改变，但更重要的意义是伦理意识的出现。人头对于斯芬克斯而言是它身上具有了人的生物性特征，但并不能让斯芬克斯从本质上同兽区别开来。那么是什么让斯芬克斯同兽区别开来的呢？是人头的理性意识。我们把人头的理性意识称为人性因子。人性因子是控制和约束兽性因子的主导因子。人性因子不同于人性。人性是人区别于兽的本质特征，而人性因子指的是人类在从野蛮（savagery）向文明进化过程中出现的能够导致自身进化为人的因素。人性因子对于斯芬克斯非常重要，正是人性因子的出现，人才会产生伦理意识并获得人性，使人从兽变为人。人性因子的表现形式是理性意志，其最重要特征就是分辨善恶的能力，如同伊甸园里偷吃了禁果的亚当和夏娃那样，能够分辨善恶。没有人头，就不可能有人的伦理意识；没有伦理意识，就不能产生理性意志，也不能分辨善恶；不能分辨善恶，就不能成为真正的人。正是因为由人头体现的人性因子的出现，人才能借助最初的伦理意识分辨善恶，从而使人从兽中解放出来，伦理意义上的人才得以诞生。因此从伦理意义上说，人的基本特征是由能够分辨善恶的伦理特性体现的。

54. 人性（Human nature）

人性即人区别于兽而之所以为人的基本特性，是人作为人而非兽存在的本质属性，因此人性就是人的本质。人性不是人的本能，而是人的道德属性，是决定人能够成为人的美德。人性在人的理性的基础上形成，在伦理选择中不断完善。人性即为善，因此人性与恶相对。

根据达尔文的生物进化理论，人类的出现是自然选择的结果，但是自然选择只是一次生物性选择，其最大成功在于人获得了人的形式，即人的外形，如进化出来能够直立行走的腿，能够使用工具的手，科学排列的五官和四肢等，从而使人能够从形式上同兽区别开来。但是，人类的第一次选择只是从物质形态上解决了人是如何产生的问题，并没有从根本上解决什么是人的问题，即人与其他动物的本质区别问题。那么人在完成自然选择之后是怎样真正把自己同兽区别开来的呢？这是由人类的伦理选择实现的。人类在做出第一次生物性选择即获得人的形式之后，还经历了第二次选择即伦理选择。在伦理选择过程中，人的善恶观念开始产生，理性逐渐成熟，人终于认识到自己作为人的存在，人才开始有了人性。

人类的生物性选择与伦理选择是两种本质不同的选择，前者是人的形式的选择，后者是人的本质的选择。人类经过伦理选择把自己从兽中解放出来后，人性才得以产生。

人性是伦理选择的结果，人性不是人的生物性特征，而是人的伦理特征，因此人性不是与生俱来的，而是后天形成的，是教诲的结果。例如，刚刚诞生的婴儿只是自然选择的结果，没有善恶观念，因此也就无人性可言。在幼儿阶段，经过教诲，如讲述童话故事，幼儿逐渐有了人的概念，能够从形式上把自己同兽区别开来。这时候的幼儿经过教诲开始有了伦理意识，善恶观念开始产生，人性开始形成。不过，这个阶段由于幼儿的理性还不成熟，因此幼儿的人性是不完备的。在儿童阶段，关于儿童的教诲得到加强，儿童文学的教诲功能更加明确。儿童文学中道德榜样的作用更为突出，儿童的理性开始成熟，身上的兽性因子进一步减弱，人性因子进一步增强，儿童作为人的主体得到确立，人性逐渐成为儿童身上的主导因素。

在成人阶段也是如此。由于人是从兽进化而来，因此人的身上仍然有斯芬克斯因子的残留，即人身上既有人性的存在，也有兽性的存在。人性通过人性因子体现出来，兽性通过兽性因子体现出来。伦理选择的目的就是通过人性因子约束和控制兽性因子，使人能够保持人性。

人性是就人而言的，即人的人性，它与兽性相对。人性的基础是理性，人性的核心是善，因而人性即人的道德。人性是人的美德，因此人可以有弱点，但人性没有弱点；人可以罪恶，但人性没有罪恶。历史上有关人性的"性本善"和"性本恶"的争论，实际上是对先贤哲思的误读。无论是孟子的性本善观点，还是荀子的性本恶观点，或者是告子的人性不善不恶的观点，他们所说的人性概念基本相同，大体上都是指人的天性，即本能。古人使用的人性概念，并不等同于今天的人性概念，而是指的人的本性。今人所说人性，并非说人的本性，而是指人区别于兽的本质特征，即人之所以为人的本质属性，因此人性指的是人的道德。本能是天生的，人性是后天的，需要通过道德修养才能获得。

55. 人格（Personality）

人格是人的心理结构。弗洛伊德认为，人的人格是一个整体，包括本我、自我和超我三个部分。根据弗洛伊德的理论，本我是人格结构中最原始的部分，它构成人最基本的需求，包括饥、渴、性等。自我是人格中的意识部分，即自己，是可意识到的思考、感觉、判断、记忆等。自我是从本我中逐渐分化出来的，位于人格结构的中间层。超我属于人格结构中的道德部分，是道德化的自我，是社会道德规范、良心、理想等构成的人格部分。三者之间的关系是：本我是人的本能，超我是我们的理想化目标，自我则是二者冲突时的调节者。

弗洛伊德的本我、自我和超我解释的是人格，斯芬克斯因子解释的是人。所以，二者是不同的。

56. 本能（Instinct）

本能指不受自我意识控制的条件反射活动。本能是与生俱来的，但是要在一定条件的刺激下才能出现，如饥饿产生的寻找食物的欲望，口渴时饮水的欲望等，都属于人的本能反应。本能是人与其他动物都具有的能力，属于兽性的一部分。人的本能是从猿进化为人之后人身上的动物性残留，是对生存或欲望的不自觉满足，其本身不具有道德性。但是，当无意识的本能转变为人的有意识的活动，以理性意志或非理性意志的形式表现出来时则进入伦理的范畴。

57. 本性（Instinct）

本性即本能，指人的自然属性。

58. 天性（Natural instinct）

天性即本能，指人的自然属性。

59. 伦理（Ethic）

在文学伦理学批评理论体系中，伦理主要指文学作品中在道德行为基础上形成的抽象的道德准则与规范，同时也用来描述道德的和非道德的行为。伦理主要指相对抽象的道德价值判断与评价，因此伦理一般指已经形成并为人们所认同、遵守和维护的集体的和社会的道德准则与道德标准。相对于道德而言，伦理是对道德的理论归纳、概括和总结，并将个人的道德变成集体的与社会的道德。伦理是对道德的抽象化和理论化，它从集体与社会立场以及从理性的层面总结、解释和说明道德。伦理以对人与人之间的关系和秩序的评价为基础，既对个人的行为进行抽象的道德评价，也对集体的和社会的道德进行抽象评价。伦理还是道德评价的发展和延伸，是道德评价的理性认识和抽象总结，在某种意义上相当于道德的道理或道德的理论。伦理也可称之为道德哲学。道德原则、道德规范、道德标准以及集体道德和社会道德等，都属于伦理的内容。但伦理与道德有所不同。概而言之，我们通常所说的道德是将恶排除在外的，也就是说，道德等同于善，道德的反面即为恶。当人弃善为恶时，即被认为不道德或没有道德。然而伦理与此不同，它既研究善，也研究恶，通过对善恶的分辨而实现抑恶扬善。伦理是人对善恶的分辨。正是在这一点上，伦理不同于道德。

60. 道德（Morality）

道德是一种善恶价值判断标准，主要指对个人行为的正向价值判断以及个人行为的褒扬。在文学伦理学批评理论体系中，道德即善，它与恶相对，代表着人或社会的正面价值取向。因此，人的道德品质即指人的善良品质，道德行为即善良行为。道德有两个前提：个人的客观选择以及主观的价值判断。道德的内容包括个人的道德选择、道德行为、价值判断（包括对自己及他人的判断）、价值评价等。在个人道德的基础上，形成人们共同生活及其行为的准则与规范，即集体和社会的道德。道德以个人的修养为基础，以集体和社会的认同为前提，与特定环境、习俗、语境相关，因此道德带有历史的特性，在不同时代、不同种族、不同环境、不同语境下有不同的道德。在不同的伦理环境和语境下，道德标准与道德内涵可能不同。文学作品的价值一方面在于通过具体的事例对时代的道德进行歌颂与弘扬，另一方面在于揭示时代转变时期社会观念变化引发的种种道德问题。道德以善恶为标准，善的行为和现象则是道德的，反之则是非道德或不道德的。

61. 审美（Aesthetic）

把审美看成文学的本质，在学理上与中国及西方的文学传统相悖。在西方，鲍姆嘉通的《美学》问世之前，文学多被用来批判丑恶，弘扬道德。即使在19世纪之前，文学审美的观点也并没有改变文学伦理本质的现实，没有人怀疑文学的伦理价值。中国自古以来就有文以载道的文学观念。许慎在《说文解字》中说："黄帝之史仓颉，见鸟兽蹄迒之迹，知分理之可相别异也，初造书契。百工以乂，万品以察，盖取诸《夬》。夬，扬于王庭。言文者，宣教明化于王者朝廷，君子所以施禄及下，居德则忌也。"[1]许慎强调仓颉造字，是王者朝廷用以宣教明化的，是百官用以对下布施教化的，是为了增修德行，明白禁忌的。这说明文学的伦理价值首先是由文字使用的伦理价值决定的。认为文字具有伦理价值并不完全是许慎自己的观点。《周易·系辞》早已论述说："上古结绳而治，后世圣人易之以书契，百官以治，万民以察，盖取诸《夬》。"[2]显然，无论是从造字的目的还是从文字的功能来看，文字创造之初都是为了伦理教诲，即宣教明化，倡导风范，增修德行，治国理政。百官利用文字治理政事，民众利用文学稽察国事，提升道德修养。正是因为有了文字，我国古代用于儿童启蒙的识字课本《史籀篇》《仓颉篇》《训纂篇》才能编撰完成。这些用于蒙学教育的文本，通过培养儿童识字和书写的能力实现伦理

---

[1] 殷寄明：《〈说文解字〉精读》，上海：复旦大学出版社，2006年，第251页。
[2] 《周易》，杨天才、张善文译注，北京：中华书局，2011年，第610页。

教诲的目标。显而易见，无论是造字还是后来的书写文本，都是为了教导儿童养成良好的生活习惯以及遵守做人的道德伦理规范。所以，无论文字还是文本，其价值及根本用途仍然在于伦理。

62. 审美判断（Aesthetic judgment）

审美判断是一种心理活动和价值判断。就文学而言，审美主要指读者和批评者对文学作品的阅读和欣赏。审美是一种主观心理活动，审美在审美主体与审美客体之间产生，审美的主体和客体缺一不可。人作为文学作品的审美主体是唯一的，只有人才能通过阅读和欣赏文学作品进行审美，从中获得审美感受，得到伦理教诲。

审美是读者和批评者的主观行为，因此审美是主观的。美是审美的结果，由于审美是一种主观的心理判断，因而美必然是主观的而不是客观的。由于审美只是读者和批评家的主观心理判断，而作为审美客体的文学作品是被审美的对象，因此离开了审美主体，审美则不存在，美也无法产生。由于审美是审美主体（读者和批评者）的心理判断，因此审美只能同审美主体发生直接联系，而审美客体只有进入审美过程中才同审美客体发生联系，建立起审美主体与客体之间的关系。读者和批评家与文学作品是各自独立存在的，是审美把二者联系起来并都建立起主客体之间的审美关系。也由于文学作品只是审美客体而始终处于被动的审美过程中，因此在文学作品进入审美主体的审美过程之前，文学作品并没有审美存在。

对于读者和批评者而言，审美是从文学作品中获取伦理教诲的方法和途径。表面看来，审美是为了得到美，因此美往往被简单地同阅读文学作品联系在一起，看成阅读文学作品的目的，也被看成文学作品的价值，即所谓的审美价值。但是什么是美？这不仅成为一个争议的问题，而且在争议的基础上又产生出美是主观的、美是客观的以及美是主客观的统一三种观点。三种观点形成三种派别，争论不休，莫衷一是，谁也不能说服谁。不过仅从审美逻辑看，即从美产生的过程看，美无疑是主观的，但是并不能因此就可以得出美在性质上是主观或非客观的结论。现实中我们无法找到大家都能认同的主观的美或客观的美，这是因为主观的美或客观的美只是就美的来源下的判断，而非就美的性质下的判断。美来源于主观的审美，因此美是主观的，但这并非说美的性质一定是主观的。

就美的性质说，美是伦理的。所有的美都是因为审美主体的审美而存在的。审美从性质上说是一种审美伦理判断，美与不美都是由伦理决定的，而非由形式决定的。所谓的形式美都是个人的经验判断，是进入伦理判断之前的非功利的审美感受。维特根斯坦说："美学与伦理学是一回事。"[1] 鲍姆嘉通在1750年的《美学》中也认为，Aesthetica这门学科，"作为自由艺术的理论、低级认识论，美的思维的艺术和与理性类似的思维的艺术是感性认识的科学"[2]。很明显，鲍姆嘉通把审美看成一种思维方法，认为它属于"低级认识论"，应该提升到理性的高度。

对于审美主体而言，审美就是阅读欣赏文学作品，而通过阅读欣赏可使我们的情感得到升华，得到净化，经历亚里士多德用"卡塔西斯"这个概念所概括的审美过程，最终达到伦理教诲的目的。阅读文学作品，有一个从"审美认同转向道德认同的过程"[3]。在这个过程中，文学作品可用于阅读，这是文学的作用；阅读作品使人的情感得到净化，这是读者的审美；情感经过净化，道德得到升华，这是文学教诲功能发挥作用的结果。这个结果体现的就是文学的伦理价值。

63. 审美价值（Aesthetic value）

审美价值指的是审美主体阅读、感受、理解和欣赏文学的价值体现。要弄清审美价值，先要讨论审美。审美是一种主观心理活动和价值判断。就文学而言，审美指的是读者或批评家对文学作品的阅读、体验和欣赏，是读者

---

[1] 维特根斯坦：《逻辑哲学论》，郭英译，北京：商务印书馆，1985年，第95页。
[2] 鲍姆嘉滕：《美学》，简明、王旭晓译，北京：文化艺术出版社，1987年，第19页。
[3] 汉斯·罗伯特·耀斯：《审美经验与文学解释学》，顾建光、顾静宇、张乐天译，上海：上海译文出版社，1997年，第168页。

或批评者的审美而不是文学作品的审美，因此人作为审美主体是唯一的。审美的存在必须有两个前提：审美主体与审美客体。审美主体是人，即读者、批评者、作者等。审美客体是物，即诗歌、小说、戏剧等文学作品。只有读者或批评家阅读文学作品时，才开始进入审美过程。审美是读者和批评者的主观行为，因此审美是主观的。由于审美只是审美主体的一种心理判断，它同文学作品的关系是审美判断同审美客体的关系，因此文学作品本身并不具有审美能力，不能审美。

对于作为审美主体的读者或批评者而言，文学作品的审美价值就在于能够成为审美客体，为审美提供条件，让读者或批评者从文学作品中发掘其蕴藏的伦理价值。文学的审美是审美主体对文学的欣赏，它通过阅读、感受和品味实现对文学作品的理解。文学的审美价值同文学的美学价值是两回事。文学的审美价值指的文学作为审美客体的价值，用于审美的价值，而文学的美学价值指的则是文学通过其艺术特性表现出来的伦理价值。审美价值主要讨论读者或批评者在阅读、欣赏和理解文学作品过程中如何得到伦理教诲的问题。读者或批评家通过阅读、欣赏和理解的方法对文学作品进行审美，从中得到的审美感受就是读者或批评者对文学作品进行审美的价值体现。